创新发展战略研究系列丛书

# 科技支撑云南经济增长研究

和段琪　蒋兴明　梁双陆　著

科学出版社

北　京

# 内 容 简 介

本书对科技支撑经济增长的理论进行了详细梳理,选取了科技支撑经济增长的分析模型,对科技支撑云南重点行业发展进行了实证分析,深入研究了科技支撑云南经济增长的重点问题,系统提出了科技支撑云南经济增长的思路、重点和保障措施。

本书可作为经济管理部门、企业管理人员、经济研究人员、大专院校师生的参考书。

**图书在版编目(CIP)数据**

科技支撑云南经济增长研究/和段琪,蒋兴明,梁双陆著.—北京:科学出版社,2016

(创新发展战略研究系列丛书)

ISBN 978-7-03-047384-4

Ⅰ. 科⋯ Ⅱ. ①和⋯②蒋⋯③梁⋯ Ⅲ. 科学技术-作用-工业增长-研究-云南省 Ⅳ. F427.74

中国版本图书馆 CIP 数据核字(2016)第 033278 号

责任编辑:魏英杰 / 责任校对:桂伟利
责任印制:张 伟 / 封面设计:陈 敬

科学出版社 出版

北京东黄城根北街 16 号

邮政编码:100717

http://www.sciencep.com

**北京教图印刷有限公司** 印刷

科学出版社发行 各地新华书店经销

\*

2016 年 2 月第 一 版 开本:B5(720×1000)
2016 年 2 月第一次印刷 印张:16 3/4
字数:336 000

**定价:98.00 元**

(如有印装质量问题,我社负责调换)

# 前　　言

云南科技进步相对缓慢,科技对经济增长的贡献相对较弱。提升科技对云南经济增长的支撑力,提升科技对加快云南经济发展方式转变的支撑力,是云南省经济建设和科技事业的迫切要求。

源于对科技支撑经济增长的思考,和段琪对科技支撑云南经济增长研究内容进行了设计界定,并在 2009 年 6 月组织了云南省人民政府办公厅、云南大学的专家学者进行探索研究。蒋兴明同志负责研究思路和研究框架的细化,梁双陆同志负责组织研究工作。作为云南省科技计划成果(课题编号:2009CB029;验收证书号:Y2011CB006),在 2010 年 8 月形成了一份集中集体智慧的研究报告——《转变经济发展方式 科技支撑云南经济增长研究》。本书就是在上述研究成果的基础上修改完成的。

全书由和段琪审定,蒋兴明审稿,梁双陆统稿,第 1 章由张国胜(1.1~1.3节)、梁玉浩、毛宗晦(1.4 节)负责撰写;第 2 章由李娅负责撰写;第 3 章由李娅(3.1 节)、黄宁(3.2~3.3 节)、梁双陆(3.4~3.10 节)负责撰写;第 4 章由梁双陆(4.1 节、4.3~4.8 节)、李娅(4.2 节)负责撰写;第 5 章由蒋兴明负责撰写;第 6 章由毛宗晦、梁玉浩负责撰写。李汝凤、范艳娟、杜颖、宋丹洁、张满娇、齐荣华参加了有关章节的撰写工作。另外,高俊、李娇娥、赵泽宽、杨娅梅、杨锦江等也参加了部分撰写工作。

在本书的写作过程中,云南省科技厅、云南大学、云南煤化工集团、云天化集团、云铜集团、云南冶金集团、云锡集团、昆钢集团、云南白药集团等单位给予了大力支持,叶燎原、龙江、刘绍忠、徐盛鹏、董华、杨先明、侯树谦、许云等许多专家学者提出很多有益的意见建议。科学出版社魏英杰为本书的出版付出了大量心血和汗水。在此表示衷心的感谢!

由于著者水平有限,不足之处在所难免,欢迎读者批评指正。

著　者

2015 年 5 月

# 目　　录

# 第 1 章 科技支撑经济增长的理论解释

纵观人类文明的发展史,科技的每一次重大突破,都会引起生产力的深刻变革和人类社会的巨大进步。科学技术日益渗透于经济发展和社会生活的方方面面,是推动现代生产力发展最活跃的因素,同时也成为社会进步的决定性力量。在科技支撑经济增长的理论解释中,无论是马克思主义理论、西方经济理论,还是建设有中国特色社会主义理论与实践,都从不同层面论证和阐述了科技对经济增长具有重要的支撑作用。

## 1.1 马克思主义理论中关于科技支撑经济增长的主要观点

马克思、恩格斯对科学技术进步的关注,对科学力量的认识是前无古人的。在他们创造革命理论的时候,对科技给予了高度的关注,进行了创造性的研究,提出了许多深刻的观点和理论。

### 1.1.1 科学是一种在历史上起推动作用的革命力量

马克思、恩格斯所处的时代是科学技术大发展的时代,是工业革命的时代。在那个时代,科学的发展和随之而来的工业制度的发展所引起的社会和政治的调整是如此的广泛,是人们始料未及的,以致人们把这个时代称之为全部社会都充满活力的时代。正当人们还在为社会快速发展手忙脚乱而无法找到这种发展原因的时候,马克思、恩格斯以他们敏锐的洞察力、过人的智慧和把握事物本质的能力,提出了"科学是一种在历史上起推动作用的、革命性的力量"[①]的论断。他们认为 18 世纪和 19 世纪西方资本主义社会的发展,主要得益于科学技术革命力量的推动。特别是纺织机的出现,它是劳动工具的重大革新,使得整个棉纺工业在技术上完成了由手工业和工厂手工业到机器大工业的过渡,并且引起了一系列的连锁反应。恩格斯对此明确指出:"随着纺织部门的革命,必须会发生整个工业的革命"[②]。马克思、恩格斯认为科学技术的革命力量从各个方面改变着世界的面貌,推动着历史的进程。

第一,科学技术促进了生产力的发展。首先促进了劳动对象的变革和发展。

①  马克思,恩格斯. 马克思恩格斯选集(第 3 卷). 北京:人民出版社,1972:575.
②  马克思,恩格斯. 马克思恩格斯选集(第 1 卷). 北京:人民出版社,1980:671.

由于科学技术的发展,劳动对象的范围扩大,新的燃料和原料不断被发现,新的材料被制造出来。不仅如此,这些新的燃料、原料与材料都得到及时利用,而且利用率大大提升。其次促进了劳动手段的变革和发展。随着纺织机、蒸汽机、电力机等机器的不断涌现,劳动力手段获得了根本性变化,劳动生产率大大提高。

第二,科学技术促进了产业的大发展。科学技术的革命性力量,不仅促进了农业这个传统产业的发展,使得土地的利用效率、水肥资源和利用效率的提高,而且促进了工业革命。而工业技术革命则促进了轻工业迅速发展,加快了重工业发展的步伐,出现了大机器的现代工业和新的服务业。

第三,科学技术促进了生产布局的调整。科学技术的革命性力量打破了旧的生产布局,它扩大了生产分布的范围,充实了生产布局的内容。一方面促使生产走向集中,另一方面又使得生产区域分散。总之,使生产布局出现了既集中又分散的局面。科学技术成为优化生产布局的基础。

第四,科学技术推动了劳动方式的改革。由于蒸汽机和其他各种机器的出现,以前那种分散的、单个的、家庭手工业的劳动方式被集中的、协作的、成千上万协同劳动的大机器工厂所替代,同时出现了各种劳动组织和行会组织。

第五,科学技术促进了管理方式的变革。随着劳动手段、劳动对象、生产布局、劳动方式等的变革,劳动管理方式也发生了变革。以前那种家庭作坊式的、家长式的管理方式已经不能适应大工业生产,因此各种新的管理思想、管理方式和管理方法不断被创造出来,这些新的管理方式替代了旧的管理方式,适应了新的生产方式。

第六,科学技术改变了人们的生活方式。首先表现在改变人的思维方式、人的价值观念、人的伦理道德观念。其次表现在改变了人们的家庭方式、消费方式、闲暇方式、交往方式。同时,还改变了社会组织方式、物质环境和精神环境。

从西方近代史不难看出,科学技术在世界舞台上发挥着巨大的影响和作用。它极大地提高了社会生产力,促进社会大分工,导致了工业革命。马克思、恩格斯在深入研究 17 世纪和 18 世纪西方社会发展进程后认为,分工、蒸汽机和机器的应用,是"18 世纪中叶起工业用来撼动旧世界基础的三个伟大的杠杆"①。

## 1.1.2　科学技术是生产力

"科学技术是生产力"是马克思主义的一个基本原理,是马克思主义科技理论的核心。马克思在《资本论》中和它的序言《政治经济学批判》中,阐明了生产力包含的内容,提出科学技术是生产力这一著名论断。

马克思是把科学技术纳入生产力范畴的开创者。马克思认为,生产力是指具

---

① 马克思、恩格斯. 马克思恩格斯选集(第 2 卷). 北京:人民出版社,1980:300.

有一定生产经验和劳动技能的劳动者,利用自然对象和自然力生产物质资料所形成的物质力量。它表示的是人与自然界的关系,是人们影响自然和改造自然的能力。

生产力包括生产资料和劳动者两大要素。生产资料分为劳动资料和劳动对象。马克思说:"生产力也包含科学"①。这是因为,劳动资料、劳动对象和劳动者都包含着科学技术。第一,科学技术通过人的发明创造,物化为机器等劳动资料,被应用于生产过程,创造了更高的生产力。第二,科学技术为劳动者所掌握,使得劳动者不断提高劳动技能、革新劳动工具、改进生产方法,使自然力发挥更大的效用,创造更高的劳动生产率。第三,科学技术的发展,使得劳动对象(原材料)发生了深刻变化,如农业时代的土地、树木,工业时代的钢铁、煤炭。

在科学技术与社会生产之间存在相互依存、相互影响的辩证关系。社会生产的发展决定了科学技术的进步,反之,科学技术的进步又促进了生产的发展。

恩格斯说:"科学的产生和发展一开始就是由生产决定的";"如果说,在中世纪的黑夜之后,科学意想不到的力量一下子重新兴起,并且以神奇的速度发展起来,那么我们要再次把这个奇迹归功于生产";"工业有巨大的发展,并产生了很多力学上的、化学上的,以及物理学上的新事实,这些事实不断提供了大量可供观察的材料,而且自身也提供了已经完全不同的实验手段,并使新的工具制造成为可能。可以说,真正有系统的实验科学,这时候才第一次成为可能"。恩格斯还说过:"社会一旦有技术上的需求,就会比 10 所大学更能推动科学的前进"②。

同样,科技进步将提高劳动者的知识水平和劳动技能,改进生产设备、生产工具,改善生产环境和劳动条件,提高劳动生产率和产品质量,降低产品成本,还将开辟许多新的领域,使大自然更好地为人类服务。正如马克思所说:"劳动生产力是由多种情况决定的,其中包括工人的平均熟练程度、科学的发展水平及其在工艺上应用的程度,生产过程的社会结合,生产资料的规模和效能,以及自然条件";"劳动生产力,是随着科学和技术的不断进步而不断完善的"③。

马克思还说:"生产过程内部的劳动的分工和结合就是这样的提高生产力的方法,就是不费资本分文的机器";"另一种不费资本分文的生产力,是科学力量";"但是,资本只有通过使用机器(部分也通过化学)才能占有这种科学力量"④。科学是一般劳动、技艺之母,是最可靠的财富形式⑤。马克思所讲的"生产过程内部的劳动的分工和组合"就是管理科学,后者所指的是自然科学。马克思早在 100 多

①　马克思,恩格斯. 马克思恩格斯选集(第 46 卷,下册).北京:人民出版社,1980:211.
②　马克思,恩格斯. 马克思恩格斯选集(第 39 卷).北京:人民出版社,1980:198.
③　马克思,恩格斯. 马克思恩格斯选集(第 46 卷,下册).北京:人民出版社,1980:287.
④　马克思,恩格斯. 马克思恩格斯选集(第 23 卷).北京:人民出版社,1980:644.
⑤　马克思,恩格斯. 马克思恩格斯选集(第 26 卷).北京:人民出版社,1980:377.

年前就指出,自然科学和管理科学都是不费资本分文的力量,是提高生产力、推动社会发展的巨大力量。近代资本主义的发展史进一步证明了马克思"科学是生产力"的科学论断。

## 1.2　西方经济学中关于科技支撑经济增长的主要观点

随着科学技术的迅速发展,西方经济学家越来越关注科技对经济增长的支撑作用,并将科技视为现代经济增长的主要动力。主要经历了从古典经济学对科技的重视、到将技术视为外生的新古典经济增长理论、再到将技术内生化的新经济增长理论。

### 1.2.1　科技与经济增长理论

古典经济学在关注经济增长动态过程的同时,也逐步开始关注科技等要素在经济增长中的作用。1776 年,亚当·斯密在《国民财富的性质和原因的研究》中强调了专业化知识与科技对经济增长的贡献,首先将工人技能的增强视为经济进步和经济福利增长的基本源泉,并首次论证了人力资本投资和劳动者技能对个人收入和工资结构的影响。通过对劳动分工和专业化的分析,斯密把经济增长和制度创新、科技进步紧紧地联系在一起,他指出,国民财富的增长取决于两个条件:劳动生产率的高低和从事劳动人数的多少。而"劳动生产力最大地增进,以及运用劳动时间所表现的更大的熟练、技巧和判断力,似乎都是分工的结果"[①]。进一步地,斯密把分工、专业化与科技进步联系在一起,指出:"用在今日分工最细密的各种制造业上的机械,有很大部分是普通工人的发明。他们从事最单纯的操作,当然会去想发明比较简单的操作方法"[②]。这一分析表明,斯密已经意识到现代意义上的生产经验的积累、边干边学的专业化知识积累对科技进步的重要作用,并表明科技进步是内在的、持续的专业化知识,能带来递增收益,进而构成经济增长的持续动力。

在斯密之后,李嘉图意识到制造业领域的科技对递减收益的抑制作用。克拉克尽管看到科技也曾带来局部的和暂时的劳动力流离失所的痛苦,但他坚信,从全局和长远的观点来看,科技进步带来了巨大的好处。克拉克甚至认为,在他所处的时代,劳动者的所有生产力都是过去岁月中科技进步的结果,而如果没有科技进步,则工人阶级的未来就没有希望。由于科技进步提高了收入,它也如资本积累一样促进了劳动力和资本的"向上"流动。作为古典经济学集大成者——马歇尔对科技的论述也很有启发意义。马歇尔认为,知识是我们最有力的生产力,而且强调把

---

①　斯密. 国民财富的性质和原因的研究(上卷). 北京:商务印书馆,1972:5.
②　斯密. 国民财富的性质和原因的研究(上卷). 北京:商务印书馆,1972:10.

知识分为公众和私人财产是非常重要的,其重要性在某些方面甚至比物质的东西进行这种划分更为重要,并且这种重要性在不断增加。透过对人的健康、精力和技能的重要经济意义的强调,马歇尔预见了我们今天所谈论的人力资本问题。

1862 年阿林·杨的《收益递增与经济进步》发表,把斯密对专业化分工、科技进步与经济增长的思想大大推进了一步。他集中论述了间接的和迂回的生产方法的增加及各行业中的分工(或者说专业化的增加)对经济增长的长期影响,视每一生产的重新组合为一个新的发明和科技的进步在工业中的新应用。从而把专业化分工、科技进步视为一个完全内生的、自我演进的过程,他们具有递增的生产力,进而推动经济的持续增长。

### 1.2.2 科技外生与新古典经济增长模型

在 20 世纪五六十年代,新古典经济学家开始思考经济长期增长的可能性,他们发现,如果没有某种外生因素的引入,以新古典生产函数为核心的新古典增长模型最终无法避免零增长的稳定均衡状态。因此,开始将科技进步作为外生变量,逐步纳入经济增长模型。

自经济学产生开始,经济学家就不断探索经济增长的原因、经济增长的内在机制及增长的途径。但将经济增长作为一个独立、专门的研究领域进行研究,是从英国经济学家哈罗德(Harrod)和多马(Domar)开始的。他们在将凯恩斯的宏观经济理论长期化、动态化的同时提出一个极为相似的经济增长模型,即

$$G = S/C$$

其中,$G$ 是单位时间的经济增长率;$S$ 是收入中的储蓄比例;$C$ 是资本产出比。

假定 $C$ 不变,则储蓄率 $S$ 就被认为是决定经济增长的唯一因素,从而得出经济长期增长的均衡路径。

由于哈罗德-多马模型假定资本产出比率为固定常数,资本和劳动不能替代,与 20 世纪以来科技进步的现实不符,因为资本产出比率主要是由技术水平决定的,而科技水平是不断发生变化的,当科技进步发生时,资本的产出率将增加,而单位产出的资本量就会下降。因此,哈罗德-多马模型中提出的恒等式无法解释科技进步推动下的经济增长。

索罗(Solow)在哈罗德-多马模型的基础上,放松了资本和劳动不可替代的假设,把经济增长归因于资本积累、劳动力增加和技术变化,并提出了自己的经济增长模型,即

$$Y = AF(KL)$$

其中,$Y$ 是经济产出;$K$ 是资本存量;$L$ 是劳动投入;$A$ 是技术发展水平。

人均产量是资本-劳动比率和科技进步的增函数,储蓄等于投资,人口增长率被假定为固定的和外生的。因此,储蓄率上升会引起人均产量和资本-劳动比率持

久性上升,但经济的稳定增长率却不变化。较高的人口增长率会导致增长率的持久性增加,却会使人均产量的稳定状况水平下降。因此,只有科技进步才能导致经济更快的持续增长。这样,索罗模型第一次提出了"科技进步对经济增长具有最重要的贡献"的观点。尽管如此,索罗模型假定科技进步是一个外生变量,大大影响了其理论的合理性。

继索罗之后,丹尼森(Dension)、乔根森(Jorgensen)、宇泽弘文(Uzawa)等继续研究了科技进步对经济增长的贡献。但新古典经济增长理论却存在着不可克服的局限性,也始终没有解决索罗"剩余"提出的问题——如何将科技进步对经济增长的作用内生化。

### 1.2.3　科技内生与新经济增长模型

为解释经济增长的来源,弥补索罗模型的不足,并消除新古典经济增长模型存在的局限性,经济学家开始把科技进步引入经济增长模型,形成了两条思路对科技进步与经济增长的关系进行研究:第一条思路以在生产中积累的资本来代表当时的知识水平,将科技进步内生化,这一类模型称之为知识积累模型,简称 AK(accumulation of knowledge)模型;第二条思路认为科技进步取决于人力资本的资源投入,主要体现在对 R&D 部门的投入,这一模型被称为基于 R&D(research and development-based)的模型。

(1) AK 模型

AK 模型以罗默(Romer)和卢卡斯(Lucas)的研究工作为代表。他们沿着阿罗(Arrow)的思路继续前进,提出各自将科技进步内生化的经济增长模型。

阿罗假设技术创新不是外生的,而是由资本积累决定的,这就是著名的干中学(learning-by-doing)思想。罗默继承了阿罗的干中学思想,把知识作为一个变量直接引入模型。同时,他强调了知识积累的两个特征:第一,专业生产知识的积累随着资本的积累的增加而增加,这是因为随着资本积累的增加、生产规模的扩大、分工的细化、工人能在实践中学到更多的专业化知识,因此一个经济范围内更大的资本存量将提高对每一生产者而言的技术水平;第二,知识具有溢出效应,随着资本积累的增加、生产规模的扩大、知识能够外溢到整个经济范围,每个企业都能够从别的企业那里获得知识方面的好处,从而导致整个社会知识存量增加。在这些思想的指导下,罗默提出了如下形式的生产函数,即

$$F_i = F(k_i, K, \overline{x}_i)$$

其中,$F_i$ 为 $i$ 厂商的产出水平;$k_i$ 为 $i$ 厂商生产某产品的专业化知识;$\overline{x}_i$ 为 $i$ 厂商其他生产要素的向量;$K = \sum_{i=1}^{n} k_i$ 表示整个社会的知识水平。

对于这个生产函数,罗默做了进一步的假定:对于给定的 $K$ 值,$F$ 为 $k_i$ 与 $\overline{x}_i$

的 1 次齐次函数,即当整个社会知识水平固定,单个厂商用专业知识及生产要素投入进行生产时,规模收益不变;从社会观点来看,由于知识具有溢出效应,因此 $F$ 值具有全球知识边际生产力的递增性,即对于给定的 $\bar{x}_i$,$F$ 是 $K$ 的增函数;单个厂商的专业化知识的积累是资本积累的减函数[①]。

卢卡斯引入了舒尔茨(Sorci)提出的人力资本概念,即强调通过学校正规教育获得人力资本积累,在借鉴罗默的处理技术(即干中学获得人力资本的积累)的基础上,对宇泽弘文的技术方程做了修改,建立了一个专业化人力资本积累的经济增长模型[②]。

在卢卡斯的经济增长模型中,企业能获得的知识的多少不依赖于总资本存量,而依赖于经济的人均资本。卢卡斯假设学习和外溢涉及人力资本,且每个生产者都得益于人力资本的平均水平,而非人力资本总量。不再考虑其他生产者所积累的知识或经验,而是考虑从掌握了平均水平的技能与知识的平常人的(自由)互动中得来的收益。

(2) R&D 模型

基本思想是技术水平可以被 R&D 支出之类的有目的的活动所推进,这样经济增长就可以基于 R&D 推进的科技进步而增长。对 R&D 模型的研究始于罗默、阿格辛、霍维特、格罗斯曼、卢卡斯等。

罗默的 R&D 模型有三个基本前提:第一,科技进步是经济增长的核心;第二,大多数科技进步是源于市场激励而导致的有意识投资行为的结果,因此科技进步在该模型中是内生的而不是外生的;第三,知识商品与其他商品不同,一旦一项技术发明生产,虽然必须为之支付一笔原始投资,但这之后,可以不断重复使用而无需再花费成本,这种特性被假定为技术所特有。

罗默认为,知识由两部分组成。一部分是人力资本 H,他是竞争性的;另一类是实物资本 A,它是非竞争、技术性质的,隐含于先前的创新产品之中,A 可以无界限地增长。

罗默模型的基本含义是:科学知识就其产权而言,所具有的排他性为单个厂商进行科研与开发提供了动力。因为每一项科学技术发明的产权都受到永久保护,由这一保护所产生的"租"可用来补偿该企业在研究与开发过程中所支付的费用。而研究部门的科研与开放使发现新的中间产品成为可能。中间产品的增加意味着用于生产最终产品的资本存量的增加。由此可以看出,研究部门的科研与开发在

---

[①] Romer P. Increasing returns and long-run growth. Journal of Political Economy,1986,94(5):1002-1037.

[②] Lucas R. On the mechanics of economic development. Journal of Monetary Economy,1988,22(5):3-10.

罗默的这个模型中起着举足轻重的作用。研究部门推动着中间产品的扩展,从而推动经济增长。又因为知识就其使用而言是非排他性的,即知识具有溢出效应,知识的溢出效应导致用于生产知识的人力资本的边际产出率递增,从而推动整个社会的长期经济增长[①]。

总之科技内生的新经济增长理论认为:科技进步是经济增长的源泉,而劳动分工程度和专业化人力资本的积累水平是决定科技水平高低的最重要因素。科技经济增长理论描述的经济增长模式如图1.1所示。

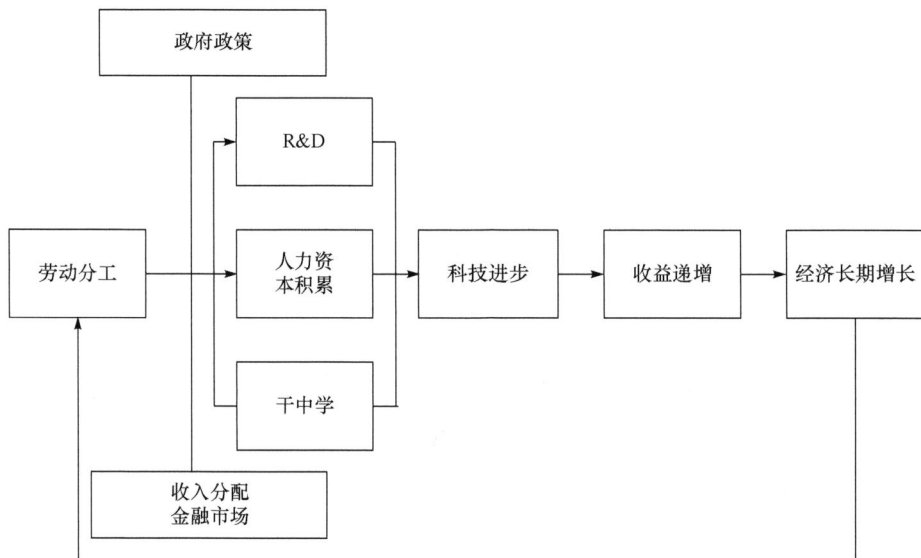

图1.1　内生增长理论的经济增长模式

纵观西方经济学中关于科技进步对经济增长作用的理论,可以看出尽管在不同的历史时期,不同的经济学派对科技进步与经济增长的关系看法有所不同,但随着科学技术的不断发展,尤其是新技术革命的蓬勃兴起,经济学家越来越重视科技进步对经济增长的支撑作用,越来越把科技进步看做是经济增长的主要动因。特别是,新经济增长理论直接将知识和技术内生化于经济增长模型,并认为专业化的知识和人力资本积累可以产生递增的收益并使其他投入要素的收益增加,从而总的规模收益递增。这突破了传统经济增长理论关于要素收益递减或不变的假定,揭示了经济持续、永久增长的源泉和动力。

---

① Romer P. Endogenous technological change. Journal of Political Economy,1986,98(5):71-102.

# 1.3　科技革命与工业革命的演化

没有科学技术上的重大突破,工业内部的根本性变革尤其是内部结构的优化升级是不能发生的。工业革命的演化历程表明,工业革命必然伴随着科技革命。以经典力学、微积分的形成和发展、化学革命、纺织机和蒸汽机的发明为主要内容的科技的重大发展,才引发了第一次工业革命;以电磁学的创立,电机、内燃机、炼钢法的发明为主要内容的科技的重大突破,才导致第二次工业革命的发生;原子物理学、相对论、量子力学、分子生物学的创立,原子能技术、空间技术、遗传技术、电子计算机技术、网络技术发明为主要内容的物理学革命,第三次工业革命才有可能形成。

## 1.3.1　机械化与第一次工业革命

第一次工业革命是工厂手工业向机器大工业过渡、轻工业取代农业成为主导产业的根本性变革,是 18 世纪中叶首先在英国发生的人类社会由农业经济时代向工业经济时代转变的工业革命。

第一次工业革命开始于英国棉纺织业的机械化。由于棉纺织业是英国 18 世纪才发展起来的新兴弱小产业,面临本国处于垄断优势地位的毛纺织业和国外棉纺织业的激烈竞争,迫切需要技术革新。1733 年英国约翰·开伊发明了飞梭,1764 年哈格里斯夫发明了新型珍妮纺纱机,大幅度提高了劳动生产率。纺织机最初以手动、水力和风车作为动力,受到自然条件的限制,不能满足需要,急需要提高新的动力机械。英国工匠瓦特在前人研究的基础上发明了蒸汽机,纺织机转向以蒸汽机为动力,引起了能源革命,燃料由木材转向煤炭。

纺织机和蒸汽机是机器时代的象征,但只有"创造机器的机器——工作母机"的生产发展才是机器时代的基础。亨利·莫兹利和约塞夫·布拉默发明的车床,标志着机械制造业的诞生。工作机、动力机、工作母机的生产和使用,扩大了对重要原材料的需求。德比一家积三代的努力,终于发明了炼焦法,使铸铁的大量生产成为可能,制铁业也迅速扩大。海外棉花的大量进口、煤炭和铸铁的运输及其他物流的扩大,伴随着蒸汽机的改进和推广,引起了轮船和铁路业的发展。1807 年美国发明家罗伯特·富尔顿制造了第一艘成功航行的轮船,标志着蒸汽动力船取代帆船的新时代的开始;1814 年英国发明家斯蒂芬·孙在继承前人成果的基础上,造成了第一辆实用的蒸汽机车;1825 年英国建成了世界上第一条公共交通铁路,交通运输业的发展又进一步促进了机械工业化制造的兴旺。各个行业部门广泛采用蒸汽机作为动力,制铁工业应用焦炭冶炼法,带来了煤炭业的蓬勃发展。制酸、制碱方法的发明,合成染料、香料、杀菌剂、解毒剂和化学肥料的制造,使化学工业兴起。各个产业的开拓和发展,极大地增加了资本的需求和流动,又推动了银行业的扩张、证券业的形成和发展。物流、资金流和世界贸易的扩大,促进了轮船、火车和电报作为信息传递手段的新型通信业的兴起。

第一次工业革命就是主要通过各种机械的发明、使用和改进的推动作用,在各种产业的相互关联、相互带动和生产技术革命、运输革命、通信革命、能源革命,以及金融创新的相互影响和相互促进中,逐步展开和完成,使得工业发展由手工技术时代进入机械化时代,使得产业结构发生了革命性的巨大变化,形成了由以纺织业为主的消费资料部门,以普通机械化运输机械(火车、轮船)为主的劳动资料部门,以制铁业为主的原材料部门,以煤炭业为主的能源部门,以铁路、海运为主的运输部门,以电报、油轮、火车为主要信息传递手段的通信部门构成的工业部门格局。

### 1.3.2　电力化工技术与第二次工业革命

第二次工业革命是第一次工业革命的继续和深化,带来的是更为发达的工业化,即重工业取代轻工业成为主导产业的根本性变革,是 19 世纪 40 年代至 20 世纪 50 年代主要发生在美、英、德、法等国的工业革命。

第二次科技革命与工业革命的内容十分丰富,涉及众多发明与多个产业领域,可归纳为以下几个方面。

首先是电力的发明和应用与电力产业和电器制造业的兴起。能源动力部门的革命是第二次工业革命最主要的内容。第二次工业革命是从能源动力部门的科技突破开始的,其中电气化是能源动力革命的核心。1799 年意大利的物理学家伏打发明了"伏打电池",1821 英国物理学家法拉第制作出直流电动机模型,1832 年法国皮克西兄弟制造出世界上第一台手摇交流发电机,1880 年前后开始修改中心发电站,1890 年以后水力发电站出现。随着发电机和电动机的发明和改进,工业的动力机械迅速地完成了由蒸汽机向电动机的转换,产生了许多新兴产业,引起了制造业、运输业、化学工业、通讯业等各个产业部门的巨大变化。以发电、输电、配电三大环节为主要内容的电力产业形成,生产发电机、电动机、变压器、电灯泡、电话、电工仪表等电器制造业迅速发展,电动、电镀、电解、电焊、电热、电火花等新工艺先后出现,广电、声电、半导体、自控技术等新技术逐步产生,使整个产业发展进入一个新的电器化时代。

其次是德国人霍夫曼认识了发明合成染料的英国人 W·H·帕金。1863 年霍夫曼在柏林大学建立了规模较大的有机化学实验室,进行染料、香料、医药合成的广泛研究。德国利用煤化学的科学成就,迅速发展了合成化学工业。合成染料工业带动了纺织工业(合成纤维)、制药工业(阿司匹林等)、油漆工业和合成橡胶工业的发展。原来的废物——焦油,成为种种高价产品的原料。很多天然制品被化学制品取代,人类进入化学合成时代、人工制品的新世界。由于德国化学工业的兴旺发达,还带动了酸碱工业、造纸工业等许多工业的发展。

第三是石油提炼与石油工业的形成。能源由煤炭向石油的发展,也是能源革命的重要组成部分。内燃机的广泛应用,使得从煤炭中提炼煤焦油、生产煤气的技术已经远远不能满足需求,必须寻找新的液态能源。19世纪中叶,人们开始掌握石油分馏提炼技术,1859年8月世界第一口用砖机打的油井在美国宾夕法尼亚的"石油溪"喷油,开采和提炼石油的石油工业兴起。发电要靠煤炭和石油,内燃机更是离不开石油,电气化、内燃机都是要以石油化为基础,石油成为越来越重要的能源。石油工业的发展导致"石油化"时代的来临,并且为石油化学工业——有机化学工业的发展奠定了基础。

第四是内燃机的发明和应用与机械制造业变革。内燃机的发明和应用,既是能源动力革命的重要内容,又引起机械制造业的巨大变化。1872年德国工程师斯托兹第一个制造出具有现代特征的燃气轮机,1876年德国工程师奥托成功研制了第一台四冲程往复活塞式内燃机,1883年德国工程师戴姆勒制成第一台汽油机,1892年德国工程师狄塞尔发明柴油机。内燃机马力大、重量轻、体积小、效率高,很快在许多领域取代蒸汽机,成为更为重要的动力机械,导致汽车制造业的兴起,推动了飞机制造业的发展,广泛运用于交通运输业的内燃机、轮船,农业用的拖拉机、收割机,军事的坦克、军舰、战斗机,发电、排灌、工程机械、矿业机械等许多方面,带来了机械制造业的革命性变革。

第五是新的炼钢法和钢铁工业的发展。19世纪中叶,随着铁路、轮船、车床、武器等的生产和发展,迫切需要大量钢铁,铸铁的性能和数量远远不能满足需要,推动了新炼钢法的产生。1856年英国工程师首创转化炉炼钢新技术,1864年德国西门子和法国的马丁发明了平炉炼钢法,极大地促进了钢铁生产的发展,1865~1870年世界的钢铁产量增加了70%,钢铁工业成为机械制造业的主要原材料,可以说机械化就是钢铁化。

第六是电话和无线电通信与通信业的革命。信息传输和交流是人类生产和生活的重要因素。随着工业革命的深化和经济的高速发展,迫切需要新的通信技术和手段,实现远距离、高速度、大规模的信息传输。在电报发明以后,1876年美国的贝尔和华生制造了最早的实用电话,1896年意大利发明家马可尼在英国进行了第一次无线电收发表演,1900~1901年俄国科学家波波夫和雷波金创造了无线电话接收机。正是这些发明创造,实现了人类历史上首次通信技术的革命,形成了新型的通信产业。

第二次工业革命在第二次科学技术重大突破的推动下,电力、石油化工、机械制造、钢铁、通信等产业部门开始兴起并快速发展,这些产业基本上都是生产资料的部门,都属于重工业,并且日益在国民经济中占据主体地位,使得经济结构由轻工业为主导转变为以重工业为主导。由于轻纺工业主要是劳动密集型产业,重工业主要是资本密集型产业,因此第二次工业革命引起的经济结构变化还可以表现为以劳动密集型产业为主向以资本密集型产业为主的演进。

### 1.3.3　信息技术与第三次工业革命

第三次工业革命①是以信息技术产业为核心的高新技术产业化和现代服务业取代重工业成为主导产业的根本性变革,是 20 世纪 50 年代开始仍然还在继续的、主要在发达国家发生的、人类社会由工业经济时代向知识经济或信息经济时代演进的工业革命。电子计算机、网络、自动控制系统、机器人等是第三次工业革命的主要标志。

与前两次工业革命一样,第三次工业革命也是科学技术重大突破后的推动,是第三次技术革命的结果。具体而言,第三次科技革命与第三次工业革命的丰富内容主要体现在以下几个方面:

首先是以微电子技术为核心的信息技术的形成。信息技术主要是指信息的获取、传递、处理等技术,是高技术的前导。信息技术以微电子技术为基础,包括通信技术、自动化技术、微电子技术、光电子技术、光导技术、计算机技术和人工智能技术等。信息技术使知识形态的生产力更迅速更广泛的传播,得到更充分的利用。电子计算机的发明、改进和广泛应用,以通信卫星、移动电话、可视电话、传真机、Email 为标志的现代通信技术的发展,以计算机网络、电信网、传媒网及三网互联为主要内容的网络技术诞生,生产、收集、处理、存储、传递以及运用信息的现代信息技术的形成,与这些技术相关的产业兴起与发展,是科学技术的重大突破与第三次工业革命的最主要内容。1945 年年底世界上第一台电子计算机在美国诞生,标志着人类社会进入计算机时代,是人类智力解放道路上的重大里程碑。计算机信息处理技术已是当代科学技术革命的主导领域,广泛渗透于各种科学技术领域。自动控制技术、人工智能技术的产生与发展带来了机器人和"无人工厂",使得社会生产由过去的机械化、电气化走向自动化、电子化。电视机、电冰箱、空调器、录像机、复印机等现代电子产品层出不穷。互联网实现了网上交流、网上通信、网上搜索、网上交易、远程教育、远程医疗等服务。信息产业得到迅速发展,并成为增长最快的新兴产业。

其次是新能源技术的发展。新能源技术包括核能技术、太阳能技术、燃煤、磁流体发电技术、地热能技术、海洋能技术等。核能技术与太阳能技术是新能源技术的主要标志,通过对核能、太阳能的开发利用,打破了以石油、煤炭为主体的传统能源观念,开创了能源的新时代。1942 年 12 月美国芝加哥大学在物理学家费米的

---

①　有的学者认为第三次工业革命所引起的高新技术产业的发展以及服务业的兴起,在本质上更应该称之为产业革命,而非工业革命。为了与前两次工业革命相对应,我们仍然采用"工业革命"的概念。

领导下建成了世界上第一座核反应堆,标志着原子能时代的开始。20 世纪 50 年代,苏联、美国、英国、法国等国纷纷先后建成核电站,核潜艇、核动力航空母舰先后下水,掀起了开发利用原子能的高潮,形成了新兴的原子能产业。现在,核电在各国电力生产中占有相当大的比重,如法国 1985 年的核电就达到全国发电量的 64.8%。而且,能够使"海水变石油"的受控热核聚变能的研究已经取得重大突破,将给人类带来更丰富、更清洁的能源。在原子能开发利用的同时,运用高新技术开发利用太阳能、潮汐能、风能、水能、地热能,以及生物能等可再生性能源的技术和产业也在加速发展。

第三是空间技术、海洋技术的发展。空间技术、海洋技术、航空航天技术的发展,人造卫星、运载火箭、宇宙飞船、空间探测器、航天飞机制造业的产生,是第三次工业革命的重要内容。1957 年世界上第一颗人造地球卫星在苏联上天;1961 年 4 月 12 日苏联的宇宙飞船上天,成功进行第一次载人空间飞行;1969 年 7 月 20 日美国实现"阿波罗"登月计划,人类第一次登上了月球,表明人类宇宙飞船时代的开始;1971 年,苏联的空间站送入航行轨道;1981 年美国航天飞机首先试飞成功,标志着人类的空间飞行进入了一个新阶段。海洋技术包括深海挖掘、海水淡化,以及对海洋中的生物资源、矿物资源、化学资源、动力资源等的开发利用。深海挖掘和海水淡化是海洋技术的主要标志。

第四是各种新材料、新技术的出现和各种新产业的形成与发展。第三次工业革命在许多领域发生,此外还包括塑料、合成橡胶、化学纤维等合成材料制造业和石油化学工业的突飞猛进,激光技术、纳米技术、超导技术、生物工程技术、遗传工程技术等高新技术的产生与应用,光导纤维、纳米材料、特征陶瓷材料、新型技术材料的开发和制造,人工合成蛋白质、转基因农产品、动植物克隆、生物医药的发明和生产等。

第三次工业革命是广度、深度空前的工业革命。由科技发展引发的第三次工业革命,领域十分宽广,深入到经济和社会生活的各个方面,引起人类社会的生产方式、生活方式和思维方式的巨大变化。从新能源、新材料到机械电子化、自动化;从太空、海洋到生命科学领域;从微电子技术、激光技术、超导技术、空间技术、卫星通信技术、网络技术、原子能技术、太阳能开发技术、海洋开发技术、生物工程技术、遗传工程技术、合成材料技术到电子计算机产业、信息产业、宇航工业、原子能工业、石油化学工业、光线制造业、生物制药产业等形成了涉及各个领域和方面的新技术群和新产业群。

第三次工业革命还没有结束。科学技术的重大发展与第三次工业革命的任务还远未完成,信息化、网络化还在推进之中,自动化还没有广泛地实现,能源革命也还没有完成,石油和电力依然是能源的主体,海洋的开发还刚刚开始,生命的奥秘还没有完全揭开,宇宙探索更是任重道远。这一切都表明,这次科学技术的发展与工业革命仍然需要继续进行。

# 1.4　我国提升科技支撑经济增长的战略部署

在我国进行社会主义建设、改革和发展的过程中,党和国家领导人根据科学技术进步的现状和趋势,坚持和发展了马克思主义的科学观,丰富和完善了马克思主义生产力学说思想。在云南经济社会建设发展中,省委省政府对科技支撑云南经济增长也作出了部署和要求。

## 1.4.1　毛泽东对科技支撑经济增长的有关论述

1940 年,毛泽东在陕甘宁边区自然科学研究会成立大会上指出:自然科学是很好的东西,它能解决衣、食、住、行等生活问题,所以每一个人都要赞成它,每一个人都要研究自然科学。自然科学是人们争取自由的一种武装。人们为了在自然界得到自由,就要用自然科学来了解自然、改造自然,从自然界那里得到自由。毛泽东认为:"马克思主义包含了自然科学,大家要来研究自然科学,否则世界上就有许多不懂的东西,那就不算一个最好的革命者"[①]。

新中国成立以后,我们党面临着把一个落后的农业中国改造成一个先进的工业化国家的任务。毛泽东领导中国共产党制定了党在过渡时期的总路线:通过社会主义改造,促使社会生产力迅速发展,促进经济生产的技术改造。

社会主义改造基本完成之后,毛泽东提出了社会主义建设的伟大目标:这就是在几十年内,努力改变我国在经济和科学文化上的落后状况,迅速达到世界上的先进水平。如果不能彻底改变我国经济和技术远远落后于帝国主义国家的状态,挨打是不可避免的。毛泽东承认:在社会主义建设上,我们还有很大的盲目性。过去干革命我们有经验,现在搞建设就没有经验。革命事业是科学,经济建设也是科学。"如果对自然界没有认识,或者认识不清楚,就会碰钉子,自然界就会惩罚我们,会抵抗"[②]。现在的生产关系改变了,就是要提高生产力。不搞科学技术,生产力就无法提高。毛泽东要求全党积累经验,努力学习社会主义建设和生产力方面的知识,在实践中逐步加深对社会主义建设规律的认识。加强对技术革新和技术革命运动的领导,总结经验,及时解决运动中的问题,把运动引导到正确的、科学的、全民的轨道上来。

## 1.4.2　邓小平对科技支撑经济增长的有关论述

"科学技术是第一生产力"、"实现现代化的关键是科学技术要能上去"等论断

① 毛泽东文集(第 2 卷).北京:人民出版社,1993:270.
② 毛泽东文集(第 8 卷).北京:人民出版社,1999:72.

是邓小平理论中关于科技支撑经济增长的核心思想,这既是现代科技发展与生产力发展历史的一个高度概括,又是马克思主义科技观的丰富和发展。

早在 1975 年 9 月 26 日,邓小平在听取《科学院工作汇报提纲》(草稿)的汇报时,肯定了"科学技术也是生产力"的观点,并且强调"科研必须走在国民经济的前面",为我国的科研工作指明了方向。1977 年 5 月 24 日,邓小平在《尊重知识,尊重人才》中指出:"我们要实现现代化,关键是科学技术要能上去"。1978 年 3 月 18 日,邓小平在全国科学大会上指出:"现代科学为生产技术的进步开辟道路,决定它的发展方向。许多新的生产工具,新的工艺,首先在科学实验室里被创造出来。一系列新兴的工业,如高分子合成工业、原子能工业、电子计算机工业、半导体工业、宇航工业、激光工业等,都是建立在新兴科学基础上的";"在无产阶级专政的条件下,不搞现代化,科学技术水平不提高,社会生产力不发达,国家的实力得不到加强,人民的物质文化生活得不到改善,那么,我们的社会主义政治制度和经济制度就不能充分巩固,我们国家的安全就没有可靠的保障"。1984 年邓小平在视察宝钢的题词中指出:"掌握新技术,要善于学习,更要善于创新"。

1988 年 9 月 5 日,邓小平在一次会见外宾的谈话中指出:"马克思说过,科学技术是生产力,事实证明这话讲得很对。依我看,科学技术是第一生产力"[1]。1992 年邓小平在南方谈话中强调:"经济发展得快一点,必须依靠科技和教育。我说科学技术是第一生产力。近一二十年来,世界科学技术发展得多快啊! 高科技领域的一个突破,带动一批产业的发展。我们自己这几年,离开科学技术能增长得这么快吗? 要提倡科学,靠科学才有希望"[2];"科学技术是第一生产力"强调了科技对于社会劳动生产力诸要素强烈的渗透和辐射作用。传统的劳动过程的三个要素是劳动者、劳动资料与劳动对象。科学技术正是通过作用于这些劳动过程的要素,使得要素本身的效应以及组合效应发挥到最大,从而使生产力系统的结构和劳动发生根本性变化,成为变革生产方式的决定因素。这个"第一"概括出了科学技术同现实生产力之间形成的新的必然联系,勾勒出科学技术在经济增长过程中的主导地位和决定作用。

### 1.4.3　党的十二大对科技支撑经济增长的要求

1982 年 9 月,中国共产党第十二次全国代表大会提出[3]:四个现代化的关键是科学技术的现代化。目前我国许多企业生产技术和经营管理落后,大批职工缺乏

---

① 邓小平文选(第 3 卷). 北京:人民出版社,1993:275.
② 邓小平文选(第 3 卷). 北京:人民出版社,1993:377.
③ 十一届三中全会以来历次党代会中央全会报告公报决议决定(上). 北京:中国方正出版社,2008:217.

必要的科学文化知识和操作技能,熟练工人和科学技术人员严重不足。今后必须有计划地推进大规模的技术改造,推广各种已有的经济效益好的技术成果,积极采用新技术、新设备、新工艺、新材料;必须加强应用科学的研究,重视基础科学的研究,并组织各方面的力量对关键性的科研项目进行"攻关";必须加强经济科学和管理科学的研究和应用,不断提高国民经济的计划、管理水平和企业事业的经营管理水平[1]。1984 年 10 月,在中国共产党第十二届中央委员会第三次全体会议通过的《中共中央关于经济体制改革的决定》中提出:还应该看到,正在世界范围兴起的新技术革命,对我国经济的发展是一种新的机遇和挑战。这就要求我们的经济体制,具有吸收当代最新科技成就,推动科技进步,创造新的生产力的更加强大的能力。1985 年 9 月,在中国共产党全国代表会议通过的《中共中央关于制定国民经济和社会发展第七个五年计划的建议》中提出[2]:经济建设的第一条方针是坚持依靠政策和科学,进一步改善生产条件,继续促进农业的全面稳定发展。经济建设的第三条方针是集中必要的财力物力和技术力量,高质量、高效率地建设一批能源、交通、通信和原材料工业的重点工程。经济建设的第五条方针是加强现有企业的技术改造和改建扩建,运用先进技术武装国民经济各部门。我们必须充分认识科技现代化在四个现代化中的决定性作用,进一步贯彻经济建设必须依靠科技进步,科技工作必须面向经济建设的方针,把促进科技进步这个带有全局性的根本任务真正放到战略地位上来。

### 1.4.4　党的十三大对科技支撑经济增长的要求

1987 年 10 月,中国共产党第十三次全国代表大会提出[3]:把发展科学技术和教育事业放在首要位置,使经济建设转到依靠科技进步和提高劳动者素质的轨道上来。现代科学技术和现代化管理是提高经济效益的决定性因素,是使我国经济走向新的成长阶段的主要支柱。科学技术进步和管理水平的提高,将在根本上决定我国现代化建设的进程,是关系民族振兴的大事。1989 年 11 月,在中国共产党第十三届中央委员会第五次全体会议通过的《中共中央关于进一步治理整顿和深化改革的决定(摘要)》中提出[4]:提高经济效益必须依靠科技进步。要选择一批投

---

① 十一届三中全会以来历次党代会中央全会报告公报决议决定(上).北京:中国方正出版社,2008:137.

② 十一届三中全会以来历次党代会中央全会报告公报决议决定(上).北京:中国方正出版社,2008:247-253.

③ 十一届三中全会以来历次党代会中央全会报告公报决议决定(上).北京:中国方正出版社,2008:290,291.

④ 十一届三中全会以来历次党代会中央全会报告公报决议决定(上).北京:中国方正出版社,2008:368.

入少、效益高的科技成果,集中技术力量和科研经费,进行大面积推广,普遍提高企业的生产技术水平。根据实施国家产业政策的要求,选择一批对经济发展有重大影响的传统产业技术改造项目,引进技术消化吸收项目,高技术产品、出口产品及进口替代产品项目,组织大中型企业和科研机构进行技术攻关,改造传统产业,加快引进设备的国产化,发展高技术产业。1990 年 12 月,在中国共产党第十三届中央委员会第七次全体会议通过的《中共中央关于制定国民经济和社会发展十年规划和"八五"计划的建议》中提出[①]:加快科技成果向现实生产力的转化,充分发挥科学技术作为第一生产力的作用,为经济和社会发展作出更大的贡献。

### 1.4.5　党的十四大对科技支撑经济增长的要求

1992 年 10 月,中国共产党第十四次全国代表大会提出[②]:科学技术是第一生产力,经济建设必须依靠科技进步和劳动者素质的提高。振兴经济首先要振兴科技。只有坚定地推进科技进步,才能在激烈的竞争中取得主动。当前,我国经济正面临着加速发展、调整结构、提高效益的重大任务,尤其需要全社会提高科技意识,多方面增加科技投入,真正依靠科技进步。科技工作要面向经济建设主战场,在开发研究、高新技术及其产业、基础性研究这三个方面合理配置力量,确定各自攀登高峰的目标。在世界高科技领域中,中华民族要占有应有的位置。通过深化改革,建立和完善科技与经济有效结合的机制,加速科技成果的商品化和向现实生产力转化。不断完善保护知识产权的制度。认真抓好引进先进技术的消化、吸收和创新。努力提高科技进步对经济增长的贡献,促进整个经济由粗放经营向集约经营转变。

1993 年 3 月,中国共产党第十四届中央委员会第二次全体会议通过的《中共中央关于调整"八五"计划若干指标的建议》提出[③]:发挥科技生产力的作用,关键是在进一步加强科学研究的基础上,大力推进科技成果商品化和科技发展产业化。要促使企业围绕提高经济效益,大力推广科技成果,采用先进技术,加快技术改造和设备更新;继续实施"星火计划"、"丰收计划",促进农村科技进步。国家要抓好关键技术的攻关,抓好对行业有牵动作用、技术水平较高、经济和社会效益好的科技成果的推广应用。特别要加强高新技术的研究和开发,加快高技术产业化和面

①　十一届三中全会以来历次党代会中央全会报告公报决议决定(上).北京:中国方正出版社,2008:400.

②　十一届三中全会以来历次党代会中央全会报告公报决议决定(下).北京:中国方正出版社,2008:448,449.

③　十一届三中全会以来历次党代会中央全会报告公报决议决定(下).北京:中国方正出版社,2008:512.

向国内、国际市场的进程。1993 年 11 月,中国共产党第十四届中央委员会第三次
全体会议通过的《中共中央关于建立社会主义市场经济体制若干问题的决定》提
出①:科学技术是第一生产力,经济建设必须依靠科学技术,科学技术工作必须面
向经济建设。积极促进科技经济一体化。1995 年 9 月,在中国共产党第十四届中
央委员会第五次全体会议通过的《中共中央关于制定国民经济和社会发展"九五"
计划和 2010 年远景目标的建议》提出:实现经济增长方式从粗放型向集约型转变,
要靠经济体制改革,形成有利于节约资源、降低消耗、增加效益的企业经营机制,有
利于自主创新的技术进步机制,有利于市场公平竞争和资源优化配置的经济运行
机制。向结构优化要效益,向规模经济要效益,向科技进步要效益,向科学管理要
效益。科技发展和经济建设要统筹规划,主要抓好以下三个方面:一是强化技术开
发和推广,加速科技成果商品化、产业化进程;二是积极发展高技术及其产业;三是
加强基础性科学研究,瞄准世界科学前沿,重点攻关,力争在我国具有优势的领域
中有重大突破。加大科技体制改革力度,建立科研、开发、生产、市场紧密结合的机
制,提高开发创新能力。加强科研院所、高等院校和企业之间的联合与合作,推动
科研院所进入大型企业集团,鼓励企业自办技术开发中心,使企业真正成为技术开
发的主体②。

### 1.4.6　党的十五大对科技支撑经济增长的要求

1997 年 9 月,中国共产党第十五次全国代表大会提出:科学技术是第一生产
力,科技进步是经济发展的决定性因素。要充分估量未来科学技术特别是高技术
发展对综合国力、社会经济结构和人民生活的巨大影响,把加速科技进步放在经济
社会发展的关键地位,使经济建设真正转到依靠科技进步和提高劳动者素质的轨
道上来③。2000 年 10 月,中国共产党第十五届中央委员会第五次全体会议通过的
《中共中央关于制定国民经济和社会发展第十个五年计划的建议》提出:推动经济
发展和结构调整必须依靠体制创新和科技创新。继续实施科教兴国战略,加快科
技进步和人才培养,充分发挥科学技术作为第一生产力的决定性作用④。

---

① 十一届三中全会以来历次党代会中央全会报告公报决议决定(下). 北京:中国方正出版社,2008:
631-632.

② 十一届三中全会以来历次党代会中央全会报告公报决议决定(下). 北京:中国方正出版社,2008:
557,561,562.

③ 十一届三中全会以来历次党代会中央全会报告公报决议决定(下). 北京:中国方正出版社,2008:
609-610.

④ 十一届三中全会以来历次党代会中央全会报告公报决议决定(下). 北京:中国方正出版社,2008:
702.

### 1.4.7　党的十六大对科技支撑经济增长的要求

2002 年 11 月,中国共产党第十六次全国代表大会提出[①]:创新是一个民族进步的灵魂,是一个国家兴旺发达的不竭动力,也是一个政党永葆生机的源泉。实践没有止境,创新也没有止境。2004 年 9 月,中国共产党第十六届中央委员会第四次全体会议通过的《中共中央关于加强党的执政能力建设的决定》提出[②]:大力实施科教兴国战略,加快国家创新体系建设,充分发挥科学技术第一生产力的作用。2005 年 10 月,中国共产党第十六届中央委员会第五次全体会议提出[③]:科学技术发展,要坚持自主创新、重点跨越、支撑发展、引领未来的方针,不断增强企业创新能力,加快建设国家创新体系。

### 1.4.8　党的十七大对科技支撑经济增长的要求

2007 年 10 月,中国共产党第十七次全国代表大会提出[④]:提高自主创新能力,建设创新型国家。2010 年 10 月第十七届中央委员会第五次全体会议通过的《中共中央关于制定国民经济和社会发展第十二个人才五年计划的建议》提出[⑤]:深入实施科教兴国和人才强国战略,加快建设创新型国家。

### 1.4.9　党的十八大对科技支撑经济增长的要求

2012 年 12 月,中国共产党第十八次全国代表大会指出:实施创新驱动发展战略,提高原始创新、集成创新和引进吸收消化再创新能力,更加注重协同创新。2013 年 11 月,中国共产党十八届三中全会指出:深化科技体制改革,建设国家创新体系。

---

① 十一届三中全会以来历次党代会中央全会报告公报决议决定(下).北京:中国方正出版社,2008:702,744,745,749.

② 十一届三中全会以来历次党代会中央全会报告公报决议决定(下).北京:中国方正出版社,2008:847.

③ 十一届三中全会以来历次党代会中央全会报告公报决议决定(下).北京:中国方正出版社,2008:876.

④ 十一届三中全会以来历次党代会中央全会报告公报决议决定(下).北京:中国方正出版社,2008:917,918.

⑤ 党的十七届五中全会建议学习辅导百问.北京:党建读物出版社,2010:17.

# 第 2 章　科技支撑云南经济增长的实证分析

本章引入科技支撑经济增长分析模型,并通过对科技支撑云南各重点行业发展的实证分析,得出科技支撑云南经济增长的有关结论。

## 2.1　科技支撑经济增长分析模型的选取

尽管科技支撑经济增长过程存在复杂性,专家学者在研究科技对经济增长贡献的研究方面也还存在着争论,但通过测算全要素生产率来揭示科技对经济增长的贡献,已经得到广泛的认可。

关于科技对经济增长贡献的测算方法很多,研究多数用丁伯根改进的柯布-道格拉斯生产函数模型,采用索洛余值法。其关键是假定所有生产者都能实现最优的生产效率,从而将产出增长中要素投入贡献以外的部分全部归结为技术进步的结果,这部分索洛剩余后来被称为全要素生产率。根据索洛余值法,产出的增长扣除投入增长就是技术进步(全要素生产率)的增长。我们也采用这一方法测算科技对云南经济增长的贡献。1957 年,索洛率先将技术进步变量加入总量生产函数,得出著名的技术进步模型,把技术进步解释为余值产生的原因,将技术进步作为除劳动和资本投入之外的一个经济增长要素。索洛模型中的科技进步是一个广义的技术进步概念,不仅包括科学技术的进步,同时也包括管理、组织、服务,以及其他解决企业或社会各种问题的手段和方法的进步。根据索洛模型,产出增长率可分解为资金、劳动要素增长率的加权和再加上技术进步率。

把技术进步因素引入生产函数 $Y=F(K,L)$,将生产函数改进为 $Y=A_t F(K,L)$,其中 $Y$ 为总产出(净产值或国民收入),$K$ 为资本投入量,$L$ 为劳动投入量,$A_t$ 代表技术进步水平。在希克斯中性技术进步(即技术进步不影响要素之间的边际替代率)的假设下,柯布-道格拉斯生产函数改进为

$$Y=A_0 e^{rt} K^{\alpha} L^{\beta}$$

其中,$\alpha$ 为资本的产出弹性;$\beta$ 为劳动的产出弹性;$r$ 为年技术进步速度(技术进步率);$t$ 是用来表示技术进步的时间变量。

索洛余值法测算技术进步对经济增长贡献的方程为

$$\frac{\Delta Y}{Y}=r+\alpha\frac{\Delta K}{K}+\beta\frac{\Delta L}{L}$$

$$y=\frac{\Delta Y}{Y},\quad k=\frac{\Delta K}{K},\quad l=\frac{\Delta L}{L}$$

$$y=r+\alpha k+\beta l$$

$$r=y-\alpha k-\beta l$$

上式解释为：

技术进步率($r$)＝总产出的年均增长速度($y$)－资本弹性系数×资本年平均增长速度($k$)－劳动弹性系数×劳动年平均增长速度。

设 $E_A$ 表示技术进步对产出增长的贡献，则可得测定技术贡献的公式为

$$E_A=\frac{r}{y}\times100\%$$

即技术进步对总产值增长速度的贡献($E_A$)＝年技术进步速度($r$)/总产值年增长速度($y$)×100%。

索洛在以上模型的基础上，进一步假设规模收益不变，即 $\alpha+\beta=1$，同时设人均产出 $y=Y/L$，资本-劳动要素比例 $k=K/L$。索洛认为 $k$ 是可变的，认可资本与劳动是可以互相替代的。

在 $Y=A_0e^{rt}K^{\alpha}L^{\beta}e^{u}$ 两边同除以 $L$，模型调整为 $Y/L=A_0e^{rt}(K/L)^{\alpha}e^{u}$，两边取对数得

$$\ln(Y/L)=\ln A_0+rt+\alpha\ln(K/L)+u$$

以生产总值增长率代表总产出的年均增长速度 $y$，以全社会固定资产投资总额增长率代表资本年均增长速度 $k$，以从业人员增长率为劳动投入增长速度。

这里通过采用索洛模型测算科技对云南经济增长的贡献率，分析研究科技支撑云南经济增长的作用。

## 2.2　科技支撑云南经济增长分析

### 2.2.1　科技支撑云南农业增长分析

设 $Y$ 为调整后的 1987～2007 年云南省农业增加值，$K$ 为调整后 1987～2007 年云南省农业全社会固定资产投资总额，$L$ 为 1987～2007 年云南省历年末农业从业人数。输入数据用 Eviews 回归，可以得到

$$\ln(Y)=-13.13+0.085T+0.001\ln(K)+2.42\ln(L)$$

其中，$T=2.94$；$K=0.0048$；$L=1.83$；$R^2=0.969$；$F=181.635$；$DW=0.74$。

$F$ 检验显著通过。模型中技术进步 $r=0.085$ 的 $t$ 检验显著通过，但变量 $\ln(K)$ 与 $\ln(L)$ 的 $t$ 检验均不通过，说明模型不符合现实经济意义，因此改进模型，删除 $T$ 统计量后模型调整为 $Y=AK^{\alpha}L^{\beta}e^{u}$，即

$$\ln Y=\ln A+\alpha\ln K+\beta\ln L+u$$

代入数据,用 Eviews 回归,可以得到

$$\ln(Y) = -13.13 + 0.001\ln(K) + 2.42\ln(L)$$

其中,$K=7.745$;$L=0.42$;$R^2=0.954$;$F=188.42$;$DW=1.58$。

$F$ 检验显著通过,$\ln(K)$ 的 $t$ 检验显著通过,但 $\ln(L)$ 的 $t$ 检验并不通过,说明 $\ln(L)$ 在模型中并不显著,因此对模型做进一步改进,两边同除以 $L$,可以得到 $Y/L=A(K/L)^\alpha e^u$,即

$$\ln(Y/L) = \ln A + \alpha\ln(K/L) + u$$

代入数据用 Eviews 回归,可以得到

$$\ln(Y/L) = 5.66 + 0.22\ln(K/L)$$

其中,$K/L=12.28$;$R^2=0.991$;$F=541.5$;$DW=2.21$。

模型系数的经济含义:$\alpha=0.22$ 表示云南省资本投入增长 1% 可以带来云南省农业 0.22% 的增长;$\beta=1-0.22=0.78$,表示云南省劳动投入增长 1% 可带来云南省农业 0.78% 的增长;$r$ 无法进入模型,表示技术进步对农业经济的增长作用不显著。

总体来看,1987~2007 年科技对云南省农业增长的贡献很小,只有 17.99%;从模型估计结果看,劳动投入对农业经济增长的边际影响(0.78)大于固定资本投入的影响(0.22),说明云南农业属典型的劳动密集型产业,传统农业的成分还比较高(表 2.1)。

表 2.1　科技支撑云南农业增长模型分析结果

| | 技术 | 人均资本 | 劳动 |
|---|---|---|---|
| 弹性系数 | — | 0.22 | 0.78 |
| 各要素对农业增长的贡献/% | 17.99 | 82.01 | — |

国内研究者对我国技术进步对农业增长的贡献率的测算平均水平大约在 45% 左右,而云南省技术进步对农业增长的贡献率为 17.99%,远低于全国平均水平(表 2.2)。

表 2.2　国内研究者对我国农业技术进步贡献率的度量结果

| 研究者 | 时期 | 技术进步贡献率/% |
|---|---|---|
| 朱希刚 | 2001~2005 年 | 56 |
| | 1996~2000 年 | 45 |
| | 1991~1995 年 | 34 |
| | 1986~1990 年 | 27 |
| 蒋和平等 | 2001~2005 年 | 50.1~50.8 |
| 樊胜根等 | 1985~1993 年 | 56.2 |

### 2.2.2　科技支撑云南工业增长分析

1. 总体分析

设 $Y$ 为调整后的 1987~2007 年的云南省工业增加值，$K$ 为调整后的 1987~2007 年的云南省工业全社会固定资产投资总额，$L$ 为 1987~2007 年的云南省历年末工业从业人数。输入数据，用 Eviews 回归，可以得到

$$\ln(Y) = -2.47 + 0.116T + 0.098\ln(K) + 1.129\ln(L)$$

其中，$T = 3.82$；$K = 0.39$；$L = 1.02$；$R^2 = 0.95$；$F = 138.07$；$DW = 0.23$。

$F$ 检验显著通过，但变量 $\ln(K)$ 与 $\ln(L)$ 的 $t$ 检验均不通过，说明模型不符合现实经济意义，因此改进模型。在多次试算之后，将环境变量引入模型可以显著地改善模拟结果。环境作为能够提供一系列服务的自然资产，自然环境在接受废弃物、提供宜人环境方面发挥不可替代的作用。工业生产活动总是在一定的环境条件下进行，并会对环境造成一定影响，环境承载对经济增长做出了贡献。

引入环境污染变量改进模型。为了度量环境对工业增长的贡献，选取工业"三废"排放量来度量工业增长过程中对环境的消耗。为了避免多重共线性，将工业废水、废气和固体废弃物排放量做标准化处理之后取加权和，合并为一个环境污染变量 $H$，令 $h = H/L$，经过多次试算，回归得到

$$\ln(Y/L) = -6.09 + 0.0898T + 0.33\ln(K/L) - 0.48\ln(h)$$

其中，$T = 3.71$；$K/L = 2.04$；$h = -2.51$；$R^2 = 0.989$；$F = 210.4$；$DW = 1.14$。

模型系数的经济含义：$\alpha = 0.33$，$\beta = 0.67$，表示云南省资本投入增长 1% 可带来工业经济 0.33% 的增长，劳动投入增长 1% 可带来工业经济 0.67% 的增长；$r = 0.0898$，表示云南省技术进步的年增长速度为 8.98%。环境污染变量的系数为负（-0.48），表示工业增长是以一定的环境污染为代价的。

总体来看，云南省在 1987~2007 年科技对工业经济增长的贡献为 38.64%，资本和劳动投入对云南省工业经济增长的贡献为 59.28%（表 2.3），说明云南省的工业经济增长仍然属于资本投入驱动型的增长模式，科技尚未成为支撑工业经济增长的主要因素。由于工业"三废"的排放量总体是震荡下降的趋势，因此其对工业增长的贡献不大，只有 2.08%。从这个结果看，云南工业发展虽然以一定的环境影响为代价，但影响程度相对较低。

表 2.3　科技支撑云南工业增长模型测算结果

| | 技术 | 人均资本 | 劳动 | 环境资源 |
|---|---|---|---|---|
| 弹性系数 | — | 0.33 | 0.67 | -0.484 |
| 各要素对工业增长的贡献/% | 38.64 | 59.28 | — | 2.08 |

国内外研究者对我国技术进步对工业增长的贡献率的测算平均水平大约在 30%左右,我们测算云南省技术进步对工业增长的贡献率为 38.64%,略高于全国平均水平(表 2.4)。

**表 2.4　国内外研究者对我国工业技术进步贡献率的度量结果**

| 研究者 | 时期 | 技术进步贡献率/% |
| --- | --- | --- |
| Selin Ozyurt | 1993~2002 年 | 33 |
| 李小平等 | 1986~2002 年 | 10.59 |
| 吴玉鸣等 | 2003 年全国 31 个省份面板数据 | 45.33 |
| 李碧花 | 1978~2000 年 | 27.11 |

**2. 科技支撑云南重工业增长分析**

设 $Y$ 为调整后的 1997~2007 年的云南省重工业增加值,$K$ 为调整后 1997~2007 年的云南省重工业全社会固定资产投资年平均余额,$L$ 为 1997~2007 年的云南省历年末重工业从业人数。输入数据回归得到

$$\ln(Y/L) = -1.0 + 0.03T + 0.87\ln(K/L)$$

其中,$T=0.6$;$K/L=2.28$;$R^2=0.67$;$F=8.04$;$DW=1.67$。

在 0.05 的显著水平下,$F$ 检验显著通过,拟合度达到 0.67。

模型系数的经济含义:$\alpha=0.87$,表示资本投入增长 1%可带来重工业增长 0.87%,$\beta=0.13$,表示云南省劳动投入增长 1%可带来云南省重工业增长 0.13%,$r=0.03$,但在模型中 $t$ 值不显著,说明技术进步对重工业增长的作用不显著。

总体来看,1997~2007 年,科技对云南省重工业经济增长的贡献为 26.78%;资本和劳动投入对云南省重工业经济增长的贡献为 63.22%(表 2.5)。

**表 2.5　科技支撑重工业增长模型测算结果**

| | 技术 | 人均资本 | 劳动 |
| --- | --- | --- | --- |
| 弹性系数 | — | 0.87 | 0.13 |
| 各要素对重工业增长的贡献/% | 26.78 | 63.22 | — |

**3. 科技支撑云南轻工业增长分析**

设 $Y$ 为调整后的 1997~2007 年的云南省轻工业增加值,$K$ 为调整后 1997~2007 年的云南省轻工业全社会固定资产投资年平均余额,$L$ 为 1997~2007 年的云南省历年末轻工业从业人数。输入数据回归得到

$$\ln(Y/L) = 1.85 + 0.098T + 0.23\ln(K/L)$$

其中,$T=10.7$;$K/L=2.6$;$R^2=0.97$;$F=138.04$;$DW=1.79$。

在 0.05 的显著水平下,F 检验显著通过,拟合度达到 0.97。

模型系数的经济含义:$\alpha=0.23$,表示资本投入增长 1% 可带来轻工业增长 0.23%,$\beta=0.77$,表示云南省劳动投入增长 1% 可带来轻工业增长 0.77%,$r=0.098$,表示云南省轻工业技术进步率为 9.8%。

总体来看,1997～2007 年科技对云南省轻工业增长的贡献为 89.9%;资本和劳动投入对云南省轻工业增长的贡献为 10.1%(表 2.6)。轻工业中的技术贡献较高的原因主要是云南省轻工业中的烟草业比重大,技术水平较高,因此拉高了轻工业的整体科技水平。

**表 2.6　科技支撑轻工业增长模型测算结果**

|  | 技术 | 人均资本 | 劳动 |
| --- | --- | --- | --- |
| 弹性系数 | — | 0.23 | 0.77 |
| 各要素对轻工业增长的贡献/% | 89.9 | 10.1 | — |

樊潇彦(2004)曾用截面数据对中国各省工业的全要素生产率进行过分析,发现传统的以农产品为原料的轻工业、采掘工业和原料工业的技术进步率低于重工业,而以非农产品为原料的轻工业的技术进步率却明显高于重工业。王德文等(2004)发现轻工业和劳动密集型产业的生产率增长高于重工业和资本密集型产业的生产率增长,并且随着轻工业和劳动密集型产业的快速增长,其在整个工业中的比重增加,导致整个工业的配置效率改善。

### 2.2.3　科技支撑云南服务业增长分析

设 Y 为调整后的 1987～2007 年的云南省服务业增加值,K 为调整后 1987～2007 年的云南省服务业全社会固定资产投资总额,L 为 1987～2007 年的云南省历年末服务业从业人数。输入数据回归得到

$$\ln(Y/L)=4.56+0.019T+0.53\ln(K/L)$$

其中,$T=1.28$;$K/L=5.53$;$R^2=0.958$;$F=152.9$;$DW=1.14$

在 0.05 的显著水平下,F 检验显著通过,拟合度达到 0.998。

模型系数的经济含义:$\alpha=0.53$,表示资本投入增长 1% 可以带来服务业 0.53% 的增长,$\beta=0.47$,表示云南省劳动投入增长 1% 可带来云南省服务业 0.47% 的增长,$r=0.019$,但是在模型中 $t$ 值不显著,表示技术进步对服务业增长的作用不显著。

总体来看,1987～2007 年,科技对云南省服务业经济增长的贡献为 33.09%;资本和劳动投入对云南省服务业经济增长的贡献为 66.91%(表 2.7)。

**表 2.7　科技支撑服务业增长模型测算结果**

|  | 技术 | 人均资本 | 劳动 |
| --- | --- | --- | --- |
| 弹性系数 | — | 0.53 | 0.26 |
| 各要素对服务业增长的贡献/% | 33.09 | 66.91 | — |

　　国内研究者对我国技术进步对服务业增长的贡献率的测算平均水平大约在30%左右,我们测算的云南省技术进步对服务业增长的贡献率为 33.09%,接近全国平均水平(表 2.8)。

**表 2.8　国内研究者对我国服务业技术进步贡献率的度量结果**

| 研究者 | 时期 | 技术进步贡献率/% |
| --- | --- | --- |
| 徐宏毅 | 1995~2002 年 | 40.86 |
| 刘兴凯 | 1978~2007 年 | 23.13 |

## 2.2.4　科技支撑云南经济增长分析

　　设 $Y$ 为调整后 1987~2007 年的云南省生产总值,$K$ 为调整后 1987~2007 年云南省全社会固定资产投资总额,$L$ 为 1987~2007 年云南省历年末从业人数。数据取自《云南统计年鉴》、《中国统计年鉴》,为了更准确地反映实际增长水平,考虑通货膨胀因素,用居民消费价格总指数(以 1978 年为基期)对云南省生产总值进行了调整,用固定资产价格指数(以 1978 年为基期)对全社会固定资产投资总额进行调整。输入数据用 Eviews 回归得到

$$\ln(Y) = -43.28 - 0.0159T + 0.296\ln(K) + 5.999\ln(L)$$

其中,$T = -0.96$;$K = 3.14$;$L = 4.69$;$R^2 = 0.994$;$F = 1026.796$;$DW = 0.71$。

　　$F$ 检验显著通过,$\ln(K)$、$\ln(L)$ 的 $t$ 检验显著通过,但是 $T$ 的符号为负,明显不符合现实情况,观察 $T$ 统计量的 $t$ 检验并不显著,说明该模型设定有误,因此修改模型。假设规模经济不变,两边同除以 $L$,模型调整为 $Y/L = A_0 e^{rt}(K/L)^\alpha e^u$,即

$$\ln(Y/L) = \ln A_0 + rt + \alpha\ln(K/L) + u$$

代入数据用 Eview 回归可得

$$\ln(Y/L) = -4.98 + 0.028T + 0.55\ln(K/L)$$

其中,$T = 1.49$;$K/L = 5.31$;$R^2 = 0.983$;$F = 596.83$;$DW = 0.56$。

　　模型系数的经济含义:$\alpha = 0.55$,表示云南省资本投入增长 1% 可以带来云南省生产总值 0.55% 的增长;$\beta = 0.45$,表示云南省劳动投入增长 1% 可带来云南省生产总值 0.45% 的增长;$r = 0.028$,但是在模型中 $t$ 值不显著,表示云南省技术进步对经济增长的影响不显著。

　　总体来看,1987~2007 年,科技对云南省经济增长的贡献为 26.86%;而资本

和劳动投入成为云南省经济增长的主要贡献因素(表2.9)。1987~2007 年云南省从业人员的增长速度十分缓慢,年均增长速度仅为 2.27%,说明云南省经济增长仍然属于投资驱动型,科技尚未成为支撑云南经济增长的主要因素。

**表 2.9　科技支撑云南经济增长模型分析结果**

|  | 技术 | 人均资本 | 劳动 |
|---|---|---|---|
| 弹性系数 | 0.028 | 0.55 | 0.45 |
| 各要素对经济增长的贡献/% | 26.86 | 73.14 | — |

国内研究者对我国技术进步对总体经济增长的贡献率的测算平均水平大约在 40%左右,而云南省技术进步对总体经济增长的贡献率为 26.86%,与全国平均水平有较大差距(表2.10)。

**表 2.10　国内研究者对我国技术进步贡献率的度量结果**

| 研究者 | 时期 | 技术进步贡献率/% |
|---|---|---|
| 原计委科技司课题组 | 1979~1996 年 | 46 |
| 科技部研究中心 | 1978~1997 年 | 47 |
| "十五"科技规划研究总体组 | 1979~1998 年 | 48 |
| 中国社科院数量经济与技术经济研究所周方 | 1978~1996 年 | 38.96 |
| 中国社科院数量经济与技术经济研究所课题组乔根森 | 1978~1995 年 | 36.23 |
| 史清琪 | 1991~2000 年 | 39.6 |
| 杜希双 | 1981~1997 年 | 31.65 |
| 中国人民银行货币政策分析小组 | 1991~2001 年 | 20 |

综上所述,技术进步对云南省经济增长的贡献逐步提高,但技术进步支撑云南经济增长的作用仍偏低,从影响经济增长的三大因素看,人均资本增加所导致的产出增长约占总产出增长的 2/3,云南省的经济增长主要依赖于资本和劳动等要素的积累。根据投资报酬递减规律,随着经济的发展,依靠资本投入的经济增长必然放慢。保证云南省经济平稳快速增长,必须加快科技进步,提升科技对云南经济的支撑作用。

# 第3章 科技支撑云南重点行业分析

产品创新、产业升级、新兴产业或新的经济增长点的形成是科技对具体产业经济支撑作用最直接的表现形式,最终体现在经济增长率和经济增长方式的转变上。因此,本章从产品创新、产业升级、新增长点的形成三个方面分析科技对云南各重点行业经济增长的支撑作用。

产品创新是指创造某种新产品,可以分为后向创新和前向创新。后向创新是指对老产品的翻新,把以前企业或市场中存在的某种产品形式和功能加以适当的改变,从而适合消费者现在的要求。前向创新是指创造一个全新的产品以满足消费者的需求。这两种创新都直接体现出科技对经济和产业的支撑最终通过市场交易得以实现。本研究主要通过分析新产品产值率的变化来反映该产品的创新能力。

产业升级主要是指产业结构的改善和产业素质与效率的提高。产业结构的改善表现为产业的协调发展和结构的提升;产业素质与效率的提高表现为生产要素的优化组合、技术水平和管理水平以及产品质量的提高。产业升级必须依靠技术进步。本研究重点用中间投入率评价产业结构的改善,用劳动生产率评价产业效率的提升,用单位产出能耗、水耗,以及该产业的生态足迹来评价该产业的素质提升,从而评价科技对该产业升级的作用。

## 3.1 科技支撑农业发展分析

面对世界人口增长和耕地减少等问题,以及生物经济的发展,努力提高农业科技含量、增加农业产量已成为全球生物农业发展的主流,农业的外延已经开始扩大到作物新品种、新型食品,以及增加农产品功能等领域。以农业生物技术为方向的国内外农业科技快速发展,而云南省的农业科技发展却相对缓慢,对农业增长的支撑作用仍偏弱。

### 3.1.1 国内外农业科技发展现状及趋势

农业生物技术是支撑农业发展、支撑传统农业向现代农业转变的最新方向。农业生物技术是指运用基因工程、发酵工程、细胞工程、酶工程,以及分子育种等生物技术,改良动植物及微生物品种生产性状,培育动植物及微生物新品种,生产生物农药、兽药与疫苗的新技术。现代农业生物技术可以培育出优质、高产、抗病虫、抗逆的农作物,以及畜禽、林木、鱼类等新品种,可以进行再生能源的利用,解决能源短缺问题;可以扩大饲料、药品等来源,满足人类日益增长的需要;可以进行无废物的良性循环、减少环境污染,充分利用各种资源等。因此,现代农业生物技术已经受到世界各国政府的高度关注,纷纷将其作为新世纪农业科技的先导部分。

### 1. 世界农业科技发展现状及趋势

由于世界性的人口激增、耕地锐减、环境恶化、粮食短缺等问题日益突出,发达国家纷纷着力将生物技术应用到农业领域,以寄希望于农业生物技术支撑农业的发展。生物技术作为新的农业科技革命的"推进器",正在悄然拓展和创新农业功能,引领生物农业表现出农业外延扩大化、农业功能多元化和创新成果产业化等新特点。以农业生物技术为先导的农业科技发展趋势及特点集中表现在基因图谱研究领域取得较大进展。英国完成了小麦基因图谱的测定,这一图谱是世界上最详细的,包括 21 对染色体上的 16 万亿碱基对,已确定的基因有矮化基因、抗病基因、抗逆基因等;美国对一些主要作物和林木进行了遗传图谱的构建,重要基因特别是数量性状位点的标记、定位和作图,并就一些物种进行了物理图谱的构建及少数基因的功能分析;澳大利亚与世界 14 个国家的 38 个实验室共同完成了牛的基因图谱,包含 1000 个 DNA 变体,覆盖全部中基因的 95%,是最完整的动物基因图谱。

在转基因生物育种研究领域,转基因植物育种和动物育种技术均取得重大突破。在转基因植物育种方面,全球已在 100 多种植物中获得了转基因植株,其中具有实用价值的基因转移包括抗除草剂、抗虫、抗病、抗病毒、改善品质、改变蛋白质组分、雄性不育、改变花形花色、延长保鲜期等基因的转移。例如,孟山都公司成功地把苏云金杆菌的基因转移到棉花、玉米、西红柿和马铃薯等植物内,组建成抗棉铃虫、抗玉米钻心虫等十几种作物新品种,这些抗虫新品种可使一些作物减少使用杀虫剂(化学农药)约 60%;澳大利亚利用转基因方法研制出抗象鼻虫的豌豆品种、抗 PVLR 病毒的土豆品种等;韩国已利用基因聚合建立了水稻转基因体系,并已利用此项技术开发出抗除草剂水稻。在转基因动物育种技术方面,运用转基因新技术已培育出转基因猪、羊、牛、鱼等。美国利用基因工程方法把某些动物生长激素基因转移到细菌中,然后由细菌繁殖产生大量有用的激素,这些激素在畜禽新陈代谢过程中,能促进其体内蛋白质的合成和脂肪的消耗,从而加快生长发育;澳大利亚已设计出一种可以改善羊体内血液中增长荷尔蒙数量基因,从而提高饲料的利用率和改进羊肉的品质。

在植物组织培养和生物防治领域,植物工厂化生产技术研究方面正在向实用化阶段迈进。全世界通过细胞组织培养而成功再生植株的植物已超过 600 种,其中 140 多种植物能够通过原生质体培养得到再生植株,200 多种植物实现了花药培养成株。在新型生物杀虫剂、生长激素、农用疫苗和诊断盒方面,美国环境保护委员会先后批准了两家公司研制的 4 种新型生物杀虫剂投入使用,一种保护雏鸡免遭鸡新城疫病毒和鸡痘病毒侵染的基因重组病毒疫苗也已经实现产业化。

在转基因动物生产药物(生物反应器)研究领域,利用转基因技术研制动物生物反应器是动物生物技术中最具诱惑力、最易进入产业化阶段的研究领域,已成为世界各国竞争的热点。英国 1991 年 9 月报道从转基因绵羊的奶中生产人 a1-抗胰蛋白酶;荷兰 PHP 公司培育出了表达人乳铁蛋白基因的转基因牛;美国 GTC 公司等培育出了表达抗凝血酶Ⅲ基因的转基因山羊等;比利时利用转基因油菜生产多肽药物;韩国生命工学研究所培育出了能分泌人乳成分 lactoferrin 的转基因奶牛个体。

世界农业生物技术进入快速产业化时期,形成了美国和欧盟领跑、发展中国家快速推进的发展态势。随着生物技术的发展,全球农业生物技术产业化建设正处于高速发展时期,已经在不少国家形成产业化,尤其是发达国家的农业生物技术产业化程度已相当高,其中农业生物技术产品市场发展较快的国家有美国、法国、荷兰和德国。已经成功实现产业化的产品主要有:转基因育种领域中的大豆、玉米、棉花、油菜、土豆、番茄、南瓜和木瓜等已在全球大规模商业化种植,细胞和组织培养农业领域中的花卉、草莓、荔枝等试管苗和脱毒苗,微生物农药领域中的苏芸金杆菌、兽医治疗药物和防治疫品、农用诊断试剂、家畜胚胎移植技术、单细胞蛋白、人工种子和胚芽等。以农业生物技术引领的农业科技创新,正迅速渗透到农业生产的各个领域。

美国、欧盟等发达国家继续领跑生物技术产业化,发展中国家的转基因育种产业化种植发展速度较快,也达到一定规模。2008 年,美国转基因作物种植面积继续排名世界第一,达到 6250 万公顷,高于 2007 年的 5770 万公顷,占全球总量的 50%;尤其是在生物乙醇市场迅猛增长的刺激下,美国玉米种植面积 3530 万公顷,其中 85% 为转基因玉米;同时具有 2～3 种遗传特性和多重好处的混合型转基因作物已经率先在美国获得规模化推广,该类产品已占所有转基因作物的 41%、转基因玉米的 75%、转基因棉花的 78%。2008 年,欧盟 7 个成员国转基因棉花种植面积达到 10.8 万公顷,比 2007 年的 8.8 万公顷增长 21%。发展中国家占全球转基因作物种植总面积的比例逐年增长。2007 年,发达国家和发展中国家的转基因作物种植面积分别为 7490 万公顷和 4940 万公顷,分别比 2006 年增长 6% 和 21%。值得注意的是,种植转基因作物的中国、印度、阿根廷、巴西和南非 5 个最主要的发展中国家,分别位于亚洲、拉丁美洲和非洲,人口总计达 26 亿,占全球总人口的 40%,完全依靠农业生存的人口达 13 亿,占全球贫困人口总量的绝大多数。这 5 个最主要的发展中国家对转基因作物的应用,也体现出转基因作物未来在全球得到接受和推广的总体趋势。

在全球农业生物技术产业化的过程中,转基因作物种植商业化规模化程度较高,并得到快速推广。杜邦、孟山都、先正达、利马格兰、圣尼斯、Delta & Pine Land 等技术先进的世界种子公司,其领域主要涉及转基因玉米、大豆、小麦、高粱、向日葵、蔬菜种子等,有效推动了转基因作物的产业化种植。2008 年,全球转基因作物种植面积比上年增长 9.4%,达到 1.25 亿公顷,占全球作物种植总面积 15 亿公顷的 8%。其中,转基因大豆种植面积 6580 万公顷,占全球转基因作物种植总面积的 53%,名列第一;转基因玉米种植面积 3730 万公顷,占全球转基因作物种植总面积的 30%;转基因棉花种植面积 1550 万公顷,占全球转基因作物种植总面积的 12%;转基因油菜种植面积 590 万公顷,高于 2007 年的 550 万公顷,占全球转基因作物种植总面积的 5%。1996~2007 年,全球转基因作物经济获利累计约440 亿美元,其中 44% 是由于单产提高,56% 是由于成本下降;全球大豆、玉米、棉花和油菜 4 大转基因作物的生产增量总计为 1.41 亿吨,相当于 4300 万公顷常规作物种植面积的产量。2008 年,全球转基因作物的生产增量为 3210 万吨,其中玉米 1510 万吨、大豆 1450 万吨、棉花 200 万吨和油菜籽 50 万吨,相当于 1000 万公顷常规作物种植面积的产量。随着转基因水稻、小麦和番薯的逐步推广,转基因作物在未来具有巨大的发展前景。

2. 中国农业科技发展现状

我国农业生物技术起步晚,与发达国家有较大差距,但在技术研发领域发展较快。在国家政策的扶持下,尤其是在国家 863 计划,973 计划和"国家转基因植物研究与产业化专项"的直接支持下,已取得了很大的成绩。我国农业生物技术的整体水平在发展中国家处于领先地位,一些领域已经进入国际先进行列,但是农业生物技术商业化推广程度不高,与产业化水平较发达国家相比仍具有一定差距。中国农业科技主要优势领域及产业化集中表现在如下方面:

① 转基因植物研究。在该领域中转基因棉花研究发展较好,通过转基因技术体系的优化,已成功将抗虫、抗病、纤维优良等基因转入到 20 多个主栽棉花品种中。已有 4 个抗虫转基因棉新品种通过审定,累计推广 36.7 万公顷,产生的社会与经济效益达 7.7 亿元,使我国成为世界上拥有抗虫棉研制开发整套技术的第 2 个国家。另外,抗黄矮病,白粉病和赤霉病的小麦新品种通过品种审定,累计推广种植 96.5 万公顷。

② 现代杂交育种。我国现代杂交生物育种研发能力居世界前列,在品质育种上相继问世的有赖氨酸含量比普通玉米高近 50% 的饲料玉米、富含可提高人体免疫力和抗癌能力的维生素 E 和不饱和脂肪酸的油料作物,具有抗癌作用的草莓、富含抗癌蛋白的大豆等功能食品,超高产、品质优的超级水稻,以及没有豆腥味的大豆;在抗性育种上,先后育成的有抗棉铃虫的棉花、抗玉米螟虫的玉米、抗除草剂

的大豆等。中国从 1996 年起实施"中国超级稻育种项目",杂交水稻在基础理论和品种选育方面都取得新突破,尤其是袁隆平院士提出的超级育种计划使稻谷产量突破 12000 千克/公顷。

③ 植物组织培养、染色体工程育种。我国在组织培养的应用与开发方面一直处于国际领先地位,至今已育成数十个水稻、小麦、大麦、玉米、马铃薯、油菜等新品种。在花药培养、染色体工程育种方面,结合分子标记辅助育种等技术,我国成功育成了广谱高抗白粉病的小麦——簇毛麦易位系 6VS/6AL,并将中间偃麦草抗小麦黄矮病的基因转移到普通小麦中,育成 119880 和 119899 等易位系。

④ 植物基因组研究。我国在植物基因组研究领域研发能力较强,已完成模式植物水稻和拟南芥大型突变库的构建,克隆了一批与小麦、水稻、棉纤维等品质与发育密切相关的候选基因;完成 10250 份水稻和近 200 份棉花重要遗传资源的鉴定;完成籼稻 9311 全基因组的工作框架图和基因精细图,为我国水稻基因组研究做出了重要贡献;完成水稻籼稻的全基因组精细图,该基因组精确图的覆盖率已达到 98%,并且已经有 95% 的序列准确定位到染色体上;完成水稻粳稻 4 号染色体的精确测序,是世界上第一个完成的禾本科植物全基因组测序。从水稻、小麦、棉花、大豆等重要农作物中分离克隆出功能基因 20 多个,这些基因在秸秆利用作物、蔬菜纤维品质改良、水稻亚种间杂种优势利用、遗传改良植物营养利用等方面有良好的应用前景。

⑤ 单克隆抗体研制、动物生物反应器研究。我国已研制成马传染性贫血、猪瘟、鸡新城疫、草鱼出血疫、马铃薯病毒及其他植物病毒等一大批单克隆试剂盒,并应用于动植物一些严重病害的快速准确诊断。在动物生物反应器方面,已获得了表达生长激素基因的转基因羊,乳腺表达人生长激素基因和抗凝乳酶基因的转基因绵羊等。

⑥ 动物胚胎移植研究。我国牛、羊、猪、兔等家畜胚胎移植和牛、羊、兔等家畜胚胎冷冻技术已获成功,动物胚胎移植技术已在生产上推广应用。在胚胎移植技术基础上又进行了奶牛、绵羊切割胚胎的移植,成倍提高了胚胎移植的效率,从而更有效地挖掘优良母畜的遗传潜力;试管牛、羊体外核移植、胚胎的切割及体外受精技术均已成功,进入中试;牛的卵母细胞在体外培养成熟等已取得明显进展;在水产上已成功地选育出"四倍体复合银鲫鱼"和"人工复合三倍体鲤鱼",经大面积饲养试验显示出快速生长特性。

中国农业生物技术产业化取得一定进展,但与发达国家仍有较大差距。我国农业生物技术产业化建设已取得了较大突破。1992 年我国首先在种植上推广抗黄瓜花叶病毒转基因烟草,使我国成为世界上第一个商品化种植转基因作物的国家。我国自主研制的抗虫转基因棉花,自 1997 年批准生产以来转基因抗虫棉花规模化种植发展较快,2006 年国产抗虫棉种植面积达 7000 多万亩,平均每亩增收

140~160元。但是,除了转基因棉花种之外,其他5个中国已经批准的转基因植物商品化生产程度较差,转基因农作物耕种面积仅占农作物种植面积的3%,中国的转基因农作物的推广速度仍远远低于发达国家。在杂交育种方面,90%以上的玉米种植使用杂交种子,自2000年开始推广的两系法杂交水稻到超级杂交水稻,规模化种植面积较广。生物农药产业方面,我国已成为世界上最大的井岗霉菌、阿维菌素、赤霉菌素生产大国。从综合产业化规模与其研究的深度上分析,井岗霉菌、阿维菌素、赤霉菌素、苏云金杆菌4个品种已经成为我国生物农药产品中的拳头产品,农用链霉素、农抗120、苦参碱、多抗霉素和中生菌素等产业化品种已成为我国生物农药产业的中坚力量,这些品种现有的市场规模已经占到生物农药的90%左右。我国家畜冷冻胚胎移植技术用于牛、羊和兔等,已经实现产业化生产,基因重组固氮菌剂、兽用疫苗等5种动物用重组微生物制剂、转BT基因微生物制剂等3种微生物农药也已经投入应用。总体上,我国农业生物技术产业化已经取得了一定成效,但是我国对转基因的发展没有一个整体的战略规划,处于一个政策不明、推进乏力的状况,与美国等世界发达国家的产业化建设仍有一定差距,生物农药产业化建设仍有待进一步发展。

### 3.1.2　云南农业科技发展现状

云南虽然是农业大省,但还不是农业强省,农业科技总体上落后,农业生物技术虽然有一定的发展,但与发达地区相比还存在很大差距。

#### 1. 农业生物技术科研平台建设稳步发展

在云南省建设的28个重点实验室和工程技术研究中心中,农业生物技术研发机构有12个。重点实验室和工程技术研究中心等一批农业生物技术科研机构的建设使云南省现代生物技术产业的科研基础条件明显改善,科技创新能力大幅度提高,已承担并完成的多项国家级重点研究项目中,农业生物技术占主体,为生物技术产业建设提供了强有力的科技支撑(表3.1)。

**表3.1　云南省重点实验室、工程技术研究中心承担973计划、863计划项目表**

| 年份 | 课题名称 | 承担单位 | 项目 |
|------|----------|----------|------|
| 2000 | 动物遗传多样性的高技术保护和持续利用的科学基础 | 云南省畜禽分子生物学重点实验室 | 973计划前期研究项目 |
| 2000 | 哺乳类动物体细胞克隆中核质互作及发育全能性的研究 | 云南省动物生殖生物学重点实验室 | 973计划前期研究项目 |

续表

| 年份 | 课题名称 | 承担单位 | 项目 |
|------|----------|----------|------|
| 2001 | 云南放线菌、高等真菌和野生蔬菜的资源评价与可持续利用 | 云南省天然药物化学重点实验室 | 973 计划前期研究项目 |
| 2001 | 分子标记技术在水稻生产中的应用 | 云南省植物病理重点实验室 | 863 计划 |
| 2002 | 农业动物重要经济性状的主基因定位 | 云南省畜禽分子生物学重点实验室 | 973 计划前期研究项目 |
| 2002 | 云南高原杀虫微生物及应用价值评估 | 云南省生物资源保护与利用重点实验室 | 973 计划前期研究项目 |
| 2002 | 稻麦重要病原菌小种分子鉴定与病害生态控制技术研究 | 云南省植物病理重点实验室 | 863 计划 |
| 2002 | 酒精生产关键技术的研究 | 云南省农村能源工程重点实验室 | 863 计划 |
| 2003 | 水稻品种多样性持续控制稻瘟病研究 | 云南省植物病理重点实验室 | 863 计划 |
| 2005 | 农业生物多样性控制病虫害和保护种质资源的原理与方法 | 云南省植物病理重点实验室 | 973 计划 |

资料来源：云南省科技厅，截至 2006 年。

**2. 初步形成了转基因农作物、生物农药、生物肥料研发能力较强的农业生物技术研发格局**

云南农业生物技术领域中传统杂交技术和现代基因工程技术方面科研基础较好，转基因农作物、生物农药、生物肥料领域的技术研发能力较强，许多项目已经达到国内甚至国际先进水平，部分具有较好的经济效益。云南大学和云南省农科院合作的"应用 ADP 葡萄糖焦磷酸酶基因提高水稻产量的研究"，建立起了与国际同步的水稻转基因技术体系，并获得了有较好增产能力的新品种，该项研究获得的转"ADP 焦磷酸酶基因——合系 38 和 42"水稻材料，经田间试验证明分别比原高产材料增产 11.10％和 6.53％，显示出极好的推广应用前景；云南省农科院生物研究所和种子研究所通过现代生物技术率先在国内育成了 H166、H165、油花 3 号等多个花培甘蓝型优质油菜新品种；云南省烟草科学研究院开展的烟草根结线虫病生物防治研究，已分离和筛选出 3 种食线虫高效菌株，在此基础上研究出两种生物防制剂 IP 和 VC10 及大量生产两种防制剂的技术对根结线虫的防治效果为 70.40％，略优于化学药剂克线磷，具有较好的经济和生态效益；云南省烟草科学研究院还通过实验筛选出综合性状好的两个优良 VA 菌根菌种接种到烟草根部，可显著促进烟草对磷的吸收和提高烟株的抗旱能力，田间试验结果表明能提高烟草单产 10.7％，平均产值增加 5.37％。

### 3. 农业生物技术产业化建设取得一定成效

云南农业生物技术研发能力稳步提高,为云南省农业生物技术产业化的进一步推进奠定了良好的产业基础。经过多年发展,农业先进适用技术和高效多产的农业新品种推广取得较大进展,生物农药种植规模化初见成效,并获得了良好的经济效益。从 20 世纪 90 年代末起,云南省相继承担了国家高技术产业化推进项目的微生物农业产业化推进和稻田生物多样性控制稻瘟病产业化推进、国家高技术产业化示范项目的线虫生防制剂的产业化示范和热带亚热带两种牛胚胎生物工程高技术产业化示范工程,取得了较好的发展。在油菜新品种推广方面,多个花培甘蓝型优质油菜新品种获得大面积推广,已占云南秋播甘蓝型油菜面积的 80% 以上,经济效益良好。新品种和先进实用技术的推广使农业产值稳步提高,进一步巩固了云南省农业发展的优势。另外,新型植物农药印楝素的开发和运用是云南省生物农药领域中重点开发的品种之一,其产业化进展良好。云南省已成为世界人工种植印楝纯林面积最大的地区,是我国印楝生物农药原料的潜在中心产区。云南省多家研究机构和公司联合在我国首次实现印楝素、昆虫信息素生物农药的产业化生产,已从印楝种子中分离和完成化学结构的印楝素类化合物达 16 个,其中有 4 个是国外尚未发现的新物质,并具备年产 0.3% 印楝素乳油、70% 印楝油制剂、10% 印楝素原药及各类昆虫信息素诱芯等产品,年生产能力已达 0.3% 印楝素乳油 67 万升、印楝油 250 吨、诱捕器 150 万套、诱芯 3000 万只。与全国相比,云南省农业高效多产新品种和先进实用技术产业化推广程度还不够高,成果转化能力低等问题仍然存在。

## 3.1.3　云南省农业科技创新能力分析

通过构建一个包含农业科技人力投入、科研服务条件、人力资源水平、知识产出、财力投入、基础设施和农业创新经济效益等 7 个因子的农业科技创新能力分析评价体系进行分析评价(表 3.2)。分析表明,云南省农业科技创新能力主要有以下特点。

表 3.2　云南省农业科技创新能力与西部省份的比较

| 位次 | 农业科研人力投入能力 | | 农业科研服务条件 | | 农业人力资源水平 | | 农业知识产出能力 | | 农业科研财力投入 | | 农业基础设施 | | 农业创新经济效益 | |
|---|---|---|---|---|---|---|---|---|---|---|---|---|---|---|
| | 省区 | 得分 | 省区 | 得分 | 省区 | 得分 | 省区 | 得分 | 省区 | 得分 | 省区 | 得分 | 省区 | 得分 |
| 1 | 云南 | 1.55 | 四川 | 3.05 | 陕西 | 1.64 | 新疆 | 2.30 | 全国平均 | 2.92 | 宁夏 | 1.17 | 广西 | 2.16 |
| 2 | 新疆 | 0.94 | 陕西 | 0.68 | 内蒙古 | 1.22 | 内蒙古 | 1.18 | 贵州 | 0.55 | 重庆 | 1.01 | 重庆 | 0.65 |

续表

| 位次 | 农业科研人力投入能力 | | 农业科研服务条件 | | 农业人力资源水平 | | 农业知识产出能力 | | 农业科研财力投入 | | 农业基础设施 | | 农业创新经济效益 | |
|---|---|---|---|---|---|---|---|---|---|---|---|---|---|---|
| | 省区 | 得分 | 省区 | 得分 | 省区 | 得分 | 省区 | 得分 | 省区 | 得分 | 省区 | 得分 | 省区 | 得分 |
| 3 | 陕西 | 0.52 | 全国平均 | 0.39 | 全国平均 | 0.66 | 宁夏 | 0.72 | 甘肃 | 0.34 | 甘肃 | 0.82 | 宁夏 | 0.46 |
| 4 | 四川 | 0.39 | 重庆 | −0.15 | 宁夏 | 0.59 | 全国平均 | 0.34 | 西藏 | 0.22 | 云南 | 0.56 | 全国平均 | 0.32 |
| 5 | 全国平均 | 0.38 | 内蒙古 | −0.2 | 广西 | 0.48 | 四川 | 0.26 | 重庆 | 0.05 | 青海 | 0.55 | 贵州 | 0.25 |
| 6 | 广西 | 0.25 | 贵州 | −0.22 | 甘肃 | 0.41 | 西藏 | 0.05 | 新疆 | −0.09 | 四川 | 0.42 | 内蒙古 | 0.2 |
| 7 | 贵州 | 0.17 | 西藏 | −0.34 | 重庆 | 0.51 | 青海 | −0.12 | 广西 | −0.18 | 广西 | 0.19 | 四川 | 0.16 |
| 8 | 内蒙古 | 0.15 | 云南 | −0.36 | 新疆 | −0.32 | 重庆 | −0.32 | 宁夏 | −0.36 | 新疆 | 0.18 | 青海 | 0.1 |
| 9 | 甘肃 | 0.08 | 新疆 | −0.49 | 贵州 | −0.41 | 甘肃 | −0.54 | 四川 | −0.47 | 全国平均 | 0.09 | 云南 | −0.04 |
| 10 | 青海 | −0.97 | 宁夏 | −0.49 | 四川 | −0.64 | 广西 | −0.67 | 陕西 | −0.53 | 陕西 | −0.54 | 西藏 | −0.47 |
| 11 | 重庆 | −1.07 | 青海 | −0.51 | 云南 | −0.66 | 贵州 | −0.7 | 青海 | −0.59 | 西藏 | −0.79 | 新疆 | −0.57 |
| 12 | 西藏 | −1.19 | 广西 | −0.63 | 青海 | −0.94 | 陕西 | −1.11 | 云南 | −0.61 | 内蒙古 | −1.5 | 陕西 | −1.1 |
| 13 | 宁夏 | −1.20 | 甘肃 | −0.7 | 西藏 | −2.14 | 云南 | −1.39 | 内蒙古 | −1.23 | 贵州 | −2.19 | 甘肃 | −2.15 |

资料来源:本表运用主成分分析法计算整理。

① 科研人力投入具备一定优势。科研人力投入能力在农业科技中的贡献率为 19.9%,对区域农业科技创新能力高低有至关重要的作用。在该因子上云南省得分达 1.55,超出全国平均水平,位于西部 12 省市第一,表明云南对农业科研的投入比重在西部地区相对较大。另外,科研机构和科研人员的数量和水平有相对的优势,科研人员中中高级技术职称和大专以上学历人数比重较大。

② 科技服务条件较落后。农业科技服务条件因子特征值贡献率为 7.5%,对区域农业科技创新综合能力的提高有不小的影响。云南科技服务因子得分位于西部第八,说明科技服务条件比较落后,农业科研重视程度不够,科技服务体系不健全,降低了云南省科研创新综合水平。

③ 人力资源水平较低。人力资源水平因子体现了农业科技创新的底蕴和潜力,云南人力资源水平因子得分较低,远远低于全国平均水平。因此提高农业劳动者的素质是提高云南农业科创作能力的必由之路。

④ 知识产出能力较差。知识产出能力因子由科研单位课题数、专利申请数、科研人员发表的科技论文及科技著作等指标来反映。云南虽然科研人力投入较

大,但知识产出能力不强,此项能力因子得分是西部 12 省中最弱的省份,反映出农业科技投入与产出不协调,科技推广能力和产出能力差。

⑤ 科研财力投入不足。科研财力投入因子由科技活动经费投入、科研设备购置费、企事业科研资金投入等指标构成。云南省科研投入平均能力因子得分为－0.61,远低于全国平均水平(2.93)。资金投入不足导致科技需求与供给严重脱节,农产品加工类技术占创新技术需求的 38.1%,而在创新技术供给中农产品加工类技术仅占 8.6%。云南省农业科技成果未能充分推广的原因主要是缺乏资金(表 3.3)。农业科技成果推广经费缺乏,经费来源渠道单一,使推广工作受到影响,严重制约了农业科技创新。

表 3.3　云南省农业科技成果未能充分推广的原因　　　　单位:项,%

| | 统计项次 | 无接受单位 | | 缺乏资金 | | 技术不配套 | | 非运用性成果 | | 其他 | |
|---|---|---|---|---|---|---|---|---|---|---|---|
| | | 项数 | 比重 | 项数 | 比重 | 项数 | 比重 | 项数 | 比重 | 项数 | 比重 |
| 种植业 | 8785 | 434 | 4.94 | 4230 | 48.15 | 546 | 6.22 | 760 | 8.65 | 2815 | 32.04 |
| 畜牧业 | 2342 | 137 | 5.85 | 1184 | 50.64 | 163 | 6.96 | 234 | 9.99 | 622 | 26.56 |
| 水产业 | 1025 | 54 | 5.27 | 468 | 45.66 | 87 | 8.49 | 88 | 8.59 | 328 | 32.00 |
| 软科学 | 794 | 22 | 2.77 | 200 | 25.19 | 43 | 5.42 | 286 | 36.02 | 243 | 30.60 |
| 合计 | 12946 | 647 | 5.00 | 6084 | 47.00 | 839 | 6.48 | 1368 | 10.57 | 4008 | 30.96 |

⑥ 基础设施较好。云南省基础设施较强,通车通电村数占总村数百分比大,各村用电量比较充足,给农业科技创新活动提供了相对便利的平台。贵州、内蒙古等地由于地理位置、地形等原因,通电通车难度较大,一定程度上也限制了农业科技的发展。

⑦ 农业创新经济效益较低。以人均农业总产值衡量农业科研创新的经济效益,云南省低于全国平均水平,表明云南农业科技产业化水平较低,科技对农业产值贡献较低。

综上所述,自改革开放以来,云南农业科技水平和产业化都取得了很大发展,推动了云南农业的发展,个别技术已处于国内领先水平,但总体上农业科技落后的问题仍然较突出,科技支撑作用仍然处于低水平,必须针对云南农业特征,采取有效措施加快农业科技创新,解决农业科技与农业生产、农村经济发展和农民增收脱节的问题,不断提高科技成果转化与推广能力,使科技真正成为云南农业经济增长的加速器。

## 3.2　科技支撑烟草业发展分析

经过多年的快速发展,云南省已成为我国最重要、规模最大的两烟生产基地。在原料生产方面,云南是全国最大的烟叶生产和输出省份,为全省卷烟生产提供了稳定的优质原料供应;在工业生产上,云南卷烟拥有国内规模最大的卷烟工业,经过技术引进与技术改造,技术装备居国际先进水平和国内领先水平;在科研方面,云南烟草已经建立了较为完善的从烟草育种到烟草化学应用、基础综合研究的体系,具备了较强的研究开发能力,形成了国内最为成熟的烤烟型卷烟研发加工技术。

云南省卷烟工业的整体科技实力在全国同行业中处于领先地位,其中烟草育种、漂浮育苗技术、中低产田改造土壤培肥配套技术、控制烟碱工程菌技术、精细化复烤加工等具有明显的比较优势。云南省卷烟工业的科技进步更是成绩斐然。云南省在白肋烟、香料烟优质品种的选育与配套生产技术方面取得了重大进展,并构建首张烤烟分子标记遗传连锁图。最近开发的"YM—优化型"新型集约化密集烤房更是实现了"层叠紧凑加密、集中供热、梯度传热和余热利用"技术的集成,在不改变现有密集烤房结构和规格的前提下实现了连续化烘烤;微生物降碱增香技术,能够有效解决菌剂生产发酵工艺、施用方法等技术问题,使上部烟叶碱含量降低10.3%~37.1%、中部烟叶碱含量降低13.5%~36.5%,增加烟叶香气的丰富度和饱满感,增加甜润感,减少刺激性;掌握了制丝线主要工序及关键工艺参数对产品内置质量的影响趋势和方向,创新性地摸索了以感官评价为主、化学分析评价为辅的综合工艺质量评价方法和理论等。但与世界先进国家相比,云南省卷烟工业在降焦降害技术、低焦油混合型卷烟研发技术等方面仍有较大的差距。

### 3.2.1 科技支撑烟草业产品创新作用分析

由于能否通过先进的科学技术来优化和丰富产品性能、提高产品质量、实现产品创新,将直接关系到企业能否实现利润最大化,进而影响整个产业的长远发展。因此,评价科技对云南省烟草业的支撑首先就需要全面评价科学技术对行业内部的企业产品创新。

云南省卷烟工业主要包括烟草复烤、卷烟制造与其他烟草制品加工业,其中卷烟制造是整个烟草业的主体。就产品创新而言,全省卷烟工业的新产品开发滞后,行业的技术优势尽管能够进一步巩固云南作为烟草大省的地位,但科技对全省卷烟工业产品创新的支撑效应有所下降,产品结构不合理、高端产品拓展不足等问题较为突出。

首先,全省卷烟工业全行业的新产品产值不高,全年新产品产值占当年卷烟工业总产值的比重相对较低(图3.1)。2007年云南省卷烟工业总产值与新产品产值分别为7 497 655万元、411 419万元,全省卷烟工业新产品产值仅占当年行业总产值的5.49%;同年,全国卷烟工业大中型企业的工业总产值与新产品产值分别为36 557 182万元、5 311 980万元,全国卷烟工业大中型企业的新产品产值占行业工业总产值的比重高达14.53%,高出云南省近9个百分点。尽管二者的统计口径不一致,但考虑到云南省卷烟工业的行业特征,这一比较仍能客观反映云南省卷烟工业的产品创新情况。

4 114 190

5 311 980

7 497 655

36 557 182

(a) 2007年云南烟草业总产值与
新产品产值(单位：万元)

(b) 2007年全国卷烟工业大中型企业的工业总产值与
新产品产值(单位：万元)

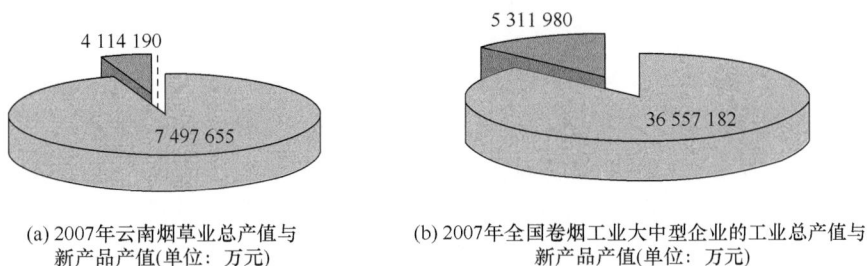

图 3.1　云南卷烟工业新产品比重与全国对比

其次,新产品的行业集中趋势明显,但集中行业的新产品价值占其工业总产值的比重仍然偏低。2007 年,云南省卷烟工业的新产品主要在卷烟制造业方面,其他业态如烟草复烤、其他烟草制品加工的新产品创新非常少。尽管如此,相对于卷烟制造业 6 972 869 万元的行业总产值而言,卷烟制造业新产品的产值占行业总产值的比重仍然偏低,2007 年所占的比例仅为 5.90%。

第三,产品结构不合理,高端产品拓展不足。云南省卷烟工业的产品线横跨一、二、三类卷烟等 60 多个规格产品,基本上能够满足国内细分市场的需求。但云南卷烟老产品的口味、包装逐渐老化、平庸,与省外不断升级换代的强势竞争产品相比,内在、外在的加工程度、科技含量与附加价值等均无明显优势。同时,高端产品开发不足也导致了云南在国内卷烟高端市场上的市场份额与品牌形象下滑。云南省一类烟的单品牌销售量落在了湖南、浙江等省之后,玉溪、红塔山、云烟、红河四个重点骨干品牌有待进一步提升高端卷烟的市场份额。

### 3.2.2　科技支撑烟草业产业升级作用分析

从产业升级的角度来看,烟草业的产业升级主要体现为产业内升级,即指通过运用新技术、新工艺、新材料,提升产品的加工程度、科技含量与价值含量,从而提升行业的经济效益与社会效益的过程。从全员劳动生产率、行业的投入产出比、能源消耗等指标体系来看,云南卷烟工业产业升级出现了滞后现象,这与行业先进的技术装备不符,表明科技支撑卷烟工业的产业升级的效应还没有充分发挥。

云南省卷烟工业的全员劳动生产率尽管出现了明显的上升趋势,但省内行业排名与全国排名均出现了下降的趋势。2002 年,云南卷烟工业的全员劳动生产率为 131.33 万元/人·年,截至 2007 年,这一指标上升至 353.33 万元/人·年,6 年间上升了 222 万元/人·年,上升势头明显;但省内的行业排名由 2002 年的第 1 位下降至 2007 年的第 2 位,在全国的排名也由第 3 位下降到第 8 位[①]。

---

① 根据云南工业经济信息资料 2002、2007,中国工业经济统计年鉴 2002、2007 计算整理。

从行业的中间投入率看,2002 年云南卷烟工业的中间投入为 1 931 745 万元,最终产出为 5 869 728 万元,行业的中间投入率为 32.9%;2007 年云南卷烟工业的中间投入为 2 582 857 万元,最终产出 8 818 220 万元,行业的中间投入率为 29.3%;5 年间中间投入率下降了 3.6 个百分点[①],出现缓慢下降的趋势。

2002～2007 年卷烟工业的各项能源消耗指标均出现了下降的趋势(表 3.4)。其中,电力与热力的消耗占产出的比重由 0.524% 下降到 0.349%、水的消耗占总产出的比重由 0.053% 下降到 0.035%、石油的消耗占产出的比重由 0.052% 下降到 0.034%、煤的消耗占总产出的比重由 0.163% 下降到 0.108%。

表 3.4　　2002～2007 年间卷烟工业对能源的消耗比重　　　　单位:%

|  | 电力 | 水 | 石油 | 煤 |
|---|---|---|---|---|
| 2002 年 | 0.524 | 0.053 | 0.052 | 0.163 |
| 2007 年 | 0.349 | 0.035 | 0.034 | 0.108 |

以上分析表明,2002～2007 年尽管科技支撑了云南卷烟工业的产业升级,但升级的速度与行业技术水平在国内的领先水平不匹配,卷烟工业的科技对产业升级的支撑效应仍然具有进一步拓展的空间。

从生态足迹看,科技在降低云南烟草业对环境的影响方面产生了较大作用。云南省烟草业"三废"排放的生态足迹由 2002 年的 1151.51 公顷减少到 2007 年895.51 公顷,减少幅度为 22.23%,而同期全国整体水平减少幅度相对更大,为52.09%(表 3.5)。云南烟草业对生物资源消费的生态足迹由 2002 年的 972 238.80公顷减少到 2007 年的 959 190.23 公顷,减少幅度为 1.34%,同期全国整体水平增加 6.29%。综合"三废"排放生态足迹和消费生物资源生态足迹,云南省烟草业生态足迹由 2002 年的 976 168.57 公顷小幅减少到了 2007 年的 962 535.68 公顷,减少幅度为 1.40%,同期全国整体水平增加 7.44%。这表明云南省烟草业发展对生态环境的影响在减弱,从产业发展对生态环境影响的角度说明了科技较好地支撑了云南烟草业的改造和提升,另一方面表明云南通过科技改造和提升烟草业,实现可持续发展的效果比全国平均水平明显。

表 3.5　烟草业的生态足迹

| 行业 | 2002 年/公顷 | 2007 年/公顷 | 变化程度/% | |
|---|---|---|---|---|
|  |  |  | 云南 | 全国 |
| "三废"排放生态足迹 | 1151.51 | 895.51 | −22.23 | −52.09 |
| 消费生物资源生态足迹 | 972 238.80 | 959 190.23 | −1.34 | 6.29 |
| 生态足迹 | 976 168.57 | 962 535.68 | −1.40 | 7.44 |

资料来源:根据 2003、2008 年《中国统计年鉴》和《云南统计年鉴》计算得到。

---

① 云南省投入产出表(2002、2007 年)。

### 3.2.3 科技支撑烟草业新增长点形成作用分析

鉴于云南省在烟草行业方面的技术优势与产业基础,未来科技对烟草业的支撑有可能在以下方面取得突破,形成新的经济增长点。

① 烟草废弃资源的综合利用与产业化。作为烟草种植与卷烟制造大省,伴随烟叶种植面积、烟叶及卷烟生产量的逐年增加,烟杆、烟梗、烟末、烟碎片、烟花以及低次烟叶等废弃物也逐年增加。利用好这些废弃物资源,不但可以减轻生态环境的压力,而且有利于卷烟工业整体有效利用可再生资源,以及形成完整的循环经济体系。伴随科学技术水平的进步,云南省已经具备烟叶废弃物资源综合利用与产业化发展的科技实力,并已在烟草废弃资源开发烟草内燃性功能香料及产业化、烟杆废弃物资源应用技术开发、造纸法再造烟叶工艺技术与产品研发及产业化、烟草废弃物资源制备卷烟新材料系列产品与相关技术、烟草废弃资源在农业中的应用研究等方面取得了重大进展,很有可能在这些方面形成新的经济增长点。云南省在烟草内燃性香料方面实现了规模化生产与消费,2006 年仅瑞升烟草技术(集团)有限公司产品的销售额就达到了 4092.2 万元,2008 年增长到 8395.0 万元,两年间增长了 4303 万元,产业化进展较为顺利。同时,造纸法再造烟叶的产业化进展也得到了有序推进,瑞升烟草技术(集团)有限公司的产品生产能力达到了 2 万吨,产品品质规格超过了 20 多种,在全国 80% 卷烟企业中都获得了产品推广应用,产销规模、市场覆盖率和占有率、行业竞争力等在国内同行业中均处于领先定位。2006 年企业造纸法再造烟叶产品销售收入达到了 13 259 万元,实现利润 2502 万元;2008 年产品销售收入增长到 34 100 万元,实现利润 6089 万元,增长势头强劲。

② 其他烟草配套产业。在烟草业的带动和扶持下,云南省烟草配套能力正由弱变强,形成了卷烟丝束(二酸醋纤维)、卷烟纸、成型纸、卷烟条与盒包装纸、接装纸(水松纸)、内衬纸、框架纸、烟用香精香料、卷烟用胶、烟用 BOPP 薄膜、拉线、增塑剂、烟草印刷等配套产业。在烟草包装的印刷方面,云南省具有集凹印、胶印、柔印、丝印、烫印五大印刷方式于一体的技术;在香精香料方面,也正在向食品、保健和化妆品等方面拓展。因此,伴随全省卷烟工业的发展与科学技术的进步,云南省有可能在烟草配套产业的某些方面取得突破,形成新的经济增长点。

③ 烟草机械设备制造。在烟草业的带动下,云南烟草机械制造取得了长足进展。烟草机械设备制造的产品类型已从单一的辅联设备、低速包装机生产等,扩展到集中速烟机制造、大修翻新高速包装机组、高速烟机零部件生产及各类制丝辅联设备制造等。因此,随着卷烟工业的发展与科学技术水平的进步,云南省也很有可能在烟草机械设备制造方面取得突破。

# 3.3　科技支撑矿业发展分析

云南省经过对冶金工业的产业整合,形成了几大重点冶金企业,采矿、选矿和矿冶炼的技术提升较快,个别矿业的采矿、选矿、矿冶炼技术已处于国内领先水平,但整体技术水平较为落后。科技对云南省冶金工业经济增长的贡献愈来愈明显,但冶金工业整体创新能力不强,科技进步贡献率偏低的问题还较为突出。

## 3.3.1　云南矿业技术发展现状及问题

### 1. 采矿技术

采矿工业是重要的原材料采掘工业,为冶金工业提供了金属矿石等主要原料,为化工业和建筑业提供了大量的原材料。采矿技术的进步沿着矿山经济效益、装备和环境控制发展,使得采掘设备向大型化、自动化方向发展。云南采矿技术整体上不发达,但部分技术已处于国内领先。

（1）发达国家采矿技术水平

无人化开采系统、智能矿山已成为发达国家采矿工业的发展方向。以远程遥控和自动化采矿为特点的矿山数字化,将成为采矿业发展的趋势,而采矿技术更为注重矿山设备的大型化、系列化、自动化、智能化,以及矿山环境控制。

随着信息技术在矿山生产过程中的应用,矿山系统的自动化、智能化,工艺装备新型化,形成了动态管理与遥控指挥系统。德、英、美、澳等采矿技术先进国家大力推广自动化、信息化技术,对主要设备实现子系统自动化生产控制和监测,并采用计算机网络技术,将所有子系统通过联网实现全矿井生产和安全系统的综合控制、监测和监视,提高了生产效率,改善了安全状况。随着实时矿山测量、GPS 实时导航与遥控、GIS 管理与辅助决策和 3DGM 的应用,一些大型露天矿山已可在办公室生成矿床模型、矿山采掘计划,并与采场设备相联系,形成动态管理与遥控指挥系统。此外,专家系统、神经网络、模糊逻辑、自适应模式识别、遗传算法等人工智能技术、GPS 技术、并行计算技术、射频识别技术,以及面向岩石力学问题的全局优化方法、遥感技术等已在智能矿山地质勘探调查与测量、智能矿山设计、智能矿山开采、计划与控制、矿山灾害遥感预报等研究领域得到应用。美国、加拿大、澳大利亚等采矿工业发达国家在露天矿开采中,广泛应用全球定位系统（GPS）技术,对各种设备进行自动化、智能化控制,特别是用于露天开采的设备跟踪、调度、控制及开采灾害的监测与预警等领域,为提高露天矿开采效率和资源的回收率,实现开采灾害监控与预警发挥了重要作用,取得了良好应用效果。

发达国家矿业发展趋向于管理集约化、科学化,发展矿产资源的高效、低成本、少污染的采矿加工短流程提取技术。例如,在露天采矿工艺方面,广泛采用陡帮开采、高台阶开采、间断——连续运输工艺或陡坡铁路——公路联合运输工艺等集成化技术,以达到大规模、高效率和低成本的目的。而露天矿的生产规模一般在1000 万吨/年以上。地下采矿基本上实现了集中强化开采和规模化经营,以铲运机为核心的无轨采矿设备及工艺、连续出矿设备及工艺成为当今采矿技术发展的主流,基本上实现了设备的大型化、液压化,促进采矿工艺与技术向高阶段、大采场和高效率方向发展。

发达国家在采矿技术的研发上更加注重矿山装备和矿山环境控制,新产品、新技术不断涌现,地下采矿装备发展尤其迅速。国外先进的采矿装备已完全实现了无轨化、液压化,成功引进了无人驾驶、机器人作业等新技术,并从凿岩、装药到装运全部实现了机械化配套作业。日本采用灵活多样、高效益的采掘方法,在近地表采用露天采矿法;在深部采用分段崩落法、自然崩落法与分段采矿法,并在生产实践中确定最佳采矿方案,不断改进采矿方法、更新采矿设备、改善运输系统、提高采矿能力。在地下开采中,发达国家在无底柱分段崩落采矿技术中引入全液压采矿台车技术,加大了采矿规模,降低了采掘比,节约资源的同时提高了劳动生产率。

(2) 我国采矿技术水平与发展趋势

在信息和通信技术的广泛应用下,中国采矿业正在向数字化方向发展。我国矿业工程信息化的总体水平不高,与国外矿业发达国家相比有较大差距,但我国正在努力研发数字化采矿软件,如 863 计划项目"数字化采矿关键技术与软件开发"等。近几年,我国矿山的数字化建设成效显著,我国的平朔、霍林河矿区已建成动态管理与远程遥控系统;首钢矿业公司成功搭建数字化矿山整体架构,实现了将ERP(企业资源计划系统)、MES(生产制造执行系统)、PCS(过程控制系统)、DCS(集散控制系统)等信息化应用全面贯通矿山。

在经济发展和科技进步的推动下,我国地下矿山开采技术提升较快,为冶金工业的发展奠定了坚实的基础,但和发达国家相比依然较为落后,采矿设备仍以气动设备为主,大大制约了采矿业的发展。我国地下矿山开采技术的发展趋势主要是:第一,金属矿山尾砂综合处理技术,采用全尾砂充填技术将尾砂充填回采区,以达到废物处理和治理环境的双重目的;第二,高强度、低贫化损失采矿工艺,重点研究改进充填采矿法中的深孔阶段充填采矿法、分段充填采矿法,空场采矿法中的大直径深孔阶段矿房采矿法,崩落采矿法中的阶段自然崩落采矿法与强制崩落采矿法;第三,大型、高效无轨矿山设备的研制与应用,研制高效率大孔穿爆设备、中深孔全液压凿岩机具、井巷钻机机械,以及铲运机为主体的装运设备,振动出矿和连续采矿以及配套辅助机械等系列设备;第四,难采矿床开采技术,如深井开采、矿岩松软矿床开采,老矿山二次资源回采、高硫高温自然发火和大涌水量矿床开采等。20世纪 90 年代以来,国外露天矿已成功应用大型设备单机载计算机实时监控,可见我国采矿技术与采矿发达国家相比仍有较大差距。

（3）云南省采矿技术水平

云南省采矿业多以地下开采为主，大中型矿山集中在铜、铅、锌、锡等领域，年采矿量达 1200×104t，其采矿方法以充填采矿法为主，如会泽铅锌矿、大红山铜矿、大姚铜矿等；崩落采矿法也占有一定的比例，如易门狮凤山矿、狮子山矿等；空场采矿法主要应用于中小矿山。采掘设备主要以气腿式凿岩机掘进巷道、中深孔凿岩机采矿、30～55kW 电耙出矿。井下运输以电机车为主，采用集中或多级机站通风，集中供应动力压缩空气。云南省整体采矿技术仍较为落后。

云南省加大对采矿的科技投入，使采矿技术有所提升，高分段（20m）大间距（20m）无底柱分段崩落采矿法得到应用；通过改变充填采矿法中的膏体充填材料和应用满管自流管道清洗技术，降低了能耗且提高了矿山的安全性；在独头巷道掘进中采用长钎凿岩爆破优化方案取得良好的实践效果；"西南'三江'铜、金、多金属成矿系统与勘查技术"实现矿产勘查评价的快速高效。

云南省崩落采矿技术应用现状。昆钢白渔口黏土矿在倾角 13°、厚 1.5～3m、地质构造较复杂、矿岩稳固性较差的矿体中生产试验了壁式拉底崩落采矿法。经过一年多的研究试验，该方案既提高了工人作业环境的安全，又提高了开采效率、降低了贫化，取得了较好的经济效益。

2003 年，昆明钢铁集团有限公司、昆明有色冶金设计研究院与中南大学共同承担的云南省省院省校科技合作计划项目"大红山铁矿深井高温多层缓倾斜厚大矿体开采综合技术研究"，重点解决采矿过程中的技术难题。项目组针对大红山铁矿矿床厚大、缓倾斜、条带状、矿体埋藏深、多层产出、矿岩坚硬、地温高、采矿技术条件复杂、回采难度大的特点，提出了高分段（20m）大间距（20m）无底柱分段崩落采矿法、贫化损失指标预测计算体系、最优崩矿步距的数学模型、定量不（低）贫化放矿技术等技术，并运用 matlab 求解：对于 440m 分层，崩矿步距为 4.6m；对于460m 分层，崩矿步距为 2.8m 的最优崩矿步距。2008 年 12 月 5 日，云南省科技厅组织的验收和成果鉴定会的专家鉴定认为：项目在分段高 20m、进路间距 20m 的无底柱分段崩落采矿法的应用方面达到国内领先水平；在定量不（低）贫化放矿、贫化损失指标的控制方面达到国际先进水平。

云南省充填采矿法技术应用现状。在充填采矿法中，膏体充填的优点是可以大大降低充填水泥消耗，提高充填体强度，且充填料在管道中不会产生离析，在输送管网中可以停顿、静置和重新启动，充填料在采场中基本不产生脱水。管道冲洗常用的方法有四种：海绵球或橡胶柱清洗方法；压缩空气加少量清水清洗；利用非胶结膏体清除管道中的胶结膏体；采用液压变径活塞清除胶结膏体。

驰宏公司采用全尾砂和水淬渣作为膏体充填材料，水泥作为胶凝剂。生产中研究应用了满管自流管道清洗技术，有效解决了膏体管道的高效清洗，保证管道输送畅通。膏体充填系统投入运行一年多，输送膏体超过 10 万 m³，系统运行正常，膏体输送流畅,未发生全线堵管等严重事故。满管自流管道清洗生产工艺为:首先将供水管道上端与高位水池连接,下端通过闸阀与充填管道连接,充填管道通向采空区;其次供水管道与充填管道的管径相通,高位水池的出口高于充填管道的出口,并分别设置阀门;最后输送泵停止输送浆料后,将充填管道出口阀门置于完全打开状态,打开高位水池出口阀门和供水管道与充填管道之间的闸阀,开始冲洗充填管道,直至充填管道出口流出清水。该技术流程简单、冲洗效率高、能耗少、管道内不留残留物,管道冲洗干净,可以减少意外事故的发生,对类似矿山具有积极的推广应用价值。

大红山铜矿通过试验研究选用明矾作为充填脱水的添加剂,改善了全尾砂充填工艺中的沉降特性,取得了较好的效果。云南锡业推广应用"井下废石充填工艺"先进技术,降低采矿引发的地质灾害,减少废石出坑,同时对排出坑外的废石尽量利用,如建材、铺路等,对未能利用的废石进行复土植被及平整建盖简易厂房等保护环境。

云南省井巷掘进及支护技术应用现状。云锡松矿在独头巷道掘进中采用长钎凿岩爆破优化方案——YT-28 型气腿式凿岩机、2.4m 钎杆、炮眼深度为 2～2.2m、陶槽眼比其他炮眼加深 10～15cm,药量增加 10%～20%;陶槽眼采用六角布置的桶形陶槽方式。周边眼眼底不超出巷道的轮廓线,在坚硬岩石中可超出10～20cm;根据岩石的可爆性不同,辅助眼间距取 0.4～0.8m,周边眼 0.5～1.0m,每循环眼数为 28～32 个。采用粉状乳化炸药,非电导爆管双向起爆。工作面采用抽出式通风,风机距工作面的距离为 10m。该爆破方案月最高进尺167.8m,平均循环进尺 1.71m,为原来的 155%。

在地质条件复杂的深井井底车场硐室和巷道施工中,采用扩大断面,预留一定的围岩变形空间,锚网喷一次支护,锚注二次支护的支护方案。马头门、变电所及泵房等重要硐室增加现浇钢筋混凝土碹,必要时增加锚索。该方案在工程实践中取得了较好的效果。

西南"三江"铜、金、多金属成矿系统与勘查技术。由云南省地质矿产勘察开发局等单位完成的"西南'三江'铜、金、多金属成矿系统与勘查评价"项目,围绕寻找紧缺矿产资源基地的国家需求,产、学、研密切结合,在怒江、澜沧江、金沙江"三江"并流区,历经 10 多年攻关,取得了一系列重大突破。创新性地提出了"多岛弧盆成矿论"和"陆内转换成矿论",阐明了三江地区成矿富集规律,解决了战略选区和找矿方向问题,发展了大陆成矿理论;提出五套有效的找矿集成技术,实现了矿产勘查评价的快速高效,并在三江和西部地区全面推广。

## 2. 选矿技术现状

选矿可以显著提高矿物原料的质量,减少运输费用,减轻进一步处理的困难,降低处理成本,从而实现矿物原料的综合利用。国内外选矿技术正在向中低品位和难选矿工艺方向发展,云南省的选矿技术处于领先水平。

(1)国内外选矿技术现状

发达国家选矿技术发展致力于攻克加工利用中低品位矿石和难选冶矿石的工艺技术及设备研制的难关(表3.6)。用于处理低品位难选冶矿石的堆浸技术发展迅速,国内外对难选低品位铁锰矿石的选矿多采用强磁选-浮选-重选、跳汰-强磁选-浮选、焙烧-重选-弱磁选、强磁粗选-跳汰精选-强磁扫选等联合流程;铜、金、铀等金属的地下溶浸和就地浸出也已实现了工业化,生物浸出技术已成为极具前景的清洁生产工艺。

**表3.6　国内外选矿技术发展现状**

| 特殊工艺技术不断涌现 | 尽管许多矿种选矿作业中的破碎、磨矿、分级浓缩和干燥等过程的技术大体已趋成熟,但有些矿种的选矿技术还需不断开发完善。针对这些矿种,国内外开发应用新工艺、新技术及新设备的动向正呈现加速之势,导致特殊选矿工艺技术不断涌现 |
|---|---|
| 选矿设备的研发不断取得进展 | 工业发达国家为了提高选矿技术水平,不断研制和开发新型的选矿设备,在重选、磁选、浮选设备等方面都有了显著的进展;当前国内选矿设备研发的技术水平也已跨上了新的台阶,取得了一定的进展 |
| 优化控制系统正在研发 | 20世纪90年代,许多选矿作业通过分段应用先进技术,选矿厂物流系统大部分设备的起、停实现了集中自动控制,取得了巨大的经济效益。国外矿业发达国家正研究开发选矿厂的全厂优化控制系统、朝着优化、自动化、方向发展 |
| 尾矿开发利用受到重视 | 从尾矿中选出部分有价值的组分,制造高附加值产品;将无再选价值的尾矿整体利用,以其为主料制造各种产品 |

在世界矿物资源日益缺乏的形势下,贫矿和复杂矿的选矿工艺急需进一步提升。各国都在重点提升选矿技术,如日本合理采用选矿工艺流程,如从铜1.3%、锌3.5%、锡0.32%的原矿中,选出含铜29%、锌8.02%的铜精矿,选出含锌52.5%的锌精矿,选出含二氧化锡40%~60%的锡石精矿;精矿中,铜、锌、锡的回收率为62%~87.8%。选矿过程实行自动化控制,可使金、银回收率达90%以上,还采用三菱法工艺,即将熔炉、渣贫化炉、吹炉组成的流程和反射炉炼硫化铜,能使铜回收率达98.8%,硫回收率达98%。

我国作为矿业大国,在选矿工艺、设备和浮选药剂等方面发展较快,特别是各种选矿工艺的联合应用、新型高效磁选设备、细筛分级设备和浮选药剂的研制成功,使我国选矿技术获得大幅度提升,个别选厂的选矿指标已达国际领先水平;成功研发200m³超大型浮选机,达国际先进水平;采用"正-反"、"反-正"、"双反"浮选技术用于硅-钙质磷矿石实现常温浮选,使品位可达30%以上,MgO含量降到1%

以下,$P_2O_5$ 回收率在 80％以上。在高端大型选矿设备、选矿厂过程控制及仪表等方面与发达国家仍有较大差距。

（2）云南省选矿技术现状

云南省选矿技术整体较为落后,但在科技进步的推动下,中低品位矿及难选矿、贫矿的选矿工艺提升较为明显,难选富银硫氧混合铅锌矿石选矿工艺有所突破,锰选矿工艺、技术较为先进,矿石处理量和选矿回收率大幅度提高。云南海口磷矿的高镁原生矿采用"反-正"浮选,在云南滇池地区磷矿开发中广泛应用,已投产的大、中、小型磷矿擦洗厂总规模 300 万吨/年以上（单厂最大规模 100 万吨/年）。精矿 $P_2O_5$ 的品位都在 30％以上,$MgO$ 含量在 1％以下,其经济效益在磷矿业中是最好的。

云南省难选富银硫氧混合铅锌矿石选矿工艺有所突破。高硫含砷难选富银硫氧混合铅锌矿在云南省的储量约 700 万吨,均为多金属共生矿,经济价值巨大,但选矿过程一直存在分选等困难。云南冶金集团总公司、澜沧铅矿、广州有色金属研究院于 2003 年联合开展"难选富银铅锌矿选矿工艺研究及其应用"研究。项目组采用自行研发的高效选择性捕收剂和组合调整剂,并改用中矿集中返回再磨、减少磨矿段数的新工艺流程,不但简化了流程,降低了药剂用量,还最大限度地综合回收了澜沧高硫铁硫氧混合铅锌银矿。对铅锌品位各为 4％左右、含硫高达 36％、铅氧化率 34％的高硫铁硫氧混合铅锌银矿石,工业试验获得铅精矿品位 47.18％,回收率 73.17％,银回收率 65.05％;锌精矿品位 40.78％,回收率 71.69％的优良指标,该项目技术水平与国内外同类研究开发相比处于领先水平。新工艺具有分选指标好、资源综合利用率高、矿物浮选速度快、中矿循环量少、药剂费用少、选矿成本低、生产操作稳定、对矿石性质变化适应性强等优点。澜沧铅矿采用该项目提出的新工艺进行生产后,每年增加产值 2000 多万元,降低成本 100 多万元,取得了良好的经济效益。

云南省锰选矿工艺提升较快。我国锰矿绝大多数属于贫矿,必须进行选矿处理。但由于多数锰矿石属细粒或微细粒嵌布,并有相当数量的高磷矿、高铁矿和共(伴)生有益金属,因此给选矿加工带来很大难度。常用的锰矿选矿方法为机械选（包括洗矿、筛分、重选、强磁选和浮选）,以及火法富集、化学选矿法等。云南省主要采用机械选的强磁选技术,且选矿能力工艺和技术较为先进。

云南文山斗南锰业股份有限公司在技术创新的推动下,公司选矿能力较国内同类选矿技术工艺更为先进、指标领先。斗南锰业通过采用干式永磁中强磁选机用于 $-30\sim+15mm$ 和 $-15\sim+6mm$ 二个粗粒级锰矿的选别,采用广义分选空间圆筒型湿式永磁磁选机对 $-6\sim+0.5mm$ 细矿石选别,并对 $-0.5mm$ 以下锰矿泥实施选别,获得国内领先指标。使其矿石处理量由设计的 650t/d 增加至 1500t/d;选矿回收率在原矿品位从 21.2％降低至 17％左右时仍能保持高于设计指标 10 个百分点的选矿回收率85%。

云南省低品位难处理氧化铅锌矿的浮选工艺有所突破。云南省兰坪铅锌矿是我国已探明的特大型铅锌矿，但一直存在矿石品位低、可选性差的问题。2009年6月，由昆明理工大学、云南金鼎锌业有限公司共同完成的"云南兰坪铅锌矿低品位难处理氧化铅锌矿选矿新技术及工业化研究"，通过了中国有色金属工业协会组织的科技成果鉴定，为低品位难处理氧化铅锌矿提供了新的选矿方法。该项研究综合解决了该类矿石有效利用的关键技术，其主要方面有：成功研制了氧化锌矿新型捕收剂——KZF药剂，对氧化锌矿物具有较强的捕收能力；针对氧化率高、品位低、易泥化、难处理的复杂氧化铅锌矿石，首次提出并采用大开路、小闭路和泥沙分选的全浮选流程，工业试验生产过程中获得了较好的选别指标；提出并采用低品位氧化铅锌矿微细粒矿物"夹聚"浮选工艺，具有新颖性；首次在工业试验暨工业化研究中成功研究出"强化预先筛分-开路棒磨-闭路球磨"的磨矿循环系统，有效地减少了次生矿泥的产生；自主开发应用成功的氧化锌精矿及尾矿助沉技术，有效地解决了工业化生产精矿、尾矿浓缩的技术难题。经专家鉴定，该项目创新性突出、先进性强，整体技术达到国际先进水平。

云南省中低品位胶磷矿浮选工艺技术达国内先进水平。云南磷化集团有限公司于2005年8月通过的成果鉴定发明专利"中低品位磷矿浮选开发利用技术"以中低品位胶磷矿为开发对象，采用正-反浮选、单-反浮选，以及双反浮选工艺技术，添加高效的浮选药剂进行磷矿脱硅、脱镁，入选磷矿品位 $P_2O_5$ 24%左右、MgO4%左右，可获得精矿品位大于30%，MgO小于0.8%、回收率大于85%的先进技术指标，使原来价值低的中低品位磷矿变成了有较高利用价值的磷精矿，充分利用回收，实现选矿废水不外排。与国内同类技术相比，具有工艺流程简单、灵活，精矿质量好，资源回收率高，成本低等特点，技术处于国内先进水平。成果的应用可有效减少矿山开采过程中低品位磷矿直接排入废石场的排放量，实现资源的有效回收与利用，使矿山排放量减少60%以上。

### 3. 冶炼技术现状

云南省冶炼技术紧跟国际冶炼技术发展趋势，有色金属冶炼技术已处于国内外领先水平，但黑色金属的冶炼水平较为低下。

（1）发达国家矿冶炼技术水平

基于矿产资源不可再生和污染大的特性，各国对冶炼技术的提升更加倾向于节约资源、保护环境，更加重视废铜的回收、废铅蓄电池再生铅的生产等。发达国家陆续开发了火法工艺、湿法-火法联合工艺及湿法工艺，全面推进废铅蓄电池再生铅的生产，美国再生铅年产量占铅总产量的76.2%；加压湿法冶金适用于多种有色金属和稀有金属冶炼、生物湿法冶金以其环境友好与成本低等优越性受到各国的重视。

矿冶炼是矿产品加工的基础,是矿产业的重要一环。冶炼技术则成为各国提高资源利用率、节约能源的重要手段之一。有色金属冶炼技术:以铅锌为例,世界新建和扩建的生产能力均采用湿法炼锌工艺,主要表现在如下,硫化锌精矿的直接氧压浸出;硫化锌精矿的常压富氧直接浸出;设备大型化,高效化;浸出渣综合回收及无害化处理;工艺过程自动控制系统等几个方面。密闭鼓风炉炼铅锌是世界上最主要的几乎是唯一的火法炼锌方法。另外,世界上总共有 15 台(包括国内 ISP 工厂)密闭鼓风炉在进行锌的生产,占锌总产量的 12% ~ 13%,其技术发展主要是增加二次含铅锌物料的处理措施、改进冷凝效率、富氧技术的运用等。黑色金属冶炼技术:以钢铁为例,钢铁冶炼技术在焦化生产环节主要采用节能、环保突出的干熄焦技术,世界各国已投产、正在施工和设计的干熄焦装置 300 多套,国际上以日本新日铁、JFE、德国蒂森·斯梯尔·奥托公司干熄焦为代表的技术较为先进。在炼铁的过程中,多采用高炉喷煤综合技术、高炉炉顶煤气余压发电技术、高炉喷吹废塑料技术,以及巴西的 Tecnored 炼铁工艺;在非高炉炼铁技术方向,奥钢联开发 COREX 用块煤和球团矿(块矿)生产铁水。随着社会基本要求的改变,新一代炼钢工艺流程主要采用转炉冶炼纯净钢技术、转炉"负能"炼钢技术、废钢预热型电弧炉技术、高效连铸技术。

(2)我国矿冶炼技术整体水平

我国矿产资源丰富,但对矿产资源的消耗大。因此,应加大科技对冶炼技术的投入,大幅度提升我国矿冶炼的技术水平,实现资源的高效利用。有色金属冶炼技术:以铅锌为例,我国铅锌冶炼技术主要以湿法冶炼为主,其次是火法冶炼。但湿法冶炼对金属资源的回收率仅有 45%,有待进一步提升。黑色金属冶炼技术:以钢铁为例,我国 95% 的生铁由高炉生产,实现高富氧、高煤比的操作技术是研究的重点。焦化生产环节也已采用干熄焦技术,首钢京唐公司在建的 260t/h 干熄焦工程建成后,每年可生产蒸汽约 110 万 t;安阳钢铁集团公司手指竖炉式电弧炉炼钢生产实践表明,其 100t 电炉采用 35% 热装铁水 + 65% 废钢的原料结构冶炼指标分别达到电耗 209kWh/t、电极消耗 1.14kg/t、通电时间 32min,超过原设计指标,但在我国重点大中型钢铁企业中,只有少数企业能够实现全年"负能"炼钢,大部分企业还没有做到负能炼钢,尤其是中、小型转炉。

(3)云南省冶炼技术水平

云南省作为"有色金属"的王国,个别有色金属冶炼技术处于国内领先水平,但黑色金属冶炼水平较为落后,有待进一步提升,而低温低电压铝电解技术、炼钢技术和钢铁可循环流程工艺有较强的技术潜力,多金属矿先进选冶技术、沉没式熔池熔炼技术、中低品位矿综合利用技术是冶炼技术未来的发展方向。

锌冶炼技术:云南省锌冶炼技术提升较快,云南冶金集团在锌行业实现多项技术创新,并在国内锌行业广泛应用,促进了锌行业的快速发展,祥云飞龙公司对高硅氧化锌矿的处理获得突破性进展(表 3.7)。

**表 3.7　云南省锌行业各技术创新及其应用**

云南冶金集团"锌精矿加压浸出、长周期电解关键技术"实现多项技术创新

① 在国内首次实现湿法炼锌氧压浸出技术的工业应用,实现了锌的选择性浸出。

② 首次实现国内锌冶金领域不外排 $SO_2$ 气体,硫化锌精矿中的硫 92.2%转化为元素硫。

③ 在国内首次实现了湿法炼锌加压浸出冶金过程的高新技术化。

④ 实现周期 48 小时以上仍保持合适电流效率,锌片厚度 3 毫米以上,剥锌成功率达 90%。

云南冶金集团的"富氧顶吹-鼓风炉强化还原—大极板、长周期电解炼铅新工艺"技术应用

① 高铁硫化锌精矿加压浸出工艺在永昌铅锌厂已经成功投产。

② 长周期电解技术应用于曲靖 100kt/a 电锌厂建设,稳定运行近 2 年。

锌精矿直接浸出技术在株洲冶炼集团、深圳中金岭南、福建紫金矿业等企业应用。

高铁锌精矿铁自动催化加压浸出新工艺

①处理含锌 42.2%、铁 14.4%、硫 29.3%的精矿,工业性连续试验指标达到:锌浸出率 98.1%,铁浸出率仅 29.2%,元素硫转化率 92.2%;

②建成投产了 10000 吨/年电锌的生产线,进入了产业化阶段;

③该工艺具有流程短,将常规湿法炼锌的焙烧、余热锅炉、收尘、制酸、浸出、渣处理等多道工序合并为一段或两段加压浸出,流程简洁。

④该工艺直接产出元素硫,避免了焙烧烟气制酸后尾气排放和残余二氧化硫及酸雾对环境的污染。

祥云飞龙公司——高硅氧化锌矿的处理进展

将高硅氧化锌矿与硫化矿焙砂的中温中酸浸出渣,按适当配比混合,再经高温高酸浸出、用针铁矿法沉铁、脱硅、净液、电解生产电锌,锌的总回收率达 94%左右。

铜冶炼技术:云铜集团的铜冶炼技术代表了云南省铜冶炼水平,其于 1999 年 3 月引进澳大利亚的富氧顶吹浸没式熔池冶炼技术——艾萨炼铜技术与关键设备,结合云南铜业自有技术,通过创新和技术攻关,实现多项技术集成,尤其是"富氧顶吹铜熔池熔炼技术"使公司粗铜冶炼的技术和装备达到国际先进水平。

云铜股份公司"艾萨炉"的铜冶炼装备,创造了在全球 8 座同类炉子中占地面积最小、体积最大的世界纪录。通过二次创新,"云铜艾萨"的各项实际指标均优于引进时的设计指标,使云南铜行业的铜冶炼技术、生产规模、经济效益、污染防治等跃居世界同行业先进水平,成为世界范围内艾萨熔炼技术与装备的样板。已形成 40 万吨/年的阴极铜生产能力,主要经济技术指标达到国际先进水平。在电解净化、电解添加剂研究、电解工艺控制等方面,电解生产工艺技术处于国内先进水平,形成了一些公司拥有专有技术的工艺控制方法。

锡冶炼技术:云锡集团利用澳斯麦特技术进行锡的还原熔炼是世界第二家、国内首家,并且是世界最大的澳斯麦特炼锡炉。云锡集团锡精矿还原熔炼技术居世界领先水平,与已有的世界领先的以结晶机与真空炉为主的火法精炼技术相配套,

代表了当今世界锡冶金技术的最高水平。自2002年4月18日投产以来,炉床指数、综合冶炼回收率、熔剂率、渣率、渣含锡、炉子寿命等各项技术经济指标达到了国际领先水平,提高了劳动生产率与资源利用率,有显著的经济效益和社会效益。

低温低电压铝电解新技术:2009年7月,国家科技部通过"低温低电压铝电解新技术"项目可行性论证,该项目从低极距型槽结构设计与优化、低温电解质体系及工艺、过程临界稳定控制、节能型电极材料制备等方面进行原始和集成创新,在200~300kA和400kA级铝电解系列开发低温低电压铝电解新技术,实现铝电解生产直流电耗由13300kwh/t降低到12000kwh/t以下、节能10%的目标,减少碳氟化合物排放量50%。

云南铝业通过开发使用开沟槽的阳极、节能型钢爪、高石墨质阴极底块等材料,实施计算机多变量双平衡控制和低温寻优、不停电停启槽、高压风机变频改造、无煤气煅烧石油焦技术等技术,进行锂盐添加、电压效应分摊的优化,极大地降低了电能消耗,铝锭交流电耗吨铝为13600千瓦时左右,比国际先进水平低近600千瓦时,比国内平均水平低近1000千瓦时。云南铝业已具备发展低温低电压铝电解新技术的各种基础,具有较强的发展潜力,为未来云南省铝电解工业升级改造提供技术支撑。

炼钢技术和钢铁可循环流程工艺技术:在昆钢对炼钢技术的探索下,通过开展有害元素对高炉耐火材料的模拟侵蚀试验,查明了有害元素对高炉耐火材料侵蚀膨胀机理,利用机械测量和工程测量相结合的方法对2000m³高炉炉体上涨进行跟踪测量,获得了炉体上涨的大量基础数据。通过入炉有害元素负荷控制、风口校正、喷涂造衬、钒钛矿护炉冶炼、炉底煤气泄漏治理等技术措施,有效解决了炉缸炉底侵蚀,使高炉炉底年平均侵蚀深度控制在150mm以内,炉体年上涨速度从25mm以上下降到23.9mm,高炉运行情况得到根本好转,吨铁水焦比降低63公斤,铁水年产量增加27万吨。

新一代可循环钢铁流程工艺技术:是科技部2006年启动的支撑计划重大项目,也是钢铁产业调整振兴规划中全面推广应用的项目,并已在首钢京唐公司一期生产线上成功应用,主要包括超大型高炉工序系统工艺、烧结工序余热余能利用等技术,有助于资源节约型和环境友好型社会的建设。云南省钢铁工业作为黑色金属工业的重要部分,一直是黑色金属工业发展的重中之重,且云南省一直注重钢铁工业的循环发展,尤其是昆明钢铁长期加大循环利用技术和清洁生产工艺的开发利用,注重降低工艺过程余热余能。昆钢以铁素资源为核心的生产上下工序之间的循环,如水在各个工序内部的自循环以及各个工序生产过程中产生副产品在本工业内的循环等,通过各种循环,使昆钢的资源综合利用水平得到较大的提升,余热余能资源的综合利用水平从2003年的4.5%左右的水平提高到了2004年的12.6%的水平,累计节约10万多吨标准煤。

因此,采用钢铁可循环流程工艺技术,昆钢具备一定的产业基础,且符合云南省钢铁行业发展的目标,可以促进云南省钢铁工业节能降耗、低排放、废弃物循环利用、低成本和高效化生产。

多金属矿先进选冶技术:云南省多金属矿相对较多,其选冶技术不断提升。云南锡业采选分公司通过对锡铜硫化矿工艺的改造,在锡回收率稳中有升的同时,伴铜的回收率由54%提高到71%。另外,在2008年云南省科技奖中,难处理高钙镁氧化铜矿高效选冶新技术、难处理复杂氧化锌矿和氧化锌矿浸出渣提锌新工艺获得直接服务经济建设的技术发明类一等奖。显然,云南省多金属矿的选业技术有进一步提升的潜力。

沉没式熔池熔炼技术:顶吹沉没熔炼法是一种两段式熔炼新工艺,已被世界上许多国家采用,它的应用除铜以外,还有锡还原熔炼、锌渣烟化、铅冶炼、贵金属阳极泥处理、熔融还原炼铁,以及垃圾焚烧等。顶吹沉没熔炼技术具有效率高、能耗低、污染小等优越性。国内80年代中期曾开展过顶吹喷枪沉没熔炼技术及装备的研究工作。云南省在1985~1988年期间在50kg/小时处理量的炉子上进行过锡精矿还原熔炼、铜精矿造硫熔炼、辉锑矿熔炼及富锡渣的还原烟化等工作。另外,云南冶金集团引进澳大利亚顶吹沉没熔炼技术,改造传统烧结-鼓风炉还原熔炼技术开发出的一种粗铅冶炼新工艺——ISA-CYMG炼铅法,为云南省炼铅积累了大量经验。国外,该技术已成熟并在若干国家实现了产业化。通过技术引进与自主知识创新相结合实现该技术在云南的产业化。

在锑冶炼中,采用熔池熔炼连续烟化冶炼、连续强化冶炼新工艺,处理低品位锑矿,能大幅度提高锑矿选冶回收率,节约能源。该工艺在云南省已完成了工业性试验,考核已达到要求。

云南省在广泛应用顶吹喷枪沉没熔炼技术的基础上,在2~3年内,形成15万吨/年冰铜生产能力;形成3.5万吨/年粗锡生产能力和6万吨/年顶吹喷枪沉没熔炼-鼓风炉还原熔炼粗铅生产能力,并在锑冶炼中广泛应用。

中低品位矿综合利用技术:云南省矿藏丰富,但中低品位矿占了很大一部分,严重制约了云南省矿业的发展,限制了矿产资源的供给。云南磷矿资源储量22.8亿吨,居全国首位,其中品位低于30%的中低品位矿占89%,低于25%的低品位矿约占80%。按照每年1000万吨的开采速度,富矿资源维持不到10年,开发利用中低品位磷矿资源已迫在眉睫。武汉工程大学和有关单位合作开发的"中低品位胶磷矿开发利用技术",为云南省20.5亿吨的中低品位磷矿资源开发利用及加工开辟了一条有效途径。该技术首次实现了中低品位胶磷矿石常温浮选,通过所开发的工艺流程获得合格精矿,充分利用资源,降低选矿成本,循环利用废水,年节水达1500万立方米,减少废石、废渣排放量280万吨;常规浮选每年可节省标煤14万吨以上,节能减排效果显著。此外,云南省在浮选富集药剂、工艺流程、环境保护方面均有一定突破,有良好的技术基础及一定的工业基础设施和设备有望实现中品位磷矿石产业化开发,从而实现中低品位矿的综合利用。

### 4. 深层找矿技术发展潜力

随着浅部矿产资源的日益减少,深部尚未发现的矿产资源将是 21 世纪满足人类日益增长的矿产需求的主要来源之一,因此深部找矿已成为全球矿产勘查的一个主要方向。俄罗斯的乌拉尔成矿区,加拿大的 Sudbury 矿集区,美国的 Carlin 成矿区,中国青海锡铁山矿区、云南会泽麒麟厂铅锌矿区、安徽铜山铜矿、安徽安庆铜矿等著名的成矿区带和矿床深部的引人瞩目的找矿发现无疑也表明了深部找矿的巨大潜力。

深部矿勘查相对于浅部矿勘查的难度大、投资大、风险性大等特点,迫使矿产勘查人员必须依靠科学技术的进步来发展和形成新的找矿能力。如何准确、有效地开展深部定位预测,已成为迫在眉睫的重大研究任务。

(1) 国外致力于研发安全节能、成本低的深层采矿技术

在国外的找矿、勘探与开发中,其勘探和开采深度很深。据不完全统计,国外金属矿资源(大型)开采超过 1000 米的约有 80 多座。例如,世界开采最深的矿床是南非的 Western Deep Level 金矿,现已开采到 4800 米;加拿大肖德贝里(Sudbury)铜镍矿床,现已开采到 2000 米,探测最深的矿体位于地下 2430 米;加拿大诺兰达(Noranda)矿田的米伦贝齐、科伯特、安西尔等矿床,主矿体深度均在 700～1280 米;澳大利亚奥林匹克坝铜-金-铀矿床,在深 1000 米处发现了隐伏的几乎直立的铜金铀矿体。由于深层采矿存在地质条件复杂等影响因素,技术要求很高。国外大力度投入资金研发安全高效的深层采矿技术,在大深度物探技术和深穿透化探新方法方面有重大突破,向着降低采矿成本的趋势发展。根据地质层的天然特性,将研发更安全、更节能、更高精度的探矿、采矿技术。

深层矿物开采和矿物选矿及提炼技术。总部位于英国的力拓集团斥资 600 万英镑,与伦敦帝国理工学院合作成立研究中心,致力于深层矿物开采和矿物选矿及提炼技术的研发,以便从难以企及的深度,使用更少能源开采更多矿石。研究致力于开发出高效的分段崩落采矿技术。该技术将利用矿石的自然裂痕,使其在地心引力的作用下自行崩落,而无需使用炸药,在降低开采成本的同时,提高了安全系数。研究还将开发用于分段崩落采矿中的感应技术,以便探测地下储矿区,以及矿藏的规模和形状,这将显著提高开采效率。另外,还将研发使用酸对地下矿石中金属矿物进行溶解的全新开采方法。该方法将被酸溶解后的金属矿物从地下抽出,并从酸性溶液中提炼金属。据了解,这些新型采矿方法将更加节能,且不需要像露天矿开采那样毁坏地貌,而且矿山工作人员无需进入地下深层进行开采,从而使工作的风险系数大大降低。

综合取样(心)钻探技术。反循环连续取样(心)钻探技术被称为钻探技术第二次革命。国内外大量的钻探施工经验证明,采用该法获取的地质样品不仅完全能达到确定矿体埋藏深度、矿体厚度、品位等物化参数的基本要求,而且其钻探施工速度要比传统的取柱状岩心施工速度提高 5～10 倍,施工成本也将大大降低。值得关注的是国际地质钻探承包商和矿业投资者已经提出了取心取样相结合的地质勘探新概念,并在一些国家开始应用,取得了比任何单一方法效率及地质效果都要好的结果,大幅度提高了钻进效率、降低了成本。著名的国际钻探设备制造商瑞典 AtlasCopco 公司已经开始推广这项综合取心(样)钻探技术。我国则没有这方面的应用研究。

物探技术是一种非常有效的找矿方法。物探高新技术的研发和应用已成为西方很多国家,尤其是加拿大、澳大利亚和美国等矿业发达国家矿产勘查的重要组成部分。物探技术研发主要体现在两方面:一是新发明,二是对已有技术的完善升级和更新换代,使测量的精确度和准确度不断提高。新的更强大、更复杂的航空物探方法,如 Falcon、Mega TEM、SPECTREM、TEMPEST、HOISTEM、NEWTEM、Scorpion 等已成为矿产勘查的重要生力军,从而使区域填图和靶区圈定的工作效率得到极大的提高。例如,澳大利亚的“玻璃地球计划”(Glass Earth)包括航空重力梯度测量、航空磁力张量梯度测量、先进的电磁方法、矿物化学填图、钻探新技术和三维地震,其中航空磁张量测量技术和航空重力梯度测量技术是重点研发内容。英国 ARKEX 公司研制成功最先进的超导航空重力梯度测量系统,使测量精度提高 10 倍。加拿大 GEDEX 公司研发的高分辨率航空重力梯度仪(GedexHD-AGG)能够探测到 12 公里深处的固体矿产、石油和天然气,其准确性和速度大大提高了勘查效率,降低了勘查的风险、时间和成本。在地面物探方面,电磁法及重磁法的组合已成为重要的发展方向和勘查手段,磁法有着广泛的应用空间,从行星尺度到几平米的面积都可以应用,既花费少又能够提高丰富的信息。加拿大凤凰公司在完善 V-5 大地电磁系统的同时,推出了 V5-2000 型和 V8 阵列式大地电磁系统。加拿大的 EM-57、EM-67 系列已成为时间域电磁仪器的代表。美国 Zonge 工程与研究组织相继推出了 GDP-16、GDP-32 多功能电磁系统,以及能够进行长周期天然场大地电磁测量的多功能大地电磁系统。美国 EMI 公司在完善 MT-1 大地电磁系统的同时推出的 EH-4 电磁系统,已成为矿产勘查的重要手段之一,另外还推出了 MT-24 阵列式大地电磁系统。电磁法和重磁法物探技术呈现出向数字化、智能化、多功能化、集成化方向发展的趋势。

化探已逐渐成为现代矿产勘查技术的支柱之一。在各种覆盖区和隐伏区内,采用化探技术快速圈定勘查靶区十分有效。化探的发展主要体现在地球化学分析技术的进步,测试的灵敏度和精确度不断提高,如偏提取技术、地质年代学、蚀变因子分析、流体包裹体研究、同位素分析等。分析技术的进步使高精度化探数据的获得成为可能,从而大大提高了矿产勘查的效率和水平。

信息技术广泛应用于矿产勘查领域。现代信息技术尤其是三维信息技术在矿产勘查领域中的广泛有效应用,使得对地、物、化、遥等海量数据信息进行高效集成和综合处理成为可能,并使数据处理的准确度和精确度不断改善和提高,从而使找矿预测和靶区圈定更加准确。将物探、化探和遥感等硬件技术与计算机信息处理的软件技术相结合,即基于 GIS 平台,应用先进的数据管理、建模和分析系统对勘查获得的各种数据信息进行处理,使多样性的勘查技术数据常规性的转换成实用的地质信息和直观的三维图像表达,已成为当代矿产勘查的主要工作模式。

(2) 国内物探技术研发迟缓、化探技术紧跟国际发展趋势

近 20 年来,我国进入了国民经济快速发展阶段,对矿产资源的消耗量迅速增长,现有的资源储备已经远远满足不了日益增长的需要。据有关专家预测,到 2020 年,我国矿产品的需求量将再增加一倍,而国内 45 种主要矿产资源的保有储量仅能满足需求的 1/3,如果没有新的资源储备,大宗矿产品将会主要依赖进口,并将超过美国成为世界上最大的矿产品进口国。因此,深层探矿将成为解决我国表层矿产资源日益枯竭的主要手段。

国土资源部于 2007 年 9 月在合肥组织召开了"全国深部找矿工作研讨会",并于 2008 年 1 月正式发布了促进深部找矿工作意见,将深部找矿作为中国今后找矿勘查的主要方向之一。2015 年 4 月,国土资源部正式启动实施深部探测技术与实验研究,着力解决深部探测问题。

在化探方法理论方面,中国积极跟进最新研究趋势。国际勘查地球化学家协会组织了包括中国在内的由 26 个国际著名单位参与的"深穿透地球化学计划"。在国家有关计划和地质大调查计划的支持下,我国的深穿透地球化学研究取得了一系列进展,5 种深穿透地球化学技术取得了研究成果(包括细粒级采样与分离技术、元素活动态提取技术、地球气纳微金属测量技术、电地球化学测量技术和地下水化学测量技术);重点建立了元素活动态提取技术的标准化流程;初步建立了含矿信息向地表迁移的深穿透地球化学模型;地气测量方法在技术研究和找矿应用方面都取得了进展。不仅能在详查阶段圈出被埋藏在厚层成矿后沉积岩及外来运积物下的矿体,而且可以用于在大面积覆盖区进行地球化学调查,圈定战略选区,评价大面积隐伏区内成矿金属供应量的规模。

在物探技术发展的进程中,我国的步伐相对缓慢,还主要处于技术引进阶段,这与我国矿产勘查快速发展的形势很不适应。国家提出要加快自主开发科学实验仪器设备的步伐,物探技术方法的自主研发也应成为这一战略目标的重要组成部分。在此环境下,中国地质调查局研究了以下物探技术。

瞬变电磁测量技术。中国地质调查局研制了瞬变电磁仪,在瞬变电磁测量技术研究中,又引入了高温超导技术,研制出实用化的高温超导磁强计,取得了具有

完全自主知识产权的创新性科研成果,达到国际先进水平。单分量高温超导磁强计大幅提高了瞬变电磁法的勘探深度,在试验区提高勘探深度达50％以上。在此基础上,中国地质调查局又研制出了三分量高温超导磁强计样机,三分量高温超导磁强计工作稳定,测量数据可靠,提高了瞬变电磁法的水平分辨率。这项技术研究的成功,推动了瞬变电磁法的发展,为危机矿山探边摸底和寻找深部隐伏大矿提供了一种高新技术手段。

航空物探技术。中国地质调查局研制了新一代航空氦光泵磁力仪(HC-2000型),在同类仪器中达到国际先进水平。该仪器在地质调查和深部找矿中发挥了重要作用。例如,根据航磁测量获得的资料,大冶铁矿在深部和外围取得了重要的找矿成果。此外,中国地质调查局还研制和集成了航空物探(磁/电/放)综合站,为1：5万或1：10万地质调查提供了一种廉价、高效的工作手段。一次测量可得到电性、磁性和放射性三组地球物理特征参量,可用于推断、圈定区域岩体及岩性、构造等目标体特征。这套系统已经在地质调查和国家专项中得到广泛应用。

金属矿二维地震找矿方法技术。中国地质调查局开展了散射地震勘探技术基础理论和勘探技术研究。通过数值模拟方法,研究了散射波特征与地质体的对应关系,以及散射成像技术和针对地震剖面解释的地震波识别问题。结合全国危机矿山接替资源找矿项目的实施,2006～2008年,中国地质调查局在云南个旧开展了金属矿地震试验工作。试验数据初步处理的结果表明,采用散射法比反射法能获得更加清晰的花岗岩界面成像。

(3)云南积极引进应用深层探矿技术,但自身研发技术较少

云南省部分矿业城市资源枯竭的危机凸显,为此云南加大力度探索现有资源区的深层开发。云南省个旧市多年前就发出资源枯竭的警报,但利用深层找矿的遥感信息技术和金属矿二维地震找矿方法,勘探出新矿床,增加了130万吨储量,足够让云南锡业公司再生产20～30年。云南铜业集团所在的东川在几年前曾传出"没矿了",但现在采出的矿不仅未减少,而且探明的地质深层的储量更大。冶金集团下属的会泽矿在"资源枯竭"的争论中,通过重点应用构造地球化学和构造应力场的找矿方法,也找到数百万吨的新储量。

云南的找矿工作主要由云南有色地质局进行,主要通过引进应用具有国际、国内先进技术并攻关创新,加强地质勘查信息化建设,利用地、物、化、遥等成果,在不同的成矿区域选用适合的有效方法组合,进行系统分析,形成综合研究预测靶区,促进找矿新成果。

由于深层探矿技术的研发需要较强的资金和科研实力,且研发周期较长,短期内出现重大技术突破的可能性极低,这在一定程度上给云南企业造成流动资金压力,因此云南省的深层探矿技术,从研发层面上讲,应将云南冶金集团、云南锡业集

团、云南铜业集团三大矿业集团强强联合，既可以提供充足的资金保障，又可以共同分担风险和收益，实现大跨越提高。

从技术应用层面上，除了积极引进国内外新型深层找矿技术，进行各种探测方法的试验组合，还应把找矿区位重点放在老区深部和周边地质区域，从而实现了老区资源消耗与增储的平衡，当期探明当期投入开发利用，缓解企业资源短缺的矛盾，促进老矿山的持续发展。

### 3.3.2　科技支撑矿业产品创新作用分析

除技术创新外，新材料、新工艺、现有技术的组合和新应用都可以实现产品创新。科技创新最终是通过市场交易的完成而实现生产力的提高，决定着企业的市场竞争力和产业的成长性。

*1. 矿业的产品创新能力有所提高，但新产品产值规模仍然偏小*

新产品产值是一个产业产品创新水平的具体体现。矿业作为云南省的重要支柱产业，云南省通过技术引进、消化、吸收和自主创新，矿业的采选、冶炼和加工技术水平提升较快，整个矿业及其内部各行业产品的创新能力和水平不断提高，新产品不断增加，新产品产值率有所提升，但矿业依然存在产品创新的新颖程度较低的问题。

从整体上看，在科技创新的推动下，云南省矿业的产品创新能力和产品产出水平有了较大提高，新产品产值从 2004 年的 13.52 亿元增加到 2007 年的 106.8 亿元，新产品产值率也从 2.33% 提高到 6.07%，提高了 3.74 个百分点（表 3.8）。其中，冶炼及压延加工业的产品创新远远优于采选业，黑色金属冶炼及压延加工业一直是产品创新的主要工业，尤其是黑色金属矿的新产品产值更是占到矿业新产品产值的 71.2%。另外，黑色金属冶炼及压延加工业以 16.42% 的新产品产值率远远高于其他产业。

与全国平均水平比较看，云南省矿业的产品创新能力和产品创新产出水平低于全国平均水平 6 个百分点，仅为全国平均水平的 1/2；而非金属矿采选业新产品产值率从 2004 年的 0 快速提升到 2007 年的 5.45%，可见矿业新产品发展迅速，新产品产值率不断提高。

分行业看，云南省的煤炭开采和洗选业没有创新产品，2004 和 2007 两个年份的新产品产值率都为 0，这反映出产业属性特征决定了科技对采选业的作用难以从新产品创新上体现出来。另一方面，2007 年全国煤炭开采和洗选业的新产品产值率达到 5.59%，这也反映出云南省的煤炭开采和洗选业的产品创新能力和产品创新水平远低于全国平均水平。

云南省的黑色金属采选业没有创新产品,2004 年和 2007 年两个年份的新产品产值率都为 0,2007 年全国黑色金属采选业的新产品产值率也只有 0.8%,黑色金属采选业的产业属性特征决定了科技对黑色金属采选业的作用无法从新产品创新上体现。

云南省的有色金属矿采选业的产品创新程度也很低,不到 1%。2007 年云南省有色金属矿采选业的新产品产值为 8659 万元,新产品产值率为 0.64%,比 2004 年提高 0.47%,但比全国平均水平低 2.6 个百分点,说明云南省的有色金属矿采选业的产品创新能力很弱。

云南省的非金属矿采选业产品创新能力提升很快,从 2004 年没有新产品产值快速提高到 2007 年达到 1.95 亿元的新产品产值,新产品产值率达到 5.45%,比全国平均水平高 0.6 个百分点,说明云南省在非金属矿采选业的科技创新成效显著。

云南省的黑色金属冶炼及压延加工业的产品创新能力提升很快,新产品产值率从 2004 年的 3.31% 提高到 2007 年的 16.42%,比全国平均水平高 2.2 个百分点,说明云南省的黑色金属冶炼及压延加工业的科技创新成效显著。

云南省的有色金属冶炼及压延加工业的产品创新能力提升缓慢,新产品产值率从 2004 年的 2.35% 提高到 2007 年的 2.8%,只提高了 0.4 个百分点,仍比全国平均水平低 11.6 个百分点,说明有色金属冶炼及压延加工业的科技创新成效还不显著。有色金属冶炼及压延加工业一直是云南省矿业发展的重中之重,其工业总产值比重位居矿业之首,多个行业的冶炼技术水平在国内甚至国际领先,这说明云南省有色金属冶炼及压延加工业的创新能力比较强,但在产品形式上仍然是传统产品为主,其新产品尚未形成规模化生产。伴随新型工业化进程的加速、国内产能的过剩,矿产品的创新显得尤为重要。对产品创新能力较低的产业,应加快提升技术水平,从而提高产品创新能力;对已有产品创新的产业,应加快推进新产品的市场开拓和规模化生产,增强产业的市场竞争力和可持续发展能力。

**表 3.8　云南省矿业新产品产值率及与全国对比**

| 行业 | 云南 | | | | 中国 |
|---|---|---|---|---|---|
| | 2004 年 | | 2007 年 | | 2007 年 |
| | 产值/万元 | 产值率/% | 产值/万元 | 产值率/% | 产值率/% |
| 矿业 | 135 211.2 | 2.33 | 1 067 883 | 6.07 | 12.05 |
| 煤炭开采和洗选 | 0 | 0.00 | 0 | 0.00 | 5.59 |
| 黑色金属采选 | 0 | 0.00 | 0 | 0.00 | 0.8 |

续表

| 行业 | 云南 | | | | 中国 |
| | 2004 年 | | 2007 年 | | 2007 年 |
| | 产值/万元 | 产值率/% | 产值/万元 | 产值率/% | 产值率/% |
|---|---|---|---|---|---|
| 有色金属矿采选 | 550.4 | 0.17 | 8659 | 0.64 | 3.22 |
| 非金属矿采选 | 0 | 0.00 | 19 501.6 | 5.45 | 4.84 |
| 黑色金属冶炼压延 | 71 966 | 3.31 | 760 743.3 | 16.42 | 14.25 |
| 有色金属冶炼压延 | 62 694.8 | 2.35 | 278 979.1 | 2.80 | 12.35 |

资料来源：2004 年云南省经济普查资料、2007 年云南省工业经济统计年鉴和 2008 年中国科技统计年鉴。

**2. 金属矿产品创新态势良好**

虽然云南省的矿业产品创新成效不显著,但云南省十分重视矿业技术水平的提升,研发费用从 2004 年的 1.15 亿元增加到 2007 年的 5.15 亿元,不断引进、消化、吸收和自主创新技术,很多技术已处于国内领先水平,促进了矿业的快速发展,也将带动今后一个时期新产品产值的快速提高。

(1) 铝产品的创新

铝产品的创新主要是铝的深加工产品,云南铝业不断加大产品结构调整,扩大深加工产品开发和产业化,其电解铝生产能力 30 万吨/年,2008 年生产电解铝 30.5 万吨,其中深加工能力约 20 万吨,占电解铝产量的 66.7%,产品创新在国内处于领先水平。

铸造铝合金。云南铝业通过采用自主研发的"新型保温工艺及大吨位熔炼炉电磁搅拌技术"、"液压外导式竖井热顶模浇铸技术"等生产技术,生产的 A356 合金棒产品 Si 偏析小于 0.2%,优于同行业平均 Si 偏析 0.3%～0.5% 的水平;针孔度 1 级,属 JB/T7946.3—1999《铸造铝合金金相铸造铝合金针孔》标准的最高级别。

电工圆铝杆。通过在引进国际先进的 Properzi "连铸连轧水平浇铸技术"基础上,消化吸收创新,集成应用了自主研发的"在线除气、过滤技术"、"在线乳液洗杆技术"、"合金电工圆铝杆二次缠绕机技术"等,有效减少了产品夹杂物含量,提高了产品抗拉强度、延伸率、表面质量和硬度,降低了电阻率,并解决了运输不便和开卷困难等问题。同时,通过采用自主研发的复合添加硼和稀土等作为合金元素,开发出了性能指标优于国际电工委员会标准要求的新型合金电工圆铝杆,产品具有高导电、高强度、低电量损耗及耐腐蚀等特点,能满足超高压架空导线对材质和性能的更高要求。

铝板带材。云铝通过自主创新,解决了电解铝液降温增核、超纯净化、微观组织控制等关键技术,使铝铸轧卷含氢量控制在 0.10ml/100kgAl;公司自主研发的板面吹扫系统、助滤剂稀释装置有效提高了产品表面质量;通过测厚仪控制精度改造、轧辊热凸度控制、AGC快速自动跟踪控制等技术创新,有效提高了产品板形质量。另外,采用电解铝液直接铸轧方式,与传统热轧法相比,吨产品节电700kWh,成本降低每吨800元以上,技术水平达国际领先;在镁合金成分窄幅控制、冷轧和热处理等方面取得突破,利用具有自主知识产权的"铸轧法生产5754合金铝板技术"、"铸轧坯料生产5XXX系列铝板加工工艺中的热处理方法"等专利技术,率先开发成功铸轧坯料代替热轧料生产5754合金铝板生产技术,形成了7500吨/年生产能力,产品力学性能达到德国EN485标准,吨铝锭增值5000元以上。显然,铝的深加工产品所使用的技术水平达国内领先,甚至部分技术处于国际先进水平,其创新的产品已进入四川、广东等地市场。

(2)铜产品创新

铜产品的创新主要通过提高产品性能,达到国际同类产品的技术指标。云铜集团通过研究"高速交通用关键金属材料及其应用"、"高速铁路接触网线与受电弓滑板及其适配性研究"、"高速轨道交通用新一代铜合金导线的关键技术",以及承担国家发改委的"高速轨道交通专用铜合金导线材料高技术产业化示范工程",从而使用连铸连轧技术制造出高速铁路用铜银合金、铜锡合金导线,经铁道部检测部门检测各项性能均达到或超过国家/行业标准,达到欧洲同类产品的技术指标,其生产的接触线成本比进口合金杆生产的同等档次接触线生产成本低30%,并在多条国内电气化铁路改造和新建项目中使用。通过对高效节能铸铜转子电动机的设计开发,研发的高科技、高附加值的前沿产品——高效铸铜转子,可使电动机效率提高2~7个百分点,具有节能、环保的优点,可广泛应用于工业、家电、航空、航海、军事等领域,具有广阔的发展前景。

(3)锡产品创新

锡的产品创新主要是通过提高产品的附加值,其深加工产品供不应求。云南锡业通过对20多项锡化工工程新建和改扩建,实现了从以前单一的无机锡产品结构向有机锡等高附加值产品结构发展。

锡化工产品。连续七年以25%的速度增长,而深加工产品的销售收入已占全部销售收入的40%以上。其中,甲基磺酸亚锡、锡酸钾、氨基磺酸镍等新产品和新工艺等工程化研究取得实质性进展,为产业化实施奠定了基础,以硫醇甲基锡、硫醇丁(辛)基锡为代表的有机锡新产品开发与产业化实施取得重大进展,形成了无机锡、有机锡化工产品两大系列,22个品种25 000吨/年的生产能力,成为国内最大锡化工生产基地。尤其是正在实施的"系列有机锡产品关键技术与产业化研究"项目被列为云南省重点新产品开发项目,将对云锡进一步发展深加工产品提供有力支撑。

锡材产品。云南锡业成功开发的自主产权的"离心雾化制粉法工艺技术及装置"，通过自主开发与引进、再创新相结合，形成了棒、片、板、球（粒）、丝、条、粉及有铅、无铅焊料等 8 大类 20 多个品种近 500 种规格的锡材加工产品，达到年产25 000多吨锡材、焊锡材的生产能力，成为国内最大锡材加工基地。尤其是正在实施的"高密度组装技术（SMT）封装用锡基球形焊锡粉产业化关键技术与设备开发"项目，建成了具有世界先进水平的 BGA 生产线及国内领先水平的生产线。

（4）钢产品创新

钢的产品创新主要是通过提高钢筋强度和抗震合格率等性能，实现产品的升级换代，以昆钢集团为首的钢铁行业通过加大对新产品的开发力度，优化了产品结构，新产品的数量逐年增加。

管线钢。昆钢组织实施的"石油、天然气用管线钢研发及产业化"项目，促进了产品结构的调整，提高了产品的科技含量和附加值，研发试制的管线钢产品，经宝鸡石油钢管有限公司进行制管试验，并从制成钢管上取样送中国石油天然气集团公司管材研究所进行性能评定，发现管线钢产品完全符合有关的要求。

高强度建筑用钢材。昆钢成功开发生产出 HRB400 热轧带肋钢筋，其产量逐步超过了 HRB335 热轧带肋钢筋，成为昆钢建筑用钢材的主导产品。在此基础上，研发试制出了 HRB500 热轧带肋钢筋，产品已用于昆明的高层建筑和昆明新机场建设。已生产 HRB500E 高性能抗震钢筋 12 万吨，规格配套齐全（6～40mm），产量和销量居全国第一。

优质碳素结构钢。用转炉成功研发生产出了 45 钢、60 钢、70 钢等优质碳素结构钢，形成了优质碳素结构钢系列产品。

（5）锌产品创新

锌的产品创新主要是通过锌冶炼技术的快速提升，研发镀锌板、彩涂板等产品。昆钢集团的"镀锌板基板质量控制技术研究及镀锌板、彩涂板产品开发"项目，以及"双机架紧凑式炉卷轧机——单机架四辊可逆式冷轧机"，开发生产出镀锌板基板，生产高质量的板和带材，尤其是研究开发出"橡胶套筒快速更换装置"、"便于连接的镀锌钢带口"，改进了生产工艺和设备。

（6）钛产品创新

钛的产品创新主要是通过采用"钢—钛"结合发展钛材加工的模式，积极发展钛深加工业。昆钢在研发新产品的同时，强化产品结构调整，积极发展钛深加工业。昆钢控股的云南钛业股份有限公司在国内率先采用"钢—钛"结合发展钛材加工的模式，充分利用钢铁生产大型装备优势，克服钛产业设备难以大型化的不足。昆钢已成功掌握了利用轧钢设备成卷轧制钛板卷的核心技术，并申请了 7 项专利，该项目建成后，最终形成 2 万吨钛材熔炼、冷轧、退火生产体系，主要产品热轧钛卷年生产规模 4000 吨、冷轧钛卷 15 000 吨、钛合金 1000 吨、不锈钢复合板 5000 吨。与此同时，对昆钢调整和完善产品结构，开拓非钢产业，确立行业优势地位，打造国内最大的钛材深加工基地,支撑云南省有色金属新材料产业化创新基地建设具有重要的现实意义。

(7) 冶金还原剂创新

冶金还原剂的创新属国内外首创,且在多家炼铜企业得到应用。昆明理工精诚科技有限责任公司科技人员在已开发的第Ⅰ代煤基还原剂的基础上,通过增加新的制备工艺,优化生产流程而获得性能更优的第Ⅱ代煤基 $\alpha 2\beta 3\gamma 3$,不但在铜火法精炼还原过程中具有还原剂的作用,而且在特定的工况条件下捕集熔融的有害杂质,并催化炭黑快速氧化,有效替代现有工艺普遍使用的木炭粉、重油、天然气、液化石油气、氨气等。更为重要的是,第Ⅱ代煤基 $\alpha 2\beta 3\gamma 3$ 新型还原剂已实现了产业化生产,产品在云铜股份公司、富春江冶炼厂、广州铜材厂、大冶金属公司、葫芦岛铜业股份公司、金川集团等省内外数家炼铜企业得到工业应用并取得理想效果,创造了良好的经济、社会和环境效益,为褐煤资源开辟了新的运用渠道。

铜、锡、钢材、冶金还原剂等产品在先进技术的支撑下,其创新已在国内甚至国际具有领先优势,且部分新产品已经进行产业化生产,在未来很长的时间内将取得较好效益。

### 3. 大型企业的产品创新能力强,中小企业的产品创新能力弱

由于矿业的新产品开发周期长、资金投入大、风险高,大型企业的产品创新能力、新产品产值率明显强于中小企业(表3.9)。云南省矿业 78.98% 的科技活动筹集经费来自企业,大型企业具备技术创新、产品开发所需的资金基础和风险承受能力,而中小企业的科技活动经费不到大型企业的 1/10。由此,造成了大型工业和中小型工业产品创新能力的两极分化,即大型工业的产品创新能力相对中小型工业而言,无论是从新产品项目的开发和项目经费的支持,还是从新产品产值来看,均以绝对优势处于行业的领先地位。云南矿业大型工业企业的新产品项目共计 162 项,是中小型工业的 10 倍多,项目经费达 5.7 亿元,而中小型工业仅有 0.39 亿元。大型企业新产品产值为 12.7 亿元,是中小型工业的 13.2 倍,从矿业整体看,大型企业的产品创新能力远远强于中小型企业。

因此,通过产业整合壮大企业规模,提高产业集中度,不但是矿业经济上规模,增强抗风险能力的需要,更是提高科技创新能力,增加新产品,增强市场竞争力和可持续发展能力的客观要求。

表 3.9　矿业内部各行业大中小型企业的新产品开发　　　单位:万元

| 行业 | 规模 | 新产品项目 | 项目经费 | 产值 |
| --- | --- | --- | --- | --- |
| 煤炭开采和洗选业 | 大型工业 | 0 | 1355 | 0 |
| | 中小型工业 | 0 | 50 | 0 |

续表

| 行业 | 规模 | 新产品项目 | 项目经费 | 产值 |
|---|---|---|---|---|
| 黑色金属矿采选业 | 大型工业 | 4 | 11 704.5 | 0 |
| | 中小型工业 | 0 | 0 | 0 |
| 有色金属矿采选业 | 大型工业 | 2 | 1638.5 | 550.4 |
| | 中小型工业 | 0 | 0 | 0 |
| 非金属矿采选业 | 大型工业 | 1 | 4377 | 0 |
| | 中小型工业 | 0 | 0 | 0 |
| 黑色金属冶炼<br>及压延加工 | 大型工业 | 14 | 23 685.7 | 71 966 |
| | 中小型工业 | 0 | 2024.5 | 0 |
| 有色金属冶炼<br>及压延加工 | 大型工业 | 141 | 14 955.3 | 53 178.3 |
| | 中小型工业 | 15 | 1898.3 | 9516.5 |
| 整个矿业 | 大型工业 | 162 | 57 716 | 125 694.7 |
| | 中小型工业 | 15 | 3972.8 | 9516.5 |

资料来源:2004 年云南省经济普查数据。

**4. 云南省矿产品结构不合理,深加工产品发展缓慢**

云南省的矿产品主要集中在初级熔铸产品领域,产品结构不合理,制约产业升级。在 2004～2007 年,作为前端产品的有色金属矿采选业产值一直在 12% 左右浮动,作为中端产品的有色金属冶炼产值则以 80% 处于绝对优势,而终端产品即有色金属的合金制造和压延加工业产值仅从 2004 年的 7% 增加到 2007 年的 8%(图 3.2)。由此表明,云南省有色金属的产品多以初级产品的加工即金属冶炼,其他后续产品较少,造成不合理的产品结构。

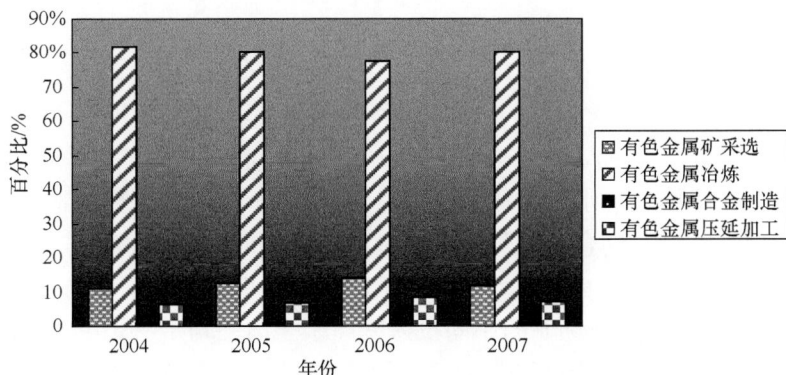

图 3.2　有色金属前、中、终端产值结构示意图

　　另一方面,矿业的深加工产品发展缓慢,产品附加值低。云南省矿业多以黑色金属、有色金属、非金属的矿产资源开发和原材料加工为主,矿产资源的精深加工能力较弱且发展缓慢,产品的附加值较低。云南冶金集团有色金属的矿产资源开发占到 51.67%,初级加工占到 33.97%,而产品的深加工仅有 14.35%(图 3.3)。另外,云南省冶金行业主要是铜、铝板带等初级加工产品的生产,铅和锌的延伸加工尚未起步,有色金属压延加工品约占同期有色金属产量的 7.5%,而全国为50%。以云南铜业为例,矿山探矿新增铜地质储量:开采矿量:铜矿石选矿量:铜冶炼量:铜产品深加工量＝0.92:1:1.74:1.51:0.012,可见铜的深加工能力严重不足。

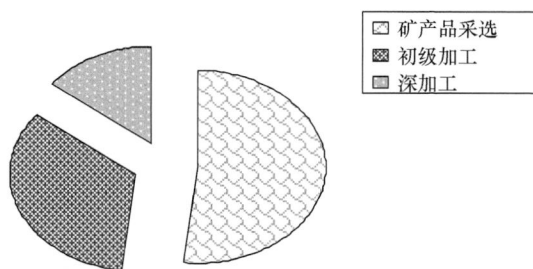

图 3.3　2007 年云南冶金集团矿产品结构图

### 3.3.3　科技支撑矿业提升改造作用分析

　　矿业作为资源消耗型产业,通过产业升级实现资源的循环利用和高效利用是其可持续发展的关键。云南省加大科技投入推动矿业的产业升级。科技对云南省矿业产业结构优化、产业素质和效率提升的支撑力度不断加大,但支撑力不足的问题仍然突出。

　　1. 从中间投入率看,云南矿业的生产技术水平高于全国平均水平

　　作为云南省的支柱产业,矿业的生产技术水平高于全国平均水平,在 2002～2007 年这五年间中间投入率比较看,云南矿业的中间投入率高于全国,但整体上呈下降状态,与全国平均水平形成相反的格局(表 3.10)。矿业是云南省实施产业整合的重点行业,产业整合产生规模效益,降低了生产成本和物耗成本,同时也降低了中间投入率,因此中间投入率的下降不能解释为生产技术水平的下降。

　　云南省煤炭开采与洗选业的中间投入率高于全国平均水平,2002 年比全国高40 个百分点,2007 年比全国高 9.24 个百分点,一定程度上说明云南煤炭开采与洗选业的生产技术水平比全国强。云南省煤炭开采与洗选业的中间投入率大幅度下降,从 2002 年的 83.33%下降为 2007 年的 62.29%,五年下降了 20.04 个百分点,

而全国同期煤炭开采与洗选业的中间投入率却提高了 10.95 个百分点。这说明云南省的煤炭开采与洗选业实施产业整合效果显著。

云南省黑色金属矿采选业的中间投入率略高于全国平均水平,2002 年比全国高 32 个百分点,2007 年比全国高 3.76 个百分点,一定程度上说明云南黑色矿金属采选业的生产技术水平略强于全国。云南省黑色金属矿采选业的中间投入率下降幅度较大,从 2002 年的 85.47% 下降为 2007 年的 70.42%,五年下降了 15.05%,而全国同期黑色金属矿采选业的中间投入率却提高了 12.9%。这说明云南省黑色金属矿采选业实施产业整合的效果显著。

**表 3.10　云南省矿业行业中间投入率与全国平均水平对比**　　　单位:%

| | 云南中间投入率 | | 全国中间投入率 | |
|---|---|---|---|---|
| | 2002 年 | 2007 年 | 2002 年 | 2007 年 |
| 煤炭开采洗选业 | 83.33 | 63.29 | 43.10 | 54.05 |
| 黑色金属采选业 | 85.47 | 70.42 | 53.76 | 66.67 |
| 有色金属采选业 | 72.46 | 72.46 | 60.24 | 62.11 |
| 炼铁业 | 86.96 | 80.00 | 76.92 | 80.65 |
| 炼钢业 | 83.33 | 71.94 | 74.63 | 72.46 |
| 钢压延加工业 | 76.34 | 73.53 | 73.53 | 82.64 |
| 铁合金冶炼业 | 84.03 | 73.53 | 72.46 | 73.53 |
| 有色金属冶炼业 | 84.03 | 75.76 | 78.13 | 83.33 |
| 有色金属压延加工业 | 74.63 | 73.53 | 83.33 | 79.37 |

资料来源:根据 2002 年、2007 年中国投入产出表,2002 年、2007 年云南省投入产出表计算整理。

云南省有色金属矿采选业的中间投入率高于全国平均水平,2002 年比全国高 12%,2007 年比全国高 10.53%,一定程度上说明云南有色金属采选业的生产技术水平比全国强。纵向对比看,云南省有色金属矿采选业的中间投入率没有变化,2002 年和 2007 年都保持在 72.46%,而全国同期有色金属采选业的中间投入率也只提高了 1.87 个百分点。说明云南省的有色金属采选业的生产技术水平没有太大变化。

云南省黑色金属冶炼及压延加工业的中间投入率 2002 年比全国高,但 2007 年却低于全国平均水平。其中,云南省炼铁业的中间投入率 2002 年比全国高 10%,但 2007 年却与全国平均水平持平,但云南省炼铁业的中间投入率从 2002 年的 86.96% 下降为 2007 年的 80.00%,五年下降了 6.96%,而全国同期炼铁业的中间投入率却提高了 3.72%;云南省炼钢业的中间投入率 2002 年比全国高 9%,但 2007 年却低于全国平均水平,云南的下降幅度高于全国;云南省钢压延加工业的中间投入率 2002 年略高于全国,但 2007 年却比全国低 9%;云南省铁合金冶炼业的中间投入率在 2002 年高于全国平均水平 11％,但 2007 年却与全国持平。中间投入率的变化表明云南省的黑色金属冶炼及压延加工业实施产业整合的效果显著。

云南省有色金属冶炼业的中间投入率从 2002 年的 84.03％下降为 2007 年的 75.76％,下降了 8.28％,而全国同期有色金属冶炼业的中间投入率却提高了 5.21％。说明云南省的有色金属冶炼业生产技术水平高于全国平均水平,但经过产业整合,中间投入率显著下降。

云南省有色金属压延加工业的中间投入率略有下降,从 2002 年的 74.63％下降为 2007 年的 73.53％,下降了 1.1％,全国同期有色金属压延加工业的中间投入率也下降了 3.97％。2007 年云南省的有色金属冶炼业的中间投入率比全国低 5.84％,一定程度上也说明科技对云南有色金属压延加工业的生产技术水平比全国弱。

### 2. 从劳动生产率看,云南矿业的产业效率低且提升缓慢

一个产业的劳动生产率在一定程度反映出科技进步对该产业效率提高的作用和科技支撑效果。通过比较云南省矿业与全国矿业的劳动生产率,发现云南省矿业的劳动生产率低于全国平均水平,并且提高的速率也低于全国平均水平(表 3.11)。

云南省煤炭开采与洗选业的劳动生产率从 2002 年的 4.18 万元提高到 2007 年的 11.25 万元,提高了 7.07 万元,而全国同期煤炭开采与洗选业的劳动生产率却提高了 14.63 万元。云南省 2007 煤炭开采与洗选业的劳动生产率比全国低 8.6 万元,且五年来提高的幅度小于全国平均水平,表明科技对云南省煤炭开采与洗选业产业效率提升的支撑作用比全国弱。

云南省黑色金属采选业的劳动生产率从 2002 年的 8.18 万元提高到 2007 年的 28.48 万元,提高了 20.3 万元,而全国同期黑色金属采选业的劳动生产率却提高了 34.21 万元。云南省 2007 黑色金属采选业的劳动生产率比全国低 14.87 万元,五年来提高的幅度远小于全国平均水平,表明科技对云南省黑色金属采选业的产业效率提升的支撑作用比全国弱得多。

云南省有色金属采选业的劳动生产率从 2002 年的 6.61 万元提高到 2007 年的 16.01 万元,提高了 9.4 万元,而全国同期有色金属采选业的劳动生产率却提高了 30.75 万元。云南省 2007 年有色金属采选业的劳动生产率比全国低 25.52 万元,五年来提高的幅度远小于全国平均水平,表明科技对云南省有色金属采选业的产业效率提升的支撑作用比全国弱。

云南省黑色金属冶炼及压延加工业的劳动生产率提高较快,但慢于全国平均水平。云南省炼铁业的劳动生产率提高了 39.31 万元,炼钢业的劳动生产率提高了 88.25 万元,钢压延加工业提高了 90.99 万元,铁合金冶炼业提高了 22.08 万

元,而全国同期黑色金属冶炼及压延加工业的劳动生产率却提高了83.57万元,五年来提高的幅度与全国平均水平差异不大,表明科技对云南省黑色金属冶炼及压延加工业的产业效率提升的支撑作用与全国平均水平相当。

云南省有色金属冶炼及压延加工业的劳动生产率有所提高,且快于全国平均水平。云南省有色金属冶炼业的劳动生产率提高了76.96万元,有色金属压延加工业的劳动生产率提高了249.27万元,幅度相当大,全国同期黑色金属冶炼及压延加工业的劳动生产率也提高了89.98万元,五年来提高的幅度大于全国平均水平,表明科技对云南省有色金属冶炼及压延加工业的产业效率提升的支撑作用大于全国平均水平。

表 3.11　云南省矿业的劳动生产率与全国平均水平对比　　　　单位:万元/人

| | | 云南 | | 全国平均水平 | |
|---|---|---|---|---|---|
| | | 2002 年 | 2007 年 | 2002 年 | 2007 年 |
| 煤炭开采洗选业 | | 4.18 | 11.25 | 5.22 | 19.85 |
| 黑色金属采选业 | | 8.18 | 28.48 | 9.14 | 43.35 |
| 有色金属采选业 | | 6.61 | 16.01 | 10.78 | 41.53 |
| 黑色金属冶炼及压延加工业 | 炼铁业 | 16.7 | 56.01 | 27.13 | 110.7 |
| | 炼钢业 | 16.11 | 104.36 | | |
| | 钢压延加工业 | 17.34 | 108.33 | | |
| | 铁合金冶炼业 | 17.89 | 39.97 | | |
| 有色金属冶炼及压延加工业 | 有色金属冶炼 | 19.82 | 96.78 | 25.41 | 115.39 |
| | 有色金属压延 | 40.87 | 290.14 | | |

资料来源:根据 2002 年和 2007 年云南省工业经济统计年鉴计算整理。

3. 从单位产出能耗看,科技对云南矿业节能降耗的作用显著,对矿业素质提升发挥了很大作用

科技对矿业升级的支撑作用还体现在煤炭、石油、电力和水的消耗(价值量)下降方面,科技进步不仅能提高矿业的产出效率,还能降低能源消耗水平,提高能源使用效率和产业素质,从而推进产业升级改造。云南省的大型冶金集团加快提升科技对冶金工业的支撑度,大力推广节能减排示范工程,显著降低冶金工业单位产出的煤、油、电、水等能耗,且远低于全国平均水平,为建设绿色经济强省、缓解资源枯竭起到了重要的推动作用。矿业内部各行业的能耗分析如下。

云南省煤炭开采与洗选业耗煤率从 2002 年的 20.89% 下降到 2007 年的5.81%,而全国却从 2002 年的 2.52% 上升到 2007 年的 10.06%;耗油率从 2002年的 5.26% 下降到 2007 年的 3.30%,但远高于全国 2002 年的 1.11% 和 2007 年

的 1.41%;耗电率从 2002 年的 4.08% 上升到 2007 年的 5.32%,但依然低于全国平均水平;耗水率从 2002 年的 0.61% 下降到 2007 年的 0.02%,位居细分行业耗水率下降之首,而全国煤炭开采和洗选业则略有上升,一直处于 0.12%~0.13%。

　　云南省黑色金属采选业耗煤率下降,全国上升且云南省的耗煤率较之更为低下;耗油率 2007 年为 1.75%,远低于全国 2007 年 4.88% 的平均水平;耗电率从 2002 年的 7.63% 上升到 2007 年的 7.87%,远远低于全国 2002 年的 13.29% 和 2007 年的 16.04%;耗水率由 2002 年的 0.24% 下降到 2007 年的 0.03%,远低于全国平均耗水率(表 3.12~表 3.15)。

　　云南省有色金属采选业耗煤率由 2002 年的 1.21% 比全国平均水平高,下降到 2007 年的 0.1%,比全国平均耗煤率更低;耗油率从 2002 年的 14.9% 上升到 2007 年的 1.5%,但仍远低于全国平均水平;耗电率已由 2002 年的 10.62% 高于全国平均水平下降到 2007 年的 2.47%,低于全国平均水平;耗水率从 2002 年 0.42% 下降到 2007 年的 0.02%,低于全国平均水平。

　　云南省黑色金属冶炼及压延加工业耗煤率下降,全国总体上升且云南省的耗煤率较之更为低下;云南省仅有铁合金冶炼业的耗煤率从 2002 年的 0.1% 上升到 2007 年的 0.18%,但依然低于全国 2002 年的 1.16% 和云南省的 0.57%;耗油率业普遍低于全国的平均水平;铁合金冶炼业耗电率从 2002 年的 16.02% 下降到 2007 年的 3.21%,下降幅度位居行业之首,远低于全国的 10% 左右;炼钢业和钢压延加工业耗水率分别从 2002 年高于全国平均耗水率下降到远低于全国平均水平。

　　云南省有色金属冶炼及压延加工业耗煤率下降,全国总体上升且云南省的耗煤率较之更低;云南省有色金属压延加工业耗油率从 2002 年的 0.5% 上升到 2007 年的 1.57%,而全国却从 2002 年的 0.72% 下降到 2007 年的 0.32%;有色金属冶炼耗油率从 2002 年 1.08% 下降到 2007 年的 0.37%,远低于全国平均水平;有色金属压延加工业的耗电率从 2002 年的 6.2% 增加到 2007 年的 14.07%,远高于全国平均水平的 4.5%;有色金属压冶炼耗电率有大幅下降,且低于全国平均水平;有色金属压延加工业耗水率从 2002 年的 0.21% 下降到 2007 年的 0.02%,已低于 2007 年全国平均 0.04% 的耗水率。

表 3.12　云南省矿业各行业对煤炭能源消耗与全国对比　　　单位:%

|  | 云南 | | 全国平均水平 | |
|---|---|---|---|---|
|  | 2002 年 | 2007 年 | 2002 年 | 2007 年 |
| 煤炭开采洗选 | 20.89 | 5.81 | 2.52 | 10.06 |
| 黑色金属采选 | 0.09 | 0.01 | 0.31 | 0.38 |
| 有色金属采选 | 1.21 | 0.1 | 0.57 | 0.47 |

| | 云南 | | 全国平均水平 | |
|---|---|---|---|---|
| | 2002 年 | 2007 年 | 2002 年 | 2007 年 |
| 炼铁业 | 3.48 | 2.46 | 2.35 | 5.5 |
| 炼钢业 | 9.65 | 1.25 | 2.35 | 3.41 |
| 钢压延加工业 | 9.06 | 1.1 | 2.82 | 1.81 |
| 铁合金冶炼业 | 0.1 | 0.18 | 1.16 | 0.57 |
| 有色金属冶炼 | 0.68 | 0.49 | 1.5 | 1.48 |
| 有色金属压延 | 0.52 | 0.06 | 0.33 | 0.66 |

资料来源:根据 2002 年、2007 年中国投入产出表,2002 年、2007 年云南省投入产出表计算整理。

表 3.13　云南矿业对石油的消耗与全国平均水平对比　　　　单位:%

| | 云南 | | 全国平均水平 | |
|---|---|---|---|---|
| | 2002 年 | 2007 年 | 2002 年 | 2007 年 |
| 煤炭开采洗选 | 5.26 | 3.3 | 1.11 | 1.41 |
| 黑色金属采选 | 4.38 | 1.75 | 2.1 | 4.88 |
| 有色金属采选 | 1.49 | 1.5 | 10.58 | 7.44 |
| 炼铁业 | 0.5 | 0.3 | 0.94 | 0.3 |
| 炼钢业 | 0.63 | 0.1 | 0.84 | 0.52 |
| 钢压延加工业 | 0.62 | 0.24 | 1.74 | 1.94 |
| 铁合金冶炼业 | 0.22 | 0.13 | 0.37 | 0.3 |
| 有色金属冶炼 | 1.08 | 0.37 | 1.03 | 2.21 |
| 有色金属压延 | 0.5 | 1.57 | 0.72 | 0.32 |

资料来源:根据 2002 年、2007 年中国投入产出表,2002 年、2007 年云南省投入产出表计算整理。

表 3.14　云南矿业对电力的消耗与全国平均水平对比　　　　单位:%

| | 云南 | | 全国平均水平 | |
|---|---|---|---|---|
| | 2002 年 | 2007 年 | 2002 年 | 2007 年 |
| 煤炭开采洗选 | 4.08 | 5.32 | 6.69 | 6.25 |
| 黑色金属采选 | 7.63 | 7.78 | 13.29 | 16.04 |
| 有色金属采选 | 10.62 | 2.47 | 8.06 | 9.81 |
| 炼铁业 | 4.36 | 1.7 | 3.77 | 3.39 |
| 炼钢业 | 4.25 | 1.87 | 7.36 | 4.34 |
| 钢压延加工业 | 5.82 | 2.33 | 4.14 | 3.56 |
| 铁合金冶炼业 | 16.02 | 3.21 | 9.86 | 9.97 |
| 有色金属冶炼 | 14.11 | 3.23 | 6.81 | 7.59 |
| 有色金属压延 | 6.2 | 14.07 | 4.46 | 4.52 |

资料来源:根据 2002 年、2007 年中国投入产出表,2002 年、2007 年云南省投入产出表计算整理。

表 3.15　云南矿业对水的消耗与全国平均水平对比　　　　单位:%

| | 云南 | | 全国平均水平 | |
|---|---|---|---|---|
| | 2002 年 | 2007 年 | 2002 年 | 2007 年 |
| 煤炭开采洗选 | 0.61 | 0.02 | 0.12 | 0.13 |
| 黑色金属采选 | 0.24 | 0.03 | 0.32 | 0.16 |
| 有色金属采选 | 0.42 | 0.02 | 0.19 | 0.13 |
| 炼铁业 | 0.13 | 0.01 | 0.2 | 0.2 |
| 炼钢业 | 0.44 | 0.1 | 0.21 | 0.1 |
| 钢压延加工业 | 0.25 | 0.02 | 0.13 | 0.14 |
| 铁合金冶炼业 | 0.04 | 0 | 0.38 | 0.09 |
| 有色金属冶炼 | 0.13 | 0.01 | 0.14 | 0.07 |
| 有色金属压延 | 0.21 | 0.02 | 0.07 | 0.04 |

资料来源:根据 2002 年、2007 年中国投入产出表,2002 年、2007 年云南省投入产出表计算整理。

总体上看,云南省冶金工业各分行业的耗煤率普遍下降,而全国冶金工业仅有冶炼业的耗煤率略有下降,但仍高于云南省冶炼业的耗煤率;大部分行业的耗油率普遍下降,而全国则有升有降,且除煤炭开采和洗选业、有色金属压延加工业外,远高于云南省单位产出的耗油量;煤炭开采和洗选业、黑色金属矿采选业的耗电率有所上升,但依然低于全国平均水平,而有色金属压延加工业的耗电率有较大幅度提升,且一直高于全国平均水平,云南省黑色、有色金属冶炼业的耗电率均有不同程度的下降,且远低于全国平均水平;各行业耗水率明显下降,除有色金属压延加工业略高于全国平均水平外,其他产业远低于全国平均耗水率(表 3.12~表 3.15)。

综合以上分析可以看出,全国和云南省冶金工业在 2002 年到 2007 年间大幅度降低能耗,云南省在采选、冶炼技术水平快速提升的作用下,大幅度降低了单位产出对煤炭、石油、电力和水的消耗,下降幅度也大于全国平均水平,反映出科技对矿业发展提升的强大支撑作用。

4. 从生态足迹看,科技在降低云南矿业对环境的影响方面仍不显著

2002 年云南省采矿业和金属冶炼及压延加工业"三废"的生态足迹分别为 5624.02 公顷和 11 214.97 公顷,2007 年增加到了 8969.47 公顷和 14 018.68 公顷,分别增加了 59.49% 和 25.00%,而同期全国平均水平是减少的,分别减少了 4.82% 和 4.43%(表 3.16)。

2002 年云南省采矿业和金属冶炼及压延加工业对生物资源消费的生态足迹分别为 520 961.96 公顷和 6379.80 公顷,2007 年增加到了 576 750.48 公顷和 2289.29 公顷,分别增加了 10.71% 和 −64.12%。同期采矿业的全国平均水平是

减少的,减少幅度还比较大,而金属冶炼及压延加工业是增加的。

2002~2007 年云南省采矿业生态足迹是增加的,且是在全国整体减少的情况下增加,这说明云南省采矿业发展对生态环境影响还在加剧,科技改造和提升采矿业并没有降低矿业发展对生态环境的影响,科技并没有较好地支撑采矿业可持续发展。2002~2007 年云南省金属冶炼及压延加工业生态足迹的变化是减少的,且减少的幅度还大于全国整体水平。这一方面表明云南省金属冶炼及压延加工业发展对生态环境的影响在减弱,从产业发展对生态环境影响的角度说明了科技较好地支撑了金属冶炼及压延加工业的改造和提升;另一方面表明科技改造和提升金属冶炼及压延加工业,实现可持续发展的效果更明显。

表 3.16　矿业的生态足迹

| 生态足迹 | | 2002 年/公顷 | 2007 年/公顷 | 变化程度/% | |
| --- | --- | --- | --- | --- | --- |
| | | | | 云南 | 全国 |
| "三废"排放生态足迹 | 采矿业 | 5624.02 | 8969.47 | 59.49 | −4.82 |
| | 金属冶炼及压延加工业 | 11 214.97 | 14 018.68 | 25.00 | −4.43 |
| 消费生物资源生态足迹 | 采矿业 | 520 961.96 | 576 750.48 | 10.71 | −42.33 |
| | 金属冶炼及压延加工业 | 6379.80 | 2289.29 | −64.12 | 2.85 |
| 生态足迹 | 采矿业 | 526 588.86 | 585 723.01 | 11.23 | −26.04 |
| | 金属冶炼及压延加工业 | 17 594.77 | 16 307.97 | −7.31 | −4.41 |

资料来源:根据 2003、2008 年《中国统计年鉴》和《云南统计年鉴》计算整理。

5. 科技提升云南矿业重点企业素质情况

在科技的大力推动下,云南矿业的部分采选、冶炼及加工技术位居国内前列,甚至达到国际领先水平,使科技为产业升级提供了坚实的支撑。

科技支撑为铜业的产业升级奠定基础。在科技的支撑下,提升了采、选矿技术水平,提高了铜精矿的品位和回收率等,为产业升级奠定基础(图 3.4)。云铜集团与广州有色院合作研究多金属矿采、选技术,针对羊拉铜矿矿石的工艺矿物学特点,采用粗精矿再磨及中矿磁选脱除磁黄铁矿的措施,形成一套有效解决羊拉铜矿铜硫分离困难、铜精矿品位难以提高、铜回收率偏低,获得了铜精矿品位 20.17%,铜回收率 82.07%,铜精矿含金 1.23g/t,金回收率 18.36%,铜精矿含银 229.10g/t,银回收率 46.08%的指标,且尾矿水达到了国家排放标准。云铜集团采用"富氧顶吹铜熔池熔炼技术",使得粗铜冶炼的技术和装备达国际先进水平,降低了能耗,提高了循环利用率,并就铜电解阳极泥的综合利用,应用真空冶金技术开发高附加值产品。2006 年铜冶炼系统万元产值能耗降至 106 公斤标煤,粗铜吨煤耗降为430 公斤/吨铜,水循环利用率达 85%,均属国内领先水平,成为国内有色金属行业节能降耗的典型。科技的支撑为铜业产业升级，以及增强企业可持续发展能力提供了强有力的支撑。

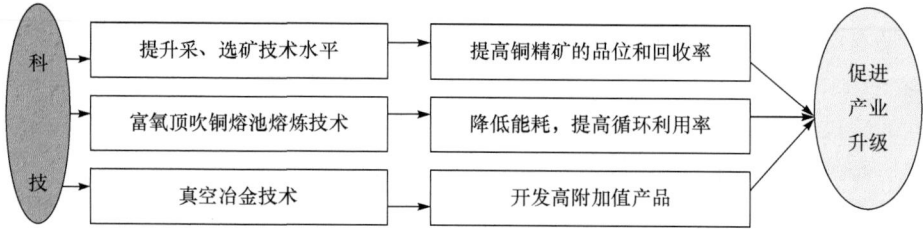

图 3.4　科技支撑云南铜业升级作用过程

　　科技支撑提升锡冶炼技术水平，拓展锡的产业链，促进产品的深加工(图 3.5)。云南锡业不断加大科技对澳斯麦特炼锡技术的支撑力度，形成云锡特色的"澳斯麦特炉还原熔炼-烟化炉挥发"两段熔炼工艺，并通过富氧熔炼技术改造以及澳斯麦特喷枪新材料应用等，使云锡锡精矿还原熔炼技术获得新发展，经过锡精炼系统技术改造等提升电热机械结晶机自动化控制水平，实现沸腾炉长周期稳定生产，促进产业升级。云南锡业通过"SMT 封装用 4a、5a 品级锡基球形合金焊粉研制及工程化研究"项目，建成了具有自主产权的离心雾化装置及工艺流程，增强了有色金属、化合物等(超细)粉体的研发手段，为进一步开发 6a、7a 等微细球形焊粉及其他有色金色粉体材料奠定了基础，为锡产业链的延伸奠定基础。正在实施的"系列有机锡产品关键技术与产业化研究"项目被列为云南省重点新品开发项目，将对云锡进一步发展深加工产品提供有力支撑。

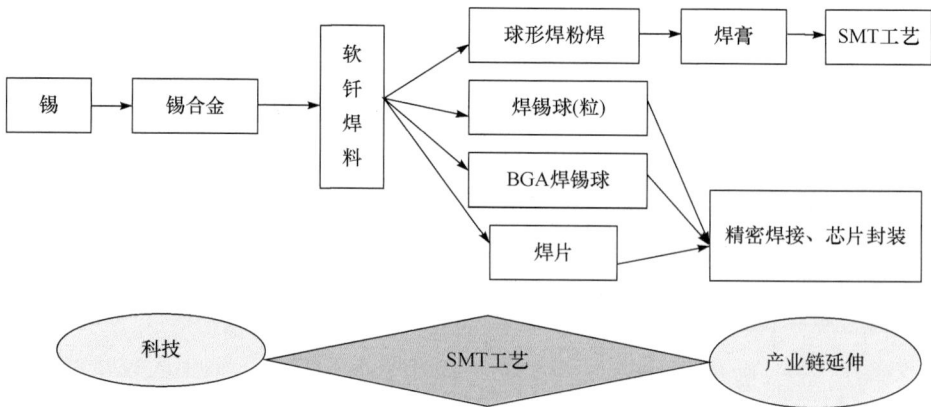

图 3.5　科技支撑云南锡业升级作用过程

　　科技支撑大幅度降低铝业的能耗,提高资源回收率(图 3.6)。云南冶金采用 300KA 大型预焙阳极电解技术,彻底淘汰技术装备落后、能耗高、污染严重的 60KA 自焙阳极生产线,使得云铝公司的装备工艺技术达到了国内领先、国际先进水平,电解铝综合电流效率达到 96%,电解槽集气效率达到 98%,除尘效率达到 99%,氟化物净化效率达到 98.5%,实现了废水零排放,铝锭综合交流电耗保持比国内同行业平均水平每吨低 1000kW·h 以上。

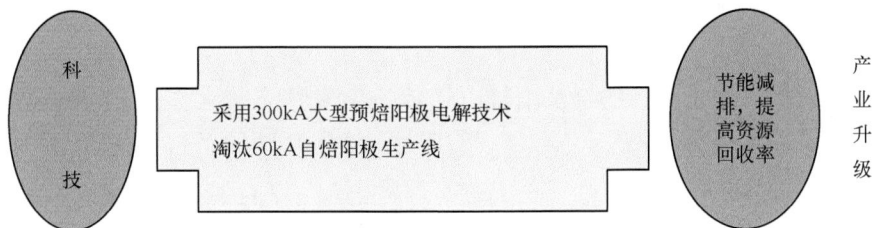

图 3.6　科技支撑云南铝业升级作用过程

　　科技支撑铅锌业的快速发展,降低能耗。驰宏锌锗通过实施"深部资源综合开发利用、环保节能技术改造",淘汰分散落后的生产线,将引进世界先进成熟的铅锌冶炼工艺技术与自有专利技术结合,在世界上首次将艾萨炉应用于铅冶炼并形成新的"IY 铅熔炼技术",并在"深度净化长周期电积"、"大极板机械自动剥锌"等技术研发应用上取得了突破,使驰宏锌锗公司的装备工艺技术达到国内领先、国际先进水平,烟气排放达到欧Ⅲ标准,工业废水实现零排放。尤其是其开发应用的采矿"膏体充填"技术,使选矿尾砂和冶炼水淬渣得以充分利用,不仅减少地质灾害,避免大量废渣堆存占用土地,还大幅提高采矿回收率,减少充填耗水量近 90%。而其成功研发的"高铁硫化锌精矿加压酸浸技术"已建成 1 万吨/年的产业化生产线,锌浸出率达到 98.76%,能耗与传统工艺相比节约 25%,并彻底根治了传统湿法炼锌工艺二氧化硫尾气外排对环境的危害,促进锌的产业升级。

　　科技支撑钢铁行业的快速提升。在科技的支撑下,昆明钢铁通过采用浮选-磁选-焙烧-选矿流程对难选冶铁矿资源的开发,实现了精矿产率 40.54%、品位 57.23%、回收率 82.94%,促进产业升级。云南冶金对斗南公司和建锰公司实施了节能技改工程,淘汰了 5000kVA 以下的电炉。特别是,通过实施斗南公司 10 万吨/年锰系铁合金技改工程、永昌公司 10 万吨/年硅铁一期工程,成功研发并应用了双联摇包法生产中低碳锰铁技术、复杂地质条件下多层薄锰矿开采技术、利用电炉烟气低温余热发电技术等多项专有技术,提高各项技术经济指标,促进产业升级。

科技支撑贵金属的产品结构调整,提高产品附加值。云南铜业基于其白银产量在全国有色金属国有企业中位居前列的优势,开展微电子工业导电涂料和电子浆料用特种银粉、银/铜复合粉体材料制备技术研发和中试集成,批量生产出符合沿海场地区高端微电子器件市场需求的片状银微粉产品,实现贵金属新材料及制备技术研发的突破,促进云南铜业稀贵金属产品结构调整,延伸产业链,提高产品附加值。

### 3.3.4　科技支撑矿业新增长点形成作用分析

科技创新对矿业在新的经济增长点形成方面发挥了较大作用,主要在深层找矿和多金属矿先进选冶,以有色金属、稀贵金属等为基础的新材料等方面,形成了新的经济增长点。

1. 科技提升找矿、选矿能力,缓解资源危机,促进矿业的持续增长

个旧市利用深层找矿的遥感信息技术和金属矿二维地震找矿方法,勘探出新矿床,增加了 130 万吨储量,足够让云南锡业公司再生产 20 至 30 年;云南铜业集团在东川探明的地质深层的储量不断增长;冶金集团下属的会泽矿通过重点应用构造地球化学和构造应力场的找矿方法,也找到数百万吨的新储量。但总体上云南省的深层找矿技术运用还不广泛,云南矿业的开采深度还比较低。随着不可再生资源短缺问题更加突出,我国从国家经济安全的角度,提出了加快发展和运用深层找矿技术,加大深部探矿的战略任务,必将使深层找矿技术研发和服务得到快速发展。

多金属矿先进选冶技术的提升,使资源利用效率明显提高。例如,云南锡业采选分公司通过对锡铜硫化矿工艺的改造,在锡回收率稳中有升的同时,伴铜的回收率由 54% 提高到 71%。面对云南省部分矿区出现资源枯竭以及共生矿伴生矿较多的严峻形势,需要加大科技投入,努力提升多金属矿先进选冶技术,实现云南省矿业的可持续发展。

2. 依托云南省丰富的矿产资源优势,形成了以新材料为主体的新增长点

虽然云南省的矿产资源开发仍以初加工为主,但依托丰富的矿产资源优势,依托有色金属新材料产业化基地和昆明国家稀贵金属新材料产业化基地,加大科技对矿业向新材料方向发展的引导,围绕铜、锡、锌、铝等有色金属产业链延伸和稀贵金属新材料产业化,形成了以新材料为主一些新增长点。

自 20 世纪 90 年代以来,省政府高度重视新材料产业的发展,组织实施一批新材料产业化重大项目,其中有列为国家高新技术产业化新材料重大专项的"稀土贵

金属三效汽车尾气净化催化材料"、"铂族金属二次资源回收"、"高纯砷系列产品"、"年产 10 万吨造纸用超细硅灰石纤维新材料产业化示范工程"、"蜂窝纸板";列为国家新材料产业化推进项目的有"复合电沉积"、"粉镀法复合带材"、"抗菌材料";由地方或企业支持的重大项目有"真空炼锂与锂系列产品"、"锂离子电池正极材料——钴酸锂"、"昆明国家稀贵金属新材料产业化基地"等。

云南省在新材料领域已经拥有一批研究、生产和测试单位,开展应用研究和科技攻关,研究开发主要分布在有色金属新材料、稀贵金属新材料、无机非金属材料、化工新产品新材料等四大领域,在功能型陶瓷、敏感材料等方面也进行了一定的研究和开发。在有色金属材料、稀贵金属材料、非金属矿新材料、精细磷化工深加工产品、金属基复合材料、敏感材料等方面取得了一些成果,而且有些产品形成了一定批量,并进入了国际国内市场。

在有色金属材料方面,全省已有数十种有色金属产品,并具备一定的产值规模,有的甚至位列全国同类产品前列,形成了一定的精深加工产品。在稀贵金属材料方面,云南省已经形成了一定规模,相关科研成果已应用于国家重点军事工程、化工、医药、通信、建材等行业,2009 年在昆明市建立了国家级稀贵金属新材料产业化基地。在无机非金属材料方面,全省呈现强劲的发展趋势,开发生产了超细活性非金属功能填料、矿物复合纤维材料及涂料、水环境处理工程材料、陶瓷、轻工、化工及其它功能性非金属材料。其中,以硅灰石为原料开发了系列产品。在化工新材料和其他新材料方面,也相应地形成了一批有一定竞争能力的新材料产品。

### 3. 通过技术研发,形成了铜业新增长点

云南铜业在国际铜工业协会的帮助下,通过自身研发团队和清华大学、南阳防爆电机厂的合作攻关,进行了生产工艺和技术研究、关键设备试制、模具优选和设计、硅钢片技术改进研究、熔炼技术改进研究等系列技术问题研究,最终研发生产高效节能电动机用铸铜转子,其技术非常先进,且市场需求大,发展潜力很大,有望成为未来一个时期铜业新的增长点。

铸铜转子的技术水平非常先进,应用领域广泛,具有广阔的市场前景。一方面,铸铜转子技术处于国际领先水平,获得多个奖项,尤其是采用铸铜转子替代鼠笼式三相异步电动机中广泛使用的铸铝转子,可使电动机的损耗在原有的基础上降低 15%～25%,将电动机的效率提高 2%～5%;且以该铸铜转子为基础生产出来的电动机在熔炼时的节电率在 10% 以上。另一方面,由于铸铜转子的高效、节能和环保,应用于工业、家电、航空、航海、军事等多个领域,现已有 15 家国内外公司订货,具有广阔的发展前景和庞大的市场需求。鉴于铸铜转子先进的技术水平以及广阔的发展前景,应快速推进铸铜转子的产业化,使铸铜转子成为铜业新增长点。

# 3.4　科技支撑化学工业发展分析

云南化学工业的科技研发前瞻性不够,主要集中在已有产业上,且集中于产业链的前端。科技对云南化工工业的支撑作用主要体现在对传统产业的改造和提升上,对新产品创新和化学工业新增长点形成的支撑相对较少。从化学工业内部看,云南科技项目对化工的支撑作用与产业优势有密切的关系。云南具有突出优势的磷化工和煤化工,科技支撑作用主要集中于对传统产业的改造和提升;处于相对劣势的盐化工、石油化工,科技支撑作用主要集中于新产品创新和新增长点的形成。

## 3.4.1　云南化学工业科技发展现状及问题

### 1. 磷化工科技发展现状

磷化工主要是指以磷矿石为原料生产磷肥及磷酸盐等产品的行业。许多研究机构都认为未来磷化工利润将会集中在上游产品(磷矿石)和精细磷化工产品(磷酸、磷酸盐等)。上游产品主要依靠资源垄断,精细磷化工产品主要依赖于技术优势。云南要保持磷化工行业的竞争优势,不能仅依赖资源垄断优势,还必须依赖技术进步提高精细磷化工产品的优势。

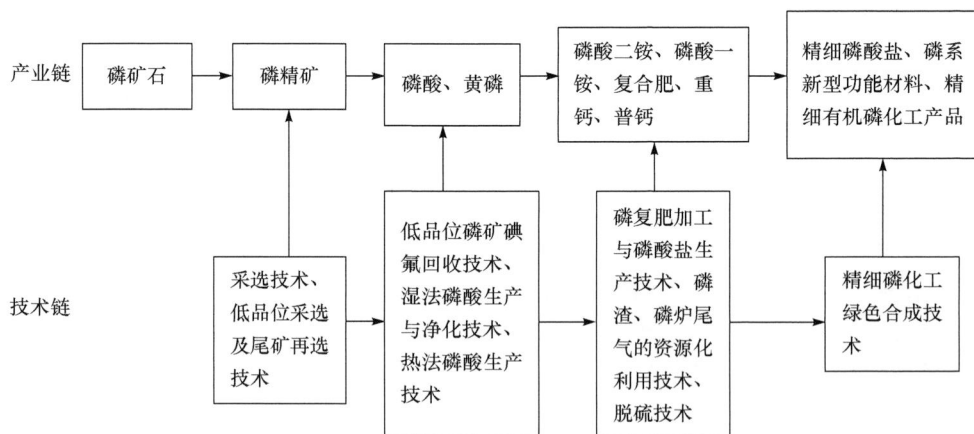

图 3.7　磷化工产业链和技术链示意图

云南省化工研究院形成了磷钾资源原矿浮选、磷化工、精细化工、循环经济、分析技术、工程开发与咨询六大技术研究集群,建立起面向社会的开放式技术创新体系。从磷化工产业链和技术链的联系看(图 3.7),此技术项目特点能够全面支撑磷化工产业发展,即对传统产业的改造和提升、产品创新及新增长点形成。磷钾资源原矿浮选、磷化工、循环经济有利于对传统产业的改造和提升,精细化工有利于磷化工产品的创新,分析技术、工程开发与咨询有利于磷化工新增长点的形成。

云南省化工研究院和云南磷化集团开展了中低品位磷矿浮选技术的开发应用、磷矿柱式浮选中试技术开发、高效磷矿浮选药剂技术开发研究及矿区废弃地生态修复综合控制技术研究与示范等项目,在浮选工艺、浮选设备选型、浮选药剂及选矿废水的综合利用等方面取得了重大突破,技术经济指标达到国际先进水平,形成一整套产业化技术并成功应用于 200 万吨/年规模的大型浮选装置。从磷化工产业链和技术链的联系看,此技术项目产业化应用在磷矿采选阶段,是磷化工产业链的最前端。这一技术项目支撑磷化工的发展作用是改造和提升磷化工传统产业。

云南省许多有条件的优势企业已采用先进技术对传统磷炉进行改造。技术措施具体有:三相七极等不同炉型的开发研究应用、数字化专家智能控制系统等技术,进一步降低了磷炉电极消耗和电炉电耗等指标;液压式电极升降器、普及砂封电极、铜管式输电短网、新型收尘器等技术设备在黄磷生产中的运用,则进一步提高磷炉的安全性和寿命。从磷化工产业链和技术链的联系看,这一技术项目应用于黄磷生产阶段,有利于降低原材料的消费、电力消耗和延长设备的使用寿命。这一技术项目支撑磷化工的发展作用是改造和提升磷化工传统产业。

牙膏级磷酸氢钙生产技术在云南天创科技有限公司建成了国内单套生产能力最大的工业化生产装置。从磷化工产业链和技术链的联系看,该技术项目的应用和产业化实现,增加了云南磷化工产品品种,实现了磷化工新产品的创新。

云天化集团高效利用反应热副产工业蒸汽的热法磷酸生产技术、LCD 级电子磷酸生产技术、高聚合度聚磷酸铵生产技术等一批重大科技成果实现了产业化。从磷化工产业链和技术链的联系看,磷酸、聚磷酸铵是已有产品,这一项目的应用采用新生产工艺,起到了节能降耗的作用,对磷化工发展的支撑作用是改造和提升了磷化工传统产业。

云南省所有黄磷装置全部采用黄磷电炉电极数字化智能控制等先进节能技术实施改造升级,70%以上的生产装置能耗达到单位产品综合能耗小于 3.2 吨标准煤、单位产品电耗小于 1.34 万千瓦/小时、单位产品电炉电耗小于 1.32 万千瓦/小时的国际先进水平。该技术项目应用于黄磷生产阶段,降低了黄磷生产的电力消耗,起到了对磷化工传统产业的改造和提升作用。

云天化集团组织实施了磷肥生产副产氟硅酸综合利用技术开发和湿法磷酸副产氟硅酸生产氢氟酸产业化技术开发项目,磷肥生产副产氟硅酸生产氢氟酸技术开发已完成中试。这一技术项目的特点是磷肥和磷酸生产的副产利用,促进磷复肥和磷酸生产节能减排,提高氟资源的利用。这一个技术项目在实现对传统产业改造和提升的同时,实现磷化工产业链的延伸,对磷化工发展的支撑作用是传统产业改造和提升及新增长点形成。

　　获 2008 年省科学技术进步奖二等奖的二水法磷酸节能降耗增产技术,支撑发展作用是对磷化工传统产业的改造和提升。获 2008 年省科学技术进步奖三等奖的 1000 吨/年功能性磷酸盐产业化开发,支撑发展作用是对磷化工传统产业的改造和提升。获 2008 年省科学技术进步奖三等奖粉状磷酸一铵装置工艺优化研究及产业化,支撑发展作用是传统产业改造和提升及产品创新,获 2007 年度云南省技术发明奖一等奖和获 2008 年度国家技术发明奖二等奖的高效利用反应热副产工业蒸汽的热法磷酸生产技术。这些获奖的磷化工技术项目支撑发展作用也主要集中在对传统产业的改造和提升上。

　　综上所述,云南省磷化工产业的科技发展水平得到很大提高,很多技术已处于国内领先水平,对未来增长潜力和产业升级将发挥重要支撑作用。

　　2. 煤化工科技发展现状

　　煤化工是以煤炭为主要原料生产化工产品的行业,根据生产工艺与产品的不同,主要分为煤焦化、煤气化和煤液化三条产品链(图 3.8)。煤焦化及下游电石、PVC、煤电石、煤气化中的合成氨等都属于传统煤化工,而煤气化制醇醚燃料、甲醇制烯烃、煤液化则是现代新型煤化工领域。煤气化和煤液化是煤化工产业发展的基本方向,煤气化、煤液化技术是煤化工产业发展的前提。煤炭焦化、煤气化液化-合成氨-化肥已成为我国占主要地位的煤化工业,并得到持续、快速发展;基于国内石油消费的增长和供需矛盾的突出,煤制油、甲醇制取烯烃等技术引进、开发和产业化建设速度加快,重点项目已经启动;结合当前煤化工业和未来发展新型煤基能源转化系统技术的需求,多联产系统及相关专属性技术研究已被列为国家中长期科技发展重点。煤化工联产是指不同煤化工工艺或煤化工与其他工艺的联合生产,前者如煤焦化-煤气制甲醇,后者如煤基甲醇-燃气联合循环发电。

　　新型煤化工以生产洁净能源和可替代石油化工产品为主,如柴油、汽油、航空煤油、液化石油气、乙烯原料、聚丙烯原料、替代燃料(甲醇、二甲醚)等,它与能源、化工技术结合,可形成煤炭-能源化工一体化的新兴产业。煤炭能源化工产业将在中国能源可持续利用中扮演重要角色,是今后的发展方向,这对于中国减轻燃煤造成的环境污染、降低中国对进口石油的依赖均有着重大意义。

　　2007 年,云南煤化集团与英国 Advantic 公司联合开发了碎煤熔渣加压气化技术。该技术具有单炉气化能力大,投资相对少,对煤种的适应性广,可广泛用于各煤种的气化,且气化的气体组分有利于合成氨、甲醇生产等后续加工的特点。通过此技术,云南煤化集团建成了一套产粗煤气量为 23 000Nm³/h 的碎煤熔渣加压气化中试装置,并已应用于云南解化公司 15 万吨二甲醚、配套 20 万吨甲醇项目。该技术项目针对煤质情况进行煤气化,适应各种煤质情况,生产效率高,对煤化工

技术链　　　　　　产业链

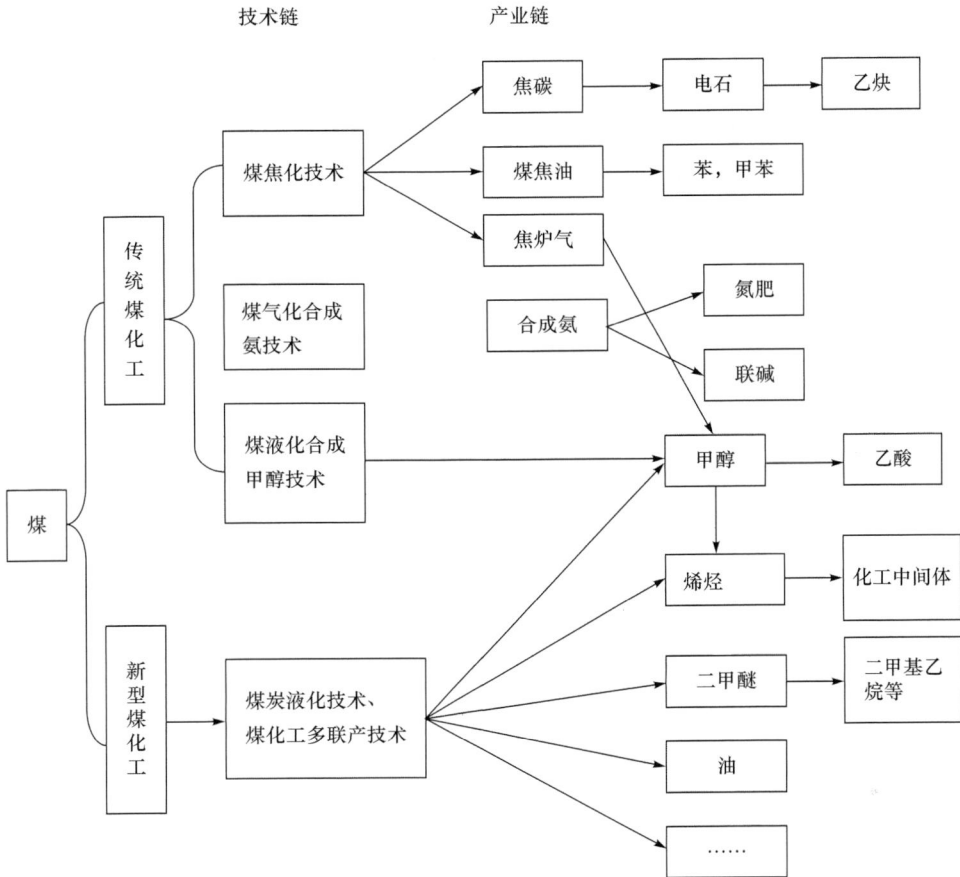

图 3.8　煤化工产业链和技术链示意图

发展起到支撑作用,进一步改造和提升传统煤化工产业。

云南煤化工集团公司通过产学研机制,取得了较先进的甲醇合成技术——浆态床甲醇合成技术。这一技术已经产业化,与传统的甲醇合成方法相比,可降低能耗,节省设备制造费用,有利于降低产品成本,提高竞争能力。该技术项目支撑煤化工发展作用是改造和提升传统煤化工产业。

曲靖大为焦化制供气有限公司拥有大型焦化联合生产技术。2007 年,云南大为制焦有限公司 20 万吨/年焦炉气制甲醇装置投料试车,生产出合格的甲醇产品,标志着 200 万吨/年焦化装置基本建成,实现了焦化联产、循环经济、资源综合利用,成为当今世界领先的焦化联合装置,取得了较好的经济效益和环境效益。这一技术项目的支撑煤化工发展作用是改造和提升传统煤化工产业。

云维公司引进的 Shell 粉煤气化技术体现了当今世界最先进的煤气化技术,具有气化效率高、能耗低、环境效益好等优势,利用该技术建设的 50 万吨/年合成氨装置已经建成,为云南煤化工集团公司发展新型煤化工产业奠定了坚实的基础。这一技术项目的支撑煤化工发展作用是改造和提升传统煤化工产业。

云维集团依托东华工程公司华陆工程公司、化学工业第二设计院、云南化工设计院、五环化学工程公司、天津大学绿色合成与转化教育部重点实验室、清华大学绿色反应工程与工艺重点实验室等对煤化工技术创新进行研究。这一技术项目的支撑煤化工发展作用是产品创新和促进煤化工产业新增长点形成。

在云南煤化工集团公司解化公司建设的 3500 吨/年合成汽油工业示范装置一次投料开车成功,生产出合格的 93♯汽油产品,装置运行正常,达到设计要求。该装置是国内已投入运行的汽油产能最大的煤制油试验装置,是公司产学研合作创新的又一成果。该装置采用云南煤化工集团公司与中国科学院山西煤炭化学研究所及中国化学工业第二设计院合作开发的固定床绝热反应器一步法甲醇转化制汽油工艺,催化剂由中国科学院山西煤炭化学研究所独立开发成功。采用湖南长岭科技开发有限公司的重油原料预处理和宽馏分煤焦油加氢改质技术专利作为生产工艺,使得其宽馏分煤焦油加氢达每年 6 万吨。这一技术项目的支撑煤化工发展作用不仅是对传统产业的改造和提升,而且对于云南煤化工产业而言还是产品创新。

2009 年 3 月,云南煤化工集团与中国科学院山西煤所,赛鼎工程联合申报的发明专利"一种甲醇一步法制取烃类产品的工艺"获国家专利授权。这一技术项目产业化是对煤化工产业链的延伸,产业化所得产品在云南煤化工产品中是全新产品,因此这一技术项目对煤化工发展的支撑作用是新增长点的形成。

获 2006 年度云南省科技进步奖二等奖的 8 万吨/年焦炉气制甲醇工业化示范项目,获 2007 年度云南省科技进步奖三等奖的大比例无烟煤配比炼焦技术开发,获 2008 年云南省科学技术进步奖二等奖高效煤气化关键设备大型气化炉制造工艺技术,获 2008 年云南省科学技术进步奖三等奖云维股份有限公司有机污水处理工程都是支撑煤化工发展作用是对传统产业的改造和提升。

综上所述,从云南煤化工的科技项目应用范围看,分布在煤炭采选、煤焦化、煤气化液化、煤电铝、煤制烯烃五个方面,其中只有煤制烯烃处属于新产品创新和新增长点形成。因此,云南技术项目支撑煤化工产业发展的作用多数是对传统产业的改造和提升,也存在一些产品创新和新增长点形成。

### 3. 天然气化工科技发展现状

天然气化工是以天然气为原料,通过净化分离和裂解、蒸汽转化、氧化、氯化、硫化、硝化、脱氢等反应,制成合成氨、甲醇及其加工产品(甲醛、醋酸等)、乙烯、乙炔、二氯甲烷、四氯化碳、二硫化碳、硝基甲烷等相关化学工业产品,占主导地位产品是合成氨、尿素、甲醇、甲醛和乙烯(图 3.9)。在世界合成氨产量中,约 80% 以天然气为原料,甲醇生产中 70%以天然气为原料。天然气为原料的乙烯装置生产能力约占世界乙烯生产能力的 32%。天然气化工的发展具有如下特点:一是从天然气出发的大宗化工产品,如氮肥、甲醇及其加工产品(甲醛、醋酸等)发展速度较快;二是在烯烃的生产中,扩大了天然气原料的使用量,大力发展天然气制烯烃工业,从而提高烯烃生产中天然气原料所占比例;三是以节能为中心的研究开发工作十分活跃;四是新工艺特别是以合成气为基础的碳化学更为突出。

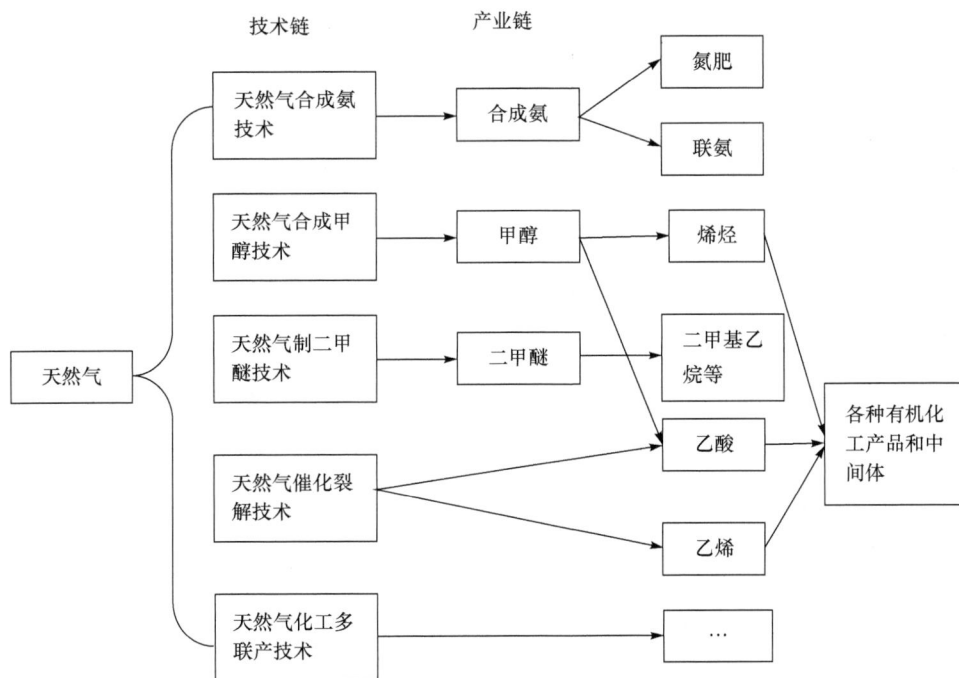

图 3.9　天然气化工产业链和技术链示意图

云天化集团通过产学研模式,与四川大学高分子材料工程国家重点实验室共建了聚甲醛工程塑料工程中心,与清华大学共建聚甲醛研发实验室,开发了M350、M90 等多个新品级的聚甲醛产品,并在万吨级装置上完成了多个型号的工业化生产和用户试用,开展了 2 个体系耐候聚甲醛的研发。这一技术项目的产业化直接为云天化集团带来新的拳头产品,是云南天然气化工产业的重要新增长点,对云南天然气化工发展的支撑作用将是新产品创新和天然气化工产业新增长点形成。

云天化集团开展的乙炔裂解新工艺技术和低碳烯烃技术研究项目。这些研究项目能够降低生产成本,提高经济效益,带来较好的社会效益,这些技术项目有助于改造和提升云南天然气化工传统产业,突破天然气化工发展过程中的资源和环境约束瓶颈。

　4. 盐化工科技发展现状

　　盐化工是指利用盐或盐卤资源,加工成氯酸钠、纯碱、氯化铵、烧碱、盐酸、氯气、氢气、金属纳,以及这些产品的进一步深加工和综合利用的过程。盐化工的产业链和技术链(图 3.10)。

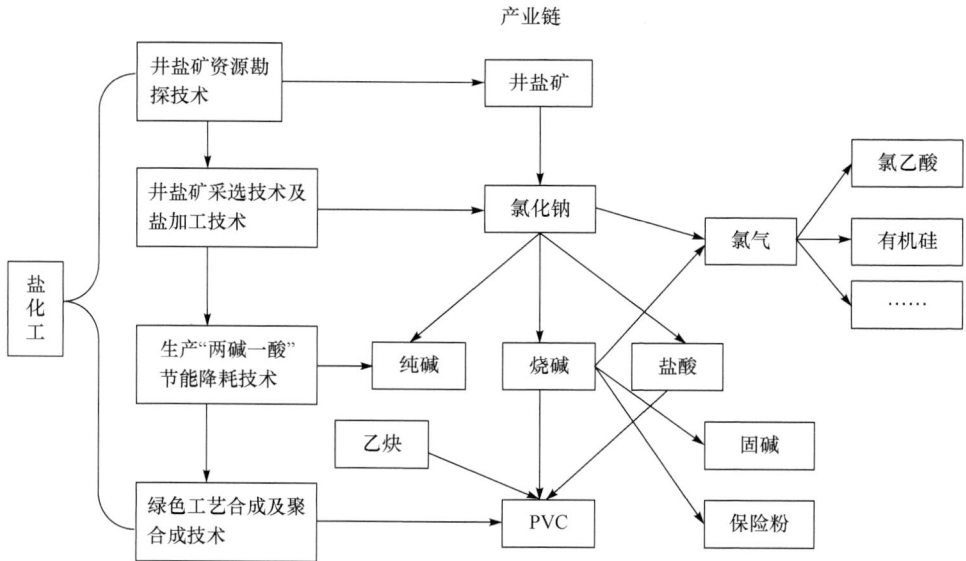

图 3.10　盐化工产业链和技术链示意图

　　云南盐化集团在突出市场需求量的基础上,通过与科研机构和大学研究部门的合作,取得了盐乳化关键技术及盐系列健康相关产品生产技术。已形成艾肤妮保暖型足浴盐、艾肤妮清凉型足浴盐、艾肤妮香薰型沐浴盐、艾肤妮海洋型沐浴盐、艾肤妮玫瑰型沐浴盐、艾肤妮洁面盐、艾肤妮洗手液等盐化产品,并已投放市场。此技术项目有效支撑了云南盐化工产品创新和新增长点的形成。

　　云南盐化集团开展食用盐新产品开发,形成了平衡营养盐、钙强化营养盐、锌强化营养盐、硒强化营养盐和低钠钙盐等新型食用盐产品,市场开拓良好,多品种盐销售收入逐年提高。从技术链和产业链的角度看,此技术项目对云南盐化工发展的支撑作用是新产品创新。

　　结合盐化工业的产业链,云天化集团重点开展了 PVC 新产品开发研究,建成了 5000 吨/年纳米 PVC 工业化装置,产品已在下游加工厂家得到了应用,延伸了产品链,提高了产品附加值。此技术项目支撑盐化工的发展作用是提升了传统盐化工产业和创新了盐化工产品。

### 5. 石油化工科技发展现状

石油化工以石油资源为初始原料,经油气加工处理,先将以烷烃为主的初始原料按含碳量进行分离,得到轻烃或馏分油,再经其他加工手段制成石油化工的基础原料(炔烃、烯烃、芳烃及合成气),再进一步加工成多种中间产品(甲醛、尿素、丙烯等),进而生产出各种最终产品(合成橡胶、合成树脂、合成纤维等)。石油作为一个国家的重要能源和生产、生活资料,与国家安全、人民生活和社会安定密切相关。世界上大多数国家都把石油作为国家的战略资源,把石油化工产业作为关系国家兴衰的最重要支柱产业。

云南省少油资源状况导致石油化工规模小,起步晚,发展慢,科技创新落后,技术落后,但依托中缅油气管道项目,管道设计能力是 2000 万吨/年,云南省即将建设年生产能力达千万吨炼油、百万吨乙烯一体化装置,建设成为国家重要的石油炼化基地。因此,云南省石油化工具有很大的发展潜力。随着经济全球化格局新变化以及优化资源配置、可持续发展、技术创新等方面的新形势,石油化工业面临着巨大挑战和诸多机遇。因此,能否紧紧抓住石化产业的发展机遇,充分发挥中缅油气管道项目的优势,以较低的新型工业化成本,以千万吨炼油和百万吨大乙烯项目为基础,对加快打造云南省石化产业链,形成石化产业集聚效应,保持云南省化工产业快速稳定发展具有重要意义。

云南石油化工的发展依托中缅油气管道项目中石油在云南的配套项目建设和中石化在云南的勘探结果及相关配套建设。因此,支撑云南石油化工发展所需要科技主要取决于中石化和中石油技术研发水平。对云南来说,无论采用的技术水平如何,石油化工是新产业,将形成云南化工行业发展的新增长点。并且,中石化和中石油都具有强大有科技研发实力,在石油化工各阶段都具有丰富科技研发成果,将对云南在建石油化工项目起到较好的支撑作用。

(1) 国内石油化工技术发展现状

经过 50 多年的发展,在引进、消化、吸收国外先进技术的基础上,通过不断加大科技投入、积极组织技术开发,我国石化工业获得了一批具有自主知识产权的技术创新成果,为我国石油化工的继续发展提供了强有力的技术支撑,使我国进入了世界石油化工大国的前列。

炼油技术。我国炼油技术发展较快,部分技术达到国际先进水平,已成功开发了包括渣油催化裂化、加氢裂化、加氢处理、延迟焦化、渣油加氢脱硫等成套技术和催化裂解(DCC)、多产液化气和汽油(MGG)、多产异构烯烃(MIO)在内的具有我国特色的催化裂化家族技术,以及一系列清洁燃料生产技术,并得到了广泛应用。其中,重油催化裂化和渣油加氢处理等技术已达到国际先进水平,DCC 技术已转让到国外。我国已基本可以依靠自主开发的技术建设千万吨级的炼油厂。

石油化工技术。我国已开发了一批具有自主知识产权的石油化工技术,有的已转让到国外。通过对引进技术进行消化、吸收和创新,已成功开发了乙烯裂解、聚丙烯、丙烯腈、SBS、溶聚丁苯、淤浆法聚乙烯、乙苯/苯乙烯、异丙苯、甲苯歧化与烷基转移、芳烃抽提和碳五分离等成套技术,并得到工业应用。85%以上的炼油与石油化工生产用催化剂已立足于国内;SBS、甲苯歧化、聚丙烯高效催化剂制造等技术已转让到国外。

部分石化专用设备已实现国产化。催化裂化、催化重整、延迟焦化、加氢精制、加氢裂化、乙烯、聚乙烯、聚丙烯等主要生产装置所需的反应器、塔容器、换热设备、工业炉等石化生产过程所用的部分专用设备,已实现国产化,有的已达到国际先进水平。

信息技术在石化工业的应用取得了初步成效。石化企业主要生产装置的控制基本上都采用了集中分散系统(DCS),部分企业还进行了联合装置优化和操作室部分集中或全厂集中,建成了工厂的经营管理网和生产过程控制网。企业资源计划已开始在部分石化企业中实施。

(2) 中石油和中石化的技术研发情况

中石油拥有强大的技术支持体系,现有研发机构76个,包括总部层面的科研机构6个、企业层面的科研机构70个,科研人员2万多人,拥有一批包括16名院士、60名国家突出贡献专家、176名集团公司级专家、700名教授级高工和1300名享受政府津贴专家的技术队伍。中石油具备相对完备的科学研究实验手段,科研机构固定资产原值达70亿元,科研仪器设备原值近30亿元。炼化领域,5000吨/年己烯-1工业试验装置投产,填补了国内己烯-1产品空白。最大化多产丙烯催化裂化(TMP)工业试验获得成功,丙烯收率等指标达到国际领先水平。润滑油基础油异构脱蜡催化剂实现工业装置应用,液体橡胶产品成功应用于神舟七号载人飞船逃逸系统。石油装备、工程技术领域,具有自主知识产权的关键装备和核心技术取得显著进展。大口径、高钢级管材与制管取得重大突破,研制出4类7项新产品。20个重点实验室和试验基地初步建成并投入运行,在基础理论研究、先导试验和人才培养方面发挥着重要作用。

中石化集团公司共有19名中国科学院院士和工程院院士;科技开发紧紧围绕生产经营和主业发展需要,着力自主创新,加快核心技术、专项技术开发和科技成果推广应用,科技对生产经营和发展的支撑力度进一步加强。2008年,中国石化被国家科技部、国务院国资委以及中华全国总工会联合命名为首批“创新型企业”。“高效择形催化技术开发及其在对二甲苯生产中的应用”获国家技术发明奖二等奖,“胜利油区复杂断块油田稳产技术”、“中国大陆科学深钻的科技集成与创新”、“100kt/a苯胺成套技术研究开发和应用”、“回收炼厂乙烯资源成套工业化技术的应用”、“FCC干气制乙苯气相烷基化与液相烷基转移组合技术研发及产业化”、

"移动式套管气回收装置"、"含氮有机废水生物脱氮新技术与工程化应用"、"30 万吨合成氨成套技术与关键设备开发研制及应用"共 8 个项目获国家科技进步奖二等奖。中国石化拥有健全的科技开发、知识产权管理组织体系和雄厚的科技开发实力。

### 3.4.2　科技支撑化学工业提升改造作用分析

化学工业作为资源型工业和基础工业,通过产业升级实现资源的循环利用和高效利用是其可持续发展的关键。虽然云南省加大科技投入推动化学工业的产业升级,形成了许多优势领域,科技对云南省化学工业的产业结构优化、产业素质和效率提升的支撑力不断增强,但总体上支撑力不足的问题仍然突出。

#### 1. 从中间投入率看,云南化学工业生产技术水平有所提高

云南省炼焦业的中间投入率略有提高,从 2002 年的 75.79% 提高到 2007 年的 77.75%,全国同期炼焦业的中间投入率也提高了 2.14 个百分点。云南省炼焦业 2007 年的中间投入率比全国高 9.86 个百分点,说明云南省炼焦业的生产技术水平比全国平均水平强,反映出科技对产业结构改善具有较强的支撑作用(表 3.17)。

云南省基本化学原料制造业的中间投入率略有提高,从 2002 年的 77.09% 提高到 2007 年的 79.07%,五年提高了 1.98 个百分点,全国同期基本化学原料制造业的中间投入率却提高了 7.96 个百分点。云南省基本化学原料制造业 2007 年的中间投入率与全国平均水平相同,说明云南省基本化学原料制造业的生产技术水平与全国平均水平基本一致,但提高的幅度低于全国平均水平。

云南省肥料制造业的中间投入率显著下降,从 2002 年的 86.7% 下降为 2007 年的 75.32%,全国同期肥料制造业的中间投入率却提高了 4.63 个百分点。云南省肥料制造业 2007 年的中间投入率比全国平均水平低 5.8%。虽然中间投入率的变化能够从长期趋势反映生产技术水平的变化,但肥料制造业是云南省实施产业整合的重点行业,五年来中间投入率的下降不能解释为生产技术水平的降低,而是产业集中度的提高导致肥料制造业的中间投入率下降。

表 3.17　云南省化学工业内部行业中间投入率变化及与全国对比　单位:%

| | 云南 | | 全国平均水平 | |
|---|---|---|---|---|
| | 2002 年 | 2007 年 | 2002 年 | 2007 年 |
| 石油及核燃料加工业 | 73.2 | — | 84.71 | 84.72 |
| 炼焦业 | 75.79 | 77.75 | 65.75 | 67.89 |
| 基本化学原料制造业 | 77.09 | 79.07 | 71.11 | 79.07 |

续表

| | 云南 | | 全国平均水平 | |
| --- | --- | --- | --- | --- |
| | 2002 年 | 2007 年 | 2002 年 | 2007 年 |
| 肥料制造业 | 85.70 | 75.32 | 76.49 | 81.12 |
| 农药制造业 | 79.94 | 75.05 | 74.35 | 80.78 |
| 涂料\颜料\油墨及类似产品制造业 | 79.37 | 74.96 | 77.19 | 82.00 |
| 合成材料制造业 | 78.89 | 74.02 | 78.37 | 79.12 |
| 专用化学产品制造业 | 62.99 | 69.53 | 76.36 | 84.56 |
| 日用化学产品制造业 | 90.03 | 74.04 | 68.06 | 73.71 |
| 医药制造业 | 57.50 | 70.51 | 61.33 | 70.98 |
| 化学纤维制造业 | 60.55 | 78.28 | 78.39 | 83.29 |
| 橡胶制品业 | 74.28 | 70.7 | 72.34 | 80.29 |
| 塑料制品业 | 80.25 | 79.73 | 74.94 | 81.50 |

资料来源:根据 2002 年、2007 年《中国投入产出表》和 2002、2007 年《云南省投入产出表》计算整理。

云南省农药制造业的中间投入率有所下降,从 2002 年的 79.94%下降为 2007 年的 75.05%,全国同期农药制造业的中间投入率却提高了 6.43%。云南省农药制造业 2007 年的中间投入率比全国平均水平低 5.73%,呈现出与全国相反的趋势,五年来中间投入率的下降不能解释为生产技术水平的降低,而是产业集中度的提高导致农药制造业的中间投入率下降。

云南省涂料\颜料\油墨及类似产品制造业的中间投入率有所下降,从 2002 年的 79.37%下降为 2007 年的 74.96%,全国同期涂料\颜料\油墨及类似产品制造业的中间投入率却提高了 4.81%。云南省涂料\颜料\油墨及类似产品制造业 2007 年的中间投入率比全国平均水平低 7.04%,说明云南省涂料\颜料\油墨及类似产品制造业的生产技术水平有所下降。

云南省合成材料制造业的中间投入率有所下降,从 2002 年的 78.89%下降为 2007 年的 74.02%,全国同期合成材料制造业的中间投入率略为提高了 0.75%。云南省合成材料制造业 2007 年的中间投入率比全国平均水平低 5.1%,说明云南省合成材料制造业的生产技术水平有所下降。

云南省专用化学产品制造业的中间投入率明显提高,从 2002 年的 62.99%提高到 2007 年的 69.53%,全国同期专用化学产品制造业的中间投入率也提高了 8.2%。云南省专用化学产品制造业 2007 年的中间投入率比全国平均水平低 15.03%,说明云南省专用化学产品制造业的生产技术水平有所提高,但提高幅度小于全国平均水平。

云南省日用化学产品制造业的中间投入率大幅下降,从 2002 年的 90.03%下降为 2007 年的 74.04%,全国同期日用化学产品制造业的中间投入率略却提高了 5.65%。云南省日用化学产品制造业 2007 年的中间投入率比全国平均水平基本一致,说明云南省日用化学产品制造业的生产技术水平高于全国,但产业整合导致日用化学产品制造业的中间投入率下降。

云南省医药制造业的中间投入率大幅度提高,从 2002 年的 57.5% 提高到 2007 年的 70.51%,全国同期医药制造业的中间投入率只提高了 9.65%。云南省医药制造业 2007 年的中间投入率与全国平均水平基本一致,说明云南省医药制造业的生产技术水平五年来大幅度提升,增强的幅度大于全国平均水平。

云南省化学纤维制造业的中间投入率大幅度提高,从 2002 年的 60.55% 提高到 2007 年的 78.28%,全国同期化学纤维制造业的中间投入率只提高了 4.9%。虽然云南省的化学纤维制造业中间投入率提高幅度大,但仍然低于全国平均水平,2007 年比全国平均水平低 5.01%,说明化学纤维制造业的生产技术水平在快速增强,且增强的幅度大于全国平均水平,反映出科技对产业的支撑作用在增强。

云南省橡胶制品业的中间投入率有所下降,从 2002 年的 74.28% 下降为 2007 年的 70.7%,全国同期橡胶制品业的中间投入率却提高了 7.95%。云南省橡胶制品业 2007 年的中间投入率比全国平均水平低 9.59%。云南省橡胶制品业的中间投入率在 2002 年高于全国平均水平,说明云南省的橡胶制品业生产技术水平略高于全国,但实施的产业整合使中间投入率显著下降。

云南省塑料制品业的中间投入率略有下降,从 2002 年的 80.25% 下降为 2007 年的 79.73%,全国同期塑料制品业的中间投入率却提高了 6.56%。云南省塑料制品业 2007 年的中间投入率比全国平均水平低 1.57%。说明云南省塑料制品业的生产技术水平呈下降态势。

综合以上分析可以看出,云南省的化学工的中间投入率整体上有所提高,说明产业生产技术水平有所增强,而化肥制造业等产业由于实施产业整合而降低了中间投入率。

### 2. 从劳动生产率看,云南省的化学工业产业效率较高

通过比较云南省化学工业内部行业与全国化学工业部分内部行业的劳动生产率,发现云南省化学工业中的部分领域劳动生产率高于全国平均水平,并且提高的速率也高于全国平均水平(表 3.18)。

云南省炼焦业的劳动生产率从 2002 年的 11.48 万元提高到 2007 年的 57.99 万元,提高了 46.51 万元,而全国同期相关的石油加工、炼焦及核燃料加工业的劳动生产率却提高了 135.92 万元。云南省的劳动生产率比全国低,且五年来提高的幅度小于全国平均水平,表明云南省炼焦业的科技支撑能力比全国弱。

云南省基础化学原料制造业的劳动生产率从 2002 年的 16.19 万元提高到

2007 年的 46.13 万元,提高了 29.94 万元,而全国同期化学原料及化学制品制造业的劳动生产率却提高了 37.2 万元。云南省 2007 年基础化学原料制造业的劳动生产率比全国低,且五年来提高的幅度小于全国平均水平,表明云南省基础化学原料制造业的科技支撑能力比全国弱。

**表 3.18　云南省劳动生产率变化态势**　　　　　单位:万元/人

| 行业 | 2002 年 | 2007 年 |
|---|---|---|
| 石油及核燃料加工业 | 10.95 | 58.03 |
| 炼焦业 | 11.48 | 57.99 |
| 基础化学原料制造业 | 16.19 | 46.13 |
| 肥料制造业 | 16.38 | 57.29 |
| 农药制造业 | 39.91 | 26.46 |
| 合成材料制造业 | 10.99 | 99.03 |
| 专用化学产品制造业 | 8.24 | 27.86 |
| 日用化学产品制造业 | 21.26 | 57.49 |
| 医药制造业 | 25.13 | 42.38 |
| 化学纤维制造业 | 114.49 | 315.43 |
| 橡胶制品业 | 6.01 | 27.41 |
| 塑料制品业 | 17.31 | 30.72 |

资料来源:根据 2002 年、2007 年《云南省工业经济统计年鉴》计算整理。

云南省肥料制造业的劳动生产率从 2002 年的 16.38 万元提高到 2007 年的 57.29 万元,提高了 40.91 万元,云南省肥料制造业的劳动生产率提高幅度较大,表明云南省肥料制造业的科技支撑能力较强。

云南省农药制造业的劳动生产率从 2002 年的 39.91 万元下降到 2007 年的 26.46 万元,是化学工业内部行业中劳动生产率唯一呈下降状态的产业,下降了 13.45 万元,云南省农药制造业劳动生产率下降,表明云南省农药制造业的科技支撑能力在减弱。

云南省合成材料制造业的劳动生产率从 2002 年的 10.99 万元提高到 2007 年的 99.03 万元,提高了 88.04 万元,提高幅度很大,云南省合成材料制造业的劳动生产率大幅度提高,表明云南省合成材料制造业的科技支撑能力提升较快。

云南省专用化学产品制造业的劳动生产率从 2002 年的 8.24 万元提高到 2007 年的 27.86 万元,提高了 19.62 万元,云南省专用化学产品制造业的劳动生产率有所提高,表明云南省专用化学产品制造业的科技支撑能力较强。

云南省日用化学产品制造业的劳动生产率从 2002 年的 21.26 万元提高到 2007 年的 57.49 万元,提高了 36.23 万元,云南省日用化学产品制造业的劳动生产率有所提高,表明云南省日用化学产品制造业的科技支撑能力较强。

云南省医药制造业的劳动生产率从 2002 年的 25.13 万元提高到 2007 年的 42.38 万元,提高了 17.25 万元,全国同期医药制造业的劳动生产率提高了 17.32 万元。云南省 2007 医药制造业的劳动生产率比全国低 3.94%,且五年来提高的幅度与全国平均水平基本一致,表明云南省医药制造业的科技支撑能力提升与全国平均水平基本一致。

云南省化学纤维制造业的劳动生产率从 2002 年的 114.49 万元提高到 2007 年的 315.43 万元,提高幅度很大,提高了 200.94 万元,全国同期化学纤维制造业的劳动生产率只提高了 47.82 万元。云南省 2007 化学纤维制造业的劳动生产率远远高于全国平均水平,比全国高 224.46%,增幅和绝对量都远高于全国平均水平,表明云南省化学纤维制造业的科技支撑效果显著,且提升很快。

云南省橡胶制品业的劳动生产率从 2002 年的 6.01 万元提高到 2007 年的 27.41 万元,提高了 21.4 万元,全国同期橡胶制品业的劳动生产率却提高了 10.83 万元。云南省 2007 橡胶制品业的劳动生产率比全国平均水平低 12.19 个百分点,表明云南省橡胶制品业的科技支撑效果较差,支撑能力提升缓慢。

云南省塑料制品业的劳动生产率从 2002 年的 17.31 万元提高到 2007 年的 30.72 万元,提高了 13.41 万元,全国同期塑料制品业的劳动生产率却下降了 5.92 万元。云南省 2007 塑料制品业的劳动生产率比全国平均水平低 5.56 个百分点,表明云南省塑料制品业的科技支撑能力提升快,但支撑能力还较弱。

从以上化学工业内部行业的劳动生产率变化态势看,科技对云南化学工业的产业效率具有较强的支撑作用。

### 3. 从单位产出能耗看,科技对云南化学工业的产业素质提升发挥了很大作用

科技对云南化学工业产业升级的支撑作用还体现在对煤炭、石油、电力和水的消耗(价值量)下降上,科技进步不仅会提升产出效率,还能降低能源消耗水平,提高能源使用效率和产业素质,从而推进产业升级改造。综合来看,科技创新对云南省化学工业节能减排、节能降耗发挥了重要作用,使云南化学工业的产业素质得到巨大提升。但从表 3.19 与表 3.20 的对比可以看出,云南省化学工业内部个别行业还需要进一步加大技术改造力度,努力降低煤耗和水耗。

云南省炼焦业的煤耗有所提高,煤炭消耗占总产出的比重从 2002 年到 2007 年提高 3.98%,提高的幅度小于全国平均水平,但消耗比重比全国高;水的消耗占总产出的比重下降了 0.26%,低于全国平均水平;电的消耗占总产出的比重下降了 1.83%,全国炼焦业的电耗比重却略有上升,云南省炼焦业的电耗比重远低于全国平均水平。可以看出,科技进步对降低云南省炼焦业的能耗产生较大的促进作用,提升了产业素质。

　　云南省基础化学原料制造业的煤耗略有提高,煤炭消耗比重提高了0.6%,煤耗比重和增幅低于全国平均水平;油耗比重略上升了0.39%,但全国则上升了6.47%;水耗比重下降0.34%,而全国的下降幅度小于云南;电耗大幅下降,电力消耗占基础化学原料制造业总产出的比重从24.6%下降为2007年的12.5%,下降了12.07%,降幅远高于全国平均水平,2007年云南省基础化学原料制造业的电力消耗占总产出的比重远低于全国平均水平。可以看出,科技进步对降低云南基础化学原料制造业的能耗产生较大的促进作用,提升了产业素质。

　　云南省肥料制造业的煤耗有所下降,煤炭消耗比重下降了1.46%,煤耗比重低于全国平均水平,全国则没有下降;油耗比重上升了2.08%,上升的幅度略高于全国;水耗比重下降0.27%,而全国这个行业的水耗比重则变化很小;电耗比重下降了8.83%,降幅略高于全国平均水平,电耗占肥料制造业的比重也远低于全国平均水平。可以看出,科技进步对降低云南肥料制造业能耗产生较大的促进作用,提升了产业素质。

　　云南省农药制造业的煤耗基本不变,煤炭消耗比重略为上升了0.08%,全国则下降了0.92%;水耗比重下降0.12%,下降幅度略小于全国平均水平;电耗比重下降了3.18%,而全国同行业只下降了0.04%,电耗占农药制造业的比重也低于全国平均水平。可以看出,科技进步对降低云南农药制造业能耗产生较大的促进作用,对提升产业素质发挥很大作用。

　　云南省合成材料制造业的煤耗有所提高,煤炭消耗比重上升了4.29%,全国则下降了0.36%;水耗比重下降0.38%,全国这个行业的水耗比重下降了0.04%;电耗比重下降了4.27%,降幅高于全国平均水平,但电耗占合成材料制造业的比重仍高于全国平均水平。可以看出,科技进步对降低云南合成材料制造业能耗产生较大的促进作用,但在降低煤耗、电力消耗方面还需要加大力度,努力提高产业素质。

表 3.19　　云南化学工业单位产出能耗、水耗变化态势

| 行业 | 煤耗 | | 油耗 | | 水耗 | | 电耗 | |
|---|---|---|---|---|---|---|---|---|
| | 2002 年 | 2007 年 | 2002 年 | 2007 年 | 2002 年 | 2007 年 | 2002 年 | 2007 年 |
| 石油及核燃料加工业 | 2.61 | — | 0.00 | — | 0.18 | — | 6.35 | — |
| 炼焦业 | 44.12 | 48.11 | 0.00 | 0.00 | 0.29 | 0.03 | 2.70 | 0.88 |
| 基础化学原料制造业 | 2.12 | 2.73 | 0.00 | 0.39 | 0.38 | 0.04 | 24.60 | 12.53 |
| 肥料制造业 | 3.96 | 2.50 | 0.12 | 2.20 | 0.29 | 0.02 | 13.54 | 4.71 |
| 农药制造业 | 0.09 | 0.17 | 0.00 | 0.00 | 0.18 | 0.06 | 4.33 | 1.14 |
| 原料及类似产品制造业 | 1.94 | 0.43 | 0.00 | 0.00 | 0.31 | 0.00 | 3.95 | 0.86 |
| 合成材料制造业 | 1.14 | 5.43 | 0.00 | 0.00 | 0.38 | 0.00 | 10.35 | 6.08 |

续表

| 行业 | 煤耗 | | 油耗 | | 水耗 | | 电耗 | |
|---|---|---|---|---|---|---|---|---|
| | 2002 年 | 2007 年 | 2002 年 | 2007 年 | 2002 年 | 2007 年 | 2002 年 | 2007 年 |
| 专用化学产品制造业 | 0.35 | 1.40 | 0.00 | 0.00 | 0.39 | 0.08 | 3.91 | 1.21 |
| 日用化学产品制造业 | 0.53 | 1.18 | 0.00 | 0.00 | 0.08 | 0.11 | 5.44 | 1.32 |
| 医药制造业 | 0.31 | 0.36 | 0.00 | 0.00 | 0.24 | 0.12 | 1.01 | 1.04 |
| 化学纤维制造业 | 29.94 | 6.33 | 0.00 | 2.58 | 0.54 | 0.27 | 5.66 | 0.60 |
| 橡胶制品业 | 0.61 | 1.01 | 0.00 | 0.00 | 0.44 | 0.21 | 3.53 | 2.83 |
| 塑料制品业 | 0.06 | 0.39 | 0.00 | 0.00 | 0.25 | 0.05 | 6.40 | 5.30 |

资料来源:根据 2002 年、2007 年《云南投入产出表》计算整理。

　　云南省专用化学产品制造业的煤耗有所提高,煤炭消耗比重上升了 1.05%,略高于全国同行业的上升幅度;水耗比重下降 0.31%,全国这个行业的水耗比重下降了 0.07%;电耗比重下降了 2.69%,降幅高于全国平均水平,并且电耗占专用化学品制造业的比重远低于全国平均水平。可以看出,科技进步对降低云南专用化学产品制造业能耗产生较大的促进作用,提升了产业素质。

　　云南省日用化学产品制造业的煤耗有所提高,煤炭消耗比重上升了 0.65%,全国同行业的煤耗比重则下降了 0.66%;水耗比重基本没有变化;电耗比重下降了 4.12%,降幅远高于全国平均水平,但电耗比重还高于全国平均水平。可以看出,科技进步对降低云南日用化学产品制造业能耗产生较大的促进作用,但在降低煤耗、电力消耗方面,还需要加大力度,努力提高产业素质。

表 3.20　中国化学工业单位产出能耗、水耗变化态势

| 行业 | 煤耗 | | 油耗 | | 水耗 | | 电耗 | |
|---|---|---|---|---|---|---|---|---|
| | 2002 年 | 2007 年 | 2002 年 | 2007 年 | 2002 年 | 2007 年 | 2002 年 | 2007 年 |
| 石油核燃料加工业 | 0.53 | 0.24 | 4.35 | 6.14 | 0.16 | 0.03 | 1.72 | 1.53 |
| 炼焦业 | 26.21 | 34.07 | 1.18 | 1.86 | 0.17 | 0.21 | 5.94 | 6.58 |
| 基础化学原料制造业 | 2.67 | 3.37 | 1.02 | 7.494 | 0.3 | 0.23 | 16.27 | 14.32 |
| 肥料制造业 | 6.21 | 6.26 | 1.56 | 2.39 | 0.2 | 0.21 | 7.29 | 7.62 |
| 农药制造业 | 1.15 | 0.23 | 1.98 | 2.761 | 0.5 | 0.21 | 2.57 | 2.53 |
| 原料及产品制造业 | 1.54 | 0.82 | 4.37 | 6.06 | 0.15 | 0.17 | 3.07 | 2.72 |
| 合成材料制造业 | 1.06 | 0.70 | 25.03 | 24.0 | 0.18 | 0.14 | 3.49 | 3.11 |
| 专用化学品制造业 | 1.23 | 1.31 | 1.41 | 4.22 | 0.27 | 0.20 | 4.22 | 3.02 |
| 日用化学品制造业 | 0.95 | 0.29 | 2.48 | 1.51 | 0.15 | 0.16 | 0.76 | 0.65 |
| 医药制造业 | 0.19 | 0.08 | 0.14 | 0.24 | 0.16 | 0.18 | 2.27 | 2.58 |

| 行业 | 煤耗 | | 油耗 | | 水耗 | | 电耗 | |
|---|---|---|---|---|---|---|---|---|
| | 2002 年 | 2007 年 | 2002 年 | 2007 年 | 2002 年 | 2007 年 | 2002 年 | 2007 年 |
| 化学纤维制造业 | 0.55 | 0.57 | 1.29 | 4.74 | 0.16 | 0.11 | 2.8 | 3.10 |
| 橡胶制品业 | 0.66 | 0.68 | 0.79 | 1.08 | 0.23 | 0.12 | 2.2 | 2.44 |
| 塑料制品业 | 0.17 | 0.17 | 0.67 | 0.54 | 0.08 | 0.09 | 2.54 | 2.64 |

资料来源:根据 2002 年、2007 年《中国投入产出表》计算整理。

云南省医药制造业的煤耗略有提高,而全国同行业的煤耗比重则略有下降,变化都不大,医药制造业对煤炭的依赖性很弱;水耗比重略有下降,全国则略有上升,但变化很小;电耗比重也略有上升,但电耗比重低于全国平均水平。可以看出,科技进步对降低云南医药制造业能耗产生较大的促进作用,对产业素质提升具有一定的作用。

云南省化学纤维制造业的煤耗大幅度下降,下降了 23.61%,同期全国同行业的煤耗比重则略有上升;油耗比重上升了 2.58%,全国则上升了 3.46%;水耗比重下降了 0.27%,全国只下降了 0.05%;电耗比重下降幅度也比较大,下降了 5.07%,全国同行业则略有上升 0.3%,云南化学纤维制造业的电耗水平也远比全国低。可以看出,科技进步对降低云南化学纤维制造业能耗产生巨大的促进作用,提升了产业素质。

云南省橡胶制品业的煤耗略有上升,全国则变化不大;水耗比重下降了 0.22%,全国只下降了 0.11%;电耗比重略有下降,但全国则是略有上升。说明科技进步对降低云南橡胶制品业的能耗产生一定的促进作用。

云南省塑料制品业的煤耗略有上升,全国则变化不大;水耗比重下降了 0.19%,全国则变化不大;电耗比重下降了 1.1%,但全国则是略有上升。说明科技进步对降低云南塑料制品业的能耗产生一定的促进作用,对产业素质提升具有一定的作用。

### 4. 从生态足迹看,科技在降低云南化学工业对环境的影响方面作用显著

云南省化学工业"三废"排放的生态足迹由 2002 年的 6157.57 公顷小幅增加到了 2007 年 6209.17 公顷,增加幅度为 0.84%,而同期全国整体水平增加幅度较大,达到了 26.04%(表 3.21)。与全国相比,云南省化学工业"三废"排放生态足迹增加较小是减少的。云南省化学工业对生物资源消费的生态足迹由 2002 年的 405 881.38 公顷减少到了 2007 年的 182 360.24 公顷,减少幅度为 55.07%。同期化学工业的全国整体水平也是减少的,但减少的幅度没有云南大。综合"三废"排放生态足迹和消费生物资源生态足迹,云南省化学工业生态足迹由 2002 年的 412 038.95 公顷减少

到了 2007 年的 188 569.41 公顷,减少幅度较大,达到了 54.24%,远高全国同期减少幅度。这一方面表明云南省化学工业发展对生态环境的影响在减弱,从产业发展对生态环境影响的角度说明了科技较好地支撑了化学工业的改造和提升;另一方面表明通过科技改造和提升化学工业,实现化学工业可持续发展的效果相对于全国更明显。

**表 3.21　化学工业的生态足迹**　　　　　　　　单位:公顷,%

| 行业 | 2002 年 | 2007 年 | 变化程度/% | |
| --- | --- | --- | --- | --- |
| | | | 云南 | 全国 |
| "三废"排放生态足迹 | 6157.57 | 6209.17 | 0.84 | 26.04 |
| 消费生物资源生态足迹 | 405881.38 | 182360.24 | −55.07 | −18.08 |
| 生态足迹 | 412038.95 | 188569.41 | −54.24 | −4.68 |

资料来源:根据 2003 年、2008 年《中国统计年鉴》和《云南统计年鉴》计算整理。

# 3.5　科技支撑医药工业发展分析

医药工业是高技术产业,一个地区的医药工业发展水平本身就说明该地区医药科技的发展水平。云南省医药科技发展滞后,因此医药工业的发展也落后于发达省份。云南医药科技优势集中在天然药物研发方面,但医药市场以生物技术药物和化学药物为主,科技对云南医药工业增长的贡献仍然不强。医药工业是具有巨大发展潜力的产业,新医药被认为是金融危机后新一轮经济增长周期的支柱产业之一,必须将医药工业作为云南产业结构调整重点产业之一,采取有效措施,从整体上提升云南医药工业的创新能力,提升科技对云南医药工业经济增长的贡献。

## 3.5.1　国内外医药科技创新和产业化发展趋势

世界医药生物技术产业占生物技术产业 60% 以上,是生物技术产业的重要组成部分,也是生物技术产业中发展最成熟的产业。医药生物技术产品(包括基因工程药物、疫苗、生物诊断试剂等)的产值在医药产业中所占比例不足 10%,但随着传统的新药研制方法难度越来越大,医药生物技术产业在医药产业中的比重将会越来越大。在世界较大的制药公司中,有 70% 的项目是使用生物技术开发。随着人类基因组计划的完成,21 世纪整个医药工业正面临着使用生物技术进行更新改造的趋势。

### 1. 医药生物技术已成为引领世界医药产业科技发展的先驱技术

基因组学、生物信息学、转基因技术、干细胞和克隆技术、生物芯片技术等一系列新兴技术的发展,为促进医药产业的发展提供了新的途径和思路,医药生物技术正在成为整个医药产业科技创新发展最重要的技术推动力。同时,世界生物医药产业化建设发展迅猛,基因工程药物、人用疫苗、生化药物、医用诊断试剂等生物医药正在治疗疾病和维护人类健康等问题上发挥着巨大作用。

生物医药从技术角度一般分为上游技术(发现与研发技术)和下游技术(产业化技术)。上游技术包括分子生物学(如基因工程重组技术)、药物筛选与发现(如基因组学、蛋白质组学、高通量筛选)等技术,下游技术包括发酵、细胞培养、纯化、质量控制与分析、工艺开发与优化等技术。引领世界生物医药产业发展的关键技术主要在基因工程药物及疫苗、抗体工程与抗体药物、干细胞与组织工程、功能基因组与蛋白质组、酶工程与发酵工程、诊断试剂六个领域。基因工程药物及疫苗、抗体工程与抗体药物、生物诊断技术领域是未来支撑生物制药产业的关键技术领域,已有大量产品上市或进入研发管线;干细胞与组织工程是生物医药产业研究关注的热点,虽然对产业贡献不大,但将为人类健康和产业发展带来巨大的前景;功能基因组与蛋白质组是对生物医药研发产生巨大影响的上游平台技术,而酶与发酵工程为生物医药产业的下游关键技术。

基因工程药物和疫苗。基因工程药物是利用基因工程技术,将目的基因经重组技术导入微生物(如大肠杆菌、酵母等)或动植物细胞,通过发酵或细胞繁殖来生产出足够量多肽或蛋白质(如重组人干扰素)制成的药物。开发的基因工程药物主要包括基因工程疫苗和基因工程蛋白多肽类药物。重组蛋白领域的产品包括由大肠杆菌、酵母或哺乳动物细胞表达的酶制剂、细胞因子、激素等药物,涵盖技术领域较为广泛。从产业化情况来看,重组蛋白构成了生物医药第一次产品浪潮,是占据市场最大份额的生物类药品;美国在基因工程技术上处于绝对领先地位,有六种产品销售额已超过 20 亿美元,主要产品为治疗类风湿性关节炎的依那西普,治疗贫血的 Aianesp、Epogen、Procrit 等,以及治疗糖尿病的胰岛素和多发性硬化症的干扰素类产品。

医药生物技术给传统的疫苗产业注入了新的活力。DNA 疫苗、辅助治疗及经皮给药疫苗等新型研究技术成为疫苗科技创新的热点。疫苗领域的研究始终呈上升趋势,一方面与疫苗领域的研究热点(如核酸疫苗、肿瘤疫苗等重大疾病的治疗性疫苗)层出不穷,而且新型疫苗佐剂和递送系统、多联多价及其他新型疫苗等新技术涌现;另一方面传染性疾病的高发病率以及新发传染性疾病的出现也促进了相关疫苗的研究。从产业化角度来看,2003 年美国和欧洲疫苗类产品的销售收入达到 38 亿美元,增长率为 17%;主要领先企业为美国的惠氏、默克、凯龙、葛兰素史克,法国的赛诺菲-安万特等。疫苗已成为生物医药市场重要的组成部分。

抗体工程与抗体药物。抗体分子作为具有多种生物效应的蛋白分子,对于疾病的诊断与治疗都具有重要意义,已被成功用于治疗肿瘤、自身免疫性疾病、感染性疾病和移植排斥反应等。治疗性抗体的发展经历了从多克隆抗体到单克隆抗体再到基因工程抗体三个阶段。从产业化角度来看,由单克隆抗体药物引领的第二次生物医药产品的浪潮正接近爆发的临界点。自 1986 年第一个抗体药物上市以来,陆续已有 13 个药物陆续上市。2005 年度批准的几种最具有前景的产品均为单克隆抗体,包括 Hulnira 单克隆抗体、Remicade 和 Campath 人源化单克隆抗体。2006 年度主要重磅产品的治疗靶标和销售收入中销售额最高的产品利妥昔单抗销售额已经达到 39 亿美元,可见单克隆抗体技术已成为在生物医药市场获胜的重要技术之一。美国和日本在抗体药物领域具有领先的优势。

　　干细胞与组织工程。干细胞和组织工程主要应用于失能性组织和器官的治疗,如用神经细胞治疗神经变性疾病(帕金森综合征等)、用造血干细胞重建造血机能、用胰岛细胞治疗糖尿病、用心肌细胞修复坏死的心肌等,已成为生物医学和制药领域研究的热点。干细胞研究主要集中于干细胞的分离与鉴定、干细胞的定向分化、临床应用和治疗性克隆等研究领域,仍处于起步阶段,距离大规模临床应用仍需很长一段时间,要解决许多面临的挑战。组织工程因能避免传统自体或异体组织、器官移植治疗中创伤修复供体来源不足等缺陷,并可能实现组织、器官产业化生产而被认为是解决组织、器官缺损与功能重建的最佳手段,相关研究密集度较低,该领域相关技术仍有很多制约因素尚未解决,产业化前景不甚明朗。在产业化方面,上市的产品仅仅是组织工程皮肤和组织工程软骨等技术相对简单的产品,而人造生物器官等复杂组织工程产品仍停留在概念上。

　　功能基因组学与蛋白质组学技术。随着 20 世纪末人类基因组工作草图绘制的基本完成,生物医药的发展进入了后基因组时代,标志着人类开始系统地研究基因的表达及其功能,其研究领域包括蛋白质组学、药物基因组学、代谢组学等。基因组学和蛋白质组学的迅速发展对人类的科技、经济及生活各领域都将产生深远影响,将极大地促进基因工程药物研究、药物靶标、免疫靶标、基因治疗靶标的发现,疾病诊断技术、生物医药支撑产品等研制,被视为生物医药发展的重要突破。基因组学与蛋白质组学研究的重要性还体现于其对于生物医药领域的整体推动上,药物基因组学、蛋白质组学和生物信息学等与药物研究的结合日益紧密,以发现和验证新型药物靶点作为主要目标,取得了显著的进展。

　　酶工程与发酵工程。酶工程和发酵工程都是生物工程的重要组成部分,也是医药技术产业化的关键技术。利用微生物及其内含酶系的生理特性,应用现代工程技术手段生产或加工人类所需的产品的技术体系,就称为发酵工程,又称为微生物工程。酶工程是发酵工程的重要促进工艺之一。基因工程酶制剂、定化基因工程菌、基因工程细胞技术和重组 DNA 技术的前景越来越广阔。科学家预言,如果把相关的技术与连续生物反应器巧妙结合起来,将导致整个发酵工业和化学合成工业产生根本性变革。

生物诊断技术。全球生物诊断技术处于快速发展时期,其趋势是由定性向定量转化、单项检测向多项组合同步检测演变,手工操作转向半自动及全自动化程序,要求检测试剂特异、快速、准确,诊断试剂向配套、备用试剂和配套服务方向发展。诊断试剂的研究集中在分子生物学方法及基因芯片的研发上,尤其是基因芯片技术的发展,为癌症、基因型缺陷性疾病的早期诊断带来了便利。从产业化角度来看,自 20 世纪 90 年代初期引入应用以来,已应用于基因诊断、药物发现、基础研究等多个领域,相关诊断产品已获得美国 FDA 批准上市。国外已有十几家专门从事 DNA 芯片研究的公司,我国清华大学、复旦大学等的一些实验室也已开展该项工作。美国是生物芯片技术和产业化发展最好的国家,对全球 138 家生物芯片企业的统计显示美国企业占了 49%。国内迄今已被国家食品药品监督管理局批准注册的生物芯片有 5 个,包括肿瘤、肝炎、SARS 等疾病标志物和病毒的检测诊断芯片。生物芯片仍有临床诊断标准化、降低产业化成本等瓶颈尚需解决。

### 2. 世界生物医药产业发展趋势

生物医药产业是现代生物产业的最大主体,占全球生物产业的 70%,全球制药产业的 8%。以科技创新为驱动、技术发展为内在动力,全球生物医药产业在技术研发、产品制造和市场营销等产业链环节,正以生机勃勃的发展态势迅速扩张,呈现特有的产业发展格局。

全球生物医药产业市场规模快速增长。2006 年,全球生物医药产业收益共计 734 亿美元,较 2005 年增长了 16%,已占医药市场的 13%,并且以超过 15% 的年复合增长率增长,远高于医药行业 7% 的年均增长率和全球 2%~3% 的经济增长率。其中,市场前景广阔的生物医药主要集中在单克隆抗体、反义药物、基因治疗药物、重组蛋白质类药物和疫苗。2005 年增长最快的一类生物医药产品是治疗性抗体,如贝伐单抗增长 141%、阿达木单抗增长 64%、群司珠单抗增长 48%;红细胞生成素仍然是销售额最大的一类生物医药(疫苗除外);抗病毒抗体单品销售首次突破 10 亿美元,并位列全球畅销生物医药产品 20 强。尽管产业收益具有很高的增长率,但生物医药产业仍是一个整体不盈利的高投入、高风险的行业,每年有将近 40% 的行业收益投入到研发中,2005 年全球生物医药研发投入达到 230 亿美元。

发达国家高度重视生物医药科技创新和产业化发展,美国在生物医药领域占据领先地位。2008 年金融危机给全球经济发展造成严重影响,世界各国纷纷致力于战略性产业的发展,以期望占领引领未来产业发展趋势的战略性制高点,成为新一轮经济增长周期的引领者。生物医药产业具有关系人类生命健康的战略性意义,且医药生物技术已经取得突破性进展,许多领域濒临产业化临界点。因此,发达国家纷纷将生物医药产业定位于战略性产业,大力提高资本和政策投入力度,高度重视生物医药科技创新和产业化发展。2006 年,美国国立卫生研究院用于生物医学基础研究的预算已达 230 亿美元,全国超过 40 个地方政府颁布新政策以鼓励科学研究的商业价值的实现。欧洲生物医药公司约有 300 家,英国、德国、法国等生物医药实力较强的国家在生物医药药物的研究和开发领域尤其活跃,各生物医药公司的融资、并购交易十分频繁。

作为生物医药的发源地,美国发达的经济、用药习惯和医疗保障体系造就了巨大的市场,在生物医药领域占据领先地位。美国共有生物医药公司约 1400 家,占全球生物医药公司总数的 31.8%,生物医药产品占全球市场份额高达 79.8%(欧洲 12.2%,加拿大 3.9%,亚太地区 4.1%),市场规模远远领先于其他国家。

全球生物医药产业聚集群落形成。生物医药产业是知识密集型产业,随着知识和技术创新速度的不断加快,产业创新群落已在全球范围内形成。生物医药产业空间聚集不仅为企业和产业带来了效益,也促进了区域经济的快速发展。全球各国已有 50 余个著名的聚集区,其中 2/3 以上集中于欧美地区。美国九大生物医药产业聚集区为波士顿、洛杉矶、纽约、费城、洛丽－杜朗、圣地亚哥、旧金山、西雅图、华盛顿等地区,该聚集区共拥有美国 2/3 以上的生物产业资源、60% 以上的美国医药投资总额、2/3 的全球生物医药专利和 75% 的生物医药公司。

研发外包与国际转移成为生物医药发展新趋势。跨国企业为了降低研发成本,向低成本市场转移研发环节,包括新药产品开发、临床前试验及临床试验、数据管理、新药申请等技术服务,几乎涵盖了新药研发的整个过程。根据权威机构 IMS 数据显示,全球生物制药研发外包的市场总值约 200 亿美元,并以每年 16% 的速度增长,预计到 2010 年将达到 360 亿美元的规模。在全球新药开发外包业务中,大型制药企业占据了 25% 的份额,业务承包商则主要集中于美国专门从事新药开发的专业公司或生物医药公司。另外,凭借优质的人力资本和低廉的物质成本等优势,印度和中国迅速成长为承包生物医药研发外包业务的重要地区,占据了一部分市场。

### 3. 中国医药产业科技创新发展态势

我国生物医药技术起步较晚,但经过近 20 年的努力,尤其是经过国家“863”计划、“973”计划、自然科学基金等重大研究发展规划,我国医药生物技术迅速提升,科技支撑医药产业快速成长,已形成较完备的生物医药技术研究和生产体系,并具有了一定的出口能力。2009 年 1~8 月,我国共实现医药工业总产值 6158.77 亿元,同比增长 17.39%;医药进出口总额 331.75 亿元,同比增长 2.30%。

在部分领域已具备世界领先的技术优势。我国生物医药产业正处于快速成长期,在医药生物技术领域位于全球第八。在国家大力推动及企业、科研等社会各方面积极参与下,我国医药生物技术创新能力稳步提升,在干细胞研究、基因工程药物和疫苗、人工血液代用品、生物芯片的研制、疾病相关基因的定位和克隆、遗传病的基因诊断技术等方面呈快速发展势头。到 2006 年,全国已批准 20 种基因工程药物和 5 种基因工程疫苗上市,进入临床研究的生物新药已达 150 多个,其中 1/5 为 I 类新药,某些 I 类创制生物药,如重组人碱性成纤维细胞生长因子、重组链激酶、重组血小板生成素、P53 基因治疗药物等已在我国率先上市。

生物制药产业化快速扩张。自 1989 年干扰素上市以来,我国已有 27 种生物医药药物实现了国产化,国产药品不断开发上市,打破了国外进口产品长期垄断国内市场的局面。2007 年,全国生物制药行业实现工业总产值 6340 亿元,同比增长 25.5%,比高技术产业增速高 5 个百分点。工业总产值 2001～2005 年递增 30.7%;产品销售收入 2001～2005 年递增 31.2%,是医药行业增长最为迅速的领域之一。

生物制药研发外包快速成长。凭借良好的技术研发平台和较低的人力资源成本优势,我国生物医药研发外包业务呈现快速发展态势。各省创新型生物医药企业在研发外包业务中表现突出,成长潜力巨大。医药研发外包业务不仅能够扩大第三产业比重、优化产业结构,还能够为我国生物医药产业的迅速发展提供科技支撑。

我国医药科技支撑作用的瓶颈问题突出。虽然我国生物医药产业整体呈较好的发展态势,但是在技术创新和产业化过程中仍存在诸多问题亟待解决,我国生物医药产业科技支撑作用跟国际仍有一定差距。中小型企业在产业中占绝对比重,产业集中度不高,不利于具有高投入、高风险、长周期特点的医药产业发展;自主创新能力薄弱,科技成果转化率低,没有形成以企业为核心的研发体系;技术研发投入较少,国内资本市场不完善,生物制药企业融资困难。生物制药产业发展的一些长期性、深层次问题依然存在,严重制约了我国生物制药产业的持续健康快速发展。

### 3.5.2　科技支撑云南医药工业增长总体趋势

凭借得天独厚的生物资源优势和在天然药物领域中的技术优势,云南省着力推进以天然药物为特色的生物医药产业,并在此基础上初步建立起较为完善的医药工业体系。科研创新体系建设的稳步推进,为云南省医药工业技术创新提供了有力的支撑平台。云南在天然药物产品创新上积累了良好的技术研发实力,技术改造和自主产品二次开发为医药工业改造升级提供了不竭动力。另一方面,在医药生物技术领域有所突破,初步形成了疫苗和药用植物提取物等新的拓展领域。云南省医药工业的科技支撑能力在一定程度上已经取得较大提升。

尽管如此,云南省的生物医药技术研发能力和产业化水平与全国医药强省相比,仍存在一定差距。产品创新主要集中在以中草药为原料的天然药物领域,引领世界医药潮流的医药生物技术支撑医药产业作用不强,医药产业结构发展不合理;在推进产业优化升级过程中存在诸多制约因素,严重弱化科技对医药工业的支撑作用。云南省医药工业需进一步完善科技支撑环节,进一步强化科技支撑作用。

医药工业是关系国计民生的战略性产业之一,生物技术推动的新医药被认为是金融危机后新一轮经济增长周期的战略性新兴产业之一。因此,云南省应该将医药工业作为产业结构调整和新兴战略性产业培育的重点之一,采取有效措施,从整体上提升云南医药工业的创新能力,提升科技对云南医药工业经济增长的贡献。

### 3.5.3　科技支撑医药产品创新作用分析

改革开放以来,云南省高度重视医药产业的发展,医药科技研发体系建设稳步推进,科技经费投入和人才投入强度迅速提高,科技创新成果层数不穷,有力推动了医药工业产品创新的发展。其中以中草药为原料的天然药物产品开发速度加快,民族医药的二次开发和产品创新成为云南省医药产业发展的新亮点,科技对天然药物产品创新方面发挥了较好的支撑作用。但与其他医药强省相比仍有一定差距,新产品开发主要集中在短平快的变形产品,医药产业科技创新过程中仍存在瓶颈问题制约科技对医药产品创新支撑作用的发挥,产品创新能力有待进一步提高。

云南省医药工业产品创新能力逐年提高,科技对医药工业产品创新的支撑作用稳步提升。云南省医药工业新产品产值逐年提高(表 3.22),新产品产值率整体上趋于上升(表 3.23)。2007 年新产品总产值 61058 万元,同比增幅 279.12%(全国 30.39%,西部地区 63.75%),新产品销售收入 57588 万元,同比增幅 281.79%(全国 25.05%,西部地区 31.34%),增速快于全国和西部地区平均水平。

中草药、天然药、民族药新产品的开发速度稳步加快,尤其是民族医药的二次开发和产品创新成为云南省医药产业发展的新亮点,是云南省医药工业产品创新的主要部分,有效地推动了科技对云南民族医药产品的创新支撑。开发上市的主要新产品系列有三七皂甙、灯盏花、银杏抗心脑血管病新药、叶下珠总多酚、注射用灯盏细辛酚、注射用螺旋藻多糖、草乌甲素控释贴片、天麻素静脉注射液、蒿甲醚新剂型、血塞通分散片、灯盏花滴丸、复方龙血竭胶囊、丹栽妇康煎膏(胶囊剂)等。同时,还有一批新药作为“云药重大项目”正在积极地研发过程中,如三七皂甙 Rh 组、Rg 组及 CK、紫杉醇及其类似物、喜树碱衍生物等抗肿瘤新药及新制剂研发,“红果樫木”色酮类生物碱及其半合成衍生物研发,中药及民族药方剂抗肿瘤及癌症辅助治疗新药研发;天麻活性成分及以天麻为主的中药、民族药神经新药研发,天然抗抑郁症新药及标准提取物研发,天然抗神经退行性病变新药及新制剂研发;天然抗艾滋病新药及复方制剂研发,叶下珠等天然抗肝炎病毒新药研发,黄藤素、青蒿素等植物来源抗菌抗微生物药物新剂型及衍生物研究。

**表 3.22　医药工业新产品产值情况**　　　　　　　　单位:万元

| 地区＼年份 | 2003 | 2004 | 2005 | 2006 | 2007 |
|---|---|---|---|---|---|
| 北京 | 198 887 | 159 360 | 187 278 | 180 560 | 424 752 |
| 上海 | 222 882 | 312 695 | 302 610 | 390 674 | 567 919 |
| 江苏 | 558 936 | 829 282 | 1 104 866 | 1 194 949 | 1 479 548 |
| 山东 | 309 698 | 382 611 | 504 928 | 579 857 | 780 939 |
| 四川 | 59 864 | 120 579 | 113 396 | 96 023 | 265 599 |
| 广西 | 57 285 | 79 988 | 59 571 | 63 292 | 73 232 |
| 云南 | **21 263** | **30 688** | **34 731** | **16 105** | **61 058** |
| 贵州 | 24 215 | 29 218 | 18 719 | 55 587 | 44 962 |

资料来源:根据 2008 年《中国高新技术产业统计年鉴》计算整理。

**表 3.23　医药工业新产品产值率情况**　　　　　　　　单位:%

| 地区＼年份 | 2003 | 2004 | 2005 | 2006 | 2007 |
|---|---|---|---|---|---|
| 全国 | 11.46 | 12.93 | 12.04 | 12.05 | 12.40 |
| 西部地区 | 12.48 | 11.33 | 9.44 | 8.62 | 11.03 |
| 北京 | 18.72 | 13.31 | 14.29 | 12.03 | 21.00 |
| 上海 | 12.73 | 15.95 | 13.94 | 16.52 | 20.86 |
| 江苏 | 18.20 | 22.30 | 23.75 | 22.78 | 23.02 |
| 山东 | 13.73 | 12.06 | 9.45 | 9.17 | 8.95 |
| 四川 | 5.27 | 8.68 | 6.32 | 4.39 | 8.43 |
| 云南 | **5.67** | **7.32** | **6.92** | **2.73** | **7.73** |
| 广西 | 11.08 | 13.63 | 8.05 | 7.96 | 7.63 |
| 贵州 | 4.71 | 5.02 | 2.22 | 5.78 | 4.10 |

资料来源:根据 2008 年《中国高新技术产业统计年鉴》计算整理。

　　尽管如此,云南省医药产品创新能力在全国仍处于低水平,科技支撑产品创新能力较弱。与其他医药强省相比,云南省医药新产品产值较低,且差距逐年扩大,2007 年占西部地区比重不足 1%。新产品产值率低于全国平均水平,与西部地区的平均水平也存在一定差距。新产品开发上仍主要集中在中药领域,且主要通过改剂型和一般性仿制品种获得生产品种,真正新分子体、新配方的原研药品的数量较少及水平较低。2004～2007 年,属于原研性质的新药品种通过省食品药品监督管理局上报的共计只有 27 个,其中中药 19 个,化学药 8 个,已获生产批件的 4 个(中药、化学药各 2 个),已完成Ⅲ期待批的 5 个(全部是中药)。2007 年 10 月国家实行新修定的《药品注册管理方法》,提高了药品仿制药、新药、改剂型药品的注册标准,2008 年以后云南省新申请临床及获得批准的原研药、仿制药、数量明显下降,2009 年原研药拿到新药批件的只有一个品种。以上数据充分表明,云南省医药工业产品创新能力较弱,严重制约了云南省医药工业的发展潜力,科技创新对医药工业的支撑作用有待进一步发挥。

医药产品创新能力是科技对医药工业支撑能力强弱的重要表现,新产品产值和新产品产值率是产品创新能力的最直接体现,凡是影响科技创新能力发挥的制约因素都会最终反映到新产品产值率上。从以上对医药新产品产值和新产品产值率分析情况看,云南省医药工业产品创新能力有所提高,但也存在诸多制约因素影响其科技支撑作用的发挥。

**1. 医药科技创新体系建设为科技支撑云南省医药工业产品创新搭建了良好的创新平台,但创新能力不强制约了科技支撑作用的发挥**

以中药现代化科技产业基地和昆明国家生物产业基地为支撑、医药科研院所和企业为研发主体构筑的医药科技创新体系建设稳步推进,形成在天然药物领域较强的产品创新能力,为云南省医药工业产品创新提供了良好的科技支撑平台。与全国医药强省的科技创新体系相比仍具有较大差距,生物技术药物和化学药物研发水平较低,企业自主研发实力较弱,云南省医药科技创新体系对医药产业的科技支撑能力有待进一步提高。

国家中药现代化科技产业(云南)基地和昆明国家生物产业基地初具规模,为云南省医药工业集聚化发展创造良好的外部环境。从 2001 年起规划投资建设的国家中药现代化科技产业(云南)基地建设稳步推进,到 2008 年已建成文山三七、昭通天麻、楚雄民族药道地药材、丽江薯蓣、西双版纳南药为主的五大中药材规范化种植基地,并在此基础上构建了云南省中药材规范化种植技术指导中心等中药材种植(养殖)科技支撑平台,培育和引进了中药材种植加工龙头企业 200 多户。以昆明国家生物产业基地为依托,2008 年启动了生物医药中试生产中心,实验动物中心和公共实验中心等重要产业公共服务平台,2009 年正在积极推进云南省生物医药动物模型与安全评价工程中心、天然药物活性筛选工程实验室、病毒性传染病生物制品工程研究中心等创新能力建设项目,已经进入国家发展改革委国家地方联合工程中心(工程实验室)项目计划。云南省中药现代化科技产业基地仍处于开发建设的初期阶段,存在缺乏独特定位、产业模式同化和产业领域重叠等一些初期建设存在的问题,影响中药基地科技平台对云南省医药产业发展的支撑作用。因此,云南省中药产业基地建设需要进一步调整布局和产业结构、提升基地内企业科技水平、延伸基地内医药产业链。

由重点实验室、工程技术中心、大专院校、医药技术开发公司和大型医药企业研发部门组成的医药科研创新机构已达到一定数量和规模,成为云南省医药工业技术研发体系的重要组成部分,是加强医药工业科研支撑作用的中坚力量。全省与生物医药产业相关的科研创新机构有国家重大科学工程 2 个,国家重点实验室 2 个,国家级企业技术中心 5 个,从事生物医药研发的中央驻滇单位 7 个,省属大专院校 19 家,地州市属及民办中药、民族药研究机构 6 家。

云南天然药物化学重点实验室和药理重点实验室、云南省中医中药研究所、中国科学院昆明植物研究所、西双版纳药用植物研究所、楚雄彝药研究所等医药科研院所聚集了一批国内外知名专家,技术、设备已达到国内先进水平,在植物分类、植物化学、药理、药效、中药标准、中药制剂新药产品开发、动物毒素分离和纯化等方面具备了一定的科技研发实力,是云南省高端医药人才的主要培养基地,在云南省药物基础和应用研究领域发挥科技主导作用,是云南省医药科技创新的主要支撑平台。在云南省医药研发机构平台的支撑下,云南省已先后成功研发三七、白药、灯盏花、天麻、薯蓣等云南道地药材和民族药为基料的五大系列产品,白药胶囊、白药创可贴、白药气雾剂、灯盏细辛注射液、血塞通片等 12 个年销售收入上亿元品种,以及三七皂甙、灯盏花素、天麻素、血塞通、宫血宁、青蒿素、昆明山海棠、小儿麻痹疫苗、甲肝疫苗、抗癌药顺铂、卡铂等 57 个上千万元产品,其中治疗艾滋病的中药新药"复方三黄胶囊"有望成为第一个具有自主知识产权的抗艾滋病药物。

尽管如此,云南省医药研发机构与全国高水平的医药科技创新机构相比差距较大,研究主要集中在以中草药为原料的天然药物上,生物技术药物和化学药物研发水平较低,且企业的研发主要为技术改造、自主产品的二次开发和仿制药品研究,自主知识产权药物严重缺乏,云南省医药科技创新机构建设有待进一步完善,科技创新能力有待进一步提高。

2. 医药科技创新投入在一定程度上促进了科技创新能力的提高,其突出瓶颈问题仍严重制约云南省医药工业产品创新中科技支撑作用的有效发挥

资本和人才投入是提升医药工业科技创新能力的必要保证和体现科技支撑作用的重要因子。云南省医药科技资本投入和人才投入逐年稳步加大,新产品开发经费支出稳步提高,为科技支撑作用的发挥提供了较好的资金保证和人力资源保证。同时,医药科技经费投入强度和科技活动人员投入强度低于全国平均水平,融资渠道窄、人才流失严重、人才结构不合理等问题严重制约了医药产品创新中科技支撑作用的发挥。

云南省医药科技资本投入的稳步提升为医药工业产品创新提供了有力的资本保障,在一定程度上强化了医药工业科技支撑作用的发挥。医药工业的发展和医药科技创新需要充足的资本投入作保障,尤其是随着现代生物医药技术的发展,新产品的前期研发和临床呈现出明显的"高投入、高风险"趋势,国外发达国家的医药

R&D 资金投入已达到上年销售利润总额的 10%～15%。云南省医药工业 R&D
经费投入呈快速增长态势,从 2003 年 948 万元增加到 2007 年 4065 万元,4 年间
增长 4 倍多,经费投入增长快于全国增幅,且占西部地区比重呈上升趋势;新产品
开发经费逐年稳步提升,新产品开发经费支出是影响新产品产值率的重要因素之
一(表 3.24)。稳定的开发经费支出为医药产品创新提供有力的资金保障,是体现
产品创新能力的重要指标,也是反映科技支撑能力的重要指标。云南省医药工业
科技活动费用中新产品开发经费支出稳步提高,2007 年达到 3338 万元,每年科技
活动费用中用于新产品开发的投入比例略高于全国平均水平。

表 3.24　云南医药工业相关科技活动经费投入　　　　单位:万元,%

| 经费<br>年份 | 医药工业科技活动经费 | | | 医药工业 R&D 经费 | | | 医药工业新产品开发经费 | | |
|---|---|---|---|---|---|---|---|---|---|
| | 支出<br>总额 | 同比<br>增幅 | 占西部<br>地区比重 | 支出<br>总额 | 同比<br>增幅 | 占西部<br>地区比重 | 支出<br>总额 | 同比<br>增幅 | 占西部<br>地区比重 |
| 2003 | 1018 | | 2.21 | 948 | | 4.13 | 574 | | 2.72 |
| 2004 | 2607 | 156.06 | 4.75 | 1707 | 80.09 | 7.12 | 1157 | 101.59 | 4.98 |
| 2005 | 2451 | −5.99 | 5.26 | 1865 | 9.21 | 7.21 | 2316 | 100.16 | 8.63 |
| 2006 | 3255 | 32.84 | 3.75 | 2564 | 37.51 | 6.70 | 2445 | 5.55 | 6.18 |
| 2007 | 8236 | 153.01 | 8.50 | 4065 | 58.56 | 8.41 | 3338 | 36.56 | 5.64 |

资料来源:根据 2008 年《中国高新技术产业统计年鉴》计算整理。

　　云南省医药工业 R&D 资金投入强度[①]呈逐年上升趋势,2007 年达到 0.62%,
但是与全国相比,仍存在较大差距,且低于西部地区(表 3.25)。受国内用药水平
低、难以进入国外市场、医药基础研发薄弱等因素影响,我国医药工业整体上表现
出创新预期回报率低和医药研发投入不足。云南省医药工业除了受整体环境影响
外,还受到自身实力的束缚,医药工业"小、散、弱"问题突出,管理水平普遍比较低,
微观管理体系有待进一步完善,造成医药企业不能有效的集中产业经费进行医药
科技研究,导致经费投入低效益和产业发展低效率,进而影响新一轮的科研资金投
入,制约医药工业整体科技创新能力的提高。

表 3.25　医药工业 R&D 资金投入强度　　　　单位:%

| | 2003 年 | 2004 年 | 2005 年 | 2006 年 | 2007 年 |
|---|---|---|---|---|---|
| 全国 | 1.01 | 0.93 | 0.99 | 1.11 | 1.10 |
| 西部地区 | 0.70 | 0.64 | 0.55 | 0.71 | 0.68 |
| 北京 | 0.81 | 0.75 | 1.07 | 0.74 | 1.23 |

---

①　研发投入强度=(R&D 支出/销售额)×100%。

续表

| | 2003 年 | 2004 年 | 2005 年 | 2006 年 | 2007 年 |
|---|---|---|---|---|---|
| 上海 | 1.36 | 0.97 | 1.24 | 3.27 | 2.09 |
| 江苏 | 1.03 | 1.41 | 1.41 | 1.51 | 1.69 |
| 山东 | 1.17 | 0.45 | 0.78 | 0.58 | 0.89 |
| 广西 | 0.98 | 0.79 | 1.15 | 1.05 | 0.90 |
| 四川 | 0.79 | 0.53 | 0.37 | 0.35 | 0.50 |
| 云南 | 0.30 | 0.47 | 0.41 | 0.47 | 0.62 |
| 贵州 | 0.28 | 0.41 | 0.30 | 0.61 | 0.39 |

资料来源:根据 2008 年《中国高新技术产业统计年鉴》计算整理。

以企业为来源主体的医药科技活动经费发展格局,标志着企业已经成为云南省医药技术创新的投入主体。从云南省医药工业科研经费的来源情况看,来自企业的资金比重持续在 80% 以上,成为科技活动经费的主要来源,政府资金比重有所下降(表 3.26)。企业成为医药资本投入的主体,有利于加快企业自身的技术积累,提高科技成果转化能力,进而有利于提升科技对医药工业的支撑力。尽管云南省医药工业企业已经成为技术创新投入的主体,科技活动经费来源趋于合理化,但是金融机构贷款、风险投资机构等其他途经的比重仍然很小,造成医药工业融资渠道窄的问题突出。通过金融机构融资是解决云南省医药科技资金投入不足的有效途径,云南省应该着力解决融资渠道窄难题,推动医药科技快速发展。

表 3.26　云南省医药工业科技活动经费募集情况　　单位:万元,%

| 年份 | 企业资金 | | 政府资金 | | 金融机构贷款 | |
|---|---|---|---|---|---|---|
| | 总额 | 占总科研经费比重 | 总额 | 占总科研经费比重 | 总额 | 占总科研经费比重 |
| 2003 | 3318 | 69.55 | 1453 | 30.45 | 0 | 0 |
| 2004 | 4774 | 84.92 | 848 | 15.08 | 0 | 0 |
| 2005 | 4541 | 82.85 | 940 | 17.15 | 0 | 0 |
| 2006 | 5760 | 81.45 | 1312 | 18.55 | 0 | 0 |
| 2007 | 8606 | 83.98 | 1341 | 13.09 | 300 | 2.93 |

资料来源:根据 2008 年《中国高新技术产业统计年鉴》计算整理。

人力资本投入和投入强度稳步提升,科技人才流失严重和人才结构不合理成为制约科技支撑能力提高的瓶颈问题。人力资本投入是科技创新的另一主要投入因素,医药工业科技活动人员投入强度[①]是反映医药工业科技人才投入和科技创

---

① 医药工业科技活动人员投入强度=医药工业科技活动人员年均数/医药企业从业人员年均数。

新能力的重要指标。云南省医药工业的科技活动人员投入数量增长较快,2007 年增幅达 126.44%,快于医药企业从业人员增长速度(表 3.27)。其中,医药工业中科学家和工程师投入人数也稳步提高,但是科学家和工程师占科技活动人员比重有所下降。医药工业科技活动人员投入强度呈快速增长态势,2007 年达到西部地区平均水平,但与全国相比投入强度仍有待进一步提高,且与医药强省相比差距较大(表 3.28)。云南省医药科技人才投入的主要问题集中表现在医药科技人才流失严重、医药科技人才结构不合理。科技人员主要集中在骨干企业和科研院所,其人力资源密度较高,中小企业中的科技人员密度很低,骨干企业中的科技人员以从事生产加工为主,从事新药研究与开发人员较少,而在大专院校、科研机构的科技人员以从事基础研究和教学工作为主,新药研究与开发人员的比例不高。医药科研人员现有结构制约了云南省工业科技创新能力的提升,制约科技对医药产品创新支撑作用的发挥。

**表 3.27　云南省医药工业人力资源投入情况**　　　　　　　　单位:人

| 人力资源<br>年份 | 科技活动人员 | | 科技活动人员中<br>科学家和工程师 | | 企业从业人员<br>年平均人数 | |
|---|---|---|---|---|---|---|
| | 总人数 | 同比增幅 | 总人数 | 同比增幅 | 总人数 | 同比增幅 |
| 2003 | 123 | — | 121 | — | 14210 | — |
| 2004 | 281 | 128.46% | 239 | 97.52% | 14310 | 0.70% |
| 2005 | 242 | −13.88% | 154 | −35.56% | 17391 | 21.53% |
| 2006 | 348 | 43.80% | 236 | 53.25% | 17127 | −1.52% |
| 2007 | 788 | 126.44% | 478 | 102.54% | 18642 | 8.85% |

资料来源:根据 2008 年《中国高新技术产业统计年鉴》计算整理。

**表 3.28　医药工业科技活动人员投入强度**　　　　　　　　单位:%

| 年份<br>地区 | 2003 | 2004 | 2005 | 2006 | 2007 |
|---|---|---|---|---|---|
| 全国 | 3.86 | 4.07 | 4.20 | 4.93 | 5.34 |
| 西部地区 | 2.97 | 3.62 | 3.15 | 4.19 | 4.18 |
| 北京 | 2.20 | 2.32 | 3.11 | 4.37 | 4.69 |
| 上海 | 3.70 | 3.94 | 3.14 | 5.09 | 5.24 |
| 江苏 | 4.99 | 4.24 | 5.92 | 6.05 | 5.86 |
| 山东 | 4.87 | 3.85 | 3.94 | 4.58 | 5.75 |
| 广西 | 2.80 | 3.33 | 3.93 | 3.12 | 3.32 |
| 四川 | 4.99 | 4.71 | 3.18 | 4.83 | 3.84 |
| 云南 | **1.06** | **2.54** | **1.99** | **2.97** | **3.63** |
| 贵州 | 0.87 | 1.96 | 1.39 | 2.03 | 4.23 |

资料来源:根据 2008 年《中国高新技术产业统计年鉴》计算整理。

从以上分析可以看出,科研经费投入和科技人才投入逐年增长,但二者投入强度仍低于全国平均水平,尤其是科研经费投入强度与全国平均水平差距较大,制约了云南省医药工业科技创新能力的提升。医药工业是知识和技术密集型产业,只有大量科研经费投入和高素质的科研人员投入为保障,才能保证高质量、上规模的新药成果出现。云南省应该继续加大医药科技投入力度,稳步推进高水平的医药科技创新能力。

3. 医药工业科技创新能力不强,导致科技对云南省医药工业产品创新的支撑作用弱

高强度的创新投入能否带来高效益的科技创新成果(主要包括专利申请情况、医药科技获奖情况、医药企业拥有自主知识产权情况)是评价医药工业科技创新能力的重要指标,也是体现医药工业中科技支撑能力的重要指标。云南省医药工业科技创新成果逐年稳步增加,但技术研发和创新成果产业化能力差、转化率低,知识产权产品储备远低于其他医药强省,成为制约云南省医药科技创新能力和科技支撑能力的突出瓶颈问题,严重弱化了科技对医药工业产品创新的支撑作用。

云南省医药科技创新成果稳步增加,一定程度上带动了云南省工业的科技创新能力的提升。随着云南省医药产业相关政策的相继出台、医药产业投入力度的稳步加大、医药科技创新平台建设的日趋完善,医药科技创新成果逐年稳步增加,一定程度上带动了云南工业科技创新能力的提升。云南省医药科技创新成果发展情况主要体现在:具备自主知识产权的成果数稳步增长;制定标准数有所增长,企业更加重视技术和产品的规范化、标准化;在成果类别中应用技术成果占绝对多数,基础理论成果和软科学成果较少。在应用技术成果中,原始性创新成果和国内技术二次开发项目居多,国外引进消化吸收创新较少(图3.11)。2008年,在云南省科技成果统计数据中,按高新技术领域分布,生物、医药和医疗器械182项,可见云南省生物、医药领域的高新科技成果仍然占主体地位;在技术成果实际推广应用的行业分类统计数据中,卫生、社会保障和社会福利业196项,显示出医疗卫生领域是云南省科技成果应用的主要集中领域(图3.12)。值得一提的是,云南省医药企业加大了与医药科研院的科研合作,产品创新能力和企业自主核心竞争力能力获得迅速提升,有效地提升了云南省医药科技支撑作用。

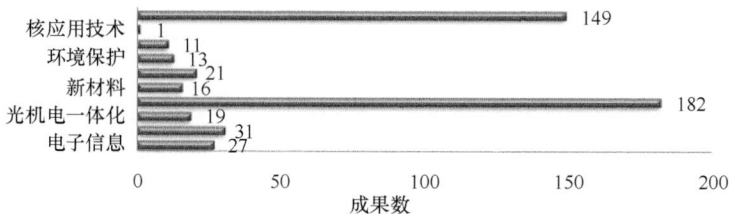

图3.11　2008年度云南省登记的高新技术成果分布图

数据来源:2008年度云南省科技成果统计分析报告。

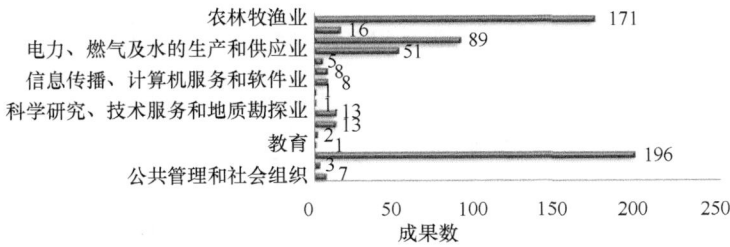

图 3.12　2008 年度云南省登记的应用技术成果应用行业分布图
数据来源:2008 年度云南省科技成果统计分析报告。

　　云南省医药科技创新能力在全国仍处于中下游水平,与医药强省差距较大。在医药科技创新过程中,专利产出和自主知识产权产品储备严重不足、科技创新成果转化能力弱、技术经费支出结构欠合理等问题突出,严重制约云南省医药科技创新能力的提升和科技支撑作用的发挥。云南省医药的专利产出和自主知识产权产品储备不足,中小型医药企业缺乏独立开发新药和消化科技成果的意识与能力,仿制药品存在大量低水平重复生产现象,升级换代步伐缓慢,缺乏具有自主知识产权的创新药物。云南省医药工业发明专利数虽略有增加,但是占全国比重呈明显下滑趋势,占西部地区的比重也呈下降趋势,单位企业拥有专利数基本保持在 0.62 左右,表明云南省医药工业专利产出和自主知识产业产品严重匮乏,严重限制了自身比较优势的充分发挥,弱化了医药科技支撑能力(表 3.29)。融资渠道窄,成果技术不成熟、企业承接能力弱,医药科技成果转化机制体制不完善,导致云南省医药科技创新成果转化能力弱问题突出。云南省医药工业技术经费支出结构不合理,技术改造经费支出比重过高,且多数为重复改变剂型,技术引进和消化吸收经费支出过低。2003~2007 年,医药工业技术经费支出中,技术改造支出每年都在 44 亿元以上,但是技术引进经费支出和消化吸收经费支出几乎没有。作为科技创新能力较弱的省份,通过技术引进、消化吸收进而渐进创新是有效的快速提升云南省医药工业科技创新能力的途径,从技术经费支出结构情况看,技术引进和消化吸收比重过低,云南省显然没有有效的利用这一途径。

**表 3.29　云南省医药工业专利产出情况**

| 年份 | 医药工业专利申请 | | | 医药工业拥有发明专利 | | | 单位企业拥有专利数 |
|---|---|---|---|---|---|---|---|
| | 申请数/项 | 占全国比重/% | 占西部地区比重/% | 专利数/项 | 占全国比重/% | 占西部地区比重/% | |
| 2003 | 132 | 10.11 | 43.56 | 48 | 10.46 | 49.48 | 0.65 |
| 2004 | 150 | 8.84 | 40.98 | 47 | 5.21 | 23.27 | 0.6 |
| 2005 | 157 | 5.80 | 35.44 | 39 | 3.44 | 17.26 | 0.45 |
| 2006 | 41 | 1.72 | 11.26 | 88 | 4.48 | 20.37 | 0.99 |
| 2007 | 208 | 6.81 | 37.89 | 60 | 2.42 | 12.77 | 0.62 |

资料来源:根据 2008 年《中国高新技术产业统计年鉴》计算整理。

### 3.5.4　科技支撑医药工业提升改造作用分析

从 20 世纪 90 年代以来,云南省采取多项措施提升医药工业科技水平,着力打造具有以天然药物为优势的生物医药产业。经过近 20 年的医药产业改造升级和结构调整,云南省医药工业全员劳动生产率逐年稳步提高,但是与全国医药强省相比差距较大,仍低于全国医药工业平均水平,且增幅慢于云南省工业全员劳动生产率水平。

云南省医药工业劳动生产率持续稳步增长。2007 年医药工业劳动生产率达42.38 万元/人,同比增幅 22.89%,呈现出较好发展态势。云南省着力推进中草药规范化种植、医药生产车间标准化等多项措施提高医药工业竞争实力,大中型医药企业的规模化、产业化生产有效地带动了云南省医药工业劳动生产率的提高。但是,同云南省工业相比,仍低于全行业劳动生产率平均水平,且增速也低于全行业,表明医药工业在云南省工业中并不具备生产技术、人力资源等产业科技优势,且发展动力不足。

通过全员劳动生产率反映出的云南省医药工业发展能力低于全国平均水平。云南省医药工业劳动生产率增速已明显慢于与全国、西部地区平均水平和全国医药强省。2003 年和 2004 年的劳动生产率高于全国和西部地区的平均水平,且与医药强省差距不大,甚至高于部分省市。但是从 2005 年起,云南省医药工业劳动生产率明显慢于其他医药强省,到 2007 年已低于全国和西部地区的平均水平(表 3.30)。数据显示,云南省医药工业的产业发展水平和发展速度已经明显滞后于全国医药强省,作为需要高科技投入的医药工业,发展能力弱化表明云南省医药工业的科技支撑能力不强。

表 3.30　各地区医药工业全员劳动生产率　　　单位:万元/人

| 年份<br>地区 | 2003 | 2004 | 2005 | 2006 | 2007 |
|---|---|---|---|---|---|
| 全国 | 25.04 | 28.34 | 34.43 | 38.53 | 46.32 |
| 西部地区 | 22.93 | 26.32 | 31.52 | 35.57 | 43.12 |
| 山东 | 23.62 | 29.56 | 43.51 | 48.87 | 60.67 |
| 江苏 | 35.90 | 39.31 | 49.32 | 50.58 | 59.23 |
| 北京 | 30.53 | 34.33 | 35.30 | 39.18 | 48.63 |
| 贵州 | 25.34 | 27.10 | 37.95 | 44.30 | 48.02 |
| 上海 | 33.01 | 37.63 | 42.09 | 45.87 | 47.75 |
| 四川 | 20.80 | 24.46 | 29.27 | 33.17 | 43.73 |
| 云南 | 26.38 | 29.28 | 28.88 | 34.49 | 42.38 |
| 广西 | 16.70 | 20.07 | 22.24 | 25.05 | 30.69 |

资料来源:根据 2008 年《中国高新技术产业统计年鉴》计算整理。

作为高技术产业的医药工业,科技的支撑作用对于医药工业发展具有决定性作用。通过提高技术装备水平、增加医药产品附加值、提高劳动者素质、扩大医药工业生产规模、提升市场营销能力等,加大医药工业科技含量,降低医药产品成本,都是提高劳动生产率、提升科技支撑医药工业产业升级作用的有效途径。云南省医药工业劳动生产率低于全国发展水平,科技支撑能力同全国医药强省相比呈弱化趋势,表明在医药工业发展过程中存在诸多制约科技支撑作用发挥的瓶颈因素。从产业结构调整和优化升级角度分析,影响云南省医药科技支撑能力的主要因素如下。

1. 技术装备水平稳步提升一定程度上促进了医药科技支撑作用的发挥,但企业技术水平、设备制剂技术、核心技术设备和新工艺仍是医药工业的薄弱环节

医药科技研发技术装备水平的提高为云南省医药工业产业优化升级提供了有力的保障,确保了科技对医药工业的贡献和支撑。对于科技含量要求较高的医药工业而言,技术装备水平是反映企业竞争力的重要指标。云南省大中型医药企业车间技术装备水平稳步提升,到 2007 年医药工业固定资产净值年平均余额达到28.10 亿元,通过国家 GMP 认证、国家 GSP 认证和 GAP 认证的医药企业逐年增加,到 2008 年全省已有 155 户医药工业企业通过 GMP 认证,其中制药企业 134家。尤其是,云南省医药龙头企业在医药技术装备上始终保持较高水平,昆明制药集团的蒿甲醚原料车间通过了国家 GMP、世界卫生组织的 GMP、澳大利亚 TGA的 GMP 三重认证,先进的车间技术装备构成了昆明制药集团的核心竞争优势之一。云南白药集团先后从美国、德国、日本等国引进了多条自动化生产线以及高压液相、高压气相色谱仪等多种先进的分析检测仪器,生产环境和技术装备水平在全国同行业中保持领先水平,具备较强的生产、检测、研制和开发的能力。

但是,云南省医药工业与其他医药强省相比技术装备水平仍比较落后,企业技术水平、设备制剂技术、核心技术设备和新工艺仍是医药工业的薄弱环节。云南省医药工业技术装备更新速度减缓,医药工业年新增固定资产投资额下降趋势明显,远远落后于全国和西部地区的年新增投资额增长幅度(表 3.31)。云南省在提升医药技术装备水平的滞后,制约了科技对医药工业支撑作用的发挥。占医药工业95％的中小型医药企业的医药技术设备、生产线落后,缺乏核心技术设备和新工艺,是云南省医药技术装备水平低的主要原因。部分企业仍在使用东部地区已经淘汰的生产线设备,造成企业劳动生产率和产品附加值过低,医药生产标准化程度低,中小型企业缺乏 GMP、GSP 和 GAP 认证,与国际医药生产规则要求有一定差距,许多具有自主知识产权的药物不能进入医药主流市场。其中,亟待解决的是中药提取分离技术和装备,中药材提取时的上料、出渣,分离过程中的杂质去除、质量控制,整个过程的高能耗、高成本、高劳动强度,以及生产现场的环境保护问题都已成为云南省中药企业进行整体 GMP 认证和发展技术核心竞争力的最大障碍。医

药工业技术装备落后使医药产品不能适应医药市场的发展需求,无法形成企业核心竞争产品,从而根本不可能赢得医药产业发展的主动。

**表 3.31　医药工业年新增固定资产投资情况**

| 地区<br>年份 | 全国 | | 西部地区 | | 云南 | |
|---|---|---|---|---|---|---|
| | 年新增固定资产投资/亿元 | 同比增长/% | 年新增固定资产投资/亿元 | 同比增长/% | 年新增固定资产投资/亿元 | 同比增长/% |
| 2003 | 305.94 | — | 48.83 | — | 5.17 | — |
| 2004 | 390.64 | 27.69 | 76.66 | 56.99 | 5.45 | 5.42 |
| 2005 | 442.20 | 13.20 | 60.42 | −21.18 | 5.05 | −7.34 |
| 2006 | 489.93 | 10.79 | 59.17 | −2.07 | 3.93 | −22.18 |
| 2007 | 528.88 | 7.95 | 64.82 | 9.55 | 2.57 | −34.61 |

资料来源:根据 2008 年《中国高新技术产业统计年鉴》计算整理。

**2. 化学药物科技支撑能力弱导致云南省医药产业结构不合理,进而制约医药产业结构调整和优化升级**

凭借丰富的自然资源优势和天然药物方面的技术研发优势,云南省形成了以中药、天然药、民族药为主,包括化学药、生物制品、医疗器械、卫生材料、保健品、特殊化妆品、药用植物提取物、医药研发外包服务在内的较为完整和现代化的医药工业体系。云南省医药工业总产值逐年稳步提升,2008 年医药工业总产值达96.3124 亿元,同比增长 23.8%,科技在以天然药物为主的生物医药产业改造升级中发挥了一定的支撑作用。

尽管如此,中药、天然药、民族药过于集中的医药产业结构却成为制约医药工业规模扩大、科技支撑能力提升的瓶颈问题。2008 年全省规模以上制药企业 104家,其中中药、天然药、民族药生产企业 74 家,占 71%;化学药和以化学药为主的制药企业 27 家,占 21%;生物制品生产企业 3 家,约占 3%。全省有药品生产批准文号 4365 个,生产药品品种 1456 个,其中中药品种 858 个(含植物原料药),化学药品种 598 个(含化学原料药、生物制品);销售超过 5000 万元以上的 35 个品种中,中药、天然药、民族药品种 20 个,占 57%;销售超过 1 亿元以上的 18 个品种中,中药、天然药 12 个,占 66.7%,保健品、特殊化装品 3 个,化学药 2 个,疫苗 1个;中药、天然药、民族药的产值、销售收入、生产企业数,占整个云南医药工业均在75% 左右。当前,世界医药市场的结构是化学药物占到 60%～70%,生物技术药物占 10% 左右,且发展迅猛。医药工业的市场竞争激烈,只有符合市场需求的产品才能获得巨额利润,进而依靠雄厚的资本积累进行科技创新,科技支撑能力的不断提高使企业获得无限生命力。显然,产业结构不合理已成为制约云南生物医药科技支撑作用的发挥和产业发展的突出瓶颈问题。提升科技对云南省医药产业升级、做大做强医药产业，必须要针对市场要求，优化云药的产品结构、产业结构。

3. 大型医药龙头企业技术核心竞争力稳步提升有效支撑医药产业升级，但科技对中小型医药企业支撑作用不强导致医药工业"小、散、弱"的产业格局

医药企业技术核心竞争力是微观主体发挥科技支撑作用、优化医药产业升级的集中表现。云南省大型医药企业积极构筑培育技术核心能力，企业创新能力和产品竞争力稳步提升，中小型企业产品创新能力弱，难以形成高新技术核心竞争力。占云南省医药企业总数90%的中小型医药企业"小、散、弱"现象突出，弱化了科技对云南省医药产业升级的支撑作用。

云南省医药龙头企业技术核心竞争力的提升为科技支撑医药产业在升级过程中发挥了一定的积极作用。云南省大型医药企业顺应医药行业的发展趋势，加强研发能力、改进生产工艺、提高技术水平，努力寻求疗效显著、副作用低、提高生活质量的核心产品，并根据市场的变化，努力开发适应市场需求、节能降耗、降低成本、高附加值的新药，企业技术核心能力和产品创新能力得到进一步增强，其科技支撑作用在微观医药企业中得到较好的发挥。例如，云南白药集团凭借先进的技术设备、有效的科技研发投入、科学的人才投入机制和稳健的经营管理建立起企业的核心技术竞争力，形成以云南白药系列、三七系列和云南民族特色药品系列为主形成技术核心产品，共 17 种剂型 200 余个产品，畅销国内市场、港澳及东南亚一带，并逐渐进入日本、欧美等发达国家市场；昆明制药集团通过科研合作稳步提升企业技术核心竞争力，与法国 SANOFI AVENTIS 合作生产蒿甲醚注射剂，与美国 IVAX 合作成立了"昆明贝克诺顿制药有限公司"，与瑞士 NOVARTIS 签订了复方蒿甲醚长期国际合作协议，形成的核心技术产品有利血平、青蒿素、血塞通系列、七叶神安片、秋水仙碱、三七总皂苷、天麻素、草乌甲素系列、本芴醇、本芴醇胶丸、复方蒿甲醚片、复方磷酸萘酚喹片等，其抗疟药系列制剂已在全球 40 多个国家注册销售，是中国在国际上注册和销售国家较多的自主研发药品，2008 年血塞通冻干粉针-络泰在越南获得注册许可，成为在海外成功注册的中药注射剂；云南施普瑞生物工程有限公司与国内数十家科研机构和高等院校建立了科研战略合作伙伴关系，民族药研发实力较强，形成丹绿补肾胶囊、丹灯通脑胶囊、涩肠止泻散等自主核心产品；云南生物谷灯盏花药业公司专门从事植物药领域的研究和开发，其研发部门已具备独立开展植物药提取、分离、结构测定、化学改造乃至制剂工作的能力，已获得灯盏花相关的多项发明专利授权，若干专有技术成功应用于生产并取得显著经济效益。尽管云南省大中型制药企业的技术研发能力已获得一定程度的提升，但其创新产品主要聚焦于现有技术改造、自主产品的二次开发和仿制药品研究上，自主知识产权药物严重缺乏，制药企业仍没有发展成为创新药物研究的核心力量，云南省医药企业的自主科技支撑能力有待进一步提升。

　　同时,云南省中小型医药企业规模偏小,经济效益差;集约化程度低,产品低水平重复,同质化竞争严重;企业缺乏核心技术,市场竞争力弱;微观主体"小、散、弱"现象突出,严重弱化医药工业科技支撑力的发挥。云南省医药企业单位工业总产值、工业增加值和利润额均低于全国和西部地区平均水平,与山东、江苏医药强省相比差距较大,在全国处于落后地位(表3.32)。制药企业需要不断取得高额利润,才能有足够的实力不断提高 R&D 的投入,而云南中小制药企业"小、散、弱"现象突出,企业所取得利润有限,从而限制科技创新所需经费投入,存在技术创新资金支持障碍。同时,作为技术附加值极高的具有创新性的新制剂、新剂型研究,云南省又处于相对落后状态,导致药物品种的低水平重复。

**表 3.32　2007 年各省医药工业规模以上企业各项指标**

| | 企业单位数/家 | 总产值/亿元 | 单位企业产值/(亿元/家) | 增加值/亿元 | 单位企业增加值/(亿元/家) | 利润/(亿元) | 单位企业利润/(亿元/家) |
|---|---|---|---|---|---|---|---|
| 全国 | 5748 | 6361.90 | 1.11 | 2286.60 | 0.40 | 581.28 | 0.10 |
| 西部 | 899 | 835.20 | 0.93 | 357.54 | 0.40 | 66.11 | 0.07 |
| 上海 | 223 | 272.23 | 1.22 | 98.72 | 0.44 | 23.89 | 0.11 |
| 江苏 | 504 | 642.60 | 1.28 | 210.75 | 0.42 | 61.57 | 0.12 |
| 山东 | 576 | 872.84 | 1.52 | 279.31 | 0.48 | 81.91 | 0.14 |
| 四川 | 341 | 315.25 | 0.92 | 130.41 | 0.38 | 21.25 | 0.06 |
| 贵州 | 101 | 109.60 | 1.09 | 46.04 | 0.46 | 9.46 | 0.09 |
| 云南 | 97 | 79.01 | 0.81 | 34.42 | 0.35 | 7.50 | 0.08 |

　　资料来源:根据 2008 年《中国高新技术产业统计年鉴》计算整理。

　　4. 科技对医药工业市场营销环节的支撑作用不强,制约云南省医药产业优化升级

　　云南省医药产品市场营销能力不强,特别是新产品的销售、推广是长期以来制约云南医药产业发展的主要瓶颈之一。影响医药产品市场营销的主要因素:能够反映产品在临床治疗效果及安全性的基础研究、临床研究的水平;产品是否有专利,产品疗效与同类品种相比是否有优势,及药品品类;药品销售及市场推广的策划水平,投入实力,以及销售网络的建立,销售人员的素质。云南多数企业新药研发基础研究特别是临床研究水平不高,多数企业忽视产品上市后的临床再评价;许多新药没有申请专利,产品在市场销售刚有起色,就被别人仿制;医药企业缺乏优秀的药品营销人才,尤其缺乏既懂专业知识又懂市场营销的高素质销售人才,导致医药产品销售渠道窄,尤其是新产品销售网络不畅。作为高技术产业,医药产品更新换代快,市场需求时效性较短,花费高资本投入研发的新药如果不能及时推广到市场上,科技创新就不能有效地转化成生产力,影响后续科技创新的资本投入,进而影响科技支撑作用的进一步发挥。

### 3.5.5　科技支撑医药产业新增长点形成作用分析

随着现代生物制品技术研发和产业化建设的日渐成熟,未来云南省在生物制药、药用提取物和医药研发外包服务等领域将逐渐成为医药工业发展的主要方向,科技对云南省医药工业的支撑作用将越来越强。

全球医药工业正处于生物技术改造的发展进程中,全球医药工业正发生着前所未有的变化,新的生物医药产业链增长点迅速成长,主要包括基因工程药物、医药疫苗、抗体药物、生化药物、组织工程、生物诊断试剂等医药产品领域,以及产业支撑体系和相关服务机构,生物技术药物研发和生产已经成为世界医药产业发展的主流趋势。在医药生物技术驱动下,全球医药产业化已步入进入快速发展期,市场规模快速增长。全球医药已占医药市场的 13%,每年以超过 15% 的速度增长,远高于医药行业 7% 的年均增长率和全球 2%~3% 的经济增长率。随着生命科学技术的日渐成熟和产业化进程的日渐完善,现代生物医药产业正转变成世界各国努力培植的市场潜力巨大、高收益的新兴战略性产业。到 2007 年,全球医药公司的总数已达 4400 余家,销售总额超过 450 亿美元,其中美国占全球市场份额的79.8%;欧洲和加拿大分别占 12.2% 和 3.9%;亚太地区市场规模较小,但增长迅速。以生机勃勃的生命科学技术为支撑的现代生物医药产业正处于高速发展的战略机遇期,市场潜力巨大,产业规模不断扩大,世界各国包括我国纷纷将其定位于新兴战略性产业,期望加快发展并占领其制高点,其产业地位不断提升。云南省具备发展现代生物医药产业的资源优势、科研平台支撑和产业化潜力,为建立现代化生物医药工业奠定了良好的基础。同时,云南省发展生物医药产业具有产业带动作用强、发展潜力大、战略支撑强等重要作用。因此,构建以生命科学技术为支撑、以市场为导向引领现代生物医药,大力发展云南省现代生物医药产业新增长点,是保持云南医药产业的发展活力、提升云南医药的优势地位、防止在未来发展格局中边缘化的必然选择。

#### 1. 生物疫苗

以云南沃森生物有限公司为重点企业支撑的疫苗类生物医药正在成为云南省未来引领现代医药产业发展的新增长点。生物疫苗产业是当前医药产业领域中典型的高技术、高增长和相对成熟的生物技术朝阳产业,全球用于预防人类疾病的疫苗已有 30 多种。自 2004 年以来,我国疫苗市场保持约 25% 的年均增长速度,2007 年国内疫苗市场规模达到 46.66 亿元,预计未来几年,国内疫苗市场年均增长率仍将超过 15%。疫苗类生物医药产品正迅速发展成为全球医药产业的增长点和战略点。创立于 2001 年云南沃森是一家集生物制药领域疫苗类产品研发、生产和营销于一身、企业自主创新能力强、发展潜力大的现代生物科技企业。公司通过构建先进的疫苗研发中心、现代化的疫苗生产基地为科技研发平台,企业科技支撑能力稳步提升,已是三项"国家高技术研究发展计划(863 计划)重大项目"的科技攻关课题承担单位、国家科技部"863 计划"疫苗引导项目示范基地;产品创新更是突飞猛进,已研发成功八个新药(疫苗)品种,其中一类新药 1 个,二类新药 1 个,其他类别新药 6 个,同时正在研发的新疫苗品种十余项,其中一类新药数个。以科技研发和产品创新为支撑,沃森已经进入高速的产业化发展阶段,2008 年销售收入达 8500 万元,利润 3500 万元,2009 年上半年销售收入 7000 万元,利税 4500 万元。其中,第一个自主研发并产业化的产品"b 型流感嗜血杆菌结合疫苗"自 2007 年上市后,立即形成良好的市场规模,该产品已覆盖全国 2000 多个县;第二个自主研发产品"冻干 AC 群脑膜炎球菌多糖结合疫苗"已于 2009 年 8 月正式投放市场,市场潜力较大。以疫苗研发中心为科技平台和专业化的营销队伍,沃森生物有限公司已经扎实的进入到"高技术壁垒、高资金投入、高政策壁垒"的中国疫苗行业中,稳步发展成为一家以科技为支撑、以市场为导向的现代化生物医药企业,同时也正在迅速成长为云南省生物医药产业发展的新增长点。

### 2. 现代医学外包服务

生物服务业的产生和发展是在生命科学技术作为经济增长重要支撑要素的当代应运而生的新兴服务业。其中,现代医学外包服务是在全球范围内发展速度最快、规模最大、前景最广阔的行业。医学外包服务是第三产业的生力军,不但市场需求和发展潜力巨大,而且可以有效地发挥科技对产业的支撑和带动作用,对于优化传统产业结构,促进现代生物技术产业发展,对整个经济社会的渗透、提高经济增长质量及竞争力都具有重要作用和重要战略意义。因此,云南省应该抓住机遇充分发挥生物资源和科研研发优势,大力发展现代生物服务业,强化生物技术对国民经济增长的支撑作用和驱动作用,引导经济增长由消费和投资双向拉动向科技驱动的转变,实现现代生物科技的产业化发展。

全球生物医药领域研发外包服务市场规模迅速增长,并呈现出由发达国家向发展中国家快速转移的趋势。2005 年,世界生物医药产业研发外包服务市场规模(企业服务收入)为 100 亿美元,增长到 163 亿美元,外包比例为 24.7%,约 1/4 的研发工作选择了外包途径。预计到 2010 年市场规模增加到 360 亿美元,外包研发支出占研发总费用比重将提高到 40%。生物医药研发外包服务还呈现出向印度、中国等发展中国家转移加快的趋势,以降低药物研发成本、占领市场。到 2006 年年底,国内开展研发外包服务的机构已达 300 家左右,发展势头十分迅猛。

云南省拥有丰富的生物资源,重点发展的生物医药科技平台建设也为发展现代医学外包服务业务奠定了良好的技术基础,是新兴产业的必然选择。经过多年建设,云南省现共建成 28 个重点实验室、工程技术研究中心(中试基地),其中占绝对比重的是医药和生物领域的技术研发机构,构成了具有一定研发能力的科技研发平台。科技研发平台建设云南省现代生物技术产业的科研基础条件明显改善,科技创新能力大幅度增长,一方面为生物技术产业建设提供了强有力的科技支撑,另一方面也为云南省承接生物医药和生物农业外包服务业务等提供了有力的技术支撑。云南省动物重点实验室、植物重点实验室、昆明亚灵生物科技有限公司都具有承接和发展现代医药外包服务业务的产业基础,尤其是以灵长类动物为模型的昆明亚灵公司在为生物医药企业提供医药研发前期实验等研发外包业务上具有绝对优势,其业务已经在全球范围内得到广泛开展。

云南省为发展现代医学外包服务业务提供了一定的技术基础平台,但是与其他产业和东部地区医学外包服务业等巨大的潜在市场需求相比,发展严重滞后,在发展环境、行业发展、科技服务机构等方面存在诸多制约生物服务业发展的瓶颈问题,观念相对滞后,外包服务业对国民经济发展的巨大作用、间接倍增效应、经济价值和产业效益还没有充分发挥出来。因此,抓住全球服务业转移的机遇,云南省应转变传统观念,将生物医药研发外包服务业提高到战略性新兴产业的高度,大力发展生物医药研发外包服务业,有利于加速云南省科技服务产业进程,推动云南省新药研发基础平台与国际接轨,进而增强云南省经济发展的科技支撑力度,具有重要战略意义。站在重要的战略机遇期,将生物服务业提到新兴产业的战略地位上,大力发展具有优势和潜力的生物服务业,是促进医药产业发展的有效选择。

### 3. 药用植物提取物

药用植物提取物产业是伴随着生命技术发展形成的新兴生物医药产业。将中草药中的有效成分通过生物技术有效地提取出来并应用到医药和食品等产业当中,已成为世界生物产业中重点发展的产业之一。我国的药用植物提取物产业发展较快,尤其是东部地区在该领域的科技水平已经达到了较高水平。云南素有“植物王国”的美称,把云南丰富的天然植物资源优势转化为产业优势,推进产业结构调整,推动区域经济发展,是将中草药药用植物提取物作为生物医药新兴产业重点培育的重要战略选择依据。

云南省药用植物提取物相关领域的科技研发能力取得了较大进步,也相应出现了一些新兴的生物提取物类企业,但是整体上该领域的微观主体“小、散、弱”问题仍非常突出,产业规模远未充分体现其产业潜力。值得一提的是,云南省博浩生物科技有限公司是在该领域发展较好、自主研发实力较强和产业化潜力较大的生物类企业。博浩生物短短几年间依靠其在万寿菊相关领域的科技实力,形成万寿菊干花颗粒、叶黄素浸膏等主导产品,现已覆盖全国 17 个省市、自治区近千家企业,并远销美国、日本、墨西哥、西班牙、印度等国家。2008 年,实现销售收入 1.1亿元,利税 3000 万元,国内市场占有率已达 40％ 左右,国际市场达 20％ 左右,是全国万寿菊种植收购和加工最大的企业,对地方农业增产、农民增收、财政增长、农村稳定做出了重要贡献。博浩公司之所以形成良好的产业化实力并具备广阔的发展前景,主要归因于对技术的引进、吸收、消化和自主创新的重视上。其已与国内 4

家知名院校和国外一些知名专家联合组建了 1 个万寿菊研究所、1 个新产品技术
研发中心,相继取得了万寿菊鲜花青贮工艺、褐斑病防治技术、叶黄素萃取新方法
等科技成果,向国家知识产权局申请专利 8 项,获得国家知识产权局授权"万寿菊
叶黄素萃取新方法"等发明专利 2 项、实用新型专利 2 项,自主研发的新技术、新工
艺已得到转化运用,成为了同行业以技术创新为支撑并迅速推进产业发展的领
先者。

　　以天然药物为支柱的云南省生物医药产业,必须发展以资源优势为基础、以科
技创新为支撑的生物技术产业,才能在未来生物医药发展中防止边缘化,同时形成
自身独有优势医药健康产业。从云南省博浩生物公司的发展潜力看,云南省完全
有资源优势和技术实力将药用植物提取物发展成为前景广阔的新兴产业,从而优
化生物医药产业结构,提升科技对生物医药产业的支撑力度。

### 4. 保健品

　　随着全球生活水平和科技水平的提高,健康和保健类产业从 20 世纪 80 年代
以来发展迅速,已经步入较为成熟的发展阶段。云南省有着发展保健食品的资源
优势,但是过去由于科技研发能力有限和营销等方面的限制,保健品开发力度不
够,产业发展严重滞后全国平均水平。随着生命科学技术等相关产业技术的发展,
为深度开发云南省多样性生物资源提供了广阔的发展前景,保健品产业具备成为
云南省生物医药产业的新增长点。

　　全球保健品产业发展突飞猛进,其市场销售额已突破 2000 亿美元,成为高利
润率的重点发展产业。其中,以美国和日本为主的发达国家抢占了大部分市场份
额,并以年 10%～20% 的速度递增。随着生物技术的发展,全球保健功能食品的
研制与开发正朝着食物疗效与预防医学的领域发展并不断深入,以预防疾病为目
标的健康食品成为保健品产业的主要发展趋势,如研制维生素 C、维生素 E、胡萝
卜素等对癌症的预防因子,以及水果、茶、调味品、草本植物、谷类作物、豆类作物及
海产品等防癌食品。我国保健食品产业的发展,也在伴随着居民饮食从"温饱型"
走向"享受型"和"保健养生型"的转型中迅速成长。一批大型企业著名科研院所开
始涉足保健食品领域,推出了诸如昂立 1 号、生命一号、三九洋参含片、清华紫薇卵
磷脂、北大富硒康等一批高科技产品,极大地促进了我国保健食品工业的规模化、
科技化、现代化进程。

　　云南省发展保健食品产业由来已久,积累了一定的产业基础。20 世纪 90 年
代末,云南省重点支持了一批保健食品科技开发项目,部署了"云南松花粉功能食
品开发"、"三七系列产品微量保健(功能)食品开发"、"云南松花粉精粉制备技术研
究"、"螺旋藻精粉及新型食品开发关键技术研究"、"螺旋藻精藻粉生产关键技术开
发"等一批与保健食品发展急需解决的关键技术问题密切相关的科研项目,为云南
省保健食品产业化的发展奠定了一定良好的技术基础。但是,云南省保健食品产

业不论在产品多样性上还是在规模上,还远没有达到预期收益。云南省获得批准的保健食品数量仅高于青海,与安徽、西藏、宁夏并列第 25 位,甚至达不到全国平均水平,作为资源丰富的生物强省,其生物资源优势在保健品产业中并未得到充分利用。同时,从省外保健品企业发展情况看,生产企业数量基本呈现逐年递增的趋势,并且企业的规模不断扩大、水平不断提高,保健品产业已经由最初的小企业占多数转变为大型企业占多数的微观产业发展格局。云南省保健品产业在多年的成长中也逐渐形成了自己的龙头企业和名牌产品,但是发展速度远低于全国水平。因此,云南省应该以立足自身资源优势为基础,加大保健品科技研发能力,形成保健品双引擎,形成云南省生物医药产业发展的新增长点。

# 3.6　科技支撑装备制造业发展分析

云南省的装备制造业经历了辉煌、衰退、复苏三个阶段。改革开放初期,国家"三线建设"不但建立了云南省的工业体系,而且使云南省的装备制造业在当时处于全国前列。随着沿海开放的扩大,出口导向型经济使得云南等西部地区装备制造业的生产要素向沿海地区聚集,云南的装备制造业逐步衰退;我国经济发展从外需主导向内需主导转换,沿海地区发展装备制造业的优势下降,产业开始向中西部地区转移,云南的装备制造业开始重振,处于复苏阶段,而科技创新对云南省装备制造业的振兴发挥了重要作用。

## 3.6.1　云南装备制造业技术现状及问题

装备制造业是典型的技术密集型行业,没有领先的技术,就没有企业生存、发展的空间。而技术上要保持领先,就必须坚持不断地进行技术创新,保持技术创新的资金投入,把技术创新确立在企业持续发展的战略地位上。

### 1. 科技水平落后,对产业支撑力不足

云南省建成和完善了一批研发中心及人才培训基地。云南机械工业拥有 9 个省认定企业技术中心(含 1 个国家认定企业技术中心),1 个省产学研联合研究开发中心,15 个企业技术研究所以及 3 个独立研究院所,1 所机电职业技术学院和 8 所企业办技工学校。企业信息化建设也具备了一定的基础,应用 CAD 技术的企业已达 50%,财务管理电算化应用面达 60%。这些科技平台的建成,为云南装备制造业提升自主创新能力奠定了较好的基础。但云南装备制造业除个别行业外,大多行业的科技水平在全国处于落后水平,对产业的支撑力度也不强。虽然云南装备制造业具有很强的加工能力,但还不具备很强的产品自主开发能力和技术创新能力,与国外促进产业升级的技术水平相比还有着很大差距,且存在着许多突出矛盾和问题,主要表现在为:技术含量低和附加值低的产品多,高附加值产品少;普

通产品多,特色产品少;单项设备多,成套及大型设备少;大部分重点产品的技术来源依赖国外,具有自主知识产权的产品和技术少。

科技的落后使云南装备制造业发展严重滞后。2007 年末,全省装备制造业500 万规模以上企业有 310 户,从业人员 7.33 万人;总产值合计 258.7 亿元,工业增加值 64.23 亿元,固定资产净值年平均余额合计 63.86 亿元,分别占全省工业的6.02%、4.10%和 3.34%。云南省的装备制造业不但规模小,并且还在不断萎缩,产业门类不断减少。

2. 科技推进化工机械大型化、集团化、高新技术化力度需进一步增强

化学工业是未来云南经济发展中的一个重点产业,而机械设备又是化学工业工艺进步不可缺少的重要一环,因此云南化工机械必有巨大的潜在发展空间。

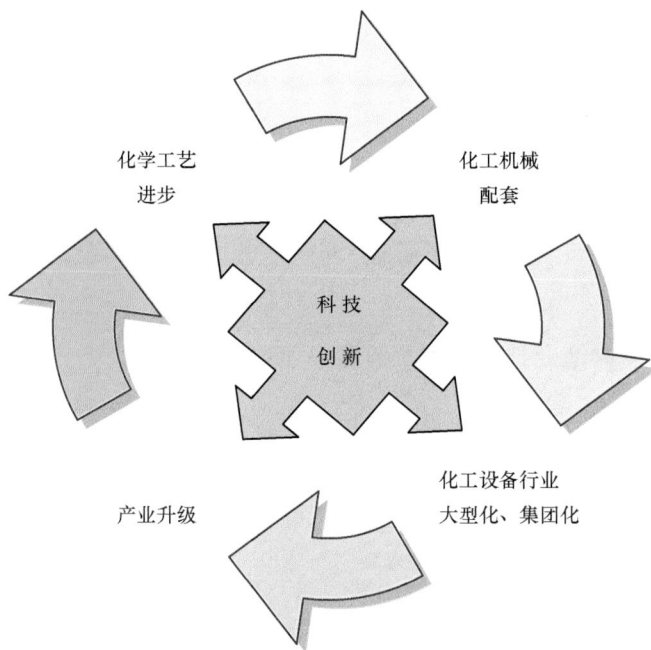

图 3.13　科技对化工机械升级作用示意图

如图 3.13 所示,科技进步正促进化工设备行业向着大型化、集团化、高新技术化的方向升级。经过 20 多年的努力,我国化工装备发展迅速,多项关键技术成果达到世界先进水平,其中的催化裂化、加氢精制、聚乙烯等主要生产装置所需的关键装备,已达到了国际先进水平,减少了我国对化工装备进口的依赖度,降低了建设投资和生产成本。整个行业正向大型化、集团化、高新技术化的方向升级。但同国外先进技术相比,我国化工装备还有不少差距,仍有大量化工设备依靠国外引进,或是大多采用国外专利技术,用国外的图纸制造。我国化工机械的科技水平还处于

较落后的状态。

　　科技对云南化工机械行业发展的促进力度不足。与国内其他省份相比,云南化工机械制造业起步较晚,科技支撑力较弱,还不适应化工工艺快速发展的特殊要求;尽管化工机械技术实力不强,但技术进步速度不慢,以大为化工装备公司为代表的化工机械制造企业,结合特殊的化工工艺需要,研发应用多项国内外领先技术成果,在未来加大技术投入的前提下,能够以技术进步有力地支撑整个化工机械行业的产业升级(图 3.14)。

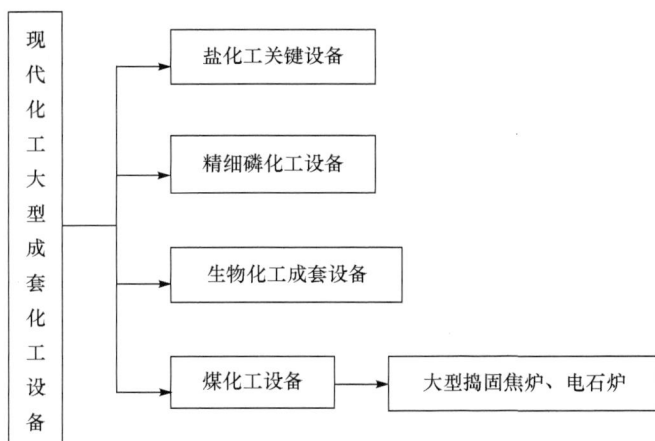

图 3.14　云南化工设备升级发展方向

　　3. 科技提高冶金机械国产化水平,促使其向着机电一体化方向升级,但现阶段需要提高科技创新水平

　　冶金机械为社会发展提供基础材料,与多个行业相关联,其重要性不可动摇,冶金机械整体技术水平的提高,除了带动材料的更新换代外,还会带动材料使用行业的升级。

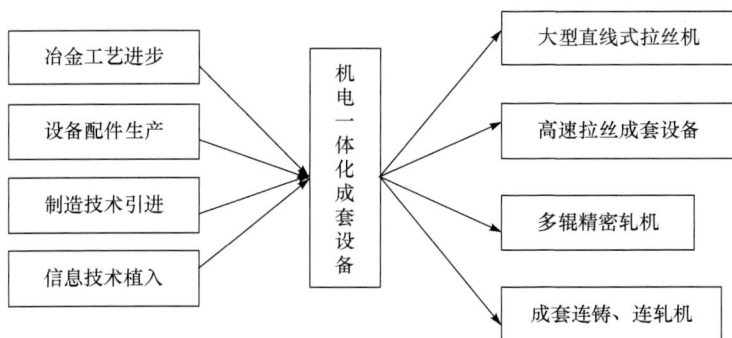

图 3.15　云南冶金设备升级发展方向示意图

冶金机械正向着大型成套热、冷连轧机和提高机电一体化水平的方向升级,为云南省冶金设备升级发明指明了方向(图3.15)。国外冶金装备以新型轧机和新轧制工艺开发为主,在大型成套热冷连轧机技术上取得多项突破,处于技术垄断地位。相较国外大型成套热、冷连轧机的关键技术,国产大型成套热、冷连轧机的技术较差,全线多级计算机控制及各种生产工艺数学模型等方面技术存在较大差距,关键冶金机械仍依靠引进国外技术或进口设备,但在大型直线式拉丝机、高速拉丝成套设备、多辊精密轧机、连铸、连轧、精密板、带、型轧制成套设备等方面有较大发展潜力。

我国冶金机械与国外技术差距较大,进口依赖严重。大型冶金装备是振兴装备制造业的16个重点领域之一,具有技术先进、研制难度大、成套性强的特点。国内冶金装备增长很快,装备自主化水平不断提高,但冶金装备技术的对外依存度仍相当高,与国外先进技术有着较大差距。从2000~2007年我国引进冶金装备共花了约84.82亿美元,这相当于国内冶金装备总产值的28.5%。其中2007年引进冶金装备共13.76亿美元,其中很多是重复引进,客观上制约了我国冶金行业整体素质的提高,也给国内装备制造企业的技术升级带来了不利影响。

云南冶金机械科技支撑力不足。研发的很多技术都没有充分转化为生产力,冶金行业工艺好、设备差的问题突出。以昆钢建安工程有限公司为例,该公司仅能生产起重机、胶带运输机、破碎机等基本技术设备,对于高端设备缺乏技术研发、生产实力,与国内同行相比差距较大,突出反映了科技支撑冶金装备技术升级能力较弱的问题。

### 4. 科技创新支持铁路养护机械跨越式发展,实现产业升级

国产化政策为重大装备制造业提供了机遇,尤其是铁路设备专用设备行业市场广阔,铁路专用设备业不仅受到产业政策的扶持,而且还有下游产业投资的拉动,如铁路投资。交通运输设备制造业生产扩大,对专用设备的需求也开始增多,铁路专用设备制造业即将进入行业景气通道。

全盘机械化、自动化是科技促进铁路养护机械行业升级的方向。大型养路机械涉及机械、电气、气动、液压、激光测量、铁道线路等六大技术,技术含量非常高,国外铁路机械技术在机械化水平已经较高的基础上,正充分发掘机械潜力,向全盘机械化、自动化迈进。相比之下,我国铁路养路机械起步较晚,但依靠技术引进,积极赶超发达国家,已实现多项产品国产化,但在全盘机械化、各类型产品生产技术上有待提高,对国外技术引进的依赖仍然较大。

科技进步有力支撑了云南铁路养护机械行业的跨越式发展(图3.16)。云南依托铁道部布局,对国外引进技术进行充分的吸收改进,缩短了与国外铁路养路机械整体装备近30年的发展差距,多项技术成果处于国际领先水平,将整个行业进行了跨越式的升级,使我国铁路养路整体装备制造一举进入世界领先行列。但由

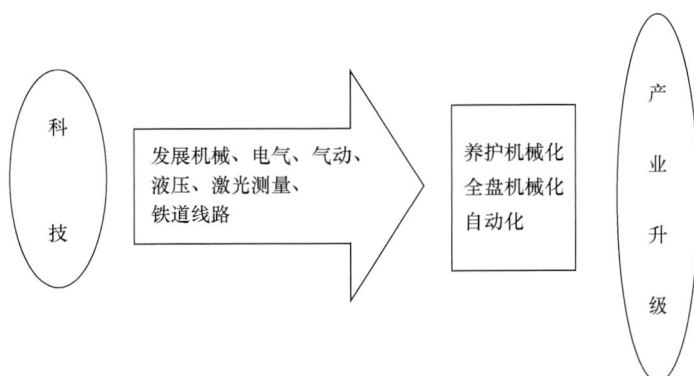

图 3.16 云南铁路养护设备升级发展方向示意图

于我国装备加工工艺水平有限、液压密封件质量不过硬,以及我国铁道线路某些指标不如欧洲高,因此铁路养护机械还有待加大科技投入,进一步提高效率、降低故障率,在新产品开发领域取得突破。

### 3.6.2 科技支撑装备制造业产品创新作用分析

从产品创新方面看,云南省的装备制造业的产品创新成效差,产品创新成效能力呈下降状态。产品创新所反映的装备制造业整体上的科技创新能力弱,科技在产品创新上体现出的对经济增长的贡献很小,只有个别行业具有较强的创新能力。科技创新不足、新产品产值亟待提高,以及工艺与技术装备发展脱节等都制约着装备制造业的发展。

#### 1. 装备制造业整体上产品创新能力呈下降态势,个别行业特色突出

云南省装备制造业产品创新所反映出的科技创新能力弱,并且处于下降态势。2007 年云南省的装备制造业新产品产值为 32.09 亿元,比 2004 年增加了 1.47 亿元,但新产品产值率却只有 12.4%,比 2004 年下降了 8.67%,云南省装备制造业的新产品产值仅占全国的 0.12%,几乎没有什么地位,云南省装备制造业的新产品产值率不到全国平均水平的 1/2,比全国平均水平低 16.8 个百分点(表 3.33)。

云南省金属制品业的产品创新提高较快,新产品产值从 2004 年的 36 万元增加到 2007 年的 8607.4 万元,新产品产值率从 0.04% 提高到 4.82%,但与全国平均水平相比,仍然很低,在全国的金属制品业中只占 0.18%,新产品产值率不到全国平均水平的 1/2,比全国平均水平低 5.5 个百分点。反映出云南省的金属制品业科技创新能力很弱,在装备制造业向中西部地区转移的关键时期,云南省需要提高金属制品业的科技创新能力和水平,开发新产品,增强市场竞争力和产业综合实力。

云南省通用设备制造业的产品创新能力弱,产品创新水平还有所下降,新产品产值从 2004 年的 0.65 亿元增加到 2007 年的 1.07 亿元,但新产品产值率从

3.74%下降到2.25%,在全国通用设备制造业中几乎没有地位,只占全国的0.04%,新产品产值率不到全国平均水平的1/10,比全国平均水平低24.15%。反映出云南省的通用设备制造业科技创新能力很弱,在装备制造业向中西部地区转移的关键时期,云南省需要提高通用设备制造业的科技创新能力和水平,开发优势特色新产品,增强市场竞争力,提高产业规模。

云南省专用设备制造业的产品创新能力弱,且下降很快,新产品产值从2004年的3.2亿元下降到2007年的1.08亿元,新产品产值率从11.64%下降到2.91%,在全国的专用设备制造业中几乎没有地位,只占全国的0.07%,新产品产值率不到全国平均水平的1/10,比全国平均水平低24.2%。反映出云南省的专用设备制造业科技创新能力很弱,在装备制造业向中西部地区转移的关键时期,云南省亟须提高专用设备制造业的科技创新能力和水平,开发特色优势新产品,增强市场竞争力,提高产业规模。

云南省交通运输设备制造业的产品创新能力相对较强,但产品创新也呈下降态势。新产品产值从2004年的18.53亿元下降为2007年的17.8亿元,新产品产值率从37.42%下降到22.21%,虽然个别特色产品,如大型铁路养护设备在全国具有较高的市场份额,但整个交通运输设备制造业在全国的地位很低,只占全国的0.19%,新产品产值率比全国平均水平低20%。反映出云南省的交通运输设备制造业科技创新能力有待加强。虽然云南省铁路机械工业新产品产值率出现下滑,但创新能力稳步前进,生产的清筛、配碴、捣固、稳定、物料运输和道岔打磨车等系列的铁路线路大中型养路机械,填补了我国养路机械产品品种和作业形式的空白,科技创新特色十足,使大型铁路养护机械处于全国领先水平,占全国市场份额的80%以上;铁路牵引变压器在国内也具有一定的规模和技术优势。2008年,云南交通运输设备制造的新产品产值18.84亿元,同比增长4.98%,说明新技术应用较好,实现了产值的提高。但另一方面,云南省铁路机械产品专业化水平低、配套能力弱等问题仍然是制约云南省铁路机械工业发展的瓶颈,技术水平和产品配套能力还不高,技术创新和产品研发基础还相对薄弱,尤其是缺乏自主知识产权的产品,使产品的附加值与西方发达国家相比还相差甚远,产品出口只能通过在我国对外承包工程中使用的形式开拓国际市场。在装备制造业向中西部地区转移的关键时期,云南省应该依托优势和特色,加快交通运输设备制造业的科技创新能力和水平,加快开发新产品,增强市场竞争力和产业综合实力,可作为云南省振兴装备制造业的重点领域。

云南省电气机械及器材制造业的产品创新能力快速下降,新产品产值从2004年的4.3亿元下降到2007年的1.01亿元,短短三年新产品产值率从16.45%下降到1.86%,在七大装备制造业内部行业中是最低的,也是在全国的电气机械及器材制造业中比重最低的,只占全国的0.02%,新产品产值率不到全国平均水平的1/20,比全国平均水平低26.9%,反映出云南省的电气机械及器材制造业科技创新能力极弱和快速萎缩的状态。在装备制造业向中西部地区转移的关键时期，云南省需要加强电气机械及器材制造业的科技创新能力和水平，开发特色优势新产品，增强市场竞争力，提高产业规模。

云南省通信设备、计算机及其他电子设备制造业的产品创新能力相对较高，提高较快。新产品产值从 2004 年的 3.49 亿元增加到 2007 年的 5.62 亿元，新产品产值率从 40.99% 提高到 48.99%，反映出云南省的通信设备、计算机及其他电子设备制造业正在发挥后发优势加快发展。但在全国的通信设备、计算机及其他电子设备制造业中仍然几乎没有地位，只占全国的 0.06%，新产品产值率比全国平均水平高 23.45%。反映出云南省的通信设备、计算机及其他电子设备制造业科技创新能力正在增强，在装备制造业向中西部地区转移和云南省亟待提高信息化水平的关键时期，云南省需要提高通信设备、计算机及其他电子设备制造业的科技创新能力和水平，加快开发新产品，增强市场竞争力，壮大产业规模。

云南省仪器仪表及文化、办公用品机械制造业的产品创新能力明显增强，新产品产值率提高很快，新产品产值从 2004 年的 3919 万元快速提高到 2007 年的 4.64 亿元，新产品产值率从 6.66% 快速提高到 45.73%，在全国的仪器仪表及文化、办公用品机械制造业中地位相对较高，但也不到 1%，只占全国的 0.79%，但新产品产值率远高于全国平均水平，比全国平均水平高 25.89%，反映出云南省的仪器仪表及文化、办公用品机械制造业科技创新能力和新产品产值快速提高的态势。抓住装备制造业向中西部地区转移的关键时期，切实提高仪器仪表及文化、办公用品机械制造业的科技创新能力和水平，加快开发新产品，增强市场竞争力，可作为云南省振兴装备制造业的重点领域。

表 3.33　2007 年装备制造业新产品产值率

| | 云南 | | | | 全国平均水平 | |
|---|---|---|---|---|---|---|
| | 新产品产值/万元 | | 新产品产值率/% | | 新产品产值/亿元 | 新产品产值率/% |
| | 2004 | 2007 | 2004 | 2007 | 2007 | 2007 |
| 装备制造业总计 | 306 198.8 | 320 893.8 | 21.07 | 12.40 | 27 660.68 | 29.20 |
| 金属制品业 | 36 | 8607.4 | 0.04 | 4.82 | 473.89 | 10.32 |
| 通用设备制造业 | 6529.7 | 10 721.3 | 3.74 | 2.25 | 2429.57 | 26.40 |
| 专用设备制造业 | 32 048.3 | 10 826.7 | 11.64 | 2.91 | 1567.32 | 27.32 |
| 交通运输设备制造业 | 185 376.9 | 178 013.3 | 37.42 | 22.21 | 9174.76 | 42.42 |
| 电气机械及器材制造业 | 43 376.9 | 10 106.2 | 16.45 | 1.86 | 4442.16 | 28.79 |
| 通信设备、计算机及其他电子设备 | 34 912.1 | 56 189.9 | 40.99 | 48.99 | 8989.85 | 25.54 |
| 仪器仪表及文化、办公用机械制造 | 3918.9 | 46429 | 6.66 | 45.73 | 583.14 | 19.84 |

资料来源：2004 年《云南经济普查年鉴》、2004 和 2007 年《云南工业经济统计年鉴》、2008《中国科技统计年鉴》。

### 2. 企业整体的产品创新实力不强

产品创新是企业提高市场竞争力的创新活动,但云南的装备制造业大多数企业缺乏创新能力。全行业达到国际先进水平的主要装备仅占装备总数的 1%(全国为 11.82%),达到国内先进水平的仅占 10%左右(全国为 19.58%),而云南有科技活动的装备制造企业比重也低于全国平均水平。企业是科技创新的主体,但大多数装备制造业整体水平与科技发展和社会需求相比差距明显,云南省制造业科技创新主要发生在高校和科研机构,产学研结合程度不高;中小企业的研发能力薄弱,而作为主力军的国有企业自主创新动力不足,尚未成为技术创新的主体,对引进技术的二次创新能力亟待提高,基本没有原始创新能力;多数企业停留在引进、模仿,低水平复制制造能力,产品多处于产业分工价值链的中低端,创新开发专有技术和产品配套的能力不强,设备开发的专业化、系列化水平有待提高;重复引进严重,企业间交流沟通不够,经常会出现同一项技术,本省多家企业各自引进,造成了科技资金的严重浪费;产业集中度低,这是全国装备制造业的通病,缺乏像美国 GE、日本三菱、德国西门子等具有较强研发实力的大企业集团。

### 3. 工艺流程开发与新产品研发紧密结合的机制尚未形成

云南化学工业、冶金工业突飞猛进,工艺流程不断改造创新,其中一些技术已经达到了世界先进水平,可与之配套的设备产品却发展缓慢,产品设备的研发远远跟不上工艺技术的发展速度,出现了"重工艺、轻设备"的现象,在一定程度上阻碍了化工、冶金设备的突破式发展。

现代化工、冶金工艺流程对相应装备的技术要求非常高,而技术装备是服务于工艺流程的。因此,坚持工艺流程突破与设备研发相结合,就是要以工艺自主化带动装备国产化,工艺国产化要先行,没有工艺设计的主动权,就失了装备的选择权。云南省大为化工研制的 20 万吨/年醋酸成套装置就是在云维醋酸工程项目生产的带动下,将工艺设计主动权成功延伸到成套装备国产化的典范。

然而,现阶段多数企业的生产技术、工艺技术和装备制造技术三者在时间进度上无法配套,设备技术研发与工艺研发脱钩的问题很严重,因此虽然装备制造企业掌握其制造技术,但因未能掌握生产工艺控制技术,无法形成强有力的能接续、持久开发的实体,失去了发展的先机。

### 4. 重点行业的装备制造技术落后,产品创新仅处于模仿开发阶段

冶金、化工等行业是云南工业的重点行业,但冶金、化工机械产品创新的支撑力不强,总体停留在模仿开发的阶段。近 10 年来,云南省的冶金化工工业高速发展,但冶金机械却停留在过度依赖引进的境况,而云南省化工装备工业也几乎丢失

了国内大型化工设备的市场,绝大部分化工设备采用进口的成套设备。虽然经过国家鼓励装备国产化政策的调整,冶金、化工机械工业有所进步,开发了国内领先的甲醇洗涤塔和具有自主知识产权的 ISA-CYMG 炼铅新技术装备等产品,先后弥补了我国多项技术创新领域的空白,但云南省冶金、化工机械制造业的科技创新和产品创新实力弱的问题仍然十分突出,创新对经济的拉动效应也不明显。

云南省的冶金、化工设备产品的研发基本上停留在模仿开发的阶段,开发具有自主知识产权的专有技术的能力弱;设备开发还不能做到专业化、系列化,多数企业生产粗放,运用技术提高资源利用效率的目的远远没有达到;设备设计和制造水平、设备质量和可靠性也有待进一步提高,如化工原料硫酸的储备容器,因其要求质量较高,至今仍需从国外进口;有研发实力的制造企业,如云维大为化工装备公司、昆钢重型装备制造集团有限公司成立时间尚短,创新研发才刚刚起步,今后很长一段时间还需要扶持发展。另外,东部产业转移的技术低端锁定问题,也使转移到云南的技术普遍处于低端水平,对推进云南制造业的持续发展不利。

### 3.6.3 科技支撑装备制造业提升改造作用分析

科技对云南省装备制造业的提升改造和产业升级发挥了一定作用,但总体上的支撑力不强。装备制造业作为云南省的传统产业,虽然规模不大,但一些特色产品在中国装备制造业中占有一席之地,化工机械、铁路机械等制造业具有一定的优势。装备制造业是为工业生产提供更先进生产设备的基础性行业,也是为原材料等工业提供市场需求的重要产业,在创造产值的同时,还带动了本省其他产业的发展。由于云南省装备工业整体上技术落后,科技对云南装备工业增长的贡献率低。在未来一个时期,应推进云南省有优势的特色领域加快技术创新,引导和鼓励企业加大科技投入,依靠科技进步,推进云南装备制造业的产业升级。

1. 从中间投入率看,装备制造业的生产技术水平总体上有所下降

作为国民经济支撑力量的装备制造业属于典型的资本、技术密集型行业,在科技进步的作用下,其本身的发展会对原材料等工业具有较强的带动性。在2002~2007 年这五年间,云南省装备制造业的中间投入率整体上呈下降态势,与全国平均水平形成相反的格局,在一定程度上反映出科技对云南装备制造业升级的支撑能力在减弱(表 3.34 和表 3.35)。

金属制品业。云南省金属制品业的中间投入率明显下降,从 2002 年的81.4%下降为 2007 年的 72.98%,五年下降了 8.42%,而全国同期金属制品业的中间投入率却提高了 2.85%。显然,该部门的中间投入率有所下降,机械化程度、技术装备水平并没有大幅度提高,反映出部门的技术变化步伐相对缓慢。

通用设备制造业。云南省通用设备制造业的中间投入率有所下降,从 2002 年

的 75.75% 下降为 2007 年的 71.07%，五年间下降了 4.68%，而全国同期通用设备制造业却提高了 5.44%。从通用设备制造业内部具体行业看，2007 年云南省锅炉及原动机制造业的中间投入率比 2002 年减少了 18.43%，金属加工机械制造业的中间投入率比 2002 年减少了 4.24%，反映出云南省的通用设备制造业的生产技术水平在下降。

**表 3.34　云南省装备制造业各行业中间投入率对比**　　　　单位：%

| | 年份 | 云南中间投入率 | 全国中间投入率 |
|---|---|---|---|
| 金属制品业 | 2007 | 72.98 | 79.18 |
| | 2002 | 81.40 | 76.33 |
| 通用设备制造业 | 2007 | 71.07 | 77.10 |
| | 2002 | 75.75 | 71.66 |
| 专用设备制造业 | 2007 | 74.20 | 76.56 |
| | 2002 | 77.93 | 72.34 |
| 交通运输设备制造业 | 2007 | 74.72 | 80.52 |
| | 2002 | 78.86 | 73.78 |
| 电气机械及器材制造业 | 2007 | 78.17 | 82.96 |
| | 2002 | 80.12 | 75.86 |
| 通信设备、计算机及其他电子设备制造业 | 2007 | 71.98 | 83.47 |
| | 2002 | 80.38 | 78.98 |
| 仪器仪表及文化、办公用机械制造业 | 2007 | 66.80 | 78.84 |
| | 2002 | 77.04 | 74.27 |

资料来源：根据 2002 年、2007 年《云南投入产出表》，2002、2007 年《中国投入产出表》计算整理。

专用设备制造业。云南省专用设备制造业的中间投入率也在下降，从 2002 年的 77.93% 下降为 2007 年的 74.2%，下降了 3.73%，而全国同期专用设备制造业却提高了 4.22%。其中，云南省农林牧渔专用机械制造业的中间投入率比 2002 年提高了 1.80%，说明该行业科技进步对产业升级具有一定的作用。

交通运输设备制造业。云南省交通运输设备制造业的中间投入率呈下降态势，从 2002 年的 78.86% 下降为 2007 年 74.72%，下降了 4.14%，全国同期交通运输设备制造业的中间投入率却提高了 6.74%。其中，云南省铁路运输设备制造业的中间投入率下降了 15.02%；汽车制造业的中间投入率下降了 4.48%。反映出云南省的交通运输设备制造业的生产技术水平在下降。

电气机械及器材制造业。云南省电气机械及器材制造业的中间投入率也有所下降，从 2002 年的 80.12% 下降为 2007 年的 78.17%，五年间下降了 1.95%，而全国同期电气机械及器材制造业的中间投入率却上升了 7.1%，形成了鲜明的对比。

**表 3.35　云南省装备制造业内部行业的中间投入率对比**　　　单位:%

| 行业 | 年份 | 云南中间投入率 | 全国中间投入率 |
|---|---|---|---|
| 锅炉及原动机制造业 | 2007 | 62.46 | 76.80 |
|  | 2002 | 80.89 | 69.93 |
| 金属加工机械制造业 | 2007 | 73.20 | 75.31 |
|  | 2002 | 77.44 | 67.81 |
| 农林牧渔专用机械制造业 | 2007 | 75.18 | 78.71 |
|  | 2002 | 73.38 | 71.17 |
| 铁路运输设备制造业 | 2007 | 71.10 | 80.10 |
|  | 2002 | 86.12 | 71.59 |
| 汽车制造业 | 2007 | 75.23 | 81.61 |
|  | 2002 | 79.71 | 73.64 |
| 电机制造业 | 2007 | 74.35 | 80.19 |
|  | 2002 | 72.15 | 76.50 |
| 仪器仪表制造业(通用＋专用) | 2007 | 66.80 | 74.71 |
|  | 2002 | 77.04 | 67.90 |

资料来源:根据 2002、2007 年《云南投入产出表》,2002、2007 年《中国投入产出表》计算整理。

　　其中,云南省电机制造业的中间投入率提高了 2.20%,反映出电机制造业的生产技术水平有所提高,但整个电气机械及器材制造业的市场技术水平在下降。

　　通信设备、计算机及其他电子设备制造业。云南省通信设备、计算机及其他电子设备制造业的中间投入率也呈下降态势,从 2002 年的 80.38% 下降为 2007 年的 71.98%,下降幅度很大,五年间下降了 8.4%,而全国同期通信设备、计算机及其他电子设备制造业的中间投入率却提高了 4.49%。电子信息产业作为当前发展最为迅速的高新技术产业,科技的支撑作用相对较强,但云南省的通信设备、计算机及其他电子设备制造业的生产技术水平在减弱。

　　仪器仪表及文化、办公用机械制造业。云南省仪器仪表及文化、办公用机械制造业的中间投入率大幅下降,从 2002 年的 77.04% 下降为 2007 年的 66.80%,下降了 10.24%,全国同期仪器仪表及文化、办公用机械制造业的中间投入率却提高了 4.57%。反映出云南省的仪器仪表及文化、办公用机械制造业的生产技术水平下降幅度较大,科技支撑作用在减弱。

　　综合以上分析,当全国装备制造业生产技术水平不断提高,对上下游产业延伸和相关产业带动能力提高的时期,云南省装备制造业的生产技术水平却在下降,仅有农林牧渔专用机械制造业和电机制造业等个别行业有所上升,说明科技对装备制造业产业结构优化和产业链延伸的支撑作用在减弱。因此,必须加快装备制造业的技术提升步伐。

### 2. 从劳动生产率看,云南省的装备制造业产业效率低且提升缓慢

通过比较云南省装备制造业与全国装备制造业的劳动生产率,发现云南省装备制造业的劳动生产率低于全国平均水平,并且提高的速率也低于全国平均水平(表 3.36)。

金属制品业的劳动生产率从 2002 年的 12.03 万元提高到 2007 年的 31.32 万元,提高了 19.29 万元,而同期全国金属制品业的劳动生产率却提高了 22.93 万元。云南省 2007 金属制品业的劳动生产率比全国低 10.54 万元,且五年来提高的幅度小于全国平均水平,表明云南省金属制品业的科技支撑能力比全国弱。

**表 3.36　云南省装备制造业各行业劳动生产率与全国平均水平对比**

| 行业 | 年份 | 云南全员劳动生产率/% | 全国全员劳动生产率/% |
|---|---|---|---|
| 金属制品业 | 2007 | 31.32 | 41.86 |
| | 2002 | 12.03 | 18.93 |
| 通用设备制造业 | 2007 | 27.37 | 43.77 |
| | 2002 | 2.52 | 16.07 |
| 专用设备制造业 | 2007 | 25.16 | 41.29 |
| | 2002 | 7.16 | 15.83 |
| 交通运输设备制造业 | 2007 | 43.05 | 66.44 |
| | 2002 | 15.33 | 28.17 |
| 电气机械及器材制造业 | 2007 | 54.42 | 53.48 |
| | 2002 | 13.72 | 25.70 |
| 通信设备、计算机及其他电子设备制造业 | 2007 | 51.55 | 66.72 |
| | 2002 | 29.56 | 49.21 |
| 仪器仪表及文化、办公用机械制造业 | 2007 | 22.24 | 40.27 |
| | 2002 | 7.95 | 19.05 |

资料来源:根据 2002、2007 年《云南工业经济信息资料》和《中国工业经济统计年鉴》计算整理。

通用设备制造业的劳动生产率从 2.52 万元提高到 27.37 万元,提高了 24.85 万元,而全国同期则提高了 27.7 万元。云南省 2007 通用设备制造业的劳动生产率比全国低 16.4 万元,且五年来提高的幅度小于全国平均水平,说明科技对云南通用设备制造业的支撑能力比全国弱。

专用设备制造业的劳动生产率从 7.16 万元提高到 25.16 万元,提高了 18 万元,而全国同期则提高了 25.46 万元。云南省 2007 专用设备制造业的劳动生产率比全国低 16.13 万元,且五年来提高的幅度小于全国平均水平,说明科技对云南专用设备制造业的支撑能力比全国弱。

交通运输设备制造业的劳动生产率从 15.33 万元提高到 43.05 万元,提高了 27.72 万元,而全国同期提高了 38.27 万元。云南省 2007 交通运输设备制造业的劳动生产率比全国低 23.39 万元,且五年来提高的幅度小于全国平均水平,说明科技对云南交通运输设备制造业的支撑能力比全国弱。

电气机械及器材制造业的劳动生产率从 13.72 万元提高到 54.42 万元,提高幅度较大,为 40.7 万元,而全国同期则提高了 27.78 万元。云南省 2007 电气机械及器材制造业的劳动生产率达到了全国平均水平,是云南省装备制造业中劳动生产率最高的一个行业。说明科技对云南电气机械及器材制造业的支撑能力相对较强。

通信设备、计算机及其他电子设备制造业的劳动生产率从 29.56 万元提高到 51.55 万元,提高了 21.99 万元,而全国同期则提高了 17.51 万元。云南省 2007 通信设备、计算机及其他电子设备制造业的劳动生产率比全国低 15.17 万元,五年来提高的幅度大于全国平均水平,说明科技对云南通信设备、计算机及其他电子设备制造业的支撑能力比全国弱。

仪器仪表及文化、办公用机械制造业的劳动生产率从 7.95 万元提高到 22.24 万元,提高了 14.29 万元,而全国同期则提高了 21.22 万元。云南省 2007 仪器仪表及文化、办公用机械制造业的劳动生产率比全国平均水平低 18.03 万元,五年来提高的幅度低于全国平均水平,说明科技对云南仪器仪表及文化、办公用机械制造业的支撑能力比全国弱。

从以上云南装备制造业内部七个行业的劳动生产率变化态势看,科技对云南装备制造业的产业效率支撑作用比全国小,这反映出科技对装备制造业产业升级的作用小,也说明云南省装备制造业的科技进步缓慢。

*3. 从单位产出能耗看,科技对云南装备制造业的产业素质提升发挥了较大作用*

科技对装备制造业产业升级的支撑作用还体现在对煤炭、石油、电力和水的消耗(价值量)下降上,科技进步不仅会提高制造业的产出效率,还能降低能源消耗水平,提高能源使用效率,提高产业素质,从而推进产业升级改造。综合来看,在国家煤耗出现下滑的趋势下,云南装备制造业多数行业的煤耗不降反升,而对石油、电力和水消耗降低成效显著,反映出云南省对煤炭这一传统能源依赖仍然过大,科技进步对降低煤耗作用不突出,迫切需要提升科技降低煤耗的能力(表 3.37 和表 3.38)。

金属制品业。金属制品业的能耗均出现小幅下降,体现了科技进步对降低该行业能耗的促进作用。金属制品业 2007 年仅煤耗水平较 2002 年上升了 0.23%,高于全国 0.07% 的上浮;而油耗、电耗、水耗分别下降了 0.32%、1.48%、0.16%,高于全国下降 0.19%、上升 0.71%、下降 0.01% 的水平。可见,云南省金属制品业除煤耗变动大幅高于全国外,其余三项降耗均好于全国平均,因此,应加大煤耗降低力度,继续支持油耗、电耗、水耗的下降。

通用设备制造业。通用设备制造业的总体能耗出现下降,煤耗、油耗、电耗和水耗依次下降了 0.19%、0.61%、0.09%、0.43%;同期全国四项能耗依次下降了 0.06%、0.13%、0.14%、0.06%,除电耗降幅低于全国 0.05 个百分点,其余三项降幅均高于全国水平,云南科技进步对能耗降低成效显著,但电力降耗方面需要加强力度。具体到通用设备制造业内部行业,锅炉及原动机制造业除煤耗和电耗较 2002 年上升了 0.06% 和 0.5%,油耗和水耗均出现下滑,降幅分别达 0.22% 和 0.09%,与全国降耗幅度相比,该行业煤耗上升幅度高出全国 0.23%,电耗高出 0.38%,石油、水的能耗降幅要高于全国,反映了科技进步在煤电传统能源方面降耗力度较小,对该行业综合能耗降低的促进作用有限;金属加工机械制造业只有煤耗上升了 0.02%,与全国相比较差,而油电水耗均有大幅度下降,特别是电耗较 2002 年下降了 3.26%,三项能耗降幅均高于全国,由此体现了云南科技进步对该行业油电水能耗变动有显著影响,对煤耗影响较小,科技支撑产业升级改造有较好的潜力。

专用设备制造业。2007 年,专用设备制造业除煤耗有小幅上升,比全国差,油电水资源消耗较 2002 年均有不同幅度下降,分别下降了 0.09%、1.2%、0.35%,均好于全国同期,可见,云南该行业除煤耗外,其余能耗降低成果显著,科技进步在一定程度上降低了该行业的总体能耗。其中,农林牧渔专用机械制造业,煤耗上升 0.23%,高于全国 0.06% 的上浮水平,而油耗、电耗、水耗则有所下降,且好于全国水平,特别是电耗下降达 3.26%,可见云南科技的节能降耗效果显著,但在减少传统煤耗上有待加强,科技总体上可以有力支撑产业升级改造。

交通运输设备制造业。交通运输设备制造业的能耗均出现明显下降,较 2002 年依次降低了 0.19%、0.27%、0.36% 和 0.24%,四项能耗降幅都高于全国平均水平,云南交通运输设备制造业的煤油电水利用上的科技节约效果显著,综合降耗水平明显好于全国。具体到内部行业,铁路运输设备制造业的各能耗均有显著下降,特别是 2007 年达到了 0 煤耗,而电耗也出现了 1.16% 的下降,与全国相比,煤油降耗好于全国,而电水消耗降幅低于全国水平,总体来讲,虽然低于全国降幅,但云南科技极大辅助了该行业的能耗降低,产业升级改造得到有力支撑;相比之下,汽车制造业的能耗升降参半,煤耗和电耗有小幅上升,明显与全国煤电消耗下降的趋势相反,而油耗和水耗出现 0.2% 左右的下降,显著好于全国。可见,云南汽车制造业煤耗和电耗水平有待下降,科技降低汽车制造业综合能耗水平的能力有待加强。

电气机械及器材制造业。与 2002 年相比,2007 年电耗、水耗出现 0.95%、0.10% 的下降,高于全国 0.25%、0.05% 的降幅,而煤油的耗能量有一定幅度提高,与同期全国煤耗油耗下降的趋势相反。可见,云南电气机械及器材制造业科技进步降低总体能耗的效果不明显,科技力量在降低煤油等传统能耗上影响极弱,显著低于全国。其中,电机制造业,2007 年达到 0 煤耗,油耗水耗的降幅也明显好于全国平均水平,但电耗较 2002 年大幅增加 0.72%,与全国电耗平均下降 0.16% 的趋势相反,可见云南煤油水降耗好于全国,但电能降耗较差,整个行业的科技影响一般。

通信设备、计算机及其他电子设备制造业。该行业的性质致使零煤耗,科技力量使油耗出现 0.07% 的下降,二者均好于全国;电耗却出现了 0.64% 的涨幅,显著高于全国 0.13% 的涨幅;水耗维持不变,而全国水耗出现 0.02% 下滑,因此与全国相比,云南通信设备、计算机及其他电子设备制造业煤油水资源消耗优于全国,而电耗较大,科技对该产业升级的促进作用有限,科技贡献较小。

仪器仪表及文化、办公用机械制造业。科技仅使油耗和水耗下降了 1.21%、0.33% 的下降,且高于全国能耗降幅;煤耗和电耗却有所提高,分别提高了 0.05%、0.45%,全国同期煤耗上浮 0.11%、电耗下降了 0.12%,可见云南该行业科技的节能降耗、支撑产业持续发展的效果较弱,科技降低该行业电能能耗的步伐极为缓慢。其中,仪器仪表制造业的煤耗上升 0.05%,好于全国 0.14% 上浮;电耗上升 0.45%,高于全国 −0.09% 的涨幅,油耗和水耗则降低了 1.21%、0.33%,明显好于全国 0.02%、0.03% 的降幅,因此云南科技的影响弱于全国,且有所偏重,产业对煤电能源依赖过大,对水电等能源的节能降耗作用显著,科技对煤油传统能源的利用效率有待提高,对产业整体的支撑力度有待加强。

表 3.37　云南省装备制造业各行业能耗与全国平均水平对比　　单位:%

| | 能耗 | 年份 | 金属制品业 | 通用设备制造业 | 专用设备制造业 | 交通运输设备制造业 | 电气机械及器材制造业 | 通信设备、计算机及其他电子设备制造业 | 仪器仪表及文化、办公用机械制造业 |
|---|---|---|---|---|---|---|---|---|---|
| 云南 | 煤耗 | 2007 | 0.60 | 0.06 | 0.15 | 0.04 | 0.10 | 0.00 | 0.07 |
| | | 2002 | 0.37 | 0.26 | 0.13 | 0.24 | 0.04 | 0.00 | 0.02 |
| | 油耗 | 2007 | 0.30 | 0.25 | 0.30 | 0.49 | 0.63 | 0.15 | 0.49 |
| | | 2002 | 0.62 | 0.86 | 0.38 | 0.76 | 0.49 | 0.22 | 1.70 |
| | 电耗 | 2007 | 1.37 | 1.70 | 0.98 | 0.95 | 0.69 | 1.16 | 1.87 |
| | | 2002 | 2.85 | 1.79 | 2.18 | 1.31 | 1.64 | 0.52 | 1.42 |
| | 水耗 | 2007 | 0.02 | 0.06 | 0.05 | 0.02 | 0.05 | 0.16 | 0.12 |
| | | 2002 | 0.18 | 0.49 | 0.40 | 0.26 | 0.15 | 0.16 | 0.45 |

续表

| | 能耗 | 年份 | 金属制品业 | 通用设备制造业 | 专用设备制造业 | 交通运输设备制造业 | 电气机械及器材制造业 | 通信设备、计算机及其他电子设备制造业 | 仪器仪表及文化、办公用机械制造业 |
|---|---|---|---|---|---|---|---|---|---|
| 全国 | 煤耗 | 2007 | 0.28 | 0.44 | 0.13 | 0.08 | 0.05 | 0.01 | 0.16 |
| | | 2002 | 0.21 | 0.50 | 0.37 | 0.28 | 0.13 | 0.03 | 0.05 |
| | 油耗 | 2007 | 0.36 | 0.50 | 0.48 | 0.41 | 0.45 | 0.25 | 0.30 |
| | | 2002 | 0.55 | 0.63 | 0.43 | 0.36 | 0.54 | 0.22 | 0.23 |
| | 电耗 | 2007 | 4.60 | 2.15 | 2.57 | 1.11 | 1.05 | 1.01 | 0.81 |
| | | 2002 | 3.89 | 2.29 | 2.17 | 1.25 | 1.30 | 0.88 | 0.93 |
| | 水耗 | 2007 | 0.12 | 0.04 | 0.07 | 0.07 | 0.05 | 0.05 | 0.10 |
| | | 2002 | 0.13 | 0.10 | 0.10 | 0.12 | 0.10 | 0.07 | 0.15 |

资料来源：根据 2002、2007 年《云南投入产出表》，2002、2007 年《中国投入产出表》计算整理。

**表 3.38　云南省装备制造业内部具体行业能耗对比**　　　　单位：%

| | 能耗 | 年份 | 锅炉及原动机制造业 | 金属加工机械制造业 | 农林牧渔专用机械制造业 | 铁路运输设备制造业 | 汽车制造业 | 电机制造业 | 仪器仪表制造业（通用＋专用） |
|---|---|---|---|---|---|---|---|---|---|
| 云南 | 煤耗 | 2007 | 0.09 | 0.03 | 0.26 | 0.00 | 0.05 | 0.00 | 0.07 |
| | | 2002 | 0.03 | 0.01 | 0.03 | 1.55 | 0.02 | 0.02 | 0.07 |
| | 油耗 | 2007 | 0.25 | 0.20 | 0.30 | 0.37 | 0.50 | 0.12 | 0.49 |
| | | 2002 | 0.47 | 1.14 | 0.43 | 1.54 | 0.70 | 0.39 | 1.70 |
| | 电耗 | 2007 | 1.33 | 1.73 | 0.60 | 0.52 | 1.00 | 0.78 | 1.87 |
| | | 2002 | 0.83 | 4.99 | 3.86 | 1.05 | 0.85 | 0.07 | 1.42 |
| | 水耗 | 2007 | 0.11 | 0.05 | 0.05 | 0.06 | 0.02 | 0.08 | 0.12 |
| | | 2002 | 0.20 | 0.76 | 0.43 | 0.21 | 0.27 | 0.20 | 0.45 |
| 全国 | 煤耗 | 2007 | 0.21 | 0.29 | 0.22 | 0.29 | 0.07 | 0.02 | 0.23 |
| | | 2002 | 0.38 | 0.59 | 0.16 | 0.52 | 0.18 | 0.43 | 0.09 |
| | 油耗 | 2007 | 0.39 | 0.46 | 0.76 | 0.46 | 0.33 | 0.30 | 0.40 |
| | | 2002 | 0.64 | 0.46 | 0.52 | 0.52 | 0.24 | 0.33 | 0.32 |
| | 电耗 | 2007 | 1.35 | 1.56 | 0.94 | 2.12 | 1.11 | 1.03 | 0.87 |
| | | 2002 | 1.23 | 1.65 | 0.84 | 3.66 | 1.17 | 1.17 | 0.96 |
| | 水耗 | 2007 | 0.10 | 0.04 | 0.08 | 0.14 | 0.05 | 0.03 | 0.13 |
| | | 2002 | 0.09 | 0.09 | 0.10 | 0.51 | 0.09 | 0.10 | 0.13 |

资料来源：根据 2002、2007 年《云南投入产出表》，2002、2007 年《中国投入产出表》计算整理。

4. 从生态足迹看,科技在降低云南装备制造业对环境的影响方面具有较大作用

云南省装备制造业"三废"排放的生态足迹由 2002 年的 674.22 公顷大幅度减少到了 2007 年 224.88 公顷,减少幅度为 66.65%,而同期全国整体水平减少幅度相对较小,为 17.15%。云南省装备制造业对生物资源消费的生态足迹由 2002 年的 4290.34 公顷减少到了 2007 年的 2793.30 公顷,减少幅度为 34.89%。同期装备制造业全国整体水平有更大幅度的减少,减少幅度达到了 83.75%。综合"三废"排放生态足迹和消费生物资源生态足迹,云南省装备制造业生态足迹由 2002 年的 4964.56 公顷减少到了 2007 年的 3018.18 公顷,达到了 39.21%,虽然减少幅度较大,但还是低于全国同期整体水平(表 3.39)。这表明云南省装备制造业发展对生态环境的影响在减弱,从产业发展对生态环境影响的角度说明了科技较好地支撑了装备制造业的改造和提升。另一方面表明通过科技改造和提升装备制造业,实现装备制造业可持续发展的效果低于全国整体水平。

**表 3.39　装备制造业的生态足迹**　　　　　　单位:公顷,%

| 行业 | 2002 年 | 2007 年 | 变化程度 | |
|---|---|---|---|---|
| | | | 云南 | 全国 |
| "三废"排放生态足迹 | 674.22 | 224.88 | −66.65 | −17.15 |
| 消费生物资源生态足迹 | 4290.34 | 2793.30 | −34.89 | −83.75 |
| 生态足迹 | 4964.56 | 3018.18 | −39.21 | −48.31 |

资料来源:根据 2003、2008 年《中国统计年鉴》和《云南统计年鉴》计算整理。

### 3.6.4　科技支撑装备制造业新增长点形成作用分析

面对中国新一轮产业结构调整,依托已有的装备制造业基础,在科技支撑作用下,对已形成的数控机床、交通运输设备、电力技术设备、矿冶化工机械和环保机械等五个方面加大扶持力度,使之打造成为振兴云南省装备制造业的主导产业。

1. 数控机床

数控机床已经成为云南省的新增长点。数控机床行业是典型的技术密集型产业。我国数控机床消费持续高涨,且每年保持约 30% 的增速,国产化率持续提高,但在国外掌握核心技术的情况下,高档数控机床仍需大量进口,并有不断增加的趋势。伴随着我国汽车、船舶、工程机械、航空航天等行业的快速发展要求,以技术为核心的精密数控机床国产化迫切需要科技创新力量的支撑,特别是以技术支持数控系统和功能部件的研发,重点研发柔性制造技术、大众化、多功能、多坐标联动的数控机床制造、高速高精度换头、换刀系统。

云南省数控机床是传统优势产业,拥有"CY"、"昆铣"等众多国际知名品牌,2008年产值是2003年的7倍多,产值规模大、盈利能力强且生产效益快速提高,具备良好的发展基础。昆明机床股份有限公司是我国生产大型精密机床的龙头企业,近年来,公司十分重视自主创新,高起点开发出了大型落地铣镗床,在全国首家开发出了卧镗式加工中心、刨台式加工中心等一批高端数控产品。其中,开发生产的 TK6920 五轴联动大型数控落地铣镗床,突破一系列关键技术,实现14轴控制、5轴联动,达到世界先进水平。科技进步已经支撑数控机床成为新的增长点。

### 2. 交通运输设备

铁路养护机械。云南省铁路养护机械通过技术引进消化吸收再创新,实现了技术领先,在模拟技术、刹车系统、视屏系统、监测系统等领域有着显著优势,产业规模迅速提高,产品不断推陈出新,短短几年就占据了国内80%的市场,在金融危机时期的生产盈利能力表现也毫不逊色,2008年昆明中铁突破性完成工业产值22亿元,较上一年增长了133.7%,成为云南省依托科技进步支撑起的又一支柱领域。

昆明中铁的国产首台三枕连续式捣固稳定车,实现了电气、激光、制动等关键技术的再创新,能够自动调整两条铁轨间的水平和间距偏差,还能够同时对三条轨枕进行捣固和稳定作业,作业精度和作业效率比传统的设备提高工效一倍多,成功填补了国内捣固稳定综合作业车的空白,从根本上解决了制约我国铁路向高速重载发展的瓶颈问题。2008年4月完成了50%国产化比例样机制造,现已交付使用34台,国产化率已达到70%,而且核心技术已经全部掌握。随着关键技术的突破和成套设备的科技创新,昆明中铁注重研发整机布局、功率合理分配技术,适应挖掘宽度变化新型挖掘机构技术,走行机构及动力传动系统的设计技术等,确保技术国产化和领先性。铁路养护机械的科技进步进度较快,足以支撑该产业成为云南的新增长点。

高原混合动力汽车。混合动力汽车以其"绿色、节能、环保"优势,技术迅速发展,产品不断创新,已成为各国重点关注的成长领域。我国很重视新能源汽车的发展。2006年2月,国务院发布《国家中长期科学和技术发展规划纲要(2006~2020年)》中,将"低能耗与新能源汽车"列入优先主体和前沿技术。2007年10月国家发改委制定的《新能源汽车生产准入管理规则》,明确了新能源汽车指采用非常规的车用燃料作为动力来源(或使用常规的车用燃料、采用新型车载动力装置),综合车辆的动力控制和驱动方面的先进技术,形成的技术原理先进、具有新技术、新结构的汽车。

依托昆明船舶公司的电池转换控制智能化这一关键技术,以及对电池驱动的电机、电池、电源管理技术,云南在研发高原混合动力汽车、发展高原山地型环保汽车方面有着显著优势。2007 年汽车整车制造工业产值较 2004 年增长了 70.5%，达到 56.8 亿。通过高原混合动力汽车可以引领云南汽车业的振兴，形成云南的新增长点。

### 3. 高压与特高压输配电成套制造

云南省输配电设备有较好的发展基础，2007 年输配电及控制设备制造业的工业总产值为 21.6 亿元，是 2004 年的 2.5 倍，期间自主研发了多项国内外技术领先的新产品，科技力量的支撑使其产业规模逐年扩大，已经具备成为新增长点的条件。

云南积极利用地处高原的地理优势，研究了针对高海拔地区输电线路雷击跳闸严重问题的高海拔大容量远距离输电中行波故障测距技术，解决高海拔地区输电通道建设的高原 500kv 紧凑型输电线路技术等多项国内领先技术，实现了输电的先进理论由科学研究向工程实用的转化，科技进步将支撑高压与特高压输配电成套制造逐步发展成为云南的新增长点。

### 4. 大型化工成套设备

虽然云南省化工装备行业较过去有所衰退，但整个行业依托云南矿业、化工等支柱产业的龙头企业，在现有煤化工、磷化工装备制造技术的基础上，进行科技创新，自主研发多项国内外领先技术设备，还解决了特种材料国产化问题，满足了矿冶化工生产的特殊需要，充分体现了科技对产业复苏的巨大拉动作用，2007 年矿山、冶金、建筑专用设备制造的工业产值是 2004 年的 1.2 倍，产品销售率达 96.4%，产业实力在科技的带动下显著提升。

云南化工设备制造的龙头——大为化工装备公司，通过自主研发，获得了较好的经济效益和社会效益。公司开发制造了达到国内先进技术水平的甲醇洗涤塔；自主研究了高效煤气化关键设备大型气化炉制造工艺，产品的制造技术已经达到国际同类产品的先进水平，可替代进口，实现了煤气化关键大型设备国产化；合作研制了 20 万吨/年醋酸成套装置 5 台国产化关键设备，并建成 5000m$^2$ 的特种材料设备专用洁净生产车间，装置使用的整套特种材料全部国产化生产，结束了我国不能设计、制造大型锆材等特种材料设备的历史，制造技术达到国内同类产品的领先水平，填补国内特种材料成套设备制造的空白。技术进步已经支撑云南化工装备制造业逐步发展成为云南的新增长点。

### 5. 环保机械

云南省环保设备制造业基础较好，金融危机期间产值规模和盈利能力甚至出现小幅提升，不断进步的科技力量逐步推进环保机械制造业成为云南的新增长点。

水污染治理设备。我国乃至全球水资源污染日益严重,我国 2008 年四季度新增中央投资中,用于重点流域的水污染防治工程投资及用于城镇污水和垃圾处理设施、污水管网建设提速的资金高达 60 亿元,污水处理行业迎来空前的发展机遇。云南有着丰富的水污染治理特别是生物技术治理经验,结合滇池水污染治理,已经成功研发了紫根水葫芦生物治理技术和"清除蓝藻,还原清水"技术,在技术进步和治理经验的合力作用下,积极开发水污染治理设备,将有望构成云南的新增长点。

工业固废处理设备。全国年产磷石膏约 3800 万吨,相应的磷石膏无害化、资源化处置设备需求较大。云天化集团在磷石膏开发利用上已经做了试验性探索,一是开发水泥缓凝剂,年消耗磷石膏可达到 15 万吨,最终实现磷石膏年消耗量 40 万吨;二是作为土壤改良剂,每年消耗磷石膏 20 万吨,不久后可达到 50 万吨;三是代替黏土掺烧用作制砖原料,年可消耗磷石膏达 15 万吨;四是开发高强度耐水磷石膏砖生产技术,每年可综合利用磷石膏 50 万吨。在此基础上,云天化集团已经对开发磷石膏建材制品展开前期攻关。在已有的技术经验上,将小范围技术研究向大规模设备制造方面延伸,有望将工业固废处理设备发展成为云南的新增长点。

### 6. 烟草加工机械

随着我国对卷烟生产的逐步限制,云南省烟草企业积极转变烟草发展思路,依托科技创新,调整产品结构,围绕烟草资源综合利用的目标,不断跟踪先进技术和动态,提高技术集成度,开发具备节能、资源再利用特点的烟草加工机械设备。昆船作为烟草加工机械的制造龙头,根据烟草行业的发展特点,为适应中式卷烟加工工艺技术的要求,结合在烟草制丝、打叶复烤上积累的经验,研发了烟草制丝柔性制造工艺及设备技术,技术在同行业中处于先进水平。对于烟草废弃物的综合利用,云南省在 2005 年就建成了一条从废弃烟叶中提取茄尼醇合成辅酶 Q10、年产 3 吨的一条龙工业化生产线,为云南烟草综合发展利用开辟了新的出路。而瑞升科技的成立,也为烟草废弃资源综合利用提供了技术研究和产业化保障,公司利用烟梗和碎烟叶生产烟草薄片的造纸法制造是烟草行业中的重要技术。技术的突破为该产业成为云南的新增长点提供了保障。

## 3.7　科技支撑电力工业发展分析

电力工业是云南省具有优势的主导产业,国家"西电东送"、"云电外送"战略的实施和云南社会经济快速发展对电力的需求,极大地推动了云南电力工业的发展,在云南经济中的支柱地位还将不断提高。现阶段,云南电力工业的新技术推广应用较好,但研发能力不强,技术创新有待突破,尤其是在大型水电站建设及调度控制技术、洁净煤技术、节能减排技术和低碳发电技术的研发创新上还有待加强。此外,云南电力科技还存在着研发人才不足,发电、电网、电力装备技术还有待突破,科技投入过低,政策支持不足,企业创新活动少,创新意识不强,技术转化缓慢等问题。总体上,科技对云南电力工业的支撑力有待进一步提高,需要推动发电企业和电网企业加大科技投入,加快科技创新步伐,提升云南电力工业的竞争力。

### 3.7.1 云南电力工业科技现状及问题

20 世纪末,云南电力企业的资本密集型产业特征已经形成,在一定程度上支撑了产出增长趋势,并与云南经济发展保持协调。但是,要实现更高的增长,必须依靠科技进步,走内涵式扩大再生产道路,科技创新是云南电力可持续发展的动力,是实现内涵式增长的重要途径。

依靠科技进步,云南电力工业取得了长足的进步,已成为云南省近 10 年来重点培植的支柱产业。2008 年,全省规模以上电力企业 265 户,占全省规模以上工业企业的 9.3%,从业人员约 6.8 万人;增加值 203.31 亿元,占全省规模以上工业增加值的 11.3%,占全省生产总值的 3.6%,2008 年全省发电量突破 1000 亿 kW 时,达 1039.56 亿 kW 时,其中水电年发电量 621.65 亿 kW 时,占全国水电总发电量的 9% 左右,在全国排第 3 位。云南省的电力工业规模较大,其总体发展与科技创新和技术应用有直接的关联,电力工业的科技研发能力不强、资金投入不大、技术突破不足、企业创新活力不高,解决这些问题对于云南电力工业的长远发展起着至关重要的作用。

1. 科技创新取得成效,但研发人才不足,发电、电网、电力装备方面的技术有待突破

科技创新是电力工业持续稳定发展的动力。云南电力科技取得了长足的进步,但云南省电力行业的创新能力较弱,研发人员不足,现有创新能力也不强,发电、电网和电力装备方面的技术问题也急需解决。由于云南省电力企业多被省外大型电力集团并购,技术研发多集中于集团总部,因此积极争取总部将新技术应用到云南电力势在必行。

云南省电力科技创新不断涌现,出现了很多在全国处于领先水平的技术产品,昆明电机有限责任公司研制的"三喷嘴水斗式水轮机"获国家级新产品奖。云南变压器电气股份公司研制的"Yndll 三相不等容牵引变压器"获国家专利局和世界知识产权组织颁发的优秀专利奖、云南省技术创新优秀奖;"220kV 级有载调压高原型、湿热型变压器"获云南省科技进步奖。昆明电器科学研究所完成的"高原特殊(极端)环境条件物质标准研究"获中国机械工业科技进步奖二等奖。昆明赛格迈电气有限公司引进研制的"H 级绝缘赛格迈干式变压器"达到国际先进水平,获国家专利和云南省科技进步奖二等奖,被列为国家高技术产业示范项目。

　　云南电力装备方面已具备如下测试制造能力：水电设备具备设计制造单机容量 10 万 kW 及以下的中小型水轮发电机组的生产能力，形成了 220kV 高原型、湿热型电力变压器及以下电压等级电力变压器，35kV 级以下干式变压器。具备 110kV 级电缆生产能力，为三峡工程、"西电东送"工程批量提供了 500kV 级超高压输电线路用钢芯铝绞线。110kV 级电流互感器、145kV 级户外 SF6 隔离开关及 110kV 级高压成套开关设备、35kV 及以下的中低压成套开关设备已形成产业化生产。具备电力综合自动化、配网自动化设备，工业生产过程综合自动化设备及信息管理系统，直流电源设备和电站综合继电保护系统的制造技术及生产能力。建成了全国机械工业高原电器产品质量监督检测中心和 500kV 级超高压输电线路试验基地。

　　然而，在科技起着至关重要作用的电力工业，一直存在着研发人才不足、科技人员创新能力不强的问题。电力工业的科技活动人员占电力工业就业人数的比重始终低于全国平均水平，人均专利申请数也在低位徘徊，人力资源不足给云南电力工业科技的稳定发展带来了不稳定因素。此外，云南省电力工业的科技创新还存在着以下问题：在发电方面，中小机组仍占相当比例，单机容量小、运行参数低、调节能力差、经济性也差，如供电煤耗和先进水平相比存在较大差距。而低碳发电技术作为国内外攻坚研究的热点，云南省还未涉足；在电网方面，电网结构薄弱、稳定性问题突出，按国际标准 N-1 原则衡量尚有较大差距，电网无功潮流分布也不合理，线损大，缺乏无功补偿和电压调节手段，电厂、电网的总体技术水平较低，而西电东送还存在很多世界级难题，巨型水电大容量送出，高海拔、长距离输电技术，提高电网稳定水平等技术问题，都急需电网技术的创新和应用；在电力装备方面，水电设备制造企业已基本能为中小型电站配套，并产生了一定的经济效益，但限于长期缺乏资金投入进行充实和提高，制造加工装备落后，产品难以和国内同等制造企业竞争，主要大型电力装备基本依靠外供。在火电厂建设中，设备投资约占总投资的 40%～50%；在水电站建设中，设备投资约占总投资的 30% 左右；输变电建设项目中设备投资约占 70%，在这种投资分布下，由于云南省不能生产火电设备，水电设备也仅能生产 10 万 kW 以下的机组，500kV 及以上的输变电设备几乎都不能生产，导致云南省已建和在建的大型电力项目中，所需设备和材料大多要从省外、国外购买，对云南电力工业发展没有起到真正的促进作用。

　　2. 与全国相比，电力工业科技投入过低，政府支持不足

　　云南省电力科技支出逐年提高，但支出相对不足的问题始终存在，科技活动经费筹集总额和科技经费支出都远远落后于其他省份，制约了电力科技创新和新技术引进。

　　长期以来，云南省电力工业科技活动投入不足的问题很突出。云南电力工业

科技投入中政府投入比重大大低于全国平均水平,企业投入较全国而言基本持平,而金融机构贷款情况则好于全国。云南电力工业企业的创新意识还比较强烈,创新投入较大,创新金融环境较好,而政府的政策环境较差,政府投入份额较低。特别值得指出的是,云南省电力工业的总科技经费筹集总额过少,2004 年仅为 5090.4 万元,电力科技研发资金投入严重不足,二者始终远远落后于全国其他省份。

如图 3.17 所示,尽管科技活动经费中 90% 以上是电力企业资金,但电力企业的技术研发投入仍然不足。一些较大的技术试验项目因为资金的原因难以为继。很多电力公司每年投入的技术试验经费不足全年营业收入的 1%,而一些跨国公司的研发投入占到营业收入的 20% 左右。

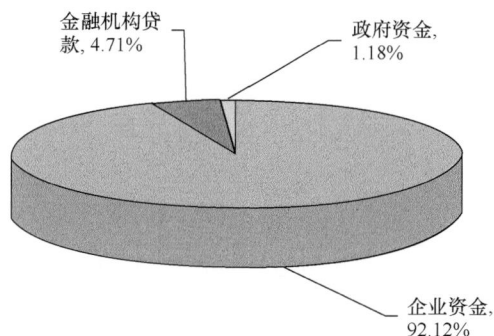

图 3.17　云南电力工业企业科技活动经费筹集情况
数据来源:2004 年云南经济普查年鉴。

### 3. 电力行业的新技术应用推广较好,技术创新有待突破

电力行业的新技术应用推广较好,效益明显提高,起到了一定的示范效应。但云南省电力工业技术在大型水电站建设及调度控制技术、洁净煤技术、节能减排技术和低碳发电技术的研发创新上还有待加强。

云南电力行业加大技术改造力度,进行了水、火电厂自动化改造;水、火电厂挖潜改造;变电站自动化改造和电网调度自动化系统建设;解决 Y2K 问题,保证向用户可靠供电,安全生产水平明显提高。通过技术的应用和改造,电力行业的效益得到了明显的提高,以云南电力集团有限公司为例,其科技进步对公司经济增长的贡献率已达到近 58%,接近资本对集团公司经济增长的贡献,科技创新对经济的促进作用已不可忽视。基于技术进步对经济增长的积极作用,云南省电力工业科技在以下方面还有待突破。

大型水电站建设及调度控制技术。水电站调度自动化主要是把梯级甚至流域水电站群的水能资源、电网对各电站不同出线的电量需求、各电站水轮发电机组及

主要设备的工作状况等作出详细数据资料。在此基础上,根据电网需求、经济利益优化等众多因素的统筹考虑,作出实时的发电出力安排,充分发挥上游水库对径流的调节作用,提高整个水电站群的能量效益。这项技术在一些省份已开始研究应用,而在云南省电力技术研发中还处于较低层次,有待突破。

洁净煤技术(CCT)。作为 21 世纪能源领域最关键技术之一将会得到长足发展。与环境兼容的洁净煤技术分为洁净煤处理技术(如煤的洗、选,预脱灰处理,煤型,煤的气化、液化,水煤浆)和洁净煤燃烧(发电)技术(如烟气净化技术,循环流化床,增压循环流化床,整体煤气化联合循环,电子束、短脉冲脱硫硝技术等)。洁净煤技术强调治污从源头"减排"开始,控制全过程污染,由于资金等条件的限制,洁净煤技术仅在大型火电站推广,而煤炭清洁燃烧和发电技术的研发力度还有待加大。

电力行业的节能减排技术。主要是针对火力发电,我国电力治污技术已经达到国际先进水平。新建大型火电厂的脱硫率可达到 95% 以上,脱氮率可达到 80% 以上,除尘率可达到 99% 以上,废水可以做到零排放,都可以达到国家"大气污染法"要求的排放标准。过去 50 年建设的老厂和新建小火电没有采取脱硫措施,$SO_2$ 总量严重超标,已成为今后火电发展的严重制约。国家发改委要求除西藏、新疆、海南等地区外,其他地区规划一般应建设高参数、大容量、高效率、节水型、环保型燃煤电站,所选单机容量原则上应为超临界空冷 60 万千瓦及以上机组(超临界机组的煤耗比亚临界机组低 10g/kWh,超超临界可再低 10g/kWh,湿冷机组比空冷低 15g/kWh)。因此,必须建设大机组,限期关停小火电,对大火电限期实行脱硫技术改造,将火电厂燃煤含硫控制在 1% 以下,这不仅是为今后火电发展留出环境空间,而且是贯彻中央关于节能减排、降低单位 GDP 能耗的重要方式。节能是火电发展中的重要任务,云南省年平均供电煤耗约为 860 万吨标煤,而载能产品能耗中最高,尽管云南省水资源丰富,丰水期基本可以依靠水能发电,但由于云南省在枯水期需要火力发电进行调节,因此在关闭小火电后,加强节能减排技术的科技攻关是维系云南省火电发展、保证云南省枯水期用电不受影响的重要手段。新技术、新产品的推广应用、技术改造和技术创新是实现节能降耗的重要举措,2007 年云南省科技厅启动"云南省节能降耗科技行动",编制了《节能降耗和资源综合利用重大科技专项规划》,加强节能降耗产品的研究开发,组织实施节能减排重大项目和科技示范工程,发挥对行业节能降耗减排工作的带动作用。云南省组织实施了工业锅炉改造、高压变频节电、余热余压利用等一批省级重点节能工程,积极推广应用 10 项节能减排技术,取得了较大成效。然而,云南省电力工业节能基础性重大技术的开发明显滞后,基础性重大技术的开发投入不足,企业对节能减排技术研究开发推广应用的投入普遍不足,创新能力弱,特别是一些有重大带动作用的共性和关键技术开发应用不够,节能减排技术仍有待突破。

低碳发电技术。为了提高电力工业的能源使用效率,节约能源,降低碳排放,2007年国务院下发了《节能发电调度办法》。尽管节能与减排在其实现目标上并非完全一致,但由于我国的电源结构以火电为主,通过实施节能发电调度,同样有利于降低电力的碳排放系数,从而从整体上减少电力行业的 $CO_2$ 排放。为提高发电效率与环保效益,华能发电集团实施了"绿色煤电"计划,分阶段研究与引入各种清洁发电技术与 $CO_2$ 排放技术,尤其是碳捕捉与储存技术(CCS),该计划将对低碳技术的发展起到重要的促进作用。云南省电力工业对于该项的引进尚未开始,同其他省份相比有较大的差距。另外,在低碳经济中,电力系统的调度方式与调度技术同样出现了新的特点与内涵。传统的电力调度一般采用经济调度的原则,即以整个系统的发电、运营成本最低实施调度。然而,随着低碳电力的发展,电网的调度方式将发生较大的改变。在低碳模式中,应在充分分析发电、输电、配电和用电过程中的能源消耗与减排潜力前提下,打破传统单纯以最低发电成本为目标的经济调度模式,在综合考虑经济、安全、环保等因素的前提下,以社会福利最大化为目标制定调度原则。此外,低碳模式对降低电网损耗,提高电能传输效率提出了更高的要求,这就要求对电力系统调度运行中的低碳技术进行深入研究,分析如何在调度运行中最大限度地减少 $CO_2$ 排放,并根据不同地域、不同季节、不同电源结构的特点,提出相应的低碳调度对策。这些处于世界先进水平的技术,云南省科研开发都尚未涉及。

### 4. 企业创新活动少,创新意识不强,技术转化乏力

云南省电力工业企业的资金大部分用于技术改造,在技术引进上支出不高;企业创新活力不强,有科技活动的企业少,企业科研人员的创新产出也较低;企业技术转化乏力,缺乏研发后的转化吸收;多数企业在科研上过分关注急需解决的技术问题,缺乏对企业技术进步长远发展的战略思考。

电力企业总体创新活力不足。云南省电力工业企业占全国总数的12%,有187家,但有科技活动的企业数仅为14家,约占全国的4%。从国外的科技创新看,企业才是科技创新的主体,但云南省电力企业的研发能力很弱,科技创新主要发生在科研机构。一方面,云南省有从事科研活动的电力企业相对较少,科研人员创新活跃性较差,企业间也缺乏行业技术的合作与交流,电力企业的大部分资金用在技术改造上;另一方面,电力新技术的推广应用又较好,对引进的技术进行了很好的消化吸收。因此,云南省电力工业科技创新的问题主要在企业创新活力和科技人员研发能力上,云南省电力工业尚未建立以企业技术中心为主要方式的企业技术创新体系,企业自主创新能力尚待加强;科研人员需要增加,其研发能力也有待提高。长期以来,电力企业需要行政的干预才能推动技术的创新,技术进步的驱动力没有从企业经营的深层次上形成,企业没有从根本上依靠科技进步降低成本、

减少能耗的要求。

企业技术转化乏力。企业的技术转化机制涉及两个层面：一是如何与外面的科研院所之间进行合作和转化，二是企业内部的管理保证，即内部研发与生产、服务等各个环节的转化和链接。一个新推出的技术产品，要真正获得市场意义上的成功和用户的认可，研发的贡献只占不到30％，更重要的是生产、销售、质量控制、服务等环节的协调配合。大多数技术研发项目，其后续工作都较为薄弱，没有建立顺畅高效的转化机制。

企业研发缺乏远见。多数企业在企业科研能力的理解上定位不清，或者只看到了企业现阶段生产、管理中对技术的需求，埋头于急需解决的技术问题；或者注重外部技术的引进，缺乏对企业技术进步长远发展的战略思考。另外，由于发电机组往往具有较长的服役年限，因此电力行业具有明显的锁定效应①，一旦科技经费投入到既定领域，其发展方向就基本确定，没有特殊原因，一般不会轻易变动，因此在对科研经费支出领域进行选择时，需要仔细权衡其技术成熟度、发展前景、风险抵御力等各种问题。企业对许多先进的设备和技术不仅没有不断提升的长远思考，而且也没有进行认真的消化、吸收，其结果是先进的设备和技术的应有功能得不到充分的发挥，现有的技术潜力被忽略，造成技术资源的闲置和浪费。

### 3.7.2　科技支撑电力工业产业升级作用分析

电力工业是云南省极具优势的主导产业之一，随着国家"西电东送"、"云电外送"战略的持续推进，云南电力工业在云南经济中的支柱地位将不断提高，而科技进步又将成为推进这一传统产业升级的主要力量。

#### 1. 科技促进火电行业发展，但支撑力仍显不足

高效率、低污染、低能耗、低造价的发电设备和新型的高效燃烧发电技术始终是火电这一传统产业的技术升级方向，其中又以超超临界机组和循环流化床为发展重点（图3.18）。在这个大趋势下，尽管国内技术处于初级阶段，但依靠不断引进新技术，进行消化吸收，实现国产化研发，从而争取早日赶超。哈电、东方和上电已具备了加工制造100万千瓦超超临界火电机组的能力，但是由于外方对技术转让的严格限制，在设计技术与核心制造技术方面国内尚未完全实现自主化，尤其是电站机组关键材料如高材质钢材方面的问题更为突出，距离国际先进水平有着不小的差距。循环流化床技术在国外已经应用于电站锅炉，产业化发展迅速，而我国尚处于初级阶段，在四川白马电厂60万千瓦和云南开远电厂的2×30万千瓦大型

---

① 锁定效应是指事物的发展过程对初始状态与发展方向的选择具有很强的依赖性，一旦选择了某个初始状态，就很难改弦易辙，以至于进入一种类似于"锁定"的状态。

循环流化床锅炉机组项目的基础上,正朝着大容量、高参数、产业化发展。

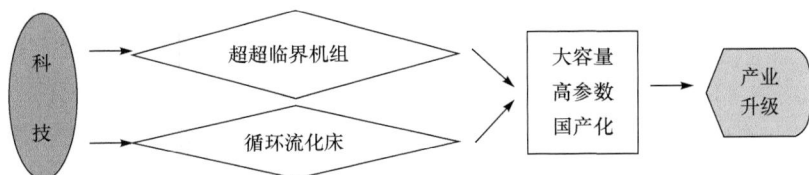

图 3.18 科技支撑火电工业升级示意图

云南省火电技术总体处在技术引进阶段,同时积极参与新技术研发及国内大型火电新技术项目。云南火电实现了跨越式的增长,在关闭小火电、发展大机组的形势下,火电年发电量从 2000 年的 101.38 亿千瓦时增加到 2007 年的 473.55 亿千瓦时。与此同时,云南省火电科技创新不断涌现,出现了很多全国领先的技术产品,如"300MWCFB 锅炉机组示范工程及国产化"、"220kV 级有载调压高原型、湿热型变压器"等,但与国内外先进水平相比,云南火电在环保、机组运行参数及容量方面还存在显著差距,而在国内外重点发展的超超临界机组和循环流化床锅炉方面已处于初期应用阶段。例如,云南华电镇雄发电有限公司通过购买 2 台 60 万千瓦超临界"W"火焰机组锅炉,云南开远电厂应用的国产化 2×30 万千瓦大型循环流化床锅炉机组等。火电这一传统产业的总体发展与科技创新和技术应用有直接的关联。

2. 科技显著促进水电业发展,但关键技术研发亟待加强

科技进步是水电发展的持续动力,低碳经济的提出,使得水电这一低碳排放的环保发电技术得到广泛应用。

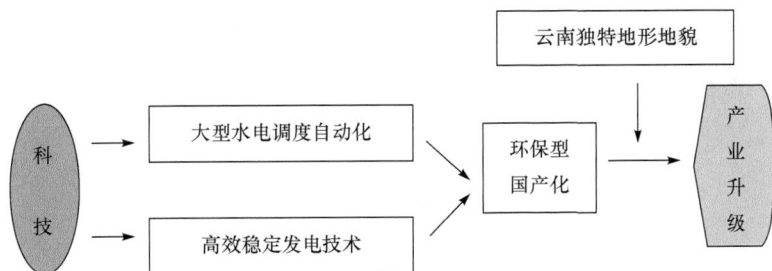

图 3.19 科技支撑水电工业升级示意图

国际水电技术的升级重点集中在大型水电站调度自动化技术和高效稳定发电技术(图 3.19)。随着科技进步和环境要求的提高,水力发电的比重将不断加大,水电的技术进步也成为水电发展的重中之重。大型水电站调度自动化技术和高效稳定发电技术是国际水电技术发展的趋势,国内在大型水电站调度自动化技术方

面还处在掌握应用水平。在高效稳定发电技术方面,我国的水轮机转轮技术和全空冷水轮发电机已经达到世界领先水平。

科技进步对水电发展的支撑作用十分明显。云南的水电技术研发多是结合特殊地形地貌,进行技术难题突破,技术成果显著,2008 年云南省获国家科技奖励的 7 个项目中,水电技术就占 2 项,依次是中国水电顾问集团昆明勘测设计研究院参加完成的"重大泄流结构耦合动力安全理论及工程应用"和"水电站过渡过程关键技术与工程实践"。依靠科技进步,云南水电取得了长足的进步。2008 年,全省规模以上电力企业 265 户,占全省规模以上工业企业的 9.3%;增加值 203.31 亿元,占全省规模以上工业增加值的 11.3%,占全省生产总值的 3.6%。2008 年全省水电年发电量 621.65 亿千瓦时,占全国水电总发电量的 9%左右,在全国排第 3 位。正是水电行业科技创新和技术进步的大规模跨进,使得云南的水电工业规模提升较快,出现了既快又好的发展态势。

大型水利水电工程建设和运行调度关键技术的研发有待加强。云南水电的新技术应用推广较好,效益明显提高,起到了一定的示范效应。水电站调度自动化技术在一些省份已开始研究应用,而云南省水电技术下一步的研发重点是流域梯级水电站调度优化研究和大泄量、高水头、高参数水轮发电机稳定运行技术及实时在线监控技术,水电调度自动化技术研发总体还处于较低层次,云南在大型水利水电工程建设和运行调度关键技术的研发创新上有待进一步加强。

### 3. 科技支撑高原电网技术升级,但智能电网研发并未涉及

电网是电力传输的重要通道,在输配电上发挥着重要作用。通过智能电网实现精确供能、补能,平衡分配电力资源,成为国际电网技术的主要升级趋势。国内针对智能电网的配电功能进行了大量研究,并取得了一定的应用成果。但并未涉及智能电网研发,电网技术主要集中于高海拔特性研究和丰枯期电量调节技术研究(图 3.20)。

图 3.20　科技支撑电网升级示意图

智能电网技术是国内外电网技术的发展热点。发达工业国家的智能电网技术

已经进行了大量试用,依据各国国情有着不同的智能电网建设动因和关注点,美国主要关注电力网络基础架构的升级更新,同时最大限度地利用信息技术,实现系统智能对人工的替代;欧洲则重点关注可再生能源和分布式能源的发展,并带动整个行业发展模式的转变,国外发达国家的智能电网发展战略将电网核心技术放在了制高点的位置。

国内智能电网专注于输电网领域的技术研发。我国还没有从国家层面制定智能电网的发展战略,但在很多方面的研究成果已经为发展智能电网奠定了一定的基础,有别于国外智能电网研究更多地关注配电领域,我国智能电网集中智能输电网领域的研发,结合特高压电网的建设和发展,提升驾驭大电网安全运行的能力,保证电网的安全可靠和稳定运行。在输电领域,我国许多指标达到国际先进水平,包括网域测量技术、传感器技术和量测技术,这些都是电网调度基础,已有七百多套相量测量装置安装在电网,位居国际首位。

云南科技进步对高原电网发展的促进作用尚在起步阶段,未涉及智能电网,而是将研发集中在高海拔特性研究和丰枯期电量调节控制研究上,旨在解决高原区输送电的一些特殊问题,如"高原 500kv 紧凑型输电线路技术研究"、"高海拔大容量远距离输电中行波故障测距技术研究"等。然而,云南省电网结构薄弱,稳定性还有待进一步提高,按国际标准 N-1 原则衡量尚有较大差距,电网无功潮流分布也不合理,线损大,缺乏无功补偿和电压调节手段,电厂、电网的总体技术水平较低,且现阶段西电东送还存在很多世界级难题,巨型水电大容量送出,高海拔、长距离输电技术,提高电网稳定水平等技术问题,都急需电网技术的创新和应用。整体上科技的促进作用还未真正发挥。

# 3.8　科技支撑建筑业发展分析

随着科技进步的加快,科技发展对建筑业的影响不断加强。人类社会经历了较早时期的石料、木材和砖为主的建筑生产技术,19 世纪以来的钢铁和混凝土为主的建筑生产技术、玻璃和塑料技术、钢结构建筑技术、信息技术渗透下的智能建筑技术等多元化建筑技术,决定了建筑物的形态和功能发生着巨大的变化。

在云南省城市化进程加快的带动下,建筑业获得了快速增长。但云南省的建筑业发展还存在着科技含量不高,科技支撑力不强等问题。必须加快云南省的建筑业科技创新,加快建筑科技和新型建筑材料的推广应用,加大节能减排力度,提升科技对建筑业增长的支撑力。

## 3.8.1　世界建筑科技发展趋势

随着科技的进步,高度发达的技术体系使建筑形式呈多样性发展。从国外的趋势看,在结合现代科学技术、采用多种材料的情况下,呈现出建筑材料多元化的局面。发达国家的建筑业,围绕着以最大限度地满足人的需求和可持续发展为目标,推进建筑科技创新。建筑科技呈现以下四大发展趋势。

### 1. 生态学原理不断介入建设领域

许多国家在制定绿色计划或规划,努力在人、建筑、自然生态环境之间形成一个良性的循环系统。一些国家已在进行生态城市试点,或者建立实验性小区和建筑,如加拿大建成健康住宅、欧共体建成节能住宅、柏林一街坊建成生态住宅。欧洲建筑科技走在世界前列,更加突出建筑生态节能和生态环境保护。

### 2. 高技术成果不断引入建设领域

一是 CAD/CAM 在建筑生产中得到运用,使建筑生产综合信息化。美国正在研究开发"工程项目综合信息系统",期望改变应用图纸交换工程项目信息分散零乱、大量信息重复、损失以及造成错误等现象。二是建筑机械机电一体化和机器人的开发应用已取得成效。三是智能建筑不断发展。四是新型材料的开发和应用不断发展。一些新型材料,如新型陶瓷材料、形状记忆合金、高性能高分子材料和碳纤维增强树脂等已逐步引入建设领域。五是智能结构技术正处在研究阶段。六是信息开发利用的现代化。

### 3. 城市地下空间利用受到重视

地铁的发展在各国占有重要地位。多伦多市提出地下人行道网规划并进行建设,德国到 21 世纪中叶将把许多火车转入地下。国外大城市已普遍采用共同沟、地下污水处理场、地下电厂、地下河川,以及其他地下工程构建城市防灾设施,其总趋势是将有碍城市景观与城市环境的各种城市基础设施全部地下化。

### 4. 资源利用问题日益突出

垃圾工业正悄然兴起,建筑副产物建筑垃圾的资源化利用有新的发展,城市水资源的再生利用得以广泛开展,如日本利用降雨量多的特点开发"建筑物雨水利用系统",经处理过的雨水可用作便器冲洗、打扫卫生、冲洗汽车、浇灌花木等。智利圣地亚哥市开发一项技术,已能将污水再生达到符合饮用水的水质标准。建筑节能更是为各国广泛关注。

## 3.8.2　中国建筑科技发展态势

建筑业是我国国民经济建设中的支柱产业之一,是相关行业赖以发展的基础性先导产业。进入 21 世纪,建筑科技已得到了广泛的应用与发展,虽然与发达国家相比仍然有很大差距,但差距在缩小,尤其是 2008 年奥运会场馆设施建设中高科技的广泛应用,使许多建筑技术处于国际先进水平。

### 1. 建筑业整体上的科技应用与发达国家存在差距

20 世纪 90 年代以来,随着我国加快经济增长方式转变,建筑业在科学研究和工程技术方面有了长足进步,基本具备了解决建设中各种复杂技术的能力,促进了建筑业产业规模扩张和产业素质提高。但是,建筑业长期存在的粗放型经济增长方式还未根本转变,许多建筑企业科技开发和创新能力不强,建筑企业的技术装备水平还较低,机械设备老化,且有效利用程度低,整体上的技术进步和技术更新的速度缓慢。

以住宅建筑为例,住宅业建筑科技应用与发达国家差距明显,我国住宅建造的施工周期长,同样建造一栋 $300m^2$ 的别墅大约需要 $5\sim7$ 月的时间,投入大量的人力、水泥、砂石、钢筋等材料,交付使用的大多是清水房,而欧美等发达国家只需要 $1\sim2$ 月时间,大批量使用机械施工和预制件,交付使用的是装修好的成品房。发达国家建筑工人的劳动生产率可达到 $150m^2$/人/年左右,而我国整个产业的人均年竣工面积 $28m^2$ 左右,仅为美国和日本的 1/4 和 1/5;建筑业增加值仅为美国的 1/20,日本的 1/42。住宅部品的系列化产品不到 20%,施工工艺落后,施工仍以现场手工操作为主,尤其是广大的农村建房还是以手工砌筑的方式进行,难以控制住房建设的安全质量和功能质量。建筑的可持续发展在节能与室内环保方面远远落后于发达国家。我国每年近 20 亿 $m^2$ 房屋竣工面积中,节能建筑只占 3% 左右,97% 属于高耗能建筑。因此,国家将建筑业作为节能降耗和资源节约型行业重点推进。我国建筑能耗每年的增长率约 5.84%,高于 2.4% 的能源生产增长率,我国建筑能耗的 50% 是供热和空调产生的,建筑的使用能耗大,能效低,围护结构的保温隔热性能差。建筑保温状况与气候条件相近的发达国家相比,我国单位建筑面积能耗分别为:外墙能耗为国外建筑的 $4\sim5$ 倍,屋顶能耗为 $2.5\sim5.5$ 倍,外窗为 $1.5\sim2.2$ 倍,门窗空气渗透率为 $3\sim6$ 倍,尽管国家已经对黏土砖的使用实行严格限制,但实际上黏土砖仍占墙体材料的 50% 以上,要真正取代黏土砖,必须要有大量质优价廉的新型节能墙体材料上市。

科技进步对我国住宅产业发展的贡献率约为 30%$\sim$40%,而欧美主要发达国家均在 70% 甚至 80% 以上。我国住宅产业的产业化率仅为 15%,美国、日本达到了 70%$\sim$80%。按国际通行标准,科技进步对产业的贡献率超过 50%,才能算是集约型产业。

### 2. 部分建筑技术已达到国际先进水平

以奥运建筑为标志,中国部分建筑设计、建筑制造和建筑安装等环节的技术已达到国际先进水平,使国内建筑科技应用的差距不断扩大。奥运建筑突出新科技的应用,着力推进绿色建筑、生态建筑和智能建筑形态,取得很好的成效。例如,奥运村建造了再生水水源热泵系统,将污水处理厂的再生水用于整个奥运村的建筑供暖、制冷,能耗降低 3/4,制冷用电降低 1/2,能更显著地改善大气质量。通过动植物和微生物食物链使生态系统得到过滤和绿化,将生活污水净化清洁达标的再生水,用于绿化、洗车和道路喷洒。智能控制系统自动控制水和电的使用,总面积 25 400 平方米的德国进口双玻太阳电池为地下车库提供照明。奥运建筑中新科技的运用,使美国《时代》周刊评选出 2007 年世界十大建筑奇迹,其中第六位、第七位和第八位分别是北京的鸟巢、中央电视台新址大楼和当代万国城。2007 年英国《泰晤士报》评出的全球在建的十大最重要工程,其中鸟巢名列榜首,首都机场 3 号航站楼和中央电视台新址大楼也同时入选。

### 3. 政策导向推进建筑科技创新与应用趋势

为提升科技对我国建筑业增长的支撑能力。国家出台了鼓励建筑科技创新、加快建筑业经济增长方式转变、加大建设领域资源节约和循环经济发展的一系列政策措施,处于快速推进阶段。

加强建设领域节能减排。《民用建筑节能条例》等一系列文件将资源和环境保护要求作为强制性内容。对不符合民用建筑节能强制性标准的工程建设项目,不予发放建设工程规划许可证和通过施工图审查,不得发放施工许可证。继续督促和指导地方切实调整住房供应结构,增加中小套型普通商品住房的供应比重。推动可再生能源在建筑中规模化应用。深化供热体制改革,推动北方采暖地区既有建筑供热计量及节能改造。建设国家机关办公建筑和大型公共建筑节能监管体系。推广应用保温隔热性能好、轻质、利废、环保的新型墙体材料。大力推广高强钢、高性能混凝土等新型建筑材料。

加快新型建材的研发和推广应用。环境友好型建筑材料与产品研发已列入国家科技支撑计划。以保护生态环境、实施资源循环利用和满足绿色建筑的要求为目标,从建筑部品化、配套化、功能化和标准化入手,着力研究开发节能型复合墙体与结构材料、功能型环保建筑涂料、环保型装饰装修板材、建筑垃圾再生产品、典型地区建筑外窗系统、复合楼板体系、海砂在建设工程中应用的关键技术及绿色建材产品标准、评价技术和认证体系等内容,为满足我国城镇化与城市发展的需求提供降低矿产资源消耗、节能、减轻环境负荷、产品性能优异的环境友好型建筑材料与系列化产品。

大力推广钢结构建筑。传统的中国建筑业存在着噪声和污染这两大固有缺陷,而钢结构建筑具有环境破坏和污染少、材料回收和再生利用率高、抗震性能好、符合可持续发展要求等优点,正在成为建筑业中的一个重要分支。世界上越来越多的工程开始把钢结构作为建筑的主体结构。在国家政策的支持下,我国的钢结构建筑经过多年的发展,通过引进国外先进技术、装备和技术革新、改造,基本上能够提供并满足钢结构行业需要的钢材:屈服强度从 Q235、Q345 到 Q390、Q420、Q460;板材厚度从 0.3 毫米到 250 毫米;腹板高度从 200 毫米到 1000 毫米的热轧 H 型钢;镀锌、镀铝锌板及彩色涂层钢板、圆钢管及大型方矩型管,以及各种形状的冷弯型钢等,都是针对钢结构工程建设需要研发出来的产品。这些产品为钢结构行业提供了良好的原材料基础。在此基础上,形成了沪宁钢机、长江精工、杭萧钢构、东南网架等一批优秀钢结构建筑企业,建成了"鸟巢"、国家大剧院、首都国际机场 T3 航站楼、中央电视台主楼、北京南站、当代万国城、上海海上大桥、杭州湾大桥、广州白云机场、拉萨火车站、广州电视新塔、广州珠江城等著名的钢结构、节能绿色建筑。汶川地震灾区恢复重建中钢结构的大规模应用,带动了我国钢结构建筑大力推广的新趋势。

### 3.8.3 云南建筑科技发展现状及问题

云南省建筑业以推广应用国内外建筑技术为主,重点实施了建筑业的节能减排工作,取得较大成效。据有关资料显示,云南省为推动建筑业的节能减排,云南省新型墙体材料的推广应用比重已由 2002 年的 20％上升到 2007 年的 25％。可再生能源在建筑中的应用比例逐步增大,全省太阳能热水器使用量在全国处于领先地位,累计使用量超过 600m²,每年节约能源折合标准煤 90 万吨,其中昆明、曲靖、玉溪等城市的太阳能热利用率已达到 30％。云南省通过建筑领域的新技术、新工艺、新设备、新产品及数字城市建设,有效地推进了绿色智能建筑在云南建筑业中的推广应用。随着科技支撑能力的不断增强,全省每年有 3 至 4 个工程荣获国家"鲁班奖"和"国家优秀工程奖",近百项工程获"省优质工程奖"。

但云南省作为经济社会相对滞后、科技进步相对缓慢的省份,总体上云南建筑科技创新和推广应用步伐仍相对缓慢。云南建筑业总体上资源集约化程度低,综合利用率不高,技术创新能力不足,产业技术水平已逐渐落后,建筑材料产品附加值不高,新产品开发滞后,企业生产粗放,技术装备落后。如住宅产业,云南省住宅产业链上的发展商、建筑商、材料及部品供应商、勘查设计单位、中介机构普遍规模不大,长期处于小、散、乱和各自为战的状态,很难向用户提供价廉物美的个性化产品,企业在粗放型的低水平上激烈竞争,带来了一系列严重的资源浪费和质量问题。使云南省的住宅建设具有四低两高的特点,即工业化水平低、成套技术集成度低、劳动力生产率低、住宅综合质量低、资源消耗高、住宅生产造成的污染程度高。

# 3.9　科技支撑服务业发展分析

科技对云南服务业发展支撑作用主要体现在科技对旅游、文化等优势产业的应用，以及对物流技术和经营模式创新的推动。其核心是信息技术在传统服务业各领域的广泛应用，有效提升云南服务业管理水平和服务水平，优化服务环境。

信息服务业是现代服务业的重要组成部分。加快发展信息服务业有利于带动整个服务业发展，信息服务业的快速发展对提高服务业在国民经济中的比重意义重大；另一方面，发展信息服务业是促进传统服务业转型的重要基础和手段，现代信息服务业与传统服务行业相互融合，推进物流、交通、商贸、旅游等传统服务行业的改造，派生出电子金融、电子商务、连锁经营、现代物流、虚拟旅游等新的业务形态。因此，将着重分析信息服务业发展的状况以及信息技术的应用，以有利于更具针对性地分析并把握科技支撑云南服务业发展的作用。

信息技术对国民经济各领域的渗透不断加速，已成为服务业中技术创新和科技支撑服务业发展最重要的领域。美国等发达国家凭借先进的信息技术，广泛渗透到生产生活的各领域。中国信息技术的应用和对各行业的改造，重点集中在物流和医疗等领域，但与发达国家相比有较大差距。云南省信息技术的应用得以加快，但在部分领域的应用依然落后于国内先进水平，且"空白区"较多。

## 3.9.1　发达国家信息技术应用状况

作为一种通用技术，信息技术以其高渗透性、高带动性、高倍增性和高创新性，深刻改变了传统服务业的发展范式，并迅速推动现代服务业的诞生、崛起与兴盛，形成了现代的信息技术服务业。在 21 世纪全球主要发达国家产业结构由"工业型经济"向"服务型经济"转变的过程中，信息技术服务业迅猛发展，全球信息技术服务市场规模从 2004 年的 4223 亿美元增加到 2007 年的 5192 亿美元，但信息技术服务市场主要集中在个别发达国家，德国、法国、美国、英国的信息技术服务市场规模占世界规模的 60％以上，尤其是美国在 2007 年更是以 40％的比重占到第一位（表 3.40）。

表 3.40　世界主要国家信息技术服务市场规模统计情况　单位:亿美元

| 国家/年份 | 2004 | 2005 | 2006 | 2007 |
|---|---|---|---|---|
| 世界 | 4223 | 4640 | 4922 | 5192 |
| 德国 | 318 | 333 | 348 | 365 |
| 法国 | 297 | 312 | 329 | 348 |
| 美国 | 1785 | 1882 | 1990 | 2092 |
| 英国 | 341 | 357 | 375 | 407 |

资料来源:《欧洲信息技术观察 2005、2006 和 2007》。

发达国家凭借先进的信息技术,广泛渗透到生产生活各领域。发达国家通过将先进的信息技术有效应用于实际的物流业务之中,实现企业物流的信息化。美国利用普遍采用条码技术(Bar-Coding)和射频识别技术(RFID),提高信息采集效率和准确性;采用基于互联网的电子数据交换技术(Web EDI)进行企业内外的信息传输,实现订单录入、处理、跟踪、结算等业务处理的无纸化;通过应用仓库管理系统(WMS)和运输管理系统(TMS)来提供运输与仓储效率;通过与供应商和客户的信息共享,实现供应链的透明化,运用 JIT、CPFR、VMI、SMI 等供应链管理技术,实现供应链伙伴之间的协同商务,以便"用信息替代库存",降低供应链的物流总成本,提高供应链的竞争力;通过网上采购辅助材料、网上销售多余库存以及通过电子物流服务商进行仓储与运输交易等手段,借助电子商务来降低物流成本。

信息技术与医疗系统的结合促进了远程医疗的发展。随着现代通信技术水平的不断提高,美国的远程医疗已从将双向电视系统用于医疗发展到通过公众通信网,从而提供瘦客户端到桌面的服务;美国贝勒大学医学中心的机器人"贝西"作为医学领域最先进的机器人,将人类提前带入未来世界,使医生在世界任何地方都可以和病人进行"面对面"交流,实现远程巡诊,即医生只要接入无线宽带网络,通过操纵杆控制机器人移动,调整安装在机器人头部的屏幕和摄像机角度,向病人询问病情、检查心跳及脉搏,甚至进行 X 射线透视,病人和医生还可以无障碍地进行交流;医学图像的自动采集当前通过医用胶片扫描仪将边远地区医院的 X 线、CT、核磁共振等产生的传统胶片影像进行数字化扫描,生成 DICOM 国际标准格式图像,通过因特网传输,轻松实现远程会诊,美国 Vidar System 公司生产的 VXR-12 plus 和 VXR-16 plus 具有优异的扫描质量和完善方便的图像后处理系统,为远程医疗提供了更为准确的诊断。

信息技术与电力工业的结合导致了智能电网的发展,即在集成的、高速双向通信网络的基础上,通过先进的传感和测量技术、先进的设备技术、先进的控制方法以及先进的决策支持系统技术的应用,实现电网的可靠、安全、经济、高效、环境友好和使用安全的目标。

互联网、电子商务等新兴服务业快速发展,信息技术在各行业的广泛应用,为各行业的便利提供了先进的技术服务,推动了现代物流、数字媒体、数字教育、数字医疗、数字社区、数字旅游、电子金融等领域的发展。

### 3.9.2　我国信息技术应用水平状况

我国信息技术应用水平不断提高,但在众多领域的应用仍处于初级水平。我国信息技术当前主要应用于制造业、电信、政府、银行、家庭、教育、交通等领域(图 3.21),促进了国民经济的信息化,提高了政府的办事效率以及信息透明度,为家庭和个人的教育、交通,以及银行提供了更为便捷的服务,且信息技术在重点行业,如银行、保险、证券、电信市场应用的需求持续增长,而信息技术在政府、医疗卫生、教育、科研、媒体等行业的咨询、支持与维护、集成等多类服务的进一步渗透正在进行中,我国正在积极提升信息技术的应用水平,以促进信息技术进一步渗透于人类生活的各领域。

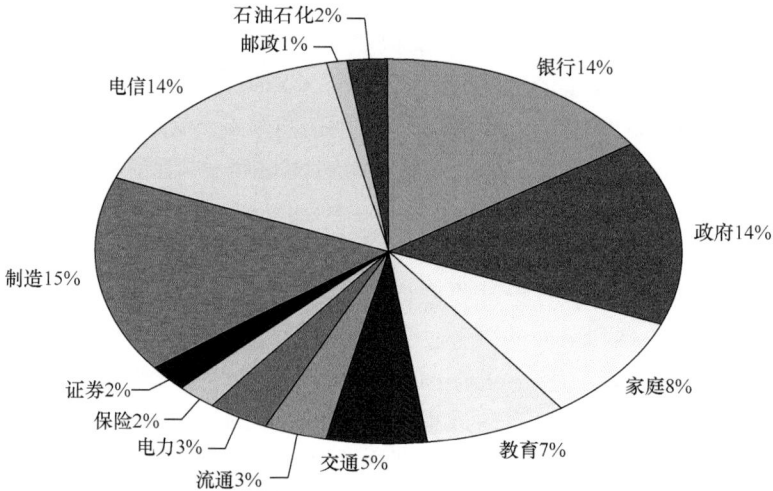

图 3.21　中国信息技术对各领域的渗透水平

另外,我国的信息服务业从传统服务业转向以互联网为载体的新兴服务业,利用互联网的开放性、技术渗透性、信息传播交互性等特点,与人类生产生活紧密相连,广泛渗透到政治、经济、社会、军事、科技文化、教育等行业,以互联网为手段的信息技术应用于通信、电子政务、电子商务、远程教育、远程医疗、网络金融、社会服务等业务,促进了信息技术与各行各业的紧密相连。

就远程医疗领域,我国的远程医疗技术发展较快,其核心技术包括计算机技术、通信技术、数字化医疗设备技术、医院信息化管理技术都达到或接近国际先进水平。我国的远程医疗从 1986 年的广州远洋航运工地的电报跨海会诊,发展到以信息技术和网络技术为基础的具有声像和图文信息的电子病历,大大提高了工作效率和会诊质量。我国一些有条件的医院和医科院校均已经开展了远程医疗方面的工作,其医疗影像亦采用胶片扫描仪,且国内深圳安健公司推出 Angell-600 和Angell-880 两种型号的医用扫描仪产品,以其优异的扫描质量、完善方便的图像后处理系统,以及良好的价格和一体化的设计,对美国 Vidar 产品的垄断地位构成了冲击。

我国信息化的物流主要是运用现代信息技术、通信技术和物流技术对传统物流流程进行变革、控制、整合运输、储存、装卸、搬运、包装、配送、流通加工、逆向物流、客户服务及物流信息处理等各种功能而形成的综合性物流活动模式。2009 年

8 月,我国金道科技推出面向全国的物流信息公共平台——物流神特。其中包含有车辆管理和货物管理两大系统,车辆管理系统主要利用集全球卫星定位系统以及无线通信技术于一体的软、硬件综合系统,对移动车辆进行统一集中管理和实时监控调度指挥;货物管理系统借助先进的条码技术,给货物注上唯一标识"条码",并与信息处理技术结合,贯穿于整个物流链中,确保库存量的准确性,为物流公司保管仓库提供更为便捷的程序。与国际先进的信息技术在物流运输业的应用相比,差距依然较为明显。

通信和信息技术的兴起,以及数字化技术在各行业的渗透普及,给电力网络的发展带来了契机,同时也对电网的供电服务质量提出了更高的要求,使得信息技术对电网的渗透将更加深入。我国正在加大对智能电网的投资力度,力争在经济发展中占据优势,但信息技术在智能电网中的应用仅处于初级阶段。与欧洲和美国不同的是,我国的智能电网建设更加注重信息技术的应用突出电网的智能化功能,包括电网调节、调度、智能化用电,在实时监控中调节跳闸,通过芯片和插座自动感知电网电价实时变化情况,选择用电时间。我国的智能电网建设正在紧锣密鼓地进行中,与发达国家相比差距很大,但在国家政策的支持和市场需求的刺激下,更先进的信息技术将在电网中广泛应用。

### 3.9.3　云南信息技术应用状况

随着信息与网络技术的飞速发展,云南省的信息技术应用领域更加广泛。云南省信息技术在工业、服务业的应用领域不断拓宽,但仍然存在应用空白区,并且信息技术在农业的应用较弱。

#### 1. 云南省信息技术在工业的应用领域逐渐广泛

在工业化和信息化融合的推动下,云南省加大对信息服务业科技投入,不断引进、消化、吸收先进的信息技术,快速提高云南省工业生产、加工的科技含量,使得云南省从 2002 年到 2007 年的五年间,对计算机服务和软件的消耗不断增加,烟草制品业、炼铁、炼钢、有色金属冶炼及压延加工业、电力热力的生产和供应业等工业的计算机服务和软件业的中间投入比重已经超过全国平均水平,促进了云南省工业经济的快速发展(表 3.41)。然而,煤炭开采和洗选业、食品制造业、农业制造业、仪器仪表制造业等工业领域仍缺乏信息技术的应用。

云南省重视信息技术在烟草制品业的应用,加大科技投入,提高烤烟等水平,由云南省烟草楚雄分公司和云南省农业科学研究院开发的"楚雄州烟叶生产管理信息系统开发"项目,综合运用计算机网络技术、全球卫星定位系统技术、地理信息系统技术和现代烟草栽培技术、质量控制数理统计方法,将烟草生产中的施肥、生产管理、轮作规划、烟农和烤烟技术员的管理考核等各个环节融贯于一体,实现了信息技术与烤烟生产的有机结合。烟草制品业对计算机服务和软件业的消耗从2002 年的零增加到 2007 年的 0.15%，远高于中国 2007 年的 0.02%。

**表 3.41　中国、云南省部分工业中间使用计算机服务和软件的情况** 单位：%

| | 烟草制品 | 印刷 | 炼铁 | 炼钢 | 钢压延加工 | 铁合金冶炼 | 有色金属冶炼 | 有色金属压延加工 | 金属制品 | 电力 |
|---|---|---|---|---|---|---|---|---|---|---|
| 中国 2007 | 0.02 | 0.04 | 0.01 | 0.01 | 0.03 | 0.01 | 0.02 | 0.05 | 0.10 | 0.13 |
| 云南 2007 | 0.15 | 0.10 | 0.00 | 0.02 | 0.03 | 0.00 | 0.07 | 0.11 | 0.00 | 0.16 |
| 中国 2002 | 0.02 | 0.06 | 0.02 | 0.01 | 0.05 | 0.02 | 0.03 | 0.08 | 0.19 | 0.18 |
| 云南 2002 | 0.00 | 0.00 | 0.00 | 0.00 | 0.00 | 0.00 | 0.00 | 0.00 | 0.00 | 0.00 |

资料来源：经 2007 年、2002 年中国（云南省）投入产出表整理计算。

信息技术还广泛应用于矿产品的冶炼和加工，其应用速度非常快，且部分行业对计算机服务和软件的中间消耗已超过全国平均水平。2002 年，全国矿产品的冶炼和加工对计算机服务和软件有一定的消耗，但云南省却一直处于空白之中。然而，经过五年的发展，云南省炼钢业、钢压延加工业中间消耗计算机服务和软件的比重达 0.02% 和 0.039%，高于全国平均水平的 0.01% 和 0.03%，而有色金属的冶炼及合金制造、压延加工业中间消耗计算机服务的比重达 0.07% 和 0.11%，不但高于全国平均水平的 0.02% 和 0.05%，且处于矿业使用计算机比重的最高位。但值得注意的是煤炭开采和洗选业、黑色金属矿采选、有色金属矿采选、非金属矿采选、非金属矿物制品业、金属制品业都还没有对计算机服务和软件的使用，可见信息技术在这些领域的应用水平非常低下。

另外，印刷和记录媒介的复制业、电力热力的供应和生产全国的中间使用计算机服务和软件的比重在下降，而云南省却处于从无到有的过程中，且高于全国2007 年的平均水平。其中，云南省印刷和记录媒介的复制业对计算机服务和软件的中间使用比达 0.09%，高于全国的 0.04%，电力热力的供应和生产中间使用计算机服务和软件的比为 0.16%，远高于全国的 0.13%。

2. 信息技术在云南服务业应用的空间较大

从表 3.42 可以看出，云南省铁路运输业、邮政业、电信业对信息技术的应用是从无到有，但云南省邮政业对计算机服务和软件的中间使用比 0.11%，低于全国平均水平的 0.51%；电信业为 0.18%，低于全国的 0.38%；全国和云南省旅游业中间使用计算机服务和软件的绝对值是上升的，但相对产业的总投入却一直下降；银行证券业和保险业以电子网络化交易为主要特征，其中间使用计算机服务和软件相对其他行业，一直处于较高水平，如银行证券业高达 2.1593%、保险业达1.04%，远高于 2002 年的水平；全国地质勘查业和水利管理业的中间使用比均处于下降过程，而云南省分别从 2002 年的 0.23% 和 0.33% 提高到 2007 年的 0.26%

和 0.87%。

**表 3.42　中国、云南省部分第三产业中间使用计算机服务和软件的情况　单位:%**

| | 铁路运输业 | 邮政业 | 电信及信息传输服务 | 保险业 | 银行、证券业 | 旅游业 | 地质勘查业 | 水利管理业 | 卫生事业 |
|---|---|---|---|---|---|---|---|---|---|
| 中国 2007 | 0.02 | 0.51 | 0.38 | 1.30 | 0.67 | 0.00 | 0.02 | 0.09 | 0.14 |
| 云南 2007 | 0.04 | 0.11 | 0.18 | 1.04 | 2.16 | 0.00 | 0.26 | 0.87 | 0.54 |
| 中国 2002 | 0.00 | 1.44 | 0.75 | 4.69 | 2.18 | 0.30 | 0.52 | 0.27 | 0.08 |
| 云南 2002 | 0.00 | 0.00 | 0.00 | 0.32 | 0.65 | 0.02 | 0.23 | 0.33 | 0.15 |

资料来源:经 2007 年、2002 年中国(云南省)投入产出表整理计算。

信息技术在医疗领域的渗透已经较为广泛,云南省的发展也较为迅速。云南省山瀛图像传输科技有限公司研发的远程可视医疗及 PACS 系统,充分利用现代通信、网络、图像传输等信息技术,位于世界领先水平,且填补了国内的行业空白。尤其是卫生事业对计算机服务和软件的中间使用,2007 年占 0.54%,远高于 2002 年的 0.15%,以及全国平均水平的 0.14%。

信息技术和物流业的结合形成了现代的物流业,云南的物流信息技术研发能力虽不及国内外先进水平,但云南省 78% 的物流企业都在自行开发或购买物流信息系统,而一些没有建设物流信息系统的大部分企业也都计划开发、外包或购买物流信息系统。就信息技术与企业物流的结合,红塔集团依据自身情况,在物流系统中采用现场总线控制技术、条码识别技术、计算机仿真技术、网络通信技术、红外通信技术等,提高系统的可靠性、实用性和先进性;广泛采用条码、二维码、POS、视觉自动识别等技术,实现高速准确地分拣、堆码、出入库、数据采集和管理。红烟物流自动化系统主要由原料配方、辅料、成品和备件 4 个子系统和 1359 台设备组成,采用 PLC、现场总线、计算机网络、视频语音等多媒体监控技术进行控制,有数十万条程序行,实现了光、机电、信息技术的系统集成,物流、信息流、资金流的集成,硬件和软件的集成,在开发创新中取得了 6 项国家专利,在世界烟草行业最先投入运用了激光导引技术,其移载模式多样,并率先使用视觉识别移动式机器人辅料自动搭配系统等,具有相当高的完整性、先进性和自动化程度。

## 3.9.4　信息技术支撑传统产业提升改造作用分析

信息服务业作为其他产业发展的支撑行业,通过提升改造传统产业,推进传统产业的产业升级是信息服务业发展的主要目标之一。云南省加大科技投入,应用信息技术改造提升传统产业,充分发挥信息化在推进新型工业化中的倍增作用和催化作用,科技对信息服务业提升改造传统产业的支撑不断加大,但支撑力不足的问题仍然存在。

　　云南省不断加大科技投入,引进、消化和吸收国内外先进的信息技术,且投入大量的研究经费对电子及通信设备制造业、电子计算机及办公设备制造业研发新产品,其中 R&D 研究经费支出从 2004 年的 1327 万元提高到 2007 年的 3269 万元,为新的信息技术提供载体,加快提升改造传统行业,促进经济的快速增长。

　　信息技术借助于强大的知识和信息处理能力,提供了一个可以把生产者和消费者瞬时直接联系起来,内容可以无所不包的信息交换平台,促进了生产工具数字化、交易支付自助化、运营管理网络化和经营网点虚拟化,实现了对行业传统应用的改造提升,促进了传统行业快速的经济增长(表 3.43)。就金融业而言,信息技术的应用创新了交易方式,出现了电话银行、网上银行等虚拟网点,为顾客提供更为便捷的服务;建立了因数数据仓库系统、后台支持和管理系统等,使银行能够更加方便快捷地进行客户管理,防范风险。信息技术使物流业发展成为网络化、自动化的现代物流,自动的仓储管理系统、快件通关系统大幅度提高了物流的效率。信息技术应用于交通领域使得智能交通成为可能,网上订票等网络业务使乘客足不出户就可以买票,提高了售票效率,为顾客提供了更直接的服务。信息技术在教育、医疗领域的应用,通过远程教育和远程会诊实现跨区域的学习和看病。

表 3.43　信息技术对行业传统应用的改造与创新

| 行业领域 | 改造环节 | | | |
|---|---|---|---|---|
| | 生产工具数字化 | 交易支付自助化 | 运营管理网络化 | 经营网点虚拟化 |
| 金融 | 点钞机、ATM 机、灾难备份中心、银行卡及各种中间业务、在线录音监听系统、银行数据仓库系统 | POS 机、自动取款机、移动取款终端、电子支付 | CRM、后台支持和管理系统、客户呼叫中心、金融信息交换平台 | 电话银行、网上银行、手机银行、移动炒股 |
| 物流 | 电子数据交换技术、物流公共信息平台、电子口岸统一身份认证系统 | 电子支付 | 供应链管理 SCM 系统、ERP 系统、快速反应 QR 系统、仓储管理系统、快件通关系统 | 电子订货系统 EOS、网上订单 |
| 商贸 | 商务网站 | 电子支付 | ERP 系统、有效客户反应 ECR 系统 | 网上商场、电子商务 |
| 交通 | 信号控制、交通一卡通、GPS、电子地图 | 网上订票、网上交罚单、不停车收费 | 管理信息系统 TMIS、智能交通系统 ITS | 网上审批、电子缴税 |
| 旅游 | 网络营销、短信平台、呼叫中心、旅游信息港 | 网上预订、网上查询 | 前台管理系统 PMS、收益管理系统、分销系统 GDS | 网络虚拟连锁经营、网络游记、旅游视频 |
| 医疗 | 声讯咨询、数字化医疗器械 | 网上预约 | 数字医院 | 远程会诊 |
| 教育 | 数字化期刊、多媒体教学 | 网上报考、网上查分 | 数字图书馆、数字校园 | 远程教育 |

　　综合来看,技术进步对云南省经济增长的贡献逐步提高,但技术进步对云南省经济增长的贡献仍低于全国平均水平。

　　云南农业科技总体上落后,农业生物技术虽然有一定的发展,但与发达地区相比还存在一定差距。云南农业生产条件的特殊性、农民文化素质低以及农业技术推广能力弱等问题严重影响科技对云南农业增长的支撑作用,科技支撑云南农业力度仍然处于低水平。

　　科技对云南工业增长的贡献略高于全国平均水平。云南省卷烟工业的整体科技实力在全国同行业中处于领先地位;科技对云南省冶金工业经济增长的贡献逐渐增强,但冶金工业整体创新能力仍不强,科技进步贡献率偏低;科技对云南化工工业的支撑作用主要体现在对传统产业的改造和提升上,对新产品创新和化学工业新增长点形成的支撑相对较少;云南医药科技优势集中在天然药物研发方面,科技对云南医药工业增长的贡献仍然不强;云南装备制造业除个别行业外,大多行业的科技水平在全国处于落后水平,对产业的支撑力度也不强;云南省的电力工业规模较大,但科技研发能力仍不强、资金投入不大、技术突破不足、企业创新活力不够;云南建筑业科技创新和推广应用步伐总体也相对缓慢,资源集约化程度低,综合利用率不高,技术创新能力不足。

　　科技对云南服务业增长的支撑作用仍略低于全国平均水平。云南省信息技术应用快速发展,但部分领域的应用依然落后于国内先进水平,且"空白区"较多。

# 第4章　科技支撑云南经济增长存在的重点问题

云南农业多品种和非规模性特点突出、生产成本较高,工业资源依赖性较强,第三产业发展空间局限性较大,科技对云南经济增长的支撑作用发挥不够,支撑能力较弱,经济发展方式还处于粗放型、资源消耗型、外生增长的格局。主要存在八个方面的重点问题:一是科技总体水平不高;二是科技投入少、结构单一;三是科技成果产业转化水平不高;四是科技人才规模小、结构单一、效益较低;五是企业自主创新能力不强;六是原材料工业科技支撑产业链延伸的能力较弱;七是农业产业化发展科技推广应用相对滞后;八是服务业发展科技渗透缓慢。

## 4.1　科技总体水平不高

经济社会的不断发展对科技进步的依赖程度越来越高。云南科技进步缓慢与全省经济社会加快发展的要求不相适应,经济社会发展科技依赖程度高与科技总体水平较低的矛盾越来越突出。具体表现为:科技总体水平不高,支撑作用不明显;科技意识薄弱,创新环境不完善;科技渗透较弱,信息化程度不高等方面。

### 4.1.1　科技总体水平不高,支撑作用不明显

科技的作用体现在社会经济发展的各个方面,云南是科技发展滞后的省份,科技进步缓慢是造成科技对经济增长支撑作用小、支撑力弱的重要原因。从国家科技部发布的科技进步监测指标可以看出,近10年来云南科技进步水平在全国的地位呈下降态势。构成科技进步评价的科技进步环境、科技活动投入、科技活动产出、科技对社会经济的促进作用等五个方面都处于较低水平,尤其是科技进步环境、科技投入、科技促进社会经济发展三个方面的在全国31个省、区、市中的排序明显下降。

#### 1. 科技总体水平不高

云南省科技进步水平偏低,在全国的地位呈下降态势(图4.1)。从1998年的第20位,下降到2008年的第29位。在科技进步水平的一级构成指数中,除"高新技术产业化"的地位有所上升和"科技活动产出"的地位基本不变外,"科技进步环境"、"科技投入"、"科技促进社会经济发展"在全国的排序10年来都有不同程度的下降。其中,2008年与1998年相比,科技进步环境排序下降了2位,科技活动投入

排序下降了 3 位,科技促进社会经济发展排序下降了 6 位,导致总排序下降了 9 位。

通过选取同处于西部的内蒙古自治区、陕西省、青海省、广西壮族自治区,以及处于中部的湖南省进行比较,发现内蒙古、陕西、青海这三个省份的科技进步水平在全国的地位都呈上升态势,说明这些省份利用西部大开发政策加快科技进步取得了较大成效。青海省的科技进步环境、科技活动产出、高新技术产业化和总排序地位都在提高,科技进步环境的排序提高了 22 位,科技活动产出的排序提高了 17 位,高新技术产业化则提高 13 位,导致总排序地位提高 7 位,提高很快,只有科技投入下降了 11 位,科技促进社会经济发展的排序下降了 1 位;陕西省的科技进步环境的排序提高了 6 位,科技促进社会经济发展提高了 8 位,导致总排序提高 3 位。内蒙古自治区除高新技术产业化的排序下降外,其他监测指标的排序位次都有不同程度的提高,其中科技进步环境的排序提高 5 位,科技促进社会经济发展的排序提高了 9 位,导致总排序提高了 3 位。湖南省基本保持在第 15 位~第 17 位,而广西壮族自治区则快速下降,下降幅度大于云南省。

通过比较可以看出,云南省的科技进步环境、科技投入不足、科技促进社会经济发展等指数提升缓慢,是云南科技总体水平落后的重要原因。

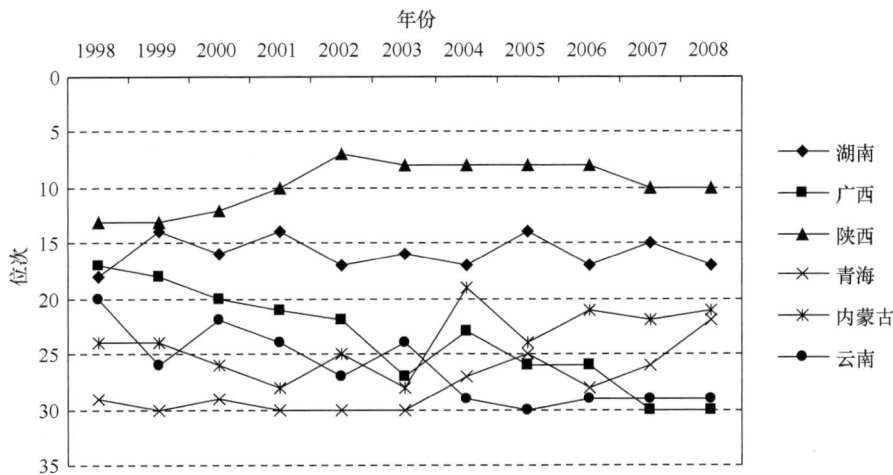

图 4.1 云南省科技进步在全国的地位及与部分省区比较
资料来源:科技部科技指标数据库。

云南省的科技进步缓慢,直接影响到科技对经济增长、对经济发展方式转变、对产业升级的支撑作用。

### 2. 科技支撑经济增长的作用和效果不明显

科技促进经济社会发展指数是评价科技进步的重要监测指标。云南省的科技促进经济社会发展指数虽然有所提高,但在全国的地位总体上呈下降态势,在我国的地位从 1998 年的第 21 位下降到 2008 年的第 27 位,2008 年云南省科技促进经济社会发展指数为 42.27,远低于同处于西部的内蒙古自治区、陕西省、广西壮族自治区和中部的湖南省,仅高于青海省(图 4.2)。

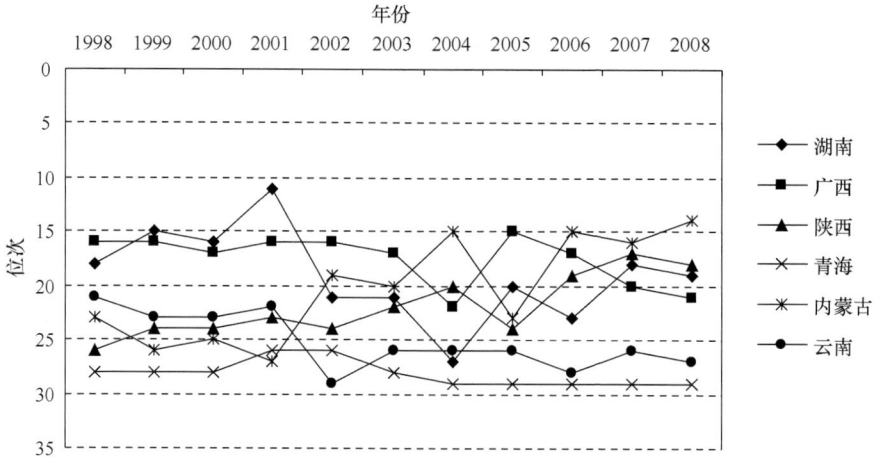

图 4.2　云南科技促进经济社会发展在全国的地位及与部分省区对比
资料来源:科技部科技指标数据库。

云南省科技促进经济社会发展水平较低,科技创新作为转变经济发展方式的中心环节不明显。经济增长方式转变指数是反映科技促进经济社会发展的重要监测指标,经济增长方式转变的快慢,直接体现为科技进步的作用和效果。云南省经济增长方式转变指数很低,2004 年为 20.1,2005 年为 30.01,2006 年为 22.35,2007 年为 28.63,2008 年为 28.86。在全国的地位也很低,2004 年处于第 28 位,2005 年处于第 23 位,2006 年处于第 29 位,2007 年处于第 23 位,2008 年处于第 24 位,在选取对比的省份中,仅高于青海省,而低于内蒙古自治区、陕西省、湖南省和广西壮族自治区(图 4.3)。这说明云南省的经济发展仍然以传统模式为主,依赖资源的大量消耗、环境的污染、密集的劳动力等传统要素提供经济增长动力,经济增长对科技的依赖程度很低,科技对经济增长的贡献很低。经济增长方式转变的提出已经有 10 多年的时间,而云南省的经济增长方式转变仍然十分缓慢,制约着云南经济增长的质量和潜力。

云南省经济增长方式转变缓慢主要原因如下。

① 资本产出率不高。云南省的资本产出率从 2004 年的每亿元投资增加产出 0.24 亿元提高到 2008 年每亿元投资增加产出 0.44 亿元,在全国的地位波动较大,2004 年和 2006 年处于第 26、27 位,而 2007 年和 2008 年处于第 14 位和第 12 位(表 4.1)。资本产出率不高,说明云南省的经济增长方式仍然比较粗放,经济增长主要依靠投资拉动,对科技的依赖性很弱。

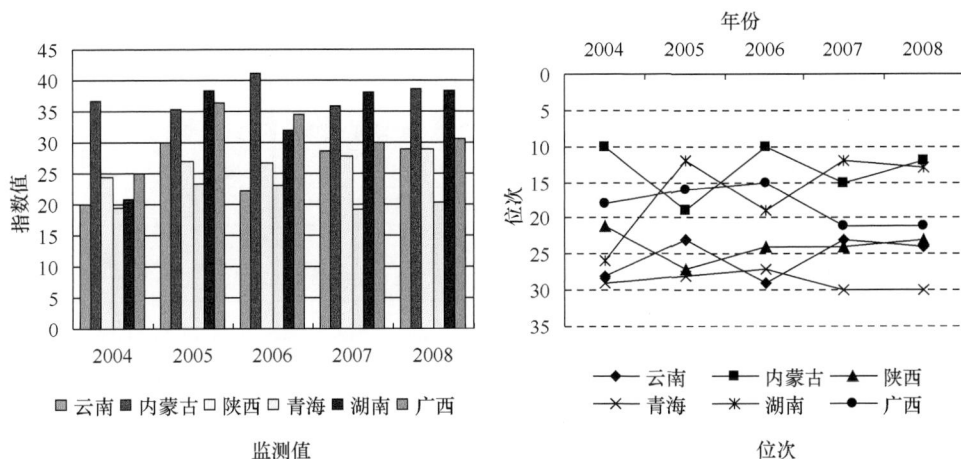

图 4.3　云南省经济增长方式转变指数在全国的地位及与部分省区对比
资料来源:科技部科技指标数据库。

**表 4.1　云南省资本产出水平及与部分省区对比**　　　　单位:亿元,%,位

| | 监测值 | | | | | 位次 | | | | |
|---|---|---|---|---|---|---|---|---|---|---|
| | 2004 年 | 2005 年 | 2006 年 | 2007 年 | 2008 年 | 2004 年 | 2005 年 | 2006 年 | 2007 年 | 2008 年 |
| 云南 | 0.24 | 0.43 | 0.26 | 0.45 | 0.44 | 26 | 13 | 27 | 14 | 12 |
| 内蒙古 | 0.45 | 0.41 | 0.42 | 0.3 | 0.27 | 1 | 14 | 6 | 26 | 27 |
| 湖南 | 0.19 | 0.52 | 0.4 | 0.61 | 0.59 | 31 | 5 | 10 | 3 | 4 |
| 广西 | 0.31 | 0.54 | 0.47 | 0.44 | 0.42 | 13 | 3 | 3 | 17 | 17 |
| 陕西 | 0.31 | 0.33 | 0.28 | 0.33 | 0.32 | 14 | 23 | 25 | 23 | 24 |
| 青海 | 0.2 | 0.26 | 0.23 | 0.16 | 0.16 | 30 | 29 | 28 | 30 | 30 |

注:指标名称:2004—2006 年为亿元投资新增 GDP;2007—2008 年为资本产出率。
资料来源:科技部科技指标数据库。

② 综合能耗产出水平低。云南省综合能耗产出率在全国处于相对较低的水平和地位,并且呈下降态势,从 2004 年的 6.63 元/每千克标准煤下降到 2008 年的 6.09 元/每千克标准煤,在全国的地位从第 18 位下降到第 21 位(表 4.2)。虽然不是最后,但也是处于全国后列。虽然高于内蒙古自治区和青海省,但低于陕西、湖南和广西壮族自治区。在我国着力推进资源节约型和环境友好型社会的情况下,加强节能减排工作,切实提高能源利用水平,降低能耗,是加快经济增长方式转变,推进科技进步的重要举措。

表 4.2　云南省综合能耗产出水平及与部分省区对比

单位:元/每千克标准煤,位

| | 监测值 | | | | | 位次 | | | | |
|---|---|---|---|---|---|---|---|---|---|---|
| | 2004 年 | 2005 年 | 2006 年 | 2007 年 | 2008 年 | 2004 年 | 2005 年 | 2006 年 | 2007 年 | 2008 年 |
| 云南 | 6.63 | 6.35 | 5.77 | 5.85 | 6.09 | 18 | 22 | 21 | 21 | 21 |
| 内蒙古 | 4.22 | 4.2 | 4.04 | 4.14 | 4.34 | 25 | 25 | 26 | 26 | 26 |
| 湖南 | 9.58 | 10.16 | 7.15 | 7.4 | 7.62 | 8 | 8 | 14 | 14 | 14 |
| 广西 | 8.72 | 7.77 | 8.18 | 8.4 | 8.68 | 10 | 17 | 11 | 11 | 11 |
| 陕西 | 6.55 | 7.07 | 6.78 | 7.01 | 7.35 | 19 | 18 | 17 | 17 | 17 |
| 青海 | 4.16 | 3.79 | 3.25 | 3.2 | 3.26 | 26 | 27 | 28 | 28 | 29 |

注:指标名称:综合能耗产出率。

资料来源:科技部科技指标数据库。

### 4.1.2　科技意识薄弱,创新环境不完善

云南科技创新环境改善缓慢,1998 年以来科技创新环境指数有所提高,但在全国的地位总体呈下降格局,尤其是 1998 年到 2004 年从第 22 位下降到第 30 位,而 2004 年以来一直处于全国倒数第 2 位,科技创新环境指数从 2004 年的 28.3 提高到 2008 年的 40.77,环境改善得十分缓慢(图 4.4),而同处于西部的内蒙古自治区的科技创新环境指数从 37.5 快速提高到 55.16,在全国的地位从第 19 位提高到第 11 位;而陕西省的科技创新环境指数从 42.89 提高到 58.83,在全国的地位从第 10 位进一步提高到第 6 位,处于全国前列;原来发展最落后的青海省的科技创新环境改善最大,指数提高最快,从 2004 年的 38.92 快速提高到 58.45,在全国的地位也从第 23 位快速提高到第 7 位。湖南省和广西壮族自治区的科技创新环境虽有波动,但总体上也不断下降。改善科技创新环境是提升地区科技创新能力,增强经济增长支撑力的重要因素。

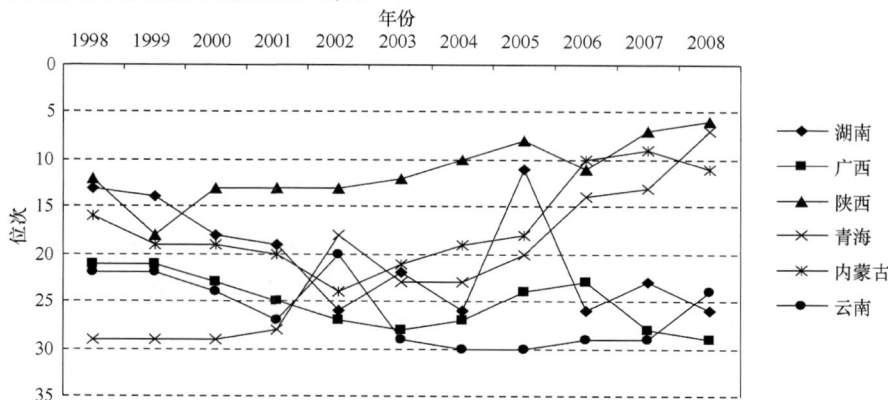

图 4.4　云南省科技创新环境在全国的地位及与部分省区对比

资料来源:科技部科技指标数据库。

科技意识指数是科技创新环境监测指数的重要组成部分。云南省的科技意识指数从 2004 年的 22.09 下降到 2008 年的 21.68,在全国的地位从 2004 年的第 18 位下降到 2008 年的第 25 位(图 4.5)。而我们选取的同处于西部的内蒙古、陕西和青海省的科技意识都远比云南省强,青海省则处于前 10 位。与湖南省和广西壮族自治区相比,云南省的科技意识与湖南省基本持平,并略高于广西壮族自治区。

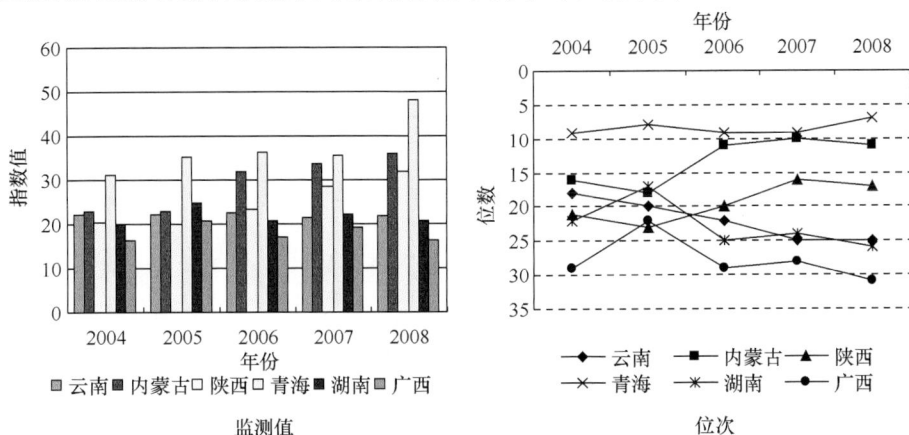

图 4.5　云南省科技意识在全国的地位及与部分省区对比

资料来源:科技部科技指标数据库。

科技意识弱的生产生活环境,容易造成不尊重知识、不尊重人才、不尊重科技成果的问题,普通劳动者缺乏科技创新和发明创造的意识,科技人才的劳动不被周围环境所接受和理解,创业难,创新更难。科技意识弱的问题具体体现在以下三个方面。

### 1. 就业劳动者中的科技意识弱

云南省每万名就业人员专利申请量从 2004 年的 0.84 项提高到 2008 年的 1.2 项,增加了 0.4 项,由于增加幅度小,在全国的地位有所下降,从 2004 年的第 26 位下降到 2008 年的第 29 位,处于倒数第 3 位(表 4.3)。青海省增加了 0.7 项,陕西省增加了 2.6 项,湖南省增加了 1.3 项,广西壮族自治区增加 0.4 项。这说明云南省就业劳动者中的科技意识淡薄,对专利、发明等科技成果的认识不足,阻碍着科技创新和科技进步。

表 4.3　云南省万名就业人员专利申请量及与部分省区对比　　单位:项,位

| | 监测值 | | | | | 位次 | | | | |
|---|---|---|---|---|---|---|---|---|---|---|
| | 2004 年 | 2005 年 | 2006 年 | 2007 年 | 2008 年 | 2004 年 | 2005 年 | 2006 年 | 2007 年 | 2008 年 |
| 云南 | 0.84 | 0.89 | 1.04 | 1.24 | 1.2 | 26 | 25 | 26 | 26 | 29 |
| 内蒙古 | 1.39 | 1.43 | 1.4 | 1.85 | 1.86 | 20 | 19 | 21 | 22 | 22 |

续表

| | 监测值 | | | | | 位次 | | | | |
|---|---|---|---|---|---|---|---|---|---|---|
| | 2004 年 | 2005 年 | 2006 年 | 2007 年 | 2008 年 | 2004 年 | 2005 年 | 2006 年 | 2007 年 | 2008 年 |
| 湖南 | 1.72 | 2.14 | 2.4 | 2.78 | 3 | 16 | 14 | 15 | 17 | 16 |
| 广西 | 0.86 | 0.83 | 0.88 | 1.02 | 1.26 | 25 | 27 | 29 | 30 | 27 |
| 陕西 | 1.79 | 1.71 | 2.21 | 3.01 | 4.42 | 15 | 16 | 17 | 14 | 12 |
| 青海 | 0.68 | 0.47 | 0.81 | 1.2 | 1.4 | 29 | 30 | 30 | 27 | 26 |

注:指标名称:万名就业人员专利申请量。

资料来源:科技部科技指标数据库。

### 2. 科技服务业从业人员报酬偏低

云南省科研与综合技术服务业平均工资与全社会平均工资比例系数近 5 年来有所下降,从 2004 年的 82.78% 下降到 2008 年的 73.37%,在全国处于最低水平,同处于西部的青海省则从 151.59% 提高到 2008 年的 175.57%,在全国处于前列(表 4.4)。内蒙古自治区也从 84.93% 提高到 93.06%,湖南省和广西壮族自治区都高于云南省。云南省的科技服务业从业人员收入偏低,是影响云南省科技进步环境改善的重要因素。

表 4.4　云南省科研与综合技术服务业工资水平及与部分省区对比　　单位:%,位

| | 监测值 | | | | | 位次 | | | | |
|---|---|---|---|---|---|---|---|---|---|---|
| | 2004 年 | 2005 年 | 2006 年 | 2007 年 | 2008 年 | 2004 年 | 2005 年 | 2006 年 | 2007 年 | 2008 年 |
| 云南 | 82.78 | 82.87 | 80.68 | 74.72 | 73.37 | 24 | 22 | 26 | 29 | 25 |
| 内蒙古 | 84.93 | 80.31 | 83.27 | 95.89 | 93.06 | 23 | 26 | 23 | 18 | 17 |
| 湖南 | 87.48 | 85.37 | 75.34 | 82.33 | 87.2 | 19 | 20 | 27 | 22 | 19 |
| 广西 | 90.54 | 107.85 | 86.22 | 87.81 | 83.7 | 18 | 14 | 19 | 20 | 22 |
| 陕西 | 94.84 | 89.64 | 99.07 | 104.09 | 113.94 | 17 | 18 | 17 | 16 | 13 |
| 青海 | 151.59 | 174.55 | 185.75 | 144.63 | 175.57 | 9 | 7 | 6 | 8 | 5 |

注:指标名称:科研与综合技术服务业平均工资与全社会平均工资比例系数。

资料来源:科技部科技指标数据库。

### 3. 科技技术成果吸纳能力弱

云南省每万人吸纳技术成果金额从 2004 年的 62.29 万元提高到 2008 年的 67.99 万元,只增加了 5.7 万元,由于提高缓慢,在全国的地位不断下降,从 2004 年的第 13 位下降到 2008 年的第 21 位(表 4.5),虽然高于湖南省和广西壮族自治区,但低于内蒙古、青海和陕西省,而内蒙古自治区和青海省则提高很快,内蒙古自治区每万人吸纳技术成果金额从 2004 年的 63.37 万元提高到 2008 年的 142.54

万元,增加了 1 倍多,在全国的地位也从第 11 位上升到第 5 位,处于全国前列;青海省从 2004 年的 54.01 万元提高到 140.76 万元,也增加了 1 倍多,在全国的地位也从第 16 位快速上升到第 6 位,处于全国前列。由此可以看出,全民的科技素养差、从业劳动者的科技意识淡薄,导致吸纳技术成果的能力薄弱。

**表 4.5　云南省万人吸纳技术成果金额及与部分省区对比**　　单位:万元,位

|  | 监测值 | | | | | 位次 | | | | |
|---|---|---|---|---|---|---|---|---|---|---|
|  | 2004 年 | 2005 年 | 2006 年 | 2007 年 | 2008 年 | 2004 年 | 2005 年 | 2006 年 | 2007 年 | 2008 年 |
| 云南 | 62.29 | 62.37 | 66.12 | 66.02 | 67.99 | 13 | 14 | 16 | 17 | 21 |
| 内蒙古 | 63.37 | 70.15 | 126.37 | 123.6 | 142.54 | 11 | 13 | 6 | 6 | 5 |
| 湖南 | 41.54 | 74.22 | 56.46 | 57.52 | 44.01 | 20 | 12 | 19 | 22 | 28 |
| 广西 | 14.79 | 27.19 | 24.96 | 37.35 | 20.55 | 31 | 28 | 30 | 28 | 31 |
| 陕西 | 36.72 | 40.05 | 50.93 | 76.81 | 86.63 | 24 | 23 | 21 | 15 | 19 |
| 青海 | 54.01 | 58.09 | 53.73 | 89.71 | 140.76 | 16 | 17 | 20 | 13 | 6 |

注:指标名称:万人吸纳技术成果金额。

资料来源:科技部科技指标数据库。

### 4.1.3　科技渗透较弱,信息化程度不高

经济社会生活方方面面都包含着科技,但科技渗透力的强弱,将影响人们经济社会生活的质量。社会生活信息化指数衡量是科技渗透经济社会生活的重要评价指标。云南社会生活信息化指数较低,在全国处于最落后的水平,监测值从 2004 年的 33.68 提高到 2008 年的 43.69,由于提高慢,在全国的地位呈下降态势,从第 27 位下降到第 30 位,处于全国最后水平(图 4.6)。而进行对比的省份社会生活信息化指数都高于云南省的水平。说明云南省在加强信息化建设方面还有相当艰巨的任务,在普及生活公众的信息知识、加强信息基础设施建设等方面需大幅增强。

云南省社会生活信息化指数较低的原因主要有以下几个方面的原因。

① 社会公众拥有信息接收设备的水平低。云南省的百户居民彩色电视机拥有量和百户居民计算机拥有量在全国处于较低水平,2004~2006 年的监测指标是百户居民彩色电视机拥有量,云南省从 73.21 台提高到 82.53 台,在全国的地位是第 25 位和第 28 位,属于全国倒数行列。2007 年以后的监测指标是百户居民计算机拥有量,云南省分别为 7.88 台和 8.82 台,在全国的地位是第 28 位和第 29 位,水平较低(表 4.6)。而进行对比的内蒙古、陕西、青海省、湖南省和广西壮族自治区的拥有量都高于云南省。说明云南省城乡居民收入水平低,消费能力弱,影响着社会生活的信息化。这也反映出科技进步需要有一定经济发展水平和居民的消费能力,在收入水平低的阶段,对科技产品的接收程度低,不利于科技进步。

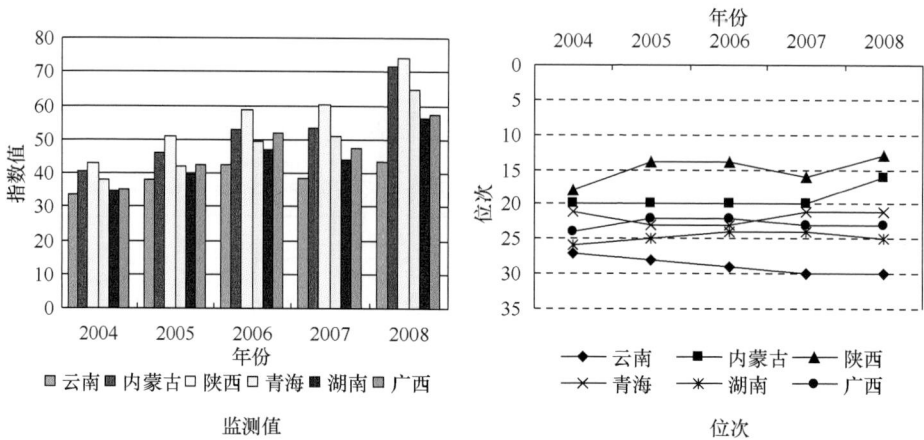

图 4.6　云南省社会生活信息化在全国的地位及与部分省区对比
资料来源:科技部科技指标数据库。

**表 4.6　云南省居民拥有信息设备水平及与部分省区对比**　　单位:台,位

| | 监测值 | | | | | 位次 | | | | |
|---|---|---|---|---|---|---|---|---|---|---|
| | 2004 年 | 2005 年 | 2006 年 | 2007 年 | 2008 年 | 2004 年 | 2005 年 | 2006 年 | 2007 年 | 2008 年 |
| 云南 | 73.21 | 77.32 | 82.53 | 7.88 | 8.82 | 25 | 28 | 28 | 28 | 29 |
| 内蒙古 | 86.01 | 87.32 | 98.29 | 11.75 | 14.07 | 15 | 19 | 16 | 19 | 19 |
| 湖南 | 71.97 | 78.79 | 90.17 | 12.4 | 13.99 | 26 | 25 | 27 | 18 | 20 |
| 广西 | 69.96 | 77.61 | 97.66 | 13.83 | 15.9 | 18 | 26 | 20 | 15 | 16 |
| 陕西 | 84.4 | 90.35 | 101.33 | 11.74 | 14.63 | 19 | 18 | 15 | 20 | 18 |
| 青海 | 78.52 | 83.87 | 91.77 | 10.73 | 11.84 | 21 | 22 | 25 | 22 | 25 |

注:指标名称:2004~2006 年为百户居民彩色电视机拥有量;2007~2008 年为百户居民计算机拥有量。
资料来源:科技部科技指标数据库。

② 国际互联网用户少,社会公众对网络信息的利用低下。云南省万人国际互联网络用户数从 2004 年的 371.47 户缓慢提高到 671.25 户,在全国的地位却从第 22 位下降到第 30 位,处于全国倒数行列(表 4.7)。相比较而言,内蒙古自治区的万人国际互联网用户数提高很快,2004 年也处于全国倒数行列,但 2008 年快速提高到 1338.88 户,在全国的地位也提高到第 15 位的中等水平。虽然湖南省和广西壮族自治区提高不快,但总体上高于云南省。这说明云南省的城乡居民收入水平低,尤其是大量生活在农村的居民还处于解决基本生活消费阶段,受教育程度也决定了云南省大量的城乡居民对网络信息的消费能力弱的问题。

表 4.7　云南省互联网使用水平及与部分省区对比　　　单位:户,位

| | 监测值 | | | | | 位次 | | | | |
|---|---|---|---|---|---|---|---|---|---|---|
| | 2004 年 | 2005 年 | 2006 年 | 2007 年 | 2008 年 | 2004 年 | 2005 年 | 2006 年 | 2007 年 | 2008 年 |
| 云南 | 371.47 | 466.59 | 541.57 | 613.43 | 671.25 | 25 | 22 | 22 | 26 | 30 |
| 内蒙古 | 312.85 | 390.16 | 486.17 | 667.5 | 1338.88 | 28 | 25 | 25 | 23 | 15 |
| 湖南 | 397.77 | 465.81 | 550.11 | 643.33 | 1086 | 24 | 23 | 21 | 25 | 24 |
| 广西 | 471 | 582.94 | 708.15 | 792.54 | 1175 | 19 | 17 | 18 | 18 | 20 |
| 陕西 | 531.91 | 696.36 | 844.09 | 1057.56 | 1379.4 | 16 | 12 | 10 | 12 | 13 |
| 青海 | 366.49 | 371.06 | 534.07 | 675.18 | 1086.96 | 26 | 27 | 24 | 22 | 23 |

注:指标名称:万人国际互联网络用户数。

资料来源:科技部科技指标数据库。

③ 电话和移动电话消费水平低。云南省百人固定电话和移动电话用户数很低,在全国处于倒数第 2 位的水平,虽然从 2004 年的 25.48 户提高到 2008 年的 43.75 户,但由于增加缓慢,在全国的位次却从第 28 位下降到第 30 位(表 4.8)。而进行比较的内蒙古自治区 2008 年却达到 64.45 户,在全国处于第 18 位,而陕西省则达到 67.73 户,在全国处于第 11 位,青海省也达到 62.46 户,在全国处于第 20 位。这一方面反映出云南城乡居民收入水平低,经济社会交往活动弱,对电话和移动电话的消费能力弱,需求不旺盛,另一方面也反映出云南省通信基础设施的落后,广大农村居民对电话和移动电话消费的便利程度低。

表 4.8　云南省电话拥有水平及与部分省区对比　　　单位:户,位

| | 监测值 | | | | | 位次 | | | | |
|---|---|---|---|---|---|---|---|---|---|---|
| | 2004 年 | 2005 年 | 2006 年 | 2007 年 | 2008 年 | 2004 年 | 2005 年 | 2006 年 | 2007 年 | 2008 年 |
| 云南 | 25.48 | 28.99 | 33.63 | 38.21 | 43.75 | 28 | 29 | 30 | 30 | 30 |
| 内蒙古 | 37.88 | 45.59 | 51.88 | 58.15 | 64.45 | 16 | 16 | 17 | 16 | 18 |
| 湖南 | 26.8 | 31.68 | 39.42 | 44.71 | 49.09 | 23 | 27 | 24 | 26 | 25 |
| 广西 | 26.54 | 34.47 | 40.57 | 44.93 | 47.7 | 26 | 22 | 22 | 25 | 27 |
| 陕西 | 34.87 | 42.66 | 48.32 | 56.17 | 67.73 | 19 | 19 | 19 | 17 | 11 |
| 青海 | 33.15 | 39.35 | 45.14 | 54.37 | 62.46 | 20 | 20 | 21 | 20 | 20 |

注:指标名称:百人固定电话和移动电话用户数。

资料来源:科技部科技指标数据库。

# 4.2　科技投入少、结构单一

随着科技体制改革的深入和发展,我国科技投入已由政府投入为主转变为非政府投入为主,呈现出多层次、多元化的投入格局。从云南科技投入看,投入存在

投入强度与绩效的"双低陷阱";政府科技支出占地方财政支出的比重不断下降;政府科技投入对企业科技投入引导作用小;企业研发资金"内外不足",企业投入主体不明显;科技投入结构单一,多元化投融资体系不健全等问题。

### 4.2.1 科技投入强度与绩效处于"双低陷阱"

世界各国政府在制定科技战略规划及实践都强调要不断加大政府科技投入力度,科技投入的绩效水平与强度已成为各界关注的重要问题之一。科技投入强度(R&D/GDP)是评价科学技术与经济协调发展的重要指标。我国《国家中长期科学和技术发展规划纲要(2006—2020 年)》已经明确规划了我国政府未来的 R&D 投入总体情况和投入强度,即到 2010 年,全社会研发投入占国内生产总值的比重提高到 2.0%;到 2020 年全社会研发投入占国内生产总值的比重提高到 2.5%以上,力争科技进步贡献率达到 60%以上。这一发展战略目标的提出,对于促进科技事业的发展,实现"加强自主创新能力、建设创新型国家"战略目标具有重要意义。云南省的科技投入强度和绩效在全国处于落后的水平。

1. 科技活动经费投入不足

云南省的科技活动投入相对较少,在全国处于后列,科技活动投入指数从 2004 年的 19.98 提高到 2008 年的 22.47,提高缓慢,所以在全国的地位很低,处于第 27 位~第 29 位(图 4.7)。而内蒙古、陕西和青海也都有不同程度的下降,说明西部省份科技活动人力和财力投入都严重不足。但与西部的内蒙古、陕西和青海省相比,云南省的科技投入也普遍低于这些省份,2008 年云南省的科技活动人力投入指数只有内蒙古自治区的 1/2、陕西省的 1/3,与湖南和广西的差距也很大,同时 2008 年云南省科技活动投入指数比 2007 年下降了 0.08%,说明云南省科技投入的总体状况缓慢。科技活动投入不足,严重制约着云南省的科技进步。

2. 科技投入总量与强度低

科学研究与试验发展(R&D)是全部科技活动的核心。R&D 经费支出及其占 GDP 比重是一组国际通用的衡量一个国家或地区科技活动规模及科技投入强度的重要指标,并在一定程度上反映地区经济增长的潜力和可持续发展能力。

云南省的 R&D 经费支出总体呈现增长趋势,但总体投入仍然不足。数据显示,云南省 R&D 经费支出总额从 2000 年的 6.8 亿增加到 2008 年的 31.6 亿元,年平均增长 21.17%,总体上呈现出持续增长的趋势。R&D 经费总支出占国内生产总值比例(R&D/GDP)从 2000 年的 0.35%增加到 2008 年的 0.55%,2005 年最高时达到 0.61%,但与全国及西部省市区相比,均仍处于较低水平(表 4.9)。

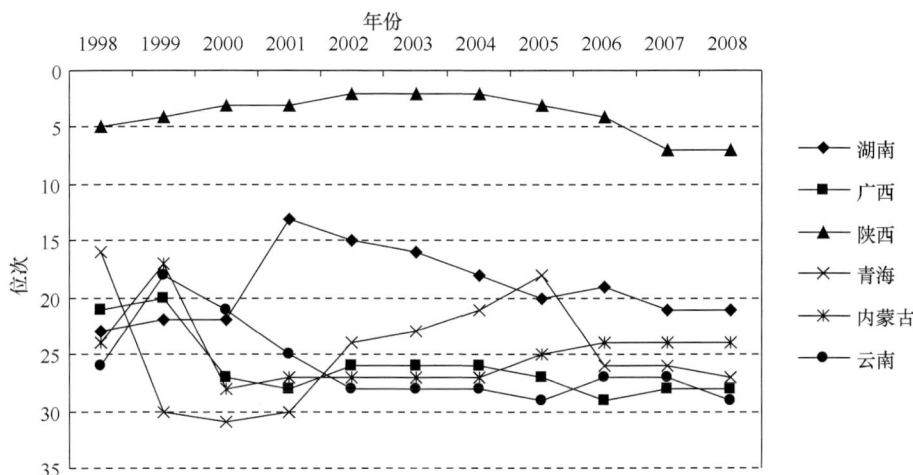

图 4.7　云南省科技活动投入在全国的地位及与部分省区对比
资料来源:科技部科技指标数据库。

**表 4.9　云南省历年 R&D 及其占生产总值的比例**

| 年份 | R&D/亿元 | R&D/GDP/% |
|------|---------|-----------|
| 2003 | 11 | 0.43 |
| 2004 | 12.5 | 0.41 |
| 2005 | 21.3 | 0.61 |
| 2006 | 20.9 | 0.52 |
| 2007 | 25.9 | 0.55 |
| 2008 | 31.6 | 0.55 |

注:数据来源:2008 年《云南统计年鉴》。

云南省的 R&D 经费支出与全省生产总值的比例在 0.5% 左右,从 2004 年的 0.45% 转变为 2008 年的 0.55%,只提高了 0.5%,在全国的地位从第 26 位提高到第 24 位,在全国处于后列(表 4.10)。在我们所选取的西部四省比较中,略高于内蒙古自治区、青海省和广西壮族自治区,但低于湖南省,更远低于陕西省,陕西省的 R&D 经费支出与全省生产总值的比例在 2% 以上,在全国处于前 4 位的水平。持续的研发经费投入是科技进步的基本前提,没有必要的研发经费,科技创新难以突破。因此,拓宽投融资渠道,千方百计增加研发经费投入,切实提高 R&D 经费支出与全省生产总值的比例,是加快云南省科技进步的重要举措。

表 4.10 云南省 R&D 经费支出强度与内蒙古、陕西和青海对比　　单位：%，位

| | 监测值 | | | | | 位次 | | | | |
|---|---|---|---|---|---|---|---|---|---|---|
| | 2004 年 | 2005 年 | 2006 年 | 2007 年 | 2008 年 | 2004 年 | 2005 年 | 2006 年 | 2007 年 | 2008 年 |
| 云南 | 0.45 | 0.42 | 0.61 | 0.52 | 0.55 | 26 | 26 | 21 | 25 | 24 |
| 内蒙古 | 0.33 | 0.29 | 0.3 | 0.34 | 0.4 | 28 | 28 | 28 | 28 | 28 |
| 湖南 | 0.65 | 0.66 | 0.68 | 0.71 | 0.8 | 18 | 20 | 19 | 20 | 21 |
| 广西 | 0.41 | 0.36 | 0.36 | 0.38 | 0.4 | 27 | 27 | 27 | 27 | 27 |
| 陕西 | 2.83 | 2.9 | 2.52 | 2.24 | 2.23 | 2 | 2 | 2 | 3 | 4 |
| 青海 | 0.62 | 0.6 | 0.54 | 0.52 | 0.49 | 21 | 21 | 24 | 26 | 26 |

注：指标名称：R&D 经费支出与 GDP 比例。
资料来源：科技部科技指标数据库。

　　虽然云南省科技投入规模已呈逐年增加趋势，但通过与全国相比来看，科技投入强度并不理想，持续的研发经费投入是科技进步的基本前提，没有必要的研发经费，科技创新难以突破。

　　3. 科技活动产出水平总体不高

　　科技产出是衡量一个地区科技发展水平与绩效的重要标准之一。科技产出水平的高低，能够反映一个地区科技创新能力的强弱和科技活动的活跃程度，科技产出的情况直接反映科技竞争力的水平。科技产出的评价主要包括专利产出、科技论文、科技成果和科技英才。

表 4.11 云南省省科技成果产出总体情况　　单位：篇，个

| | | 发表论文 | 出版专著 | 专利申请 | 发明专利申请数 | 拥有发明专利数 |
|---|---|---|---|---|---|---|
| 2004 年 | 总数 | 15987 | 637 | 678 | 376 | 683 |
| | 科研机构 | 1840 | 31 | 49 | 38 | 120 |
| | 高等院校 | 11 208 | 586 | 95 | 72 | 220 |
| | 企业 | 222 | 2 | 529 | 263 | 338 |
| | 其他 | 2717 | 18 | 5 | 3 | 5 |
| 2008 年 | 总数 | 20 944 | 862 | 1687 | 987 | 1334 |
| | 科研机构 | 2893 | 162 | 160 | 123 | 170 |
| | 高等院校 | 14 868 | 675 | 771 | 474 | 412 |
| | 企业 | 91 | 2 | 749 | 385 | 745 |
| | 其他 | 3092 | 23 | 7 | 5 | 7 |

注：数据来源：2008 年《中国科技统计年鉴》、《云南统计年鉴》。

　　从表 4.11 可以看出，云南省科技活动产出总体上不高，提高较为缓慢，科技活

动产出指数从 2004 年的 25.18 提高到 2008 年的 29.58,在全国的地位从 1998 年
以来基本处于第 20 位左右的中下水平(图 4.8)。尤其是技术成果市场化指数则
处于全国倒数行列。影响云南省的科技活动产出低的原因主要是由于技术成果市
场化程度低,在全国的地位下降所致。而同处于西部的陕西和青海省在技术成果
市场方面则有较大幅度的提高,地位也有所上升。

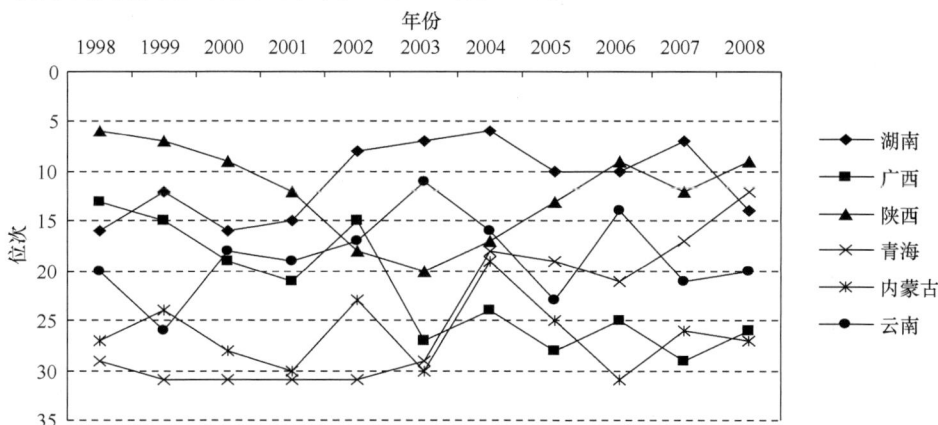

图 4.8　云南省科技活动产出在全国的地位及与部分省区对比
资料来源:科技部科技指标数据库。

　　云南省在科技投入不足,尤其在企业投入不足,投融资渠道狭窄的情况下,科
技产出也不高,科技成果转化率低,处于科技投入低和绩效低的"双低陷阱"。

### 4.2.2　政府科技支出占地方财政支出的比重不断下降

　　狭义的政府科技投入就是指财政用于科学研究和技术开发等方面的经费投
入,即财政科技拨款,按预算科目其主要包括科技三项费用、科学支出、科研基建费
等三类,其中科技三项费用指国家预算用于科技支出的费用,包括新产品试制费、
中间试验费和重要科学研究补助费。广义的政府科技投入不再局限于直接的经费
支出,而包括所有能够促进科技进步的政府政策工具。具体来说,它包括直接的经
费支出,即财政科技拨款,也包括政府的间接扶持,如财政贴息、税收优惠、贷款担
保等。国家财政科技拨款是我国科技投入的重要组成部分。政府通过向科研机
构、高校和企业的科技投入,形成科研成果,并通过科研成果不断向企业转移,以及
公共研究部门与企业之间知识、技术和人才的转移和流动等方式,为企业后续的研
究发展活动开辟技术机会、降低企业 R&D 的成本及面临的风险,刺激企业的
R&D 投入,带来科技投资的杠杆效应。

　　2007 年以前,云南省的地方财政科技拨款占地方财政支出比重在全国处于中
上水平,从 2004 年的 1.56% 下降到 2008 年的 1.15%,2008 年,云南省地方一般

预算支出中用于科技的支出为 17.67 亿元,比上年增长 35.5%,但由于其他省份增长更快,地方财政投入科技活动的比重提高快,使云南省的地位从 2007 年的第 13 位突然下降到 2008 年的第 25 位(表 4.12)。在我们所选取的比较省份中,云南省的地方财政投入科技拨款占地方财政支出的比重在 2007 年以前高于内蒙古自治区、陕西省和青海省,在全国处于中上水平,但 2008 年却下降到低于陕西省、湖南省和广西壮族自治区,退步到在全国处于后列。

表 4.12　云南省地方财政投入强度与部分中西部省区对比　单位:%,位

| | 监测值 | | | | | 位次 | | | | |
|---|---|---|---|---|---|---|---|---|---|---|
| | 2004 年 | 2005 年 | 2006 年 | 2007 年 | 2008 年 | 2004 年 | 2005 年 | 2006 年 | 2007 年 | 2008 年 |
| 云南 | 1.56 | 1.27 | 1.37 | 1.27 | 1.15 | 13 | 14 | 14 | 13 | 25 |
| 内蒙古 | 1.15 | 0.89 | 1.03 | 0.97 | 0.85 | 21 | 28 | 24 | 24 | 30 |
| 湖南 | 1.59 | 1.3 | 1.4 | 1.34 | 1.51 | 12 | 13 | 13 | 12 | 12 |
| 广西 | 2 | 1.34 | 1.28 | 1.27 | 1.34 | 9 | 15 | 15 | 13 | 18 |
| 陕西 | 1.15 | 1.02 | 1.06 | 1.25 | 1.26 | 21 | 22 | 23 | 16 | 20 |
| 青海 | 0.92 | 0.75 | 0.78 | 0.68 | 0.89 | 27 | 29 | 29 | 30 | 29 |

注:指标名称:地方财政科技拨款占地方财政支出比重。

资料来源:科技部科技指标数据库。

2007 年,云南省地方财政科技拨款为 11.4 亿元,增幅 8.6%,仅高于宁夏、贵州,而同期西部 12 省市自治区平均增幅达 16.5%,全国 31 个省市自治区平均增幅高达 28.8%;云南省地方财政科技拨款占地方财政支出的比重为 1.3%,较 2006 年减少 0.1 个百分点,与云南省"十一五"科技发展规划确定的到 2010 年达到 2% 以上的目标有相当大的差距,而同期全国 31 个省市自治区地方财政科技拨款占地方财政支出比重已经达到 2.2%。

政府科技投入对企业科技投入的作用取决于政府科技投入的结构和特定的发展阶段。云南省全社会科技财力投入严重不足,云南省的科技财力投入指数从 17.06 提高到 17.82,在全国处于第 25 位,与内蒙古、陕西和青海省比较,远低于陕西省,不到陕西省的 1/3,而陕西省则处于全国前列,云南省的科技活动财力投入指数高于内蒙古和广西壮族自治区,与青海省的水平相当,但低于湖南省(图 4.9)。在政府的财政科技投入比重不是很低的情况下,全社会科技活动财力投入严重不足,反映出企业科技投入的严重不足。

### 4.2.3　政府科技投入对企业科技投入引导作用小

政府科技投入对企业的科技投入存在着很强的带动效应和知识外溢效应,所以发达国家政府对科技投入成为抢占科技和经济制高点的重要举措。据测算,OECD 17 个国家政府资助给公司 1 美元,可引致企业 0.70 美元的 R&D 支出(企

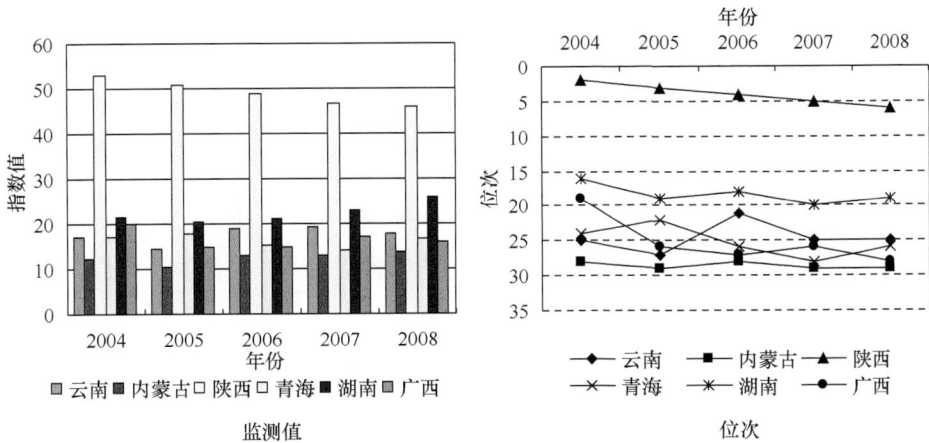

图 4.9　云南省科技活动财力投入在全国的地位与内蒙古、陕西和青海省对比
资料来源：科技部科技指标数据库。

业总 R&D 支出为 1.70 美元），并且政府资助的激励效果随资助率而变化。一般认为政府直接资助对企业 R&D 投入有促进作用。

2007 年云南省大中型工业企业 R&D 经费支出为 6.3 亿元，较 2006 年减少16%，是西部除西藏外唯一减少的省份，而同期西部 12 省市自治区平均增幅高达29.6%，全国企业经费支出增长幅度也达 27.5%；云南省大中型工业企业 R&D 经费支出占产品销售收入比重仅为 0.3%，较 2006 年减少 0.1 个百分点，仅高于新疆、西藏。

1. 冶金工业科技投入有待提高

2004 年，云南省冶金工业企业筹集的科技活动经费占到企业科技投入总额的78.98%。企业的研发费用虽然逐年增加，但与全国冶金企业科技投入比重已达到90.33% 相比，还需进一步提高。

2. 电力工业科技投入较低

长期以来，云南电力工业科技投入中政府投入比重大大低于全国平均水平，企业投入较全国而言基本持平。云南电力工业企业的创新意识还比较强烈，而政府的政策环境较差，政府投入份额较低。因此，尽管云南省电力科技支出逐年提高，但支出相对不足的问题始终存在，科技活动经费筹集总额和科技经费支出远远落后于其他省份，制约了电力科技创新和新技术引进。尽管科技活动经费中有 90%以上是由电力企业资金构成，但是受企业个体可支配能力及范围的影响，企业在技术进步方面大都投入不足，一些较大的技术试验项目因为资金的原因难以为继。很多电力公司每年投入的技术试验经费不足全年营业收入的 1%，而一些国际跨国公司的研发投入占到营业收入的 20% 左右。

### 3. 煤炭工业科技投入严重不足

云南煤炭工业资金投入也严重不足,尤其是政府投入在科技活动经费筹集中的比例非常小。云南省煤炭行业 R&D 项目数很少,R&D 项目人员全时当量低,R&D 项目经费严重不足。在企业的自主研发能力弱的同时,在技术引进和消化吸收的科技投入上也非常少,用于技术改造的经费也不高。科技投入不足使煤炭工业基本采用粗放型的开发方式,对资源的依赖性过强,产业竞争力和持续发展潜力不足。

### 4. 化学工业科技投入不足,企业科技创新动力不足

从整个化学工业来看,云南省拥有科研机构和有科技活动的规模以上企业数量偏低,60%的企业没有科技创新活动,有科技机构的规模以上化学工业企业不到30%。云南省大型化工企业科技投入不断增加,但大多数中小企业科技投入不足。云南省化学工业的科技活动经费约占全省工业科技总投入的 10%左右,而用于开发新产品支出约为 30%,用于设备购置支出约为 50%,用于研发项目的支出不到15%,R&D 项目是企业自主创新活动的直接体现,研发投入的不足,使化学工业的创新能力难以增强。在云南省化工产业其他技术活动经费支出中,技术改造费用占主要地位,这有利于产业在原有技术基础上进行技术创新。但是,用于消化吸收的经费很少,用于购买国内技术比引进国外技术支出要高,云南省化工企业的引进和购买后消化吸收再创新能力非常薄弱,对国外技术装备的依赖性较强。

### 5. 装备制造业的创新经费投入不足

云南省装备制造业的创新经费投入不足,在全国处于倒数行列,与行业资金密集型的特点不符。2004 年,云南省专用设备制造业的工业企业科技活动经费筹集额为 6507.2 万元,其中企业资金最多,约为 5685.2 万元,所占比例大约为87.37%,而金融机构贷款和政府资金仅为 360 万元、397 万元,分别占 5.53%、6.10%。从这个结构可以看出,云南省的专用设备制造业融资渠道单一,主要依靠企业的投入,制约着化工机械工业的科技创新步伐。从科技活动经费内部支出看,云南省的专用设备制造业的科技经费支出 6790.6 万元,占全省装备制造业的近1/4,但云南省科技经费支出仅有全国的 0.25%,支出数额远远低于其他省市。政府投入严重不足,而民营企业发展缓慢且弱小,再加上产业吸引外来资金能力较弱,产业发展资金投入极为不足,这与专用设备制造业产业高投入、资金技术密集型的特点很不相称,导致科研创新缺乏必要的资金,产业难以进行规模扩张。

2004 年,云南省交通运输设备制造业的工业企业科技活动经费筹集额为6699.6 万元。其中,企业资金为 5544.6 万元,占 82.76%,金融机构贷款约为 950万元,约占 14.18%,而政府资金仅为 205 万元,约占 3.06%。可见,在云南省交通

运输设备制造业的科技投入中,政府扶持力度小,投入低的问题十分突出。从科技活动经费内部支出看,研发资金投入严重不足。虽然交通运输设备制造业的科技经费支出占全省装备制造业的近1/4,但云南省科技经费支出仅有全国的0.25%,远远低于其他省市。另外,政府对设备进口和技术引进尚没有形成有效的管理和协调机制,一些企业只重视设备进口而忽视技术引进,或重视技术引进而忽视消化吸收,重复引进现象严重。铁路机械工业创新的研发投入中,政府投入严重不足,远远低于其他省市,R&D经费支出在全国的排位出现逐渐下滑的趋势,企业尚不具备独立投入、独立研发的资金实力,政府科研经费投入的不足,制约着新产品的研发步伐。

### 4.2.4　企业研发资金"内外不足",企业投入主体不明显

企业的科技投入是全社会科技投入的主体,企业投入不足是制约云南科技创新的重要原因。

#### 1. 企业的研发经费投入严重不足

云南省的企业 R&D 经费支出占产品销售收入的比重很低,只有0.3%左右,并且呈下降趋势,从2004年的0.33%下降到2008年的0.26%,在全国处于倒数行列。与我们所选取的省份相比,低于内蒙古、陕西、青海、湖南和广西(表4.13)。

表 4.13　云南省企业 R&D 经费投入强度与内蒙古、陕西和青海对比　单位:%,位

| | 监测值 | | | | | 位次 | | | | |
|---|---|---|---|---|---|---|---|---|---|---|
| | 2004 年 | 2005 年 | 2006 年 | 2007 年 | 2008 年 | 2004 年 | 2005 年 | 2006 年 | 2007 年 | 2008 年 |
| 云南 | 0.33 | 0.22 | 0.43 | 0.26 | 0.26 | 27 | 30 | 27 | 28 | 28 |
| 内蒙古 | 0.36 | 0.3 | 0.38 | 0.44 | 0.52 | 26 | 27 | 28 | 26 | 22 |
| 湖南 | 0.74 | 0.72 | 0.72 | 0.76 | 0.98 | 12 | 12 | 14 | 14 | 5 |
| 广西 | 0.76 | 0.45 | 0.55 | 0.63 | 0.49 | 11 | 24 | 20 | 18 | 23 |
| 陕西 | 1.68 | 1.14 | 0.75 | 0.79 | 0.77 | 1 | 1 | 10 | 12 | 14 |
| 青海 | 0.65 | 0.6 | 0.48 | 0.36 | 0.36 | 17 | 17 | 22 | 27 | 27 |

注:指标名称:企业 R&D 经费支出占产品销售收入比重。

资料来源:科技部科技指标数据库。

#### 2. 企业对技术引进消化吸收的经费投入呈下降趋势

云南省的企业消化吸收经费与技术引进经费比例在全国并不低,但波动大,总体呈下降趋势,从2004年的21.98:1下降到2008年的0.23:1,在全国的地位从2004年的第2位下降到2008年的第18位(表4.14),波动大说明企业用于消化吸收的经费投入不稳定,所以在全国的地位时高时低,如2004年处于第2位,但2005年则退到第23位,2007年还处于第8位,2008年则下降到第18位。在我

们所选取的对比省份中,具有共同的特点,呈下降趋势并且波动大,如陕西省从2005 年的 25.61：1 下降到 2008 年只有 0.1：1,在全国的地位也从第 6 位下降到 2008 年的第 28 位,青海省则从 2005 年的 33.33：1 下降到 2008 年的 0.31：1,在全国的地位也从第 3 位下降到 2008 年的第 11 位。

表 4.14　云南企业消化吸收经费投入强度与内蒙古、陕西和青海对比　单位:位

| | 监测值 | | | | | 位次 | | | | |
|---|---|---|---|---|---|---|---|---|---|---|
| | 2004 年 | 2005 年 | 2006 年 | 2007 年 | 2008 年 | 2004 年 | 2005 年 | 2006 年 | 2007 年 | 2008 年 |
| 云南 | 21.98 | 7.51 | 11.42 | 0.35 | 0.23 | 2 | 23 | 19 | 8 | 18 |
| 内蒙古 | 1.62 | 7.29 | 44.97 | 0.07 | 0.08 | 22 | 24 | 5 | 29 | 28 |
| 湖南 | 7.03 | 14.23 | 7.96 | 0.16 | 0.15 | 11 | 16 | 24 | 21 | 25 |
| 广西 | 10.8 | 5.28 | 6.86 | 0.19 | 0.07 | 4 | 26 | 26 | 18 | 29 |
| 陕西 | 8.63 | 25.61 | 17.21 | 0.12 | 0.1 | 7 | 6 | 15 | 25 | 27 |
| 青海 | 0 | 33.33 | 21.67 | 0.09 | 0.31 | 29 | 3 | 12 | 27 | 11 |

注:指标名称:企业消化吸收经费与技术引进经费比例。
资料来源:科技部科技指标数据库。

### 3. 工业企业中从事科技活动的比重较低

云南省企业研发机构数量偏少,开展科技活动的企业比重低。2004~2008 年,全省工业企业中从事科技活动的单位数比例在 11.1%~17.7%(表 4.15)。2008 年全省工业企业数量为 3636 个,从事科技活动的工业企业占 14.9%,比上年降低 2.7%。在企业内部,80% 分布于大型国有企业,20% 分布于中小企业,中小企业严重缺乏科技创新的人才条件。我国的数据表明,65% 的国内发明专利是由中小企业获得的,80% 的新产品是由中小企业创造的,这是因为创新是中小企业发展的内在要求,中小企业没有自己的核心技术,就无法在激烈的市场竞争中生存、发展。此外,云南省科技基础条件建设普遍滞后、资源分散、低水平重复投入较为严重,资源共建、共享程度低,全省尚未建立起科学合理的、完整的科技基础条件平台建设与投入体系,创新基础条件资源短缺与浪费现象并存。有关调查表明,云南省大型科研装备利用率只有 20%,远低于发达国家 170%~200% 的水平。

表 4.15　云南省工业企业从事科技活动情况

| 年份 | 全省工业企业数量/个 | 从事科技活动工业企业数/个 | 从事科技活动工业企业比重/% | 科技活动人员/人 | 科技活动人员比重/% |
|---|---|---|---|---|---|
| 2004 | 2436 | 370 | 15.2 | 17 257 | 35.97 |
| 2005 | 2707 | 300 | 11.1 | 17 155 | 30.69 |
| 2006 | 2694 | 478 | 17.7 | 22 443 | 35.91 |

| 年份 | 全省工业<br>企业数量/个 | 从事科技活动<br>工业企业数/个 | 从事科技活动<br>工业企业比重/% | 科技活动<br>人员/人 | 科技活动<br>人员比重/% |
|------|------|------|------|------|------|
| 2007 | 2731 | 482 | 17.6 | 24 601 | 36.63 |
| 2008 | 3636 | 540 | 14.9 | 30 388 | 40.98 |

数据来源：2008 年《中国科技统计年鉴》、《云南统计年鉴》。

工业企业是工业化时期经济建设的主战场，而云南省从事科技活动工业企业比重不到 20%，80% 工业企业缺乏科技创新活动，科技创新活动尚未成为工业企业的普遍行为，这是云南省科技支撑经济能力弱的主要原因。

从以上分析可以看出，云南省企业作为技术创新主体的地位不强，其研发经费投入不足、技术储备积累少。企业研发所需的资金投入处于"内外不足"的尴尬状况。

### 4.2.5　科技投入结构单一，多元化投融资体系不健全

云南省对科技投入的资金来源渠道较为单一，投融资渠道狭窄。2008 年，全省科技经费筹集总额为 89.33 亿元，其中金融机构贷款为 5.79 亿元，仅占全部科技经费筹集总额的 6.48%，低于贵州 7.28%、重庆 7.7% 和内蒙古 7.5% 的水平。银行商业化增大了通过贷款获得成果转化和高新技术产业化所需资金的难度，全社会参与的多元化科技投融资体系有待健全。另外，云南省只有红塔创新投资股份有限公司和云南高新创业投资有限公司等两家风险投资公司，风险投资体制还没有真正建立起来，为企业创新进行融资的服务能力还很有限。云南省的融资担保机构建设不完善，仅有云南省投融资担保有限公司、云南省再担保有限公司等几家信用担保机构，远不能满足众多的中小企业与银行合作开展自主创新的需求。

## 4.3　科技成果产业转化水平不高

云南的科技优势并没有有效转化为经济优势（图 4.10）。云南科研成果项目较多，并不缺乏能进行产业化的科技成果，但由于科技项目成果未能有效转化成经济成果，成果交易能力较差阻碍科技成果产业化，试验发展条件较差减缓科技成果产业化，风险融资能力较弱影响科技成果产业化，政策支持力度较弱制约科技成果产业化等因素造成云南科技项目成果多与产业转化少的矛盾。

科技对云南经济社会发展的贡献取决于科技的产业化环境，虽然云南在科技投入中获得了许多科技成果，但这些科研成果能否对经济社会发展起作用，还需要进一步对这些科技成果进行产业化。科技对云南经济社会发展的贡献相对比较低与云南省现阶段的科技成果产业化环境是密不可分的。

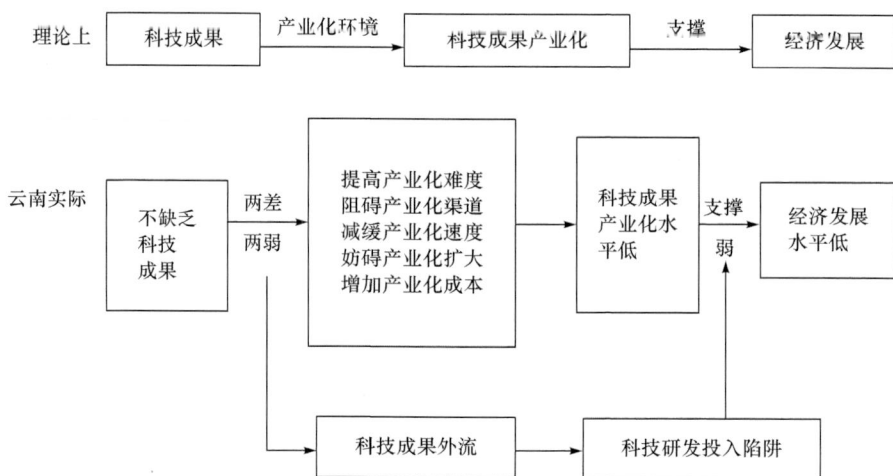

图 4.10　云南科技成果产业化存在问题

### 4.3.1　科技项目成果未能有效转化成经济成果

云南科研成果项目较多,并不缺乏能进行产业化的科技成果。从科技项目和科技产出的方面看,云南在全国排位比较靠前,增长速度也比较快(表 4.16)。2008 年云南省规模以上工业企业的科技项目为 2429 项,增长 67%,拥有发明专利 623 项,增长 50%,万名就业人员发明专利拥有量达到 0.45 项,万人科技活动人员发明专利申请授权量 64 项,分别排在全国第 18 位和第 6 位。2008 年云南省获国家级科技成果奖系数 3.65,排在全国第 12 位。

表 4.16　全国科技项目成果比重

| 地区 | 大中型工业企业科技项目/项 | 拥有发明专利/项 | 万人科技活动人员发明专利申请授权量/(项/万人) | 万名就业人员发明专利拥有量/(项/万人) | 获国家级科技成果奖系数 |
|---|---|---|---|---|---|
| 北京 | 15 093 | 5618 | 120.12 | 16.57 | 10.75 |
| 天津 | 13 045 | 3050 | 103.28 | 5.97 | 5.73 |
| 河北 | 6829 | 1058 | 33.87 | 0.4 | 2.62 |
| 山西 | 3685 | 603 | 23.98 | 0.69 | 1.82 |
| 内蒙古 | 1741 | 288 | 28.57 | 0.37 | 2.16 |
| 辽宁 | 11 719 | 1496 | 64.65 | 2.05 | 3.59 |
| 吉林 | 3275 | 480 | 48.98 | 1.26 | 1.73 |
| 黑龙江 | 5303 | 1002 | 58.04 | 1.09 | 4.63 |
| 上海 | 12 966 | 3111 | 143.00 | 11.35 | 7.69 |

续表

| 地区 | 大中型工业企业科技项目/项 | 拥有发明专利/项 | 万人科技活动人员发明专利申请授权量/(项/万人) | 万名就业人员发明专利拥有量/(项/万人) | 获国家级科技成果奖系数 |
|---|---|---|---|---|---|
| 江苏 | 33 384 | 9680 | 50.70 | 1.31 | 2.15 |
| 浙江 | 32 966 | 11 098 | 63.63 | 1.39 | 3.14 |
| 安徽 | 8672 | 3508 | 28.00 | 0.23 | 3.7 |
| 福建 | 7018 | 1648 | 29.79 | 0.55 | 0.75 |
| 江西 | 4148 | 406 | 24.24 | 0.21 | 2.03 |
| 山东 | 24 113 | 5453 | 43.42 | 0.71 | 3.61 |
| 河南 | 12 082 | 2102 | 29.29 | 0.29 | 2.35 |
| 湖北 | 10 230 | 2047 | 51.07 | 0.89 | 3.48 |
| 湖南 | 9482 | 2356 | 53.89 | 0.54 | 2.92 |
| 广东 | 30 527 | 18 757 | 82.74 | 1.94 | 1.65 |
| 广西 | 3631 | 568 | 28.19 | 0.21 | 2.03 |
| 海南 | 312 | 29 | 57.30 | 0.41 | 2.06 |
| 重庆 | 5474 | 1058 | 42.24 | 0.45 | 4.56 |
| 四川 | 12 868 | 1649 | 39.49 | 0.52 | 1.18 |
| 贵州 | 2322 | 701 | 59.44 | 0.34 | 2.83 |
| 云南 | 2429 | 623 | 64.00 | 0.45 | 3.65 |
| 西藏 | 23 | 19 | 11.11 | 0.16 | 0 |
| 陕西 | 7972 | 931 | 50.74 | 1.04 | 4.38 |
| 甘肃 | 2229 | 356 | 33.77 | 0.41 | 4.26 |
| 青海 | 323 | 262 | 25.00 | 0.31 | 3.67 |
| 宁夏 | 1061 | 111 | 22.07 | 0.53 | 4.04 |
| 新疆 | 1287 | 184 | 29.80 | 0.45 | 3.98 |

资料来源:2009 年《科技统计年鉴》和 2008 年《全国及各地科技进步统计监测结果》。

云南科研成果项目较多,有大量科研成果项目输出。2003～2007 年云南省科技成果总量近 3100 项,位居西部 12 个省区市之首。2003～2007 年云南省获国家和省部级奖励 353 项,其中包括授权专利 295 项和开发新产品 339 个,而转化和推广应用的技术成果只有 186 项。2008 年云南省共登记科技成果 700 项,云南省科研机构、高等院校和其他非企业共输出技术项目 259 项,金额 1.3 亿元,企业输出技术 633 项,金额 3.9 亿元。在 700 项科技成果中,应用技术成果 585 项,处于成熟应用阶段的成果 470 项,处于实验室、小试等初期阶段的成果 35 项,处于中试或设备的样机、试样等中期阶段的成果 80 项。在所属产业领域的应用技术成果中,生物、医药和医疗器械 182 项,农业 149 项。

云南省科技成果产出能力相对较强,科研成果项目较多,其中有大量科研成果项目输出和大量处于成熟应用阶段的成果,云南省并不缺乏能进行产业化的科技成果,但没有有效地转化成经济成果。

### 4.3.2　成果交易能力较差阻碍科技成果产业化

由于科技开发研究的主体与科技成果产业化的主体可能不一致,技术的交换转让便成为科技成果产业化的一个重要环节。科技进行交换转让的场所就是技术市场,在技术市场上科技作为一种商品进行有偿转让,因此技术市场能否为科技的交换转让提供灵活多样的转让机制将成为影响科技成果产业化的重要影响因素。

规模大、结构合理、交易方式多样的有效技术市场有利于科技的研发,有利于科技成果的商品化,有利于科技成果的应用和扩散,有利于人才流动,最终有利于科技成果产业化和科技产业的发展壮大。通过有效技术市场可以实现科技研发成果的资本化,可以大大激发研究人员的积极性,为下一轮研究的人力和资金投入提供保障,从而在技术研究领域也能较好地引入经济竞争机制。有效技术市场能较容易地为产业发展传递先进适用的技术,促进技术的最佳选用,加快企业对技术的应用,提高经济和技术效益,能实现技术的研发与技术的生产应用的结合。技术研发主要是在科研院所和高等院校进行,使得许多技术研究与技术应用之间存在隔离,大多数的科技精英和科技游离在经济生产领域之外,其价值得不到实现。与此相反,由于企业高层次的科技人才少和经费投入少,没有能力开发技术来满足自身发展的需求。技术市场能实现技术研发与技术生产应用的良好结合,充分利用社会资源,使技术通过市场转移到经济生产领域中。此外,有效技术市场能促进人才流动。技术成果是研发人员的智力成果,其商品化必然伴随研发人才的智力互动。研发人才的交流与转移势必又会加快技术成果的产业化。云南省有一个科技产权交易中心及其下属的一个国际科技转移中心,已经具有科技能作为一种商品进行交易的平台和交易方式多样化的条件,但科技市场的市场容量少、内容不丰富,科技成果交易能力差减缓了科技的顺利转让和科技成果产业化的速度。

#### 1. 技术成果市场化程度低

云南省的技术成果市场化程度低,远低于陕西、青海、湖南等省份,仅略高于广西壮族自治区。技术成果市场化指数从 2004 年的 13.26 下降到 2008 年的10.82,不到陕西省、青海省的 1/2,由于技术成果市场化程度的下降,导致在全国的地位不断下降,从 2004 年的第 15 位快速下降到 2008 年的第 26 位,技术成果市场化程度低,降低了云南省的科技活动产出,抵消了科技活动产出水平对科技活动产出和科技进步的贡献(图 4.11)。云南省的技术成果市场化程度低主要表现在如下方面。

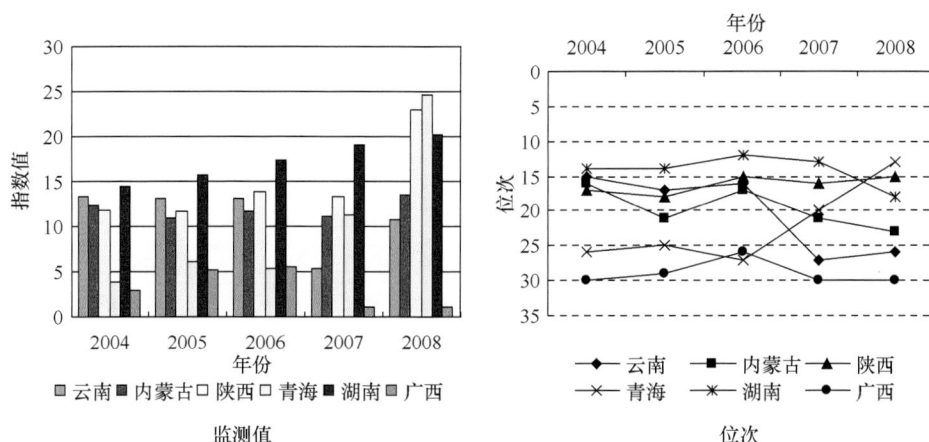

图 4.11　云南省科技成果市场化在全国的地位及与部分省区对比
资料来源:科技部科技指标数据库。

一是技术成果交易额明显下降。云南省每万人技术成果成交额大幅度下降,从 2004 年的 52.43 件下降到 2008 年的 31.68 件,在全国的地位从第 13 位下降到第 22 位,2007 年更低,处于第 25 位(表 4.17)。同处于西部的内蒙古自治区每万人技术成果成交额从 45.3 件提高到 46.11 件,陕西省则从 45.44 件提高到 83.22 件,青海省从 15.58 件快速提高到 96.74 件。湖南省则从 55.35 件提高到 72.53 件,云南省仅高于广西壮族自治区。

表 4.17　云南省科技成果成交额及与部分省区对比　　　　单位:件,位

|  | 监测值 | | | | | 位次 | | | | |
|---|---|---|---|---|---|---|---|---|---|---|
|  | 2004 年 | 2005 年 | 2006 年 | 2007 年 | 2008 年 | 2004 年 | 2005 年 | 2006 年 | 2007 年 | 2008 年 |
| 云南 | 52.43 | 48.82 | 35.77 | 18.46 | 31.68 | 13 | 13 | 19 | 25 | 22 |
| 内蒙古 | 45.3 | 43.66 | 46.08 | 44.69 | 46.11 | 16 | 15 | 15 | 15 | 18 |
| 湖南 | 55.35 | 60.96 | 65.98 | 71.79 | 72.53 | 12 | 12 | 12 | 11 | 14 |
| 广西 | 8.61 | 18.6 | 20.18 | 2 | 2.1 | 29 | 25 | 26 | 29 | 29 |
| 陕西 | 45.44 | 37.55 | 50.8 | 48.05 | 83.22 | 15 | 18 | 13 | 13 | 13 |
| 青海 | 15.58 | 23.74 | 21.75 | 45.01 | 96.74 | 23 | 20 | 25 | 14 | 9 |

注:指标名称:万人技术成果成交额。
资料来源:科技部科技指标数据库。

二是成果转让水平不高。云南省每万名 R&D 活动人员向国外转让专利使用费和特许费波动很大,2004 年为 1.55 万美元,2005 年为 8.72 万美元,2006 年则高达 41.87 万美元,但 2007 年则下降到 8.38 万美元,2008 年回升到 29.05 万美元,在全国的地位也是有的年份低,有的年份高,如 2006 年处于第 5 位,但 2007 年则处于第 23 位(表 4.18)。

**表 4.18　云南省向国外转让专利情况及与部分省区对比**　　单位:万美元,位

| | 监测值 | | | | | 位次 | | | | |
|---|---|---|---|---|---|---|---|---|---|---|
| | 2004 年 | 2005 年 | 2006 年 | 2007 年 | 2008 年 | 2004 年 | 2005 年 | 2006 年 | 2007 年 | 2008 年 |
| 云南 | 1.55 | 8.72 | 41.87 | 8.38 | 29.05 | 27 | 19 | 5 | 23 | 17 |
| 内蒙古 | 10.36 | 0 | 1.25 | 0.3 | 19.28 | 15 | 29 | 27 | 28 | 20 |
| 湖南 | 5.93 | 5.1 | 9.48 | 10.94 | 21.1 | 19 | 23 | 18 | 22 | 18 |
| 广西 | 7.58 | 6.03 | 5.65 | 5.32 | 5.32 | 18 | 21 | 21 | 25 | 27 |
| 陕西 | 5.35 | 23.43 | 11.33 | 14.05 | 21.09 | 20 | 12 | 17 | 19 | 19 |
| 青海 | 0 | 1.04 | 0 | 0 | 4.11 | 29 | 26 | 30 | 29 | 28 |

注:指标名称:万名 R&D 活动人员向国外转让专利使用费和特许费。
资料来源:科技部科技指标数据库。

## 2. 科技市场交易金额低,结构不合理

云南省科技市场的交易金额在全国和西部地区的比重小,远低于东部发达地区的水平。2001~2008 年间云南技术市场成交金额 126.9 亿元,分别占全国和西部地区的 1.03% 和 10.73%。云南省技术市场还不断萎缩,交易额由 2001 年的 25.52 亿元减少到了 2008 年的 5.05 亿元。平均下降速度达到了 20.65%,而同期间全国平均增长 19.13%,西部地区平均增长 11.85%(表 4.19)。

**表 4.19　2001~2008 年各省技术市场交易情况的比较**

| 地区 | 2001~2008 年交易额/亿元 | 年均增长速度/% | 地区 | 2001~2008 年交易额/亿元 | 年均增长速度/% |
|---|---|---|---|---|---|
| 全国 | 12 347.26 | 19.13 | 江西 | 68.41 | 3.09 |
| 东部地区 | 9479.76 | 20.25 | 山东 | 427.21 | 10.80 |
| 中部地区 | 1360.58 | 11.24 | 河南 | 180.43 | 2.60 |
| 西部地区 | 1182.94 | 11.85 | 湖北 | 365.88 | 9.25 |
| 北京 | 4199.23 | 27.17 | 湖南 | 320.54 | 7.16 |
| 天津 | 422.48 | 16.02 | 广东 | 814.24 | 20.72 |
| 河北 | 83.80 | 19.82 | 广西 | 35.54 | −4.68 |
| 山西 | 46.42 | 36.30 | 海南 | 16.85 | −11.54 |
| 内蒙古 | 75.44 | 6.11 | 重庆 | 377.83 | 11.54 |
| 辽宁 | 588.83 | 13.59 | 四川 | 168.75 | 19.33 |
| 吉林 | 101.35 | 12.03 | 贵州 | 8.83 | 65.48 |
| 黑龙江 | 154.03 | 20.62 | 云南 | 126.90 | −20.65 |
| 上海 | 1823.15 | 20.26 | 陕西 | 165.18 | 26.49 |
| 江苏 | 620.81 | 8.56 | 甘肃 | 122.62 | 40.60 |
| 浙江 | 364.71 | 9.28 | 青海 | 20.46 | 49.31 |
| 安徽 | 123.51 | 26.08 | 宁夏 | 7.53 | 0.04 |
| 福建 | 118.45 | 3.96 | 新疆 | 73.87 | −1.53 |

资料来源:2009 年《中国科技统计年鉴》。

　　云南最主要的科技交易是科技开发,占云南省科技交易总额的 57.59%;科技转让和科技咨询的交易额很少,科技转让和科技咨询的交易额占全部科技交易总额的比重不到 15%。从全国来看,尽管科技开发也是最主要的科技交易类型,但其比重较低,仅为 35.43%,而全国的科技转让和科技咨询交易占了其交易总额的22.65%(表 4.20)。云南省科技转让、科技咨询和科技服务的交易比重低,这种科技市场结构不利于科技的产业化。科技转让在科技成果产业化中是最重要的科技交易类型,只要有科技转让交易,一般就意味着该项科技具有较为明显的市场潜力,转让之后接着就是生产能力的开发,具有较高的市场开发成功率,而科技开发还存在着科技开发过程中的不确定性。

**表 4.20　2008 年云南的科技交易结构与全国的比较**　　　　单位:%

| 技术交易类型 | 科技开发 | 科技转让 | 科技咨询 | 科技服务 |
|---|---|---|---|---|
| 全国 | 35.43 | 5.27 | 17.38 | 41.92 |
| 西部地区 | 36.76 | 5.32 | 18.61 | 39.31 |
| 云南 | 57.59 | 5.27 | 9.51 | 27.63 |

　　资料来源:2009 年《中国科技统计年鉴》。

　　同时,云南省科技拥有主体与科技成果产业化主体的分离较为严重,云南科技市场不发达,更加阻碍了科技成果产业化的进程。2007 年在全省 1286 项专利中,企业拥有的数量是 811 项,为全省拥有专利数的 63.1%。高等院校有 242 项,为全省的 18.8%(表 4.21)。可以看出,科技成果产业化的过程正在逐步发展,但是同全国平均水平及发达地区的程度比较,云南省还是处在落后地位。

**表 4.21　2007 年云南省拥有发明专利情况**　　　　单位:件,%

| 单位类型 | 科研院所 | 高等院校 | 企业 | 其他 | 合计 |
|---|---|---|---|---|---|
| 拥有专利数 | 160 | 547 | 515 | 5 | 1227 |
| 比重 | 13.04 | 44.58 | 41.97 | 0.41 | 100 |

　　资料来源:2008 年《云南统计年鉴》。

　　由于缺乏有效率的科技交易市场,在科研院所和高等院校自行产业化成功率较低的情况下,云南省科研院所和高等院校所拥有的科技成果得不到顺利的转让,不能实现科技研究成果的资本化,不但影响研发人员的积极性,也影响下一轮研发过程中的人力投入和资金投入,而且不发达的科技市场也不能向研发人员传递产业发展所需的适用科技,降低了研发出科技的市场适用性,造成了恶性循环。

### 4.3.3　试验发展条件较差减缓科技成果产业化

　　工程科技中心和重点实验室是进行试验发展不可缺少的条件。截至 2009 年年底,全国 141 个国家工程科技研究中心中云南省只有 1 个,而东部发达地区每个省份都在 5 个以上,最高的北京高达 42 个(表 4.22)。同样,截至 2008 年年底时,全国 195 个国家重点实验室中云南省也只有 2 个,比东部发达地区少。

**表 4.22　云南国家工程科技中心和重点实验与东部地区的比较　　单位:个**

| 地区 | 北京 | 上海 | 江苏 | 浙江 | 广东 | 云南 | 全国 |
|---|---|---|---|---|---|---|---|
| 国家工程科技研究中心 | 42 | 7 | 11 | 5 | 9 | 1 | 141 |
| 国家重点实验室 | 49 | 5 | 10 | 5 | 4 | 2 | 215 |

资料来源:www. cnerc. gov. cn 和 www. chinalab. gov. cn。

在科技成果产业化过程中对中试和规模生产开发有重要影响的科技企业孵化器[①],云南的数量也比较少、效率比较低。2006 年云南省只有科技企业孵化器 7 个,场地面积为 15 万平方米,在孵企业有 700 家,累计毕业企业有 200 家,分别占不到全国的 2%,并且每个孵化器累计毕业的企业仅有 28 家,低于全国 36 家的水平(表 4.23)。

**表 4.23　2006 年云南和全国孵化器发展的比较**

|  | 全国 | 云南 | 比重 |
|---|---|---|---|
| 科技企业孵化器数/个 | 548 | 7 | 1.28 |
| 场地面积/万平方米 | 2008.0 | 15 | 0.75 |
| 在孵企业数/户 | 41 434 | 700 | 1.69 |
| 累计毕业企业数/户 | 19 896 | 200 | 1.01 |

资料来源:www. sts. org. cn 和 www. ynst. net. cn。

云南较少的高水平工程科技中心和重点实验室及数量少、效率低的科技企业孵化器,不能满足科技成果产业化进行试验发展的要求,影响了生产工艺的开发和实现,阻碍了云南基础研究所取得的科技成果向生产科技和新产品的转化。即使存在着对科技产品的巨大需求,也不能向市场提供产品,这就相当于在科技与市场之间形成了一道"墙",隔断了科技所具有的潜在市场力量与现实市场之间的联系,科技难于物化形成产业化的商品或服务,科技成果产业化程度较低。

### 4.3.4　风险融资能力较弱影响科技成果产业化

产业化的融资方式有自筹、银行贷款、证券市场融资、政府投资、风险投资等。科技成果产业化的高投入和高风险使得除风险投资外的其他大多数融资方式望而却步。美国是科技成果产业化最为成功的国家,但其产业化的成功率也仅有 20%

---

①　科技企业孵化器是科技进行试验发展的最后一个阶段,在进行孵化的科技已经有实际的产品开始进行市场开发。

左右。在现代经济中,传统的融资方式在资源配置上存在着一个逆向选择①的问题,而风险投资与传统的银行贷款投资方式相比,无需任何抵押,与证券市场融资相比,无需较高的成功率和良好的市场成长,风险投资看重的是被投资项目未来的市场潜力。由于银行贷款、证券市场融资和政府投资等以追求高收益、低风险为融资特征,选用这些方式为科技成果产业化融资,势必会因为这些融资过于追求市场前景、投资成功率而放弃对一些市场潜力大、投资期限长、投资风险大的高技术产业,也将影响科技的产业化速度和科技产业的发展。

风险投资是随着科技成果产业化的要求而出现的。根据一些学者对美国的估计,风险投资与技术专利的产业化有显著的正相关关系。风险投资是通过由专业人员管理的风险投资公司来实现投资和收益的一种股权投资,是基于一定的市场调查,从而实现高期望收益的投资方式。正是由于风险投资要实现的是对多个科技项目投资所带来的期望收益,风险投资的规模对风险投资功能的发挥有重要影响。风险投资的规模不仅影响科技成果产业化的投资能力,而且还对风险投资的风险情况有较大的影响,成为科技成果产业化的根本影响因素。例如,美国进入21世纪后,每年的风险投资都在600亿美元以上,使美国继续成为科技成果产业化最活跃的地方。风险投资的规模受与其相配套服务体系是否完整的影响。完善的配套服务体系有利于风险投资的撤出并实现收益的最大化和良性循环。配套服务体系一般包括发达完善的资本市场、金融市场及其他产权交易体系。

云南省内资本市场发育程度较低,投资来源仍主要依靠企业自筹、银行贷款和国家投入等传统方式,融资渠道窄、直接融资比例低、融资成本高。金融创新严重不足及融资观念陈旧,不仅让云南的丰富资源得不到与之匹配的融资能力,也让很多企业的优势资产难以转化为企业发展所需的资金。

云南省科技成果产业化的投融资体系仍主要采用传统的融资方面,风险投资参与科技开发与产业化的比重较小,企业自筹、财政拨款是产业化资金的主要来源,投融资渠道单一集中,投融资能力弱。据统计,云南省五大支柱产业科技成果产业化的经费85%以上来源于政府资金和自筹资金,而美国风险资本对科技产业的投资占风险资本投资总额的90%。风险投资起步晚、风险投资资本规模小、风险投资主体单一导致了云南省风险投资实力弱,不利于科技成果产业化的融资。

1. 风险投资起步较晚

风险投资在美国作为投资方式的一种开始于20世纪40年代,已经过了60多年的发展。中国的第一家风险投资企业——中国新科技创业投资公司成立于1985年9月,而云南省直至2000年才有第一家的风险投资公司——红塔创新投

---

① 最需要资金和资金生产率最高的项目往往因为风险较高而得不到传统融资方式的支持,而发展成熟、成长趋于稳定的企业因风险较小而成为传统融资方式追求的对象。

资股份有限公司。云南省在风险投资发展上晚于世界 50 年,晚于全国 15 年。

### 2. 风险投资的投资规模小

云南省现有四家风险投资和管理公司——红塔创新投资股份有限公司、云南高新创业投资有限公司、云南红塔兴业投资有限公司和云南创业投资管理有限公司。云南省现有的风险投资公司只有 1～2 亿元的资本,而且基本上只能靠资本金运作,仅能支持一些短平快、投资少、风险小的项目投资,未能发挥风险资金的"杠杆作用",这显然有悖于"风险"投资的初衷。云南现有的风险投资机构,不仅规模小,而且数量少,远远不能满足科技产业对风险资本的要求。云南省无论是单个风险投资公司,还是全省范围内,与科技产业较为活跃的北京、上海和深圳相比,风险投资资本少了许多。1993 年成立的上海科技投资股份有限公司资本规模为 3.05 亿元,1998 年成立的北京科技产业投资公司为 3 亿,1999 年成立的深圳市创新科技投资公司为 7 亿。红塔创新投资公司的注册资金 2 亿元人民币,是 4 家投资风险公司中风险投资资本最多的一家公司。其余几家风险投资公司的注册资金都不到 2 亿。从风险投资资本上看,云南和其他地区的差距较大。2006 年我国的风险资本总量超过 583.85 亿元人民币,投资于北京的风险金额最多,所占比例达到 34.8%,上海紧随北京,其比例达到 24.8%,列全国第二,云南占不到全国的 1%。

### 3. 投资主体单一

云南省风险资本规模偏小,投资主体单一是个很重要的原因。在风险投资发达的美国,私人资金是风险资金的主要来源。风险资本的来源渠道通常有个人资金、机构投资资金、企业资金、政府财政资金、金融机构资金等。云南风险筹资能力较弱,资金来源渠道以政府投资为主,民间参与的社会化程度远远不够,由企业、私人、保险公司等参与的风险投资还相当少,风险投资活动远不能发挥应有的作用。云南省风险投资公司的资金大部分来源于机构投资资金和企业资金。此外,云南省还没有外资进入风险投资资本,而早在 20 世纪 90 年代中期中国就有外资进入到风险投资的资本中。

### 4. 风险投资环境建设滞后

虽然云南省成立了云南高新创业投资有限公司,风险投资业在云南开始生根发芽,但是相对于其他省区尤其是东部沿海发达地区,风险投资的环境存在一定缺陷。不管是软环境还是硬环境都需要进行建设和改善。在软环境方面,首先是政府扶持力度仍然不足。其次是没有特色,优惠措施和幅度与其他省区大同小异,无法形成突破效应,有利于风险投资的软环境建设还十分滞后,政府无论是在政策扶持还是法律保障、政府监管上所做的工作都还远远不够。在风险投资的硬环境方面,基础设施条件、科技产业开发区、种子孵化器等的建设还是跟不上投资的需要。

5. 科技与资本的配置长期不对称

一方面,一些国有企业包括上市公司存在着低科技含量、低增长潜力与高筹资能力的不对称;另一方面,一批中小企业尤其是中小科技企业存在着高科技含量、高增长潜力与低融资能力的不对称。结果是一方面大量科技成果无法实现商品化与产业化,表现为科技资源的浪费;另一方面,国有企业对短期资金市场的信贷资金和长期资本市场的长期资本的低效使用,表现为对资金的浪费。如果说第一种不对称是国有企业改革的时代需要,那么第二种不对称则是影响云南省企业自主创新的根本症结,长此以往将使云南省经济的可持续发展丧失活力和动力。另外,云南省证券市场不发达,主要表现在上市公司少、在证券市场上的筹资能力弱和证券商少等。根据对美国和一些发达国家的估计,证券市场大小与风险投资资金呈显著的正相关关系,上市企业的币值总额每增加 100 万美元,风险投资能增加 3.6 万美元。落后的证券市场成为了云南风险投资资金少的重要因素。由于缺乏发达的资本市场作为风险资本的退出机制,使得风险投资变成了一项较长期的股权投资,不能在产业化成功后得到有效退出,使再投资变得较为困难。

### 4.3.5 政策支持力度较弱制约科技成果产业化

科技成果产业化具有高投入和高风险的特点,以及对国民经济增长的高贡献率决定了政府给予政策扶持和引导的必要性。通过政府的扶持和引导能保证和加快科技产业的发展。

政府通过优化投资环境,加快办事流程,提供更多的人才、科技、金融、教育、知识产权保护等诸多要素的支持,形成系统的政策支撑平台,营造科技成果产业化的专业环境。政策支持的目的就是使人力和物力流向科技产业。通过土地、财税金融及人才等方面的优惠政策,明确投资方向,降低投资成本,使投资者发现科技产业潜在的巨大收益,从而对科技产业进行投资,加速科技产业的发展,提高科技成果产业化的水平。

从表 4.24 可以看出,与其他省份相比,云南省的土地和税收优惠政策对科技成果产业化的政策支持力度并不大。昆明科技开发区以每亩不高于 15 万元优惠的价格提供土地,这一土地价格尽管比相同条件下昆明其他地方的价格低一些,但与其他省份的开发区相比也不占优势①。

昆明高新技术开发区对企业的税收优惠是头两年免征企业所得税,企业出口产品的产值达到当年企业总产值的 70% 以上的,减按 10% 的税率等。这个优惠条

---

① 每个开发区基本都能提供三通一平的土地,因此土地价格就成为了科技成果产业化主体选择的重要依据。

件与其他地区相比也不占优势,如北京和南宁的免税期分别为 3 年和 5 年。另外,昆明的减税期不明确,减税要求也高于其他地区。

**表 4.24　各开发区税收优惠情况的比较**

| 优惠方式 | 昆明 | 北京 | 广州 | 深圳 | 南宁 |
|---|---|---|---|---|---|
| 一般免税期限/年 | 2 | 3 | 2 | 2 | 5 |
| 减半征收的期限/年 | 不明确① | 3 | 3 | 5 | 3 |
| 减按 10%征收所得税的出口要求②/% | 70 | 40 | 70 | 70 | 70 |

资料来源:根据各开发区网站提供的税收优惠政策整理得到,截止 2010 年 2 月 1 日。

云南省科技开发区的开发度和实际利用外资能力比较低。例如,昆明高新区已开发的面积占规划面积的比重仅为 43.48%,南京为 60.61%,开发区内企业的规模小,昆明的平均每户企业占地为 2941 平方米,南京的为 5000 平方米,平均每户企业的技工贸收入昆明的为 753 万元,南京的为 2115 万元;2002 年昆明三个国家级开发区实际利用外资仅为 0.14 亿美元,而广州四个国家级开发区的为 5.6 亿美元,是云南的 40 倍。

根据上述比较和分析可以发现,云南省规模较小的科技市场、投融资能力弱的风险投资市场及不具有优势的土地税收政策,不利于云南省科技企业的快速发展,导致基础研究和应用研究的成果难于进行有效的试验发展,一些试验成功的科技不愿意在云南省内进行产业化,从而最终影响了云南省科技企业的成长壮大。

# 4.4　科技人才规模小、结构单一、效益较低

云南在科技人才方面主要存在规模较小、质量层次较低;高层次人才十分匮乏、科技人才分布不合理;科技人才流出加快,项目成果流失严重等方面的问题。

## 4.4.1　科技人力资源规模较小,质量层次较低

科技人力资源是评价科技进步环境的重要指数,云南省的科技人力资源指数低,提升缓慢,近 5 年来,科技人力资源指数从 2004 年的 39.9 提高到 2008 年的 41.32,在全国的地位从 2004 年的第 30 位提高到 2008 年的第 25 位(图 4.12),虽然有所提高,但处于全国倒数后列,而同处于西部的内蒙古自治区和陕西省均处于前 10 位,而青海省也从第 20 位快速提高到第 14 位,湖南省的科技人力资源高于云南省,广西壮族自治区也略高于云南省,但 2008 年明显下降到云南省之后。

云南省科技人力资源短缺、素质低下,导致云南省的技术进步环境改善难度

---

① 昆明是这样规定的:"免税期满后纳税确有困难,还可给予一定时期的减税照顾"。

② 为出口商品占总商品量的比重。

大,科技创新活动和创新成果转化的环境差,科技人才创业难,科技成果难以转为
化生产力。

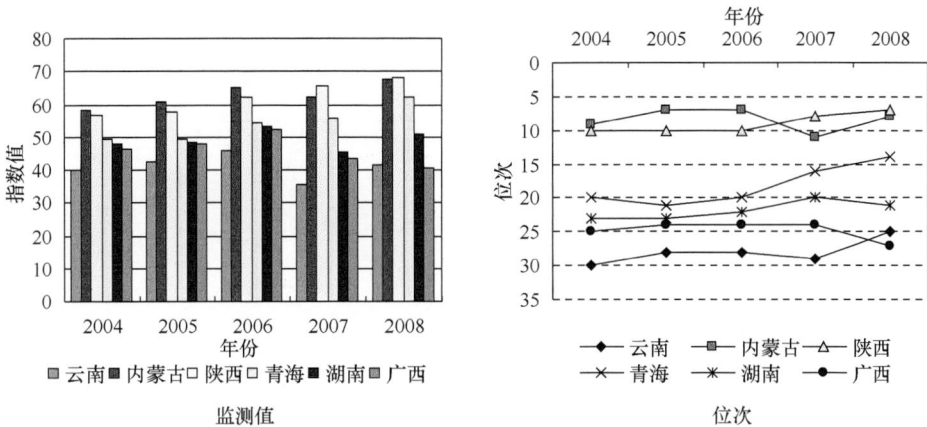

图 4.12 云南省科技人力资源在全国的地位及与部分省区对比
资料来源:科技部科技指标数据库。

从评价科技人力资源的指标来看,专业技术人员少、劳动力受教育程度低是制
约云南科技人力资源指标提高的重要原因。

### 1. 专业技术人员规模小

专业技术人员数量和质量是影响科技人力资源的重要指标,云南省每万人拥有
的专业技术人员数很少,2008 年只有 211.96 人,远低于同处于西部地区的内蒙古、
陕西和青海省,使云南省万人专业技术人员数排位第 23 位以后(表 4.25),专业技术
人员少、人力资源开发不足,不但造成创新人力短缺,创新技术少,而且引进的技术和
先进装备也难以在较短的时间内消化吸收,专业技术人员不足,使科技创新人才在
生产生活中缺乏良好的环境和氛围,影响到其创新能力。专业技术人员增加速度
慢,甚至不断流失,导致云南省的科技进步环境在全国的地位不断下降,而青海、内
蒙古、陕西等西部省份专业技术人员增加速度快,使云南省与这些西部省份的差距
进一步扩大,湖南省和广西壮族自治区的万人专业技术人员数则低于云南省。

表 4.25 云南省万人专业技术人员数及与部分省区对比 单位:人,位

| | 监测值 | | | | | 位次 | | | | |
|---|---|---|---|---|---|---|---|---|---|---|
| | 2004 年 | 2005 年 | 2006 年 | 2007 年 | 2008 年 | 2004 年 | 2005 年 | 2006 年 | 2007 年 | 2008 年 |
| 云南 | 197.15 | 192.62 | 192.17 | 200.89 | 211.96 | 24 | 26 | 28 | 25 | 23 |
| 内蒙古 | 304.5 | 311.51 | 306.77 | 298.39 | 304.68 | 7 | 7 | 8 | 8 | 8 |
| 湖南 | 193.79 | 192.7 | 200.82 | 199.92 | 200.33 | 26 | 25 | 25 | 26 | 27 |
| 广西 | 188.94 | 192 | 203.03 | 205.77 | 205.7 | 27 | 27 | 24 | 24 | 25 |

续表

| | 监测值 | | | | | 位次 | | | | |
|---|---|---|---|---|---|---|---|---|---|---|
| | 2004 年 | 2005 年 | 2006 年 | 2007 年 | 2008 年 | 2004 年 | 2005 年 | 2006 年 | 2007 年 | 2008 年 |
| 陕西 | 275.56 | 280.41 | 285.8 | 285.72 | 295.22 | 11 | 11 | 10 | 10 | 10 |
| 青海 | 259.36 | 254.68 | 261.2 | 258.08 | 270.31 | 12 | 14 | 14 | 16 | 14 |

注:指标名称:万人专业技术人员数。

资料来源:科技部科技指标数据库。

### 2. 劳动力者受教育程度低

2006 年以前是用平均受教育程度来评价,这个指标在 2004～2006 年都处于倒数第 2 位,是制约云南科技人力资源的重要原因。因此,加大基础教育投入,切实提高城乡居民的受教育程度,是改善云南科技进步的重要举措。2007 年以后改为万人大专以上学历人数进行评价,从这个指标来看,云南省虽然 2008 年提高了 4 位,但仍处于后列,总体上处于落后状态,2008 年云南省每万人拥有大专以上学历的人数为 402.5 人,比内蒙古自治区少 343 人,比陕西省少 370 人,比青海省少 305 人(表 4.26),大学生规模小,是制约云南科技人力资源的重要指标。与湖南省和广西壮族自治区相比,云南省的平均收教育年限低于这两个省份,而万人大学生数则低于湖南省,但高于广西壮族自治区。

**表 4.26　云南省平均受教育年限及与部分省区对比**

| | 监测值 | | | | | 位次 | | | | |
|---|---|---|---|---|---|---|---|---|---|---|
| | 平均受教育年限 | | | 万人大专以上学历人数 | | 平均受教育年限 | | | 万人大专以上学历人数 | |
| | 2004 年 | 2005 年 | 2006 年 | 2007 年 | 2008 年 | 2004 年 | 2005 年 | 2006 年 | 2007 年 | 2008 年 |
| 云南 | 4.85 | 5.62 | 6.38 | 310.39 | 402.5 | 30 | 30 | 30 | 29 | 25 |
| 内蒙古 | 6.67 | 7.05 | 8.22 | 650.67 | 745.7 | 18 | 14 | 9 | 13 | 11 |
| 湖南 | 6.88 | 6.99 | 7.99 | 506.94 | 616.76 | 13 | 15 | 15 | 20 | 19 |
| 广西 | 6.57 | 6.84 | 7.66 | 456.93 | 401.2 | 21 | 20 | 19 | 23 | 26 |
| 陕西 | 6.99 | 7.13 | 8.06 | 745.52 | 772.69 | 12 | 11 | 14 | 8 | 9 |
| 青海 | 5.67 | 5.74 | 6.76 | 595.16 | 707.42 | 29 | 29 | 28 | 15 | 15 |

注:指标名称:平均受教育年限/万人大专以上学历人数。

资料来源:科技部科技指标数据库。

### 4.4.2　高层次人才十分匮乏,人才分布不合理

2003～2008 年,云南省科技活动单位、科技活动人数及科学家和工程师人数总体呈增长趋势,与 2003 年相比,科技活动单位增加 29.5%,科技活动人数增长 47.7%,科学家和工程师增长 46.0%,表明全省科技活动人力资源投入稳步增加,

科技活动强度逐渐增强(表 4.27)。

**表 4.27　云南省科技活动单位、科技活动人数情况**

| 年份 | 科技活动单位/个 | 科技活动人员/人 | 科学家和工程师/人 |
|---|---|---|---|
| 2003 | 986 | 50 191 | 32 964 |
| 2004 | 1011 | 47 976 | 31 630 |
| 2005 | 1009 | 55 901 | 36 011 |
| 2006 | 1181 | 62 494 | 39 238 |
| 2007 | 1184 | 67 164 | 43 471 |
| 2008 | 1277 | 74 154 | 48 124 |

数据来源:2009 年《中国科技统计年鉴》和《云南统计年鉴》。

**表 4.28　云南省科技活动人力投入**

| 科技活动人力投入 | | 2003 年 | 2004 年 | 2005 年 | 2006 年 | 2007 年 | 2008 年 |
|---|---|---|---|---|---|---|---|
| 科技活动人员总数/万人 | 全国 | 328.4 | 348.1 | 381 | 413 | 454 | — |
| | 云南 | 5.0191 | 4.7976 | 5.5901 | 6.2494 | 6.7164 | 7.4154 |
| 科学家和工程师/万人 | 全国 | 225.5 | 225.2 | 256 | 279 | 312 | — |
| | 云南 | 3.2964 | 3.1630 | 3.6011 | 3.9238 | 4.3471 | 4.8124 |
| 占科技活动人员的比重/% | 全国 | 68.7 | 68.7 | 64.7 | 67.7 | 68.9 | — |
| | 云南 | 65.7 | 65.9 | 64.4 | 62.8 | 64.7 | 64.9 |
| 每万名劳动力中科技活动人员数/人 | 全国 | 43.2 | 45.3 | 49.0 | 52.8 | 57.8 | — |
| | 云南 | 11.5 | 10.9 | 12.6 | 13.9 | 14.9 | 16.3 |
| 每万名劳动力中科学家和工程师数/人 | 全国 | 29.6 | 29.3 | 32.9 | 35.8 | 39.8 | — |
| | 云南 | 7.5 | 7.16 | 8.1 | 8.8 | 9.6 | 10.6 |

数据来源:2009 年《中国科技统计年鉴》和《云南统计年鉴》。

但是,云南每万名劳动力中科技活动人员数、科学家和工程师数均低于全国平均水平,表明云南劳动者素质与全国相比处于较低水平(表 4.28)。

截至 2007 年底,云南省"两院"院士只有 9 名,省属高等学校和科研院所没有"长江学者",杰出青年基金获得者仅有 1 人,"百千万人才"数量在全国处于落后水平,能够在国家层面上争取重大项目科技资源的人才和团队为数不多,能够为云南省产业发展挑大梁的高端人才更是匮乏。云南省处于边疆,经济发展水平不高,信息获取相对滞后,省内企业创新动力不强,竞争压力不大,吸引、激励和留住人才的政策机制不健全,本来自身培养的人才就不多,再加上人才对外交流机会少,掌握国内外先进技术发展趋势受到制约,适宜人才自身发展的空间不够,高技术人才难引进,引进的高端人才又难留下。云南省高层次人才队伍建设的滞后已经严重影响了云南省自主创新能力的提升,制约了云南省经济社会发展水平的提高。

从分布情况来看,在全省科技活动人员分布中,2003 年,科研机构占 14.3%,高等院校占 16.2%,企业占 44.8%,其他占 24.7%;2008 年,科研机构占 11.9%,高等院校占 14.7%,企业占 53.2%,其他占 20.1%。总体上,2003～2008 年,云南全省科研机构、高等院校及企业等科技活动人员呈稳步增加趋势,科研机构增加 23%,高等院校增加 34.4%,企业增加 75.7%,其他方面增加 20.4%,企业增加幅度最大。但是,云南省自主创新人才在学科、机构分布上不均衡,从产业分布来看,从事农业、生物资源和新药开发、医疗卫生及材料冶金等云南具有比较优势产业的人才较多,而化工环保、电子信息、建筑交通等方面的人才仍然较为缺乏。从部门分布来看,人才过于集中于科研院所和高等学校。从地区分布看,云南省科技人才主要集中在滇中地区,其他州市特别是经济社会发展相对落后州市的科技人才储备严重不足。2006 年,全省独立研究与开发机构人员数为 7638 人,其中昆明有 4753 人,占了 62.23%。此外,云南省自主创新人才是继承型人才多,创新型人才少;传统学科专业人才多,新兴学科专业人才少;理论型人才多,实用型人才少;单一领域、行业、学科人才多,跨领域、跨行业、跨学科的复合型人才少。

### 4.4.3　科技人才流出加快

从表 4.29 可以看出,2001～2007 年云南科研机构从 133 个减少到 86 个,下降了 13.6%;科技活动人员总量从 7224 人减少到 5467 人,下降了 13.6%。云南科学研究机构人才队伍总量不足,规模较小,而且呈加速下降趋势,说明了云南省的科技人才流出加快。

**表 4.29　云南省独立科研机构和科技人员规模**

| 年份 | 2001 | 2002 | 2003 | 2004 | 2005 | 2006 | 2007 |
| --- | --- | --- | --- | --- | --- | --- | --- |
| 科研机构数/个 | 133 | 132 | 130 | 94 | 91 | 89 | 86 |
| 科技活动人员数/人 | 7224 | 6965 | 6573 | 5229 | 5151 | 5517 | 5467 |

数据来源:2008 年《中国科技统计年鉴》。

创新人才及团队的缺乏和流出已经严重影响了云南省技术创新的质量和效果,制约了科技成果转化的放大效应和云南省经济社会发展质量水平的提高。

## 4.5　企业自主创新能力不强

云南企业发展面临着缺乏具有自主知识产权的核心技术、关键性技术进口依赖性强、可持续发展能力较低的现状。具体分析,主要原因是企业自主科技研发的主体性差;高新技术研究开发水平较低;企业新产品开发成效较低;重点企业自主创新能力较低等。

### 4.5.1　企业技术创新科研能力较弱

受产业结构制约和创新意识的影响,云南企业缺乏开展自主创新的战略考虑,企业发展的核心技术主要靠引进,主要科技活动集中在技术改造上,企业技术创新投入不足,基本上以支撑当前的生产经营为主要目标,还难以担当自主创新主体的重任。2005 年,全省大中型企业科技活动经费投入、研究开发投入、新产品开发投入分别只占全国的 0.6%、0.6%、0.4%;大中型企业研发投入强度为 0.41%,仅为全国的 1/3;新产品产值率只有 3.9%,比全国平均水平低 20%。2007 年,全省大中型企业中有科技机构的企业占 20.7%,在全国排 20 位;全省大中型企业中科技活动人员占从业人员的比重为 4%,在全国排 25 位;全省大中型企业研发经费、新产品销售收入分别占主营业务收入的比重为 0.3% 和 10.6%,在全国分别排倒数第 3 位和第 20 位;全省大中型企业新产品产值占总产值比重为 10%,在全国排 20位。另外,2001 年云南工业企业获得授权专利 319 件,占全省授权专利总数的81.39%,2006 年云南工业企业获得授权专利 470 件,所占比重下降到 67.7%,且呈逐年下降趋势。

企业开展自主创新所需的各种功能和要素仍然被分割在各种社会组织之中,尚未得到有机整合,地方公共技术平台有待建设,科研成果转化速度较为迟缓。同时,由于企业与高校和科研机构之间缺乏有效合作,造成科研成果与市场脱节,而企业受自身创新能力的限制,自主知识产权和核心技术都不多,可持续发展受到了制约。企业创新能力弱,缺乏拥有自主知识产权和核心技术的拳头产品,已成为制约云南企业做大做强的重要因素。

### 4.5.2　企业自主研发的主体性较差

不同的研发机构,研发出的科技成果在适应产业化和产业化速度上存在较大差别,因为研发机构的不同将影响研发出的技术与市场的距离。一是研发机构的不同会使人力和资金在技术的不同研究阶段(基础研究、应用研究和试验发展)上的投入不同。二是研发机构的不同会使研究产出的科技类型不同。科研机构和高等院校主要从事基础研究和应用研究,研究过程中主要追求技术的先进性,产出的技术成果大都是"实验型"和"研究型"的成果,而企业由于其本身就是市场的主体,需要适应市场,其研究机构主要从事本行业的技术开发,追求技术的实用性和技术对市场的满足性,研究成果直接为生产服务,所得到的技术成果大都能满足企业发展和市场的需要,是"生产型"和"市场型"的成果,其研发的技术成果距离市场较近。企业是否成为研发机构主体,将直接影响科技支撑经济增长的效果。

从云南科技活动的人力和经费投入上看,企业占三分之一多,没有成为科技研究开发的主体。2008 年云南省 R&D 人力投入为 19754 人/年,其中企业投入 6921人/年,占总人力投入的 35.04%。R&D 的经费投入为 30 990 万元,其中企业投入 111 778 万元,占总经费投入的 36.07%(表 4.30)。

表 4.30　2008 年云南省 R&D 人力和经费投入情况

| 单位类型 | | 科研院所 | 企业 | 高等院校 | 其他 | 合计 |
|---|---|---|---|---|---|---|
| 人力<br>投入 | 数额/(人/年) | 4270 | 6921 | 2919 | 5644 | 19 754 |
| | 比重/% | 21.62 | 35.04 | 14.78 | 28.57 | 100 |
| 经费<br>投入 | 数额/万元 | 131 095 | 111 778 | 28 340 | 38 695 | 309 908 |
| | 比重/% | 42.30 | 36.07 | 9.14 | 12.49 | 100 |

资料来源:2009 年《中国科技统计年鉴》。

　　云南省的大中型企业未成为研发的主体,会导致云南省研发出的成果多为"实验型"和"研究型"的,而"生产型"和"市场型"成果比较少。云南省科技成果的实用性不强,能直接为生产生活服务的不多,对市场的满足程度低,最终使这些科技成果不能快速转化为企业的现实生产力。

### 4.5.3　高新技术研究开发水平较低

　　高新技术产业化水平指数是反映高新技术研究开发水平,高新技术转化和科技创新绩效的重要评价指标。云南省的高新技术产业化水平指数还不高,在全国处于中下水平。高新技术产业化水平指数在 2006 年以前不断下降,2006 年只有6.63,在全国的地位处于第 28 位,但 2006 年以后快速提高,指数值提高到 2008 年的 16.16,在全国的地位提高到第 22 位,高于内蒙古自治区和青海省,但远低于陕西省,也低于湖南省和广西壮族自治区(表 4.13)。陕西省虽然地处西部,但高新技术产业发展较好,高新技术产业化水平处于第 11 位,属于全国前列。这说明云南省的高新技术产业还存在着产业规模小、技术成果转化慢、重点领域单一等问题。

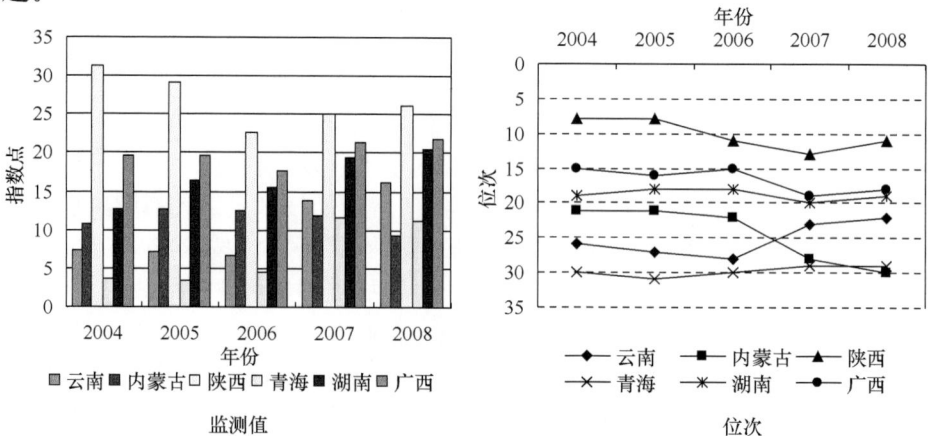

图 4.13　云南省高新技术产业化水平在全国的地位及与部分省区对比
资料来源:科技部科技指标数据库。

### 1. 高技术产值规模小,产业地位低

高技术产品增加值占工业增加值的比重从产业地位角度反映一个地区的高新技术研究开发水平。云南省高技术产值规模小,产业内的重点领域单一,高技术产业增加值占工业增加值的比重从 2004 年的 2.71% 略微提高到 2008 年的 2.56%,在全国的地位提高了两位,但仍然处于全国倒数行列,是高技术产业发展严重滞后的省份;云南高新技术产品只占工业品总量的 7% 左右,比全国平均水平约低 10 个百分点。云南省高技术产业在工业中的地位远远小于同处于西部地区的陕西省,也低于湖南省和广西壮族自治区(表 4.31)。陕西省高技术产业地位虽然有所下降,从 2004 年的 16.09% 下降到 2008 年的 8.36%,但仍然是云南省的 3 倍多。

表 4.31　云南省高技术产业地位及与部分省区对比　　　单位:%,位

| | 监测值 | | | | | 位次 | | | | |
|---|---|---|---|---|---|---|---|---|---|---|
| | 2004 年 | 2005 年 | 2006 年 | 2007 年 | 2008 年 | 2004 年 | 2005 年 | 2006 年 | 2007 年 | 2008 年 |
| 云南 | 2.71 | 2.52 | 2.46 | 2.47 | 2.56 | 28 | 29 | 28 | 26 | 26 |
| 内蒙古 | 4.93 | 4.15 | 2.86 | 2.45 | 2.24 | 21 | 21 | 27 | 27 | 28 |
| 湖南 | 4.76 | 5.15 | 4.81 | 4.04 | 3.57 | 22 | 20 | 20 | 20 | 20 |
| 广西 | 6.45 | 5.81 | 5.45 | 5.3 | 4.47 | 17 | 17 | 19 | 18 | 19 |
| 陕西 | 16.09 | 15.45 | 10.41 | 9.4 | 8.36 | 6 | 8 | 8 | 8 | 11 |
| 青海 | 2.24 | 2.72 | 2.13 | 2.33 | 2.38 | 29 | 28 | 29 | 28 | 27 |

注:指标名称:高技术产业增加值占工业增加值比重。

资料来源:科技部科技指标数据库。

### 2. 高技术产品出口比重不高

影响高新技术产业化水平指数的一个重要因素是高技术产品出口额占商品出口额比重。云南省外向型经济本身发展就较为缓慢,在这样的情况下,高技术产品出口比重还偏低,从 2004 年的 3.82% 下降到 2008 年的 3.45%,这一指标在全国的地位从 2004 年的第 16 位下降到 2008 年的第 21 位,说明云南省高技术产业发展的滞后性特别突出(表 4.32)。在西部地区,云南省的高技术产品出口比重虽然比内蒙古自治区和青海省高,但远低于陕西省。

表 4.32　云南省高技术产品出口水平及与部分省区对比　　　单位:%,位

| | 监测值 | | | | | 位次 | | | | |
|---|---|---|---|---|---|---|---|---|---|---|
| | 2004 年 | 2005 年 | 2006 年 | 2007 年 | 2008 年 | 2004 年 | 2005 年 | 2006 年 | 2007 年 | 2008 年 |
| 云南 | 3.82 | 3.12 | 3.07 | 3.3 | 3.45 | 16 | 19 | 20 | 21 | 21 |
| 内蒙古 | 0.12 | 0.26 | 6.64 | 2.7 | 0.52 | 30 | 29 | 14 | 25 | 30 |
| 湖南 | 2.16 | 2 | 2.56 | 3.68 | 2.98 | 20 | 22 | 23 | 20 | 23 |

| | 监测值 | | | | | 位次 | | | | |
|---|---|---|---|---|---|---|---|---|---|---|
| | 2004 年 | 2005 年 | 2006 年 | 2007 年 | 2008 年 | 2004 年 | 2005 年 | 2006 年 | 2007 年 | 2008 年 |
| 广西 | 1.16 | 1.6 | 1.97 | 4.17 | 2.51 | 27 | 24 | 26 | 18 | 27 |
| 陕西 | 9.47 | 7.05 | 6.97 | 8.26 | 9.95 | 10 | 12 | 13 | 12 | 11 |
| 青海 | 0.17 | 0.15 | 0.91 | 0.28 | 0.42 | 29 | 30 | 29 | 31 | 31 |

注:指标名称:高技术产品出口额占商品出口额比重。

资料来源:科技部科技指标数据库。

### 4.5.4　科技成果向企业新产品转化缓慢

云南省大中型企业新产品产值占总产值比重和新产品销售收入占主营业务收入的比重较低。2007 年云南大中型企业新产品产值占总产值的比重为 10%,在全国排 20 位(表 4.33)。2004～2008 年,云南大中型企业新产品销售收入占产品销售收入的比重有所提高,从 2004 年的 2.99% 提高到 2008 年的 10.63%,但在全国的地位还比较低,一直处于 20～30 位。与部分省份比较,2004～2007 年,云南大中型企业新产品销售收入占产品销售收入的比重低于内蒙古、陕西、青海、湖南和广西。

**表 4.33　云南省高技术企业产品创新水平及与部分省区对比**　　　　单位:%,位

| | 监测值 | | | | | 位次 | | | | |
|---|---|---|---|---|---|---|---|---|---|---|
| | 2004 年 | 2005 年 | 2006 年 | 2007 年 | 2008 年 | 2004 年 | 2005 年 | 2006 年 | 2007 年 | 2008 年 |
| 云南 | 2.99 | 4.13 | 3.46 | 6.43 | 10.63 | 26 | 27 | 27 | 28 | 20 |
| 内蒙古 | 10.73 | 16.14 | 8.74 | 8.38 | 6.72 | 18 | 10 | 20 | 23 | 27 |
| 湖南 | 12.14 | 18.33 | 17.05 | 18.46 | 16.41 | 15 | 8 | 7 | 9 | 11 |
| 广西 | 20.72 | 20.55 | 17.66 | 18.7 | 19.04 | 6 | 6 | 6 | 8 | 7 |
| 陕西 | 11.18 | 9.66 | 9.84 | 8.79 | 9.73 | 17 | 19 | 18 | 21 | 21 |
| 青海 | 2.52 | 1.15 | 3.42 | 6.63 | 5.93 | 28 | 30 | 28 | 27 | 29 |

指标名称:新产品销售收入占产品销售收入比重。

资料来源:科技部科技指标数据库。

## 4.6　科技支撑原材料工业产业链延伸的能力较弱

原材料工业在国民经济中处于非常重要的地位,是国家安全与经济发展的重要保障。云南省的原材料工业起步较早,但还存在科技创新不够,产业地位不够高,原材料工业产品升级和新产品开发力度较弱等问题。

### 4.6.1　云南原材料工业在全国的产业地位还不够高

#### 1. 中国原材料工业快速增长

由于中国处于工业化加快推进的重要时期,原材料工业品需求量大,从 20 世

纪 90 年代开始,原材料工业得到快速发展,增长势头十分强劲,成为了工业部门内部增长最快的行业。1997～2007 年间,中国原材料工业都保持着较高的增长速度,尤其是进入 2002 年以后,原材料工业的年均增长速度都保持在 20％以上,2004 年的年均增长速度更是达到了 67.84％,分布高出当年工业、轻工业、重工业年均增长速度的近 16％、41％与 17.5％(图 4.14)。

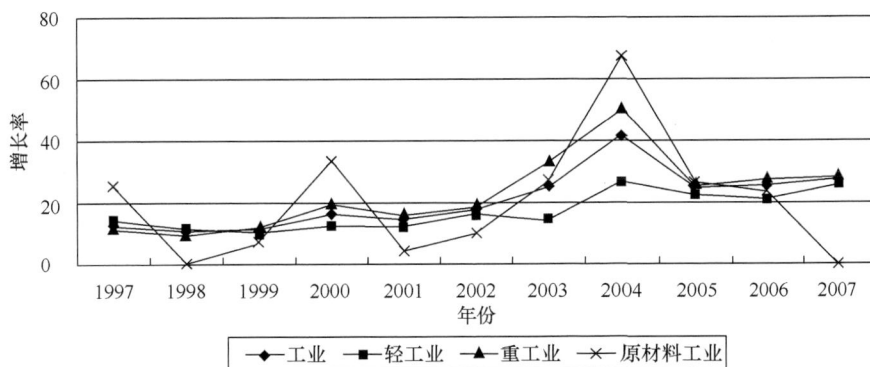

图 4.14　中国工业经济内部原材料工业与轻重工业增长速度对比

资料来源:2008 年《中国统计年鉴》和《中国工业经济统计年鉴》。

### 2. 原材料工业向中西部地区转移步伐加快

原材料工业向中西部地区聚集趋势明显,中西部省份之间的竞争日趋激烈。在原材料工业快速发展的同时,产业区域集中化的趋势也越来越明显。从 1997～2007 年间原材料工业在工业总产值中的比重看,东部沿海省份提高缓慢,而中西部省份则快速提高,尤其是山西、海南、陕西、河北、甘肃、云南等省份的比重提高幅度超过了 30％,我国原材料工业向中西部地区集中的同时,也使得中西部省份之间的行业竞争日趋激烈(表 4.34)。

表 4.34　1997～2007 年各省原材料工业占工业总产值比重的变化

| | 原材料工业占工业总产值比重/% | | 变化值 |
| --- | --- | --- | --- |
| | 1997 年(1) | 2007 年(2) | (2)减去(1) |
| 山西 | 24.97 | 69.99 | 45.02 |
| 海南 | 3.35 | 39.41 | 36.07 |
| 陕西 | 12.63 | 46.19 | 33.56 |
| 河北 | 12.95 | 45.12 | 32.17 |
| 甘肃 | 36.37 | 67.13 | 30.76 |
| 云南 | 12.99 | 43.20 | 30.20 |

续表

| | 原材料工业占工业总产值比重/% | | 变化值 |
| --- | --- | --- | --- |
| | 1997 年(1) | 2007 年(2) | (2)减去(1) |
| 内蒙古 | 21.37 | 45.97 | 24.60 |
| 江西 | 14.73 | 39.00 | 24.27 |
| 新疆 | 46.57 | 68.76 | 22.19 |
| 天津 | 9.96 | 31.36 | 21.40 |
| 湖南 | 9.82 | 31.10 | 21.28 |
| 河南 | 10.32 | 29.73 | 19.41 |
| 广西 | 8.52 | 26.09 | 17.57 |
| 安徽 | 9.95 | 26.92 | 16.97 |
| 黑龙江 | 32.73 | 49.19 | 16.46 |
| 青海 | 47.39 | 63.10 | 15.71 |
| 辽宁 | 19.55 | 34.73 | 15.18 |
| 贵州 | 17.24 | 29.81 | 12.58 |
| 湖北 | 8.53 | 20.89 | 12.35 |
| 宁夏 | 29.50 | 41.23 | 11.73 |
| 四川 | 11.38 | 22.98 | 11.59 |
| 西藏 | 17.43 | 27.39 | 9.96 |
| 江苏 | 5.74 | 15.67 | 9.93 |
| 山东 | 11.04 | 19.77 | 8.72 |
| 重庆 | 8.79 | 15.99 | 7.20 |
| 浙江 | 3.16 | 9.93 | 6.77 |
| 福建 | 3.72 | 9.90 | 6.18 |
| 吉林 | 11.71 | 15.77 | 4.06 |
| 广东 | 5.45 | 9.37 | 3.92 |
| 上海 | 12.50 | 13.62 | 1.13 |
| 北京 | 18.17 | 15.85 | −2.32 |

资料来源:1998 年、2008 年《中国工业经济统计年鉴》、1998 年、2008 年《中国统计年鉴》。

从 2007 年我国部分原材料工业产品的区域分布看,山西、内蒙古、河南、湖南、云南、贵州、江西等省份在铁合金、铅、锌、电解铝、氧化铝、原煤、铁矿石、硫铁矿、磷矿石等原材料工业品的生产上存在着激烈的竞争(表 4.35),而技术优势不但是决定竞争优势的根本保障,而且应该是决定国家在产业调整振兴整合和淘汰落后产能决策中的重要决定因素。

**表 4.35 2007 年部分原材料工业产品分地区生产情况** 单位:%

| | 第一位 | | 第二位 | | 第三位 | | 第四位 | | 第五位 | |
|---|---|---|---|---|---|---|---|---|---|---|
| | 地区 | 占比 | 地区 | 占比 | 地区 | 占比 | 地区 | 占比 | 地区 | 占比 |
| 铁合金 | 内蒙古 | 18 | 贵州 | 10 | 四川 | 8 | 湖南 | 8 | 河南 | 6 |
| 铅 | 河南 | 33 | 湖南 | 18 | 云南 | 13 | 安徽 | 11 | 广西 | 5 |
| 锌 | 湖南 | 21 | 云南 | 20 | 辽宁 | 10 | 陕西 | 8 | 广西 | 8 |
| 电解铝 | 河南 | 25 | 山东 | 11 | 山西 | 9 | 内蒙古 | 8 | 贵州 | 6 |
| 氧化铝 | 河南 | 38 | 山东 | 33 | 山西 | 16 | 贵州 | 7 | 广西 | 5 |
| 原煤 | 山西 | 25 | 内蒙古 | 14 | 黑龙江 | 4 | 云南 | 3 | 辽宁 | 3 |
| 铁矿石 | 河北 | 44 | 辽宁 | 15 | 内蒙古 | 8 | 四川 | 6 | 山西 | 4 |
| 硫铁矿 | 广东 | 27 | 安徽 | 19 | 江西 | 12 | 辽宁 | 6 | 陕西 | 5 |
| 磷矿石 | 湖北 | 31 | 云南 | 31 | 贵州 | 26 | 四川 | 11 | 湖北 | 5 |

资料来源:2008 年《中国工业统计年鉴》。

### 3. 云南需要提高原材料工业在全国的地位

虽然云南省的原材料工业很多领域的技术水平已经达到国内先进水平,甚至国际先进水平,但很多技术还没有完全应用到产业发展中,对全行业的带动和支撑力还不够强。云南省的原材料工业在全国的产业地位还不够高(表 4.36)。有色金属冶炼和压延加工业是云南省的原材料工业在全国技术优势最强的行业,但到 2007年,云南省的有色金属冶炼及压延加工业总产值只占全国的 5.54%,工业增加值只占全国的 4.79%,在全国处于中等水平;而有色金属采选业已有多项技术处于国内领先水平,但工业总产值只占全国的 5.87%,工业增加值只占全国的 6.49%,在全国处于中下等水平,并且地位有所下降;化学原料及化学制品业总产值和增加值都不到全国的 2%,在全国处于中下水平,发展速度仍然低于全国平均水平。这与云南拥有世界最大,国内最先进的黄磷生产装置和生产技术的地位相差很远。产业地位与技术优势地位严重不对称是云南省原材料工业发展存在的重要问题。

**表 4.36 云南省的原材料工业在全国的地位** 单位:亿元,%

| | 工业总产值 | | | 工业增加值 | | |
|---|---|---|---|---|---|---|
| | 全国 | 云南 | 云南的地位 | 全国 | 云南 | 云南的地位 |
| 有色金属矿采选业 | 2288.75 | 134.31 | 5.87 | 973.32 | 63.14 | 6.49 |
| 有色金属冶炼及压延加工业 | 18 031.88 | 998.07 | 5.54 | 4477.61 | 214.49 | 4.79 |
| 非金属矿采选业 | 1365.63 | 35.81 | 2.62 | 517.24 | 16.27 | 3.15 |
| 非金属矿物制品业 | 15 559.44 | 113.75 | 0.73 | 4849.19 | 34.19 | 0.71 |
| 黑色金属矿采选业 | 2130.61 | 46.64 | 2.19 | 928.78 | 21.94 | 2.36 |

续表

| | 工业总产值 | | | 工业增加值 | | |
|---|---|---|---|---|---|---|
| | 全国 | 云南 | 云南的地位 | 全国 | 云南 | 云南的地位 |
| 黑色金属冶炼及压延加工业 | 33 703.01 | 463.33 | 1.37 | 9007.14 | 82.52 | 0.92 |
| 化学纤维制造业 | 4120.8 | 10.6 | 0.26 | 809.43 | 3.98 | 0.49 |
| 化学原料及化学制品制造业 | 26 798.8 | 360.61 | 1.35 | 7340.42 | 87.08 | 1.19 |
| 煤炭开采和洗选业 | 9201.83 | 80.79 | 0.88 | 4696.33 | 45.4 | 0.97 |

资料来源:2008年《中国工业统计年鉴》。

### 4.6.2 科技支撑原材料工业产品升级和新产品开发能力较弱

云南原材料工业大而不强,资源型产品和初级产品居多,科技支撑原材料工业产品升级,延长产业链力度较弱。科技创新依然是云南原材料工业加快发展的短板和发展的瓶颈。分析原因主要有:一是原材料工业企业作为科技创新的主体地位不明显,以企业为主体、产学研有机结合的技术创新体系还不完善。二是原材料工业企业围绕产品创新,对传统优势产品的技术改造力度不够;围绕国内、世界领先的产品和技术,做好新技术、新产品、新工艺的引进、消化、吸收和再创新的能力不强。造成原材料工业资源依赖性强,高新技术产值比重低、新产品开发缓慢、产业链短、产品结构不合理等问题。三是原材料工业先进工艺技术和装备与传统落后工艺技术和装备并存,工业化和信息化融合程度低。一方面,先进工艺技术和装备主要集中在几个大型国有企业,多数中小企业还在采用传统落后工艺技术和装备进行生产。另一方面,原材料工业生产技术优势明显,但软化原材料工业发展的技术和服务的水平较低,信息技术应用推广不足,自动化、管理网络化、决策智能化等生产性服务水平不高。

#### 1. 黑色金属产业科技创新支撑产品结构调整能力较弱

云南铁和钢材产能结构不匹配,生铁产能大于粗钢产能,粗钢产能又大于钢材产能,钢铁比达到1.2;线材多、板材少,线材产能约占钢材产能的75%,吨材利润仅为全国平均水平的55%。黑色金属压延加工业增加值与其采选业之比为3,只有全国平均水平的10%左右。

#### 2. 有色金属产业科技创新支撑深加工能力较弱

云南有色金属产品以原料型初级产品为主,大部分产品停留在金属锭状态,产品附加值低,深加工率仅为15%。有色金属压延及加工业增加值与有色金属采选业之比为1:3.06,相当于全国平均水平的85%左右;有色金属压延加工与冶炼的增加值之比为1:0.06,仅相当于全国平均水平的9.4%。电解铝生产能力达到

60 万吨,铝加工能力 16 万吨,其中高附加值的铸造合金生产能力只有 5000 吨。全省铅锌行业综合回收的有价元素只有硫、金、银、锗、镉、铟 6 种,而湖南株洲冶炼厂可综合回收 19 种有价元素。作为有色金属支柱的锡冶炼,总资产贡献率只有 5.6%,仅为全部有色金属冶炼及压延加工业平均水平的 70%,其中锡工艺品与锡冶炼业增加值之比不到 0.5%。

2008 年十种有色金属产量虽居全国第 2 位,但产业总产值、销售产值仅排全国第 7 位,工业增加值排全国第 8 位。铜矿产量占全国近 1/3,铜产量占全国的 13%左右,而铜加工产品产量仅占全国的 2%,加工率只有全国平均水平的 16%。

### 3. 化工产业科技创新支撑产品市场开拓能力较弱

2008 年云南化工产业产值 540 亿元,仅占全国化工产业产值的 1.5%,规模总量小。企业技术创新和深加工新产品研发与国内国际先进水平具有较大差距,缺乏自主开发的核心技术,高素质人才少、工程化能力低、成套技术开发能力差。作为化学工业支柱行业的肥料制造业和基础化学原料制造业,其总资产贡献率仅为 3.29%和 4.24%,而经济效益水平较高的专用化学产品制造、钾肥制造、初级形态塑料等合成材料所占比重很低。例如,云南是基础磷化工生产大省,磷矿石、磷酸、黄磷等磷化工产品产量均居全国第一。但磷化工以传统产品为主,磷的深加工产品特别是高附加值的精细磷化工产品的发展相对迟缓,有价磷产品装置规模小、产品品种单一、产业链短,缺乏竞争力。全球精细磷化工产品约有 200 种,我国有 80 种,云南仅有 12 种;发达国家黄磷-中间产品-最终产品的比例为 1:3:5,我国的比例为 1:1.5:0.8,而云南的产品结构远远低于以上比例。这些与云南磷化工大省的地位极不相称。

## 4.7　农业产业化发展科技推广应用相对滞后

云南农业产业化发展取得了一定成效,但农业科技推广应用总体上缓慢。主要表现在农业科技推广应用部分滞后;与农业产品多样化相应的农业优势技术较少;农业科技研究开发能力还不够强;农业科技资金人才相对不足;农业科技成果转化水平相对较低等方面。

### 4.7.1　农业科技推广应用相对滞后

云南农业部分农产品科技含量不够高,单产差距较大;农业高效多产新品种和先进实用技术的推广有待加强。

#### 1. 部分农产品科技含量不够高,单产差距较大

当前云南稻作、麦类、玉米、豆类、杂粮等粮食作物的单产和效益较低。烟、糖、

茶、胶、蚕桑、花卉等优势传统产业需要大幅度提高质量和效益。外销蔬菜、马铃薯、花卉、药用植物等新兴产业科技含量不高、产品竞争力不强。全省大部分农业企业的产品还处于原料型、初加工型生产阶段,产品附加值低、资源开发程度低、农产品技术标准和质量标准研究开发严重滞后,阻碍了农业产业化。例如,云南香料植物多达400多种,但进入工业化生产开发利用的仅40多种,香料加工企业大多为几十吨的小型加工企业,加工产品仅为香料油初级产品,产值较高的香精产品所占比例不足10%。全省干果、蔬菜、养殖产品等大都以原料产品进入市场,虽有一定的市场竞争力,但产业链短,附加值低,规模化、集约化程度不高。云南虽然种植核桃的面积较大,但与省外、国外先进水平相比,单产差距较大。例如,美国单产在200公斤左右,而云南单产只有20～30公斤,只达到国外的十分之一。

### 2. 农业高效多产新品种和先进实用技术的推广应用有待加强

云南农业生物技术科研平台建设稳步发展,科研能力有较大幅度的提升,初步形成在转基因农作物、生物农药、生物肥料研发能力较强的农业生物技术研发格局,农业生物技术产业化建设取得一定规模。与全国相比,云南省农业高效多产新品种和先进实用技术产业化推广程度不高,成果转化能力低问题突出。生物农业技术成果转化能力差,许多高效多产新品种和先进实用技术产业化无法得到及时有效的推广,使云南生物农业产业发展中科技支撑作用不强。面对世界人口增长和耕地减少等问题,以及生物经济的成长阶段,努力提高农业科技含量、增加农业产量已然成为全球生物农业发展的主流,农业的外延已经开始扩大到生物技术作物新品种、新型食品,以及增加农产品功能等领域。

### 4.7.2 与农产品多样化相适应的农业优势技术较少

多样性的生物资源和多品种的农产品需要多样化的优势开发技术。虽然云南长期以来都高度重视农业科技工作,长期致力于加快农业科技进步,在一些领域具有一定优势技术,但与农业产品多样化的实际比较,云南农业优势技术还是偏少。

### 1. 云南农业具有一定优势技术,但还是偏少

在国家和省政府的大力支持下,云南省着力推进农业科技研发平台建设,加快推进农业科技创新,加强了云南省农业科学院、云南省林业科学院、云南农业大学、中科院昆明植物所、动物所等科研院所和大专院校的建设,先后成立了云南省动物生殖生物学重点实验室、花卉新品种开发与生产国家地方联合工程研究中心、国家林业局云南珍稀濒特色林植物保护和繁育重点实验室等一批生物育种技术科研机构,已承担并完成的多项国家级重点研究项目,在优质杂交水稻、优质专用玉米、优质油菜、西南特色优质蔬菜、特色花卉、经济林木和畜牧胚胎等领域具备一定的育种和繁育技术基础和优势。

虽然云南省依靠政府投资建设的重点实验室、工程技术研究中心等科技研发机构近 50％都属于农业科技研发机构,从事农业科技开发和推广的人员也比其他产业多,在新品种选育、转基因农作物、生物农药、生物肥料等领域具有一些国内领先乃至国际先进的技术,但与云南多样性的农品种相比,仍然是农业优势技术少的问题十分突出,一个新品种的推广种植受地域限制较强,难以发挥出规模效益,所以总是处于个别农业技术国内外领先,但总体落后的格局。

在云南的粮食种植领域,"水稻遗传多样性控制稻瘟病理论和技术"处于国际领先水平,在国内外也示范推广了上千万亩。但云南水稻种植区域的多样性和水稻种植品种的多样性,使针对某个地域实施的技术在其他地区推广存在适应性较差的问题,相反,在省外可以大面积种植一个水稻品种的地区,技术推广应用的价值和规模效益都比云南突出。

"应用 ADP 葡萄糖焦磷酸酶基因提高水稻产量的研究"虽然建立了与国际同步的水稻转基因技术体系,获得的新品种有较好增产能力,"ADP 焦磷酸酶基因——合系 38 和 42"水稻材料比原高产材料增产 11.1％和 6.53％。云南自主研发的超级水稻"楚粳二十七号"产量虽然居中国国内高原粳稻领先水平,在省内 13 个州(市)和四川、贵州等周边省份推广种植,但研发的新品种在云南省的种植明显受到适宜种植地域的限制,推广面积有限,规模效益不突出。

云南率先在国内育成的 H166、H165、油花 3 号等花培甘蓝型优质油菜新品种,虽然推广面积已占云南秋播甘蓝型油菜面积的 80％以上,但云南适宜种植油菜的区域相对有限,因此在推广面积上仍然受到局限。

### 2. 云南农业资源优势强,但经济效益有待提高

云南在将资源优势转化为经济优势的开发过程中,由于优势技术少,无法做到多品种开发和高品质开发,尤其是根据云南独特资源开发利用的、拥有自主知识产权的高新技术不足,只能利用大众化、普遍性的实用技术来开发云南独特的农业资源,云南农业资源的利用价值较低。例如,云南花卉的物种资源相当丰富,但在我们的花卉种植中没有一个品种是通过我们自己的野生物种驯化选育出来的,云南鲜切花产量居全国首位,占全国鲜切花产量的 80％以上,但大部分是低档花卉,高附加值的品种少,云南是花卉种植大省,但产值才达到 200 亿元。再如,云南省适宜种植的水果和干果种类多,分属 43 个科,74 个属,1000 多个品种,并且国内外很多地区果品在云南都能找到适宜种植地,但种植规模都不大,种植规模较大只有核桃、香蕉、苹果、柑橘、石榴等少数品种。云南动物物种繁多,但现在的特种养殖不但规模相当小,品种也主要是省外或国外驯养出来的。在农产品深加工方面,所能开发的大部分都是规模较大、开发技术较为成熟和普遍运用的传统品种,开发产品绝大部分还是以初级原料型产品为主。

云南作为适宜种植农业品种多样的地区,还存在的一个突出矛盾是各农作物

之间的争地问题严峻,一个相对狭小的地理单元可种植的品种多样,但规模经济发展方式要求单一品种的规模种植,才能降低成本,体现规模效益,尤其是科技含量不高的大众化产品,追求规模经济更是其唯一的发展途径,因此受市场波动影响大的大众化、弱质化农产品规模种植往往出现增产不增收的问题,对品种改良和优质品种研发的要求十分迫切。

云南农业优势技术少,新产品开发创新不足,使优势资源不能转化为优势产品,只能生产出普通产品,采用普遍性的技术来开发,结果受到云南单一品种农产品规模无法做大的劣势约束,质次、价低、规模小的特点必然导致竞争力弱,并且往往造成资源的过度开发,但利用价值不高的局面,云南特色农产品的品质优势没有发挥出来。

从整体来看,云南农业创新经济效益较低。以人均农业总产值衡量农业科研创新的经济效益,云南农业创新经济效益得分为－0.04,全国平均水平为0.32,全国最高为广西2.16,云南农业创新经济效益低于全国平均水平,更远远低于广西,这说明云南农业科技产业化水平较低,科技对农业产值贡献较低。

### 4.7.3　农业科技研究开发能力还不够强

农业科研开发的效率不高,研究开发水平总体偏低;农业的产前、产中、产后技术,农产品的加工和综合利用、保鲜技术等的研发还比较薄弱;农业科技研究开发与农业生产需求的衔接还须加强,成果转化率不高。全省除烤烟、蔗糖、茶叶、橡胶等部分产业初步实现了一个产业、一套科研机构,一支科技推广队伍外,其他产业均不同程度存在着生产与科研脱节的问题,集中表现在新产品、新品种开发不力和科技推广不到位,产品质量难以提高,竞争力弱。

农业科技服务条件较落后。农业科技服务条件因子特征值贡献率为7.5%,对区域农业科技创新综合能力的提高有不小的影响。云南的科技服务因子得分为－0.36,全国平均水平为0.39,位于西部第八,低于全国平均水平,说明科技服务条件比较落后,农业科研重视程度不够,科技服务体系建设不完全,降低了云南省的科研创新综合水平。农业人力资源水平较低。人力资源水平因子体现了农业科技创新的底蕴和潜力,云南的人力资源水平因子得分较低,为－0.66,远低于全国0.66的平均水平。农业知识产出能力较差。知识产出能力因子由于科研单位课题数、专利申请数较多,科研人员发表的科技论文及科技著作等指标来反映。云南农业知识产出能力因子得分为－1.39,全国平均水平为0.34,在西部12省中为最弱的省份,反映出农业科技投入与产出不协调,科技推广能力和产出能力差。

### 4.7.4　农业科技的资金、人才相对不足

云南农业科技进步贡献率较低,资金人才相对不足是技术创新不力的普遍原因,并且在农业技术创新中较为突出。最近十几年农业科研经费的投入虽然有较

大提高,但相对于所需经费来说,仍有较大缺口。从政府投入来看,从 2007 年来看,全省财政支出中用于农业的支出为 83.86 亿元,仅比上年增长 1.14%,低于全省增长 16.6% 的水平,农业投入不足,影响农业发展的后劲。云南农业科技投入占农业总产值的比重仅为 0.15%,远远低于世界平均的 1%,处于全国 0.12%~0.27% 的较低水平。

农业科研财力投入相对不足。农业科研财力投入由科技活动经费投入、科研设备购置费、企事业科研资金投入等指标构成。云南省科研投入平均能力评价得分为 −0.61,远低于全国平均水平(2.93)。科技投入低,可能导致云南省陷入经济落后—科研财力投入不足—科技带动能力弱—科技发展落后—经济落后的恶性循环。

农业高层次科技人才缺乏。全省农业科技队伍中,高级人才仅占 0.2%;全省农业科技推广队伍中,大学本科以上学历仅占 7%,专科生学历占 14.1%,中专及以下学历占 78.9%。

### 4.7.5　农业科技成果转化水平相对较低

农业科技成果转化率较低,研究与推广应用脱节成为制约农业发展的突出问题。长期以来由于受到科技体制和运行机制等因素的影响,农业科技与农业生产、农村经济发展和农民增收脱节状况比较严重,农业产学研脱节,教学、科研、推广之间不协调,重科研、轻推广,科技成果转化率低。一方面,与现代市场经济相适应的农业科技创新体制仍未建立健全,导致农业科技成果转化与推广薄弱。农业科研项目的确定、农业技术推广和扩散,仍然是由政府集中决策和行政推动的做法,农业科研院所和农业高等院校大部分课题结题后,其成果束之高阁或采用率不高。另一方面,农业科技选题与市场需求脱节。农业科技成果主要是由公共科研机构的科技人员自主选题或在政府计划指导下开展研究。农业科研人员和政府对用户技术需求目标认识上的偏离,导致了部分农业科技成果成为没有用户市场的无效供给。

农业科技推广各环节协调配合能力差。农业科技成果产业化是一个系统工程,需要政府、科研单位、推广组织、农户(农业企业)等多方面的协调配合,并需要政策、法律、资金、信息、市场、人才等多重因素的共同作用。云南省在农业科技成果产业化过程中,政府的资金投入、政策保障、利益协调、公益承担能力还不强;科研单位不具备科研成果供给者和一级生产者角色;风险投资和评估转化机构环节薄弱;推广转化组织在农业科技成果产业化作用还不够大;科技成果信息化能力相对较差;农民应用科技成果的意识还不强等造成了农业科技成果转化水平相对较低。

# 4.8　服务业发展科技渗透缓慢

服务业的发展水平是衡量一个国家或地区现代化程度的重要标志。发达国家和我国先进地区之所以服务业得到快速发展,一个重要原因就是现代科学技术的广泛渗入和普遍应用。科技对服务业发展的支撑作用主要体现在信息技术、光电子技术、互联网技术及其设备对传统服务业的改造,从而形成新的、科技含量高的现代服务业。云南服务业发展科技渗透缓慢,信息技术应用于服务行业还不充分,部分服务行业科技总体水平还不够高等。

## 4.8.1　信息技术应用于服务业还不够充分

云南服务业的科技研发平台小、弱、散,研发能力弱,支撑服务业发展的科技型企业更是弱小,缺乏竞争力,总体上云南服务业科技创新能力弱,缺乏优势技术,在引进国内外先进技术改造云南服务业的步伐上明显缓慢。主要体现在信息技术应用于服务业还不够充分。

云南信息技术应用快速发展,但部分领域的应用依然落后于国内先进水平,且"空白区"较多。信息技术是改造提升传统服务业的关键技术。发端于 20 世纪 80 年代中期,以大规模集成电路和单芯片微机发明以及公众互联网等所形成的信息产业为主导的第五次产业革命还没有结束,信息技术对国民经济各领域的渗透还在加速。这一轮经济增长中,美国凭借其在 IT 技术为核心的高新技术方面的优势,率先进入这一以 IT 时代为特征的新产业周期,引领世界经济的发展,创造了巨大的信息产品市场需求,使英特尔、谷歌、微软、思科为代表的美国企业获得巨大的利润。2009 年 2 月英特尔公司宣布公司计划在未来 2 年投入 70 亿美元升级其美国工厂生产技术,实现 32 纳米制造工艺。信息技术在建筑、物流、文化、社会生活各领域的渗透正在改变着人们的生活方式,形成了物联网、智能电网、智能交通、智能食品、智能基础设施、智能零售等所谓的"智慧的地球"。这些都显示出信息技术对各领域的渗透在加速,并不断形成新的智能化产品。这些智能化产品在改变人们的生产生活方式方面还将发挥重要的作用,具有广大的市场需求。而云南省信息技术却十分落后,云南大学信息学院、软件学院等一批高等院校主要只发挥着培养信息技术人才的功能,在信息技术研发和为云南第三产业部门和企业提供整体解决方案的能力很弱。具有信息技术研发能力的企业小、弱、散,仅有南天集团、昆船集团等少数几户骨干企业,在金融、智能交通、物流等领域有几项优势技术,但总体上云南服务业的优势技术缺乏,科技服务业才刚刚起步。

从表 4.37 可以看出,云南省的信息化指数低于全国的平均水平,且提升速度也慢于全国的平均增速。云南省的信息化水平较低,落后于全国平均水平 3～5年。1995～2006 年,云南省的信息化指数一直低于全国平均的信息化指数,尤其是云南省 2006 年的信息化水平仅相当于全国平均水平的 2001 年;云南省信息化水平的增长速度也慢于同年全国的平均水平。

**表 4.37 全国和云南省信息化水平指数**

| 年份 | 1995 | 1997 | 1999 | 2000 | 2001 | 2002 | 2003 | 2004 | 2005 | 2006 |
|------|------|------|------|------|------|------|------|------|------|------|
| 全国 | 14.89 | 19.58 | 30.03 | 38.44 | 50.1 | 53.4 | 56 | 57.1 | 59.1 | 60.9 |
| 云南 | 10.75 | 14.39 | 20.95 | 24.52 | 41.7 | 44 | 46.7 | 49.4 | 50.6 | 51.8 |

资料来源:历年《中国信息年鉴》。

### 4.8.2 部分服务业科技总体水平还不够高

云南服务业总体技术水平还不够高,内部结构仍以传统服务业为主,劳动生产率较低,造成了服务业对全省经济增长的贡献还不够大。

旅游业。云南旅游业发展迅速,2008 年,云南旅游业总收入 663.3 亿元,同比增长 18.6%,旅游产业增加值占全省生产总值的比重为 6.8%,从一般统计意义上讲,只有比重达到 10% 以上才能成为支柱产业,因此云南旅游产业发展成为支柱产业,还必须以市场为导向,以资源为依托,以科技为支撑,推进旅游产业和产品结构调整优化,提高旅游服务质量和水平。云南的旅游业主要以自然景观、民族风情、历史文化等资源型旅游产品为主,但在产业发展过程中,旅游科技却没有发展起来,旅游产品的科技含量不高,仍然缺乏针对云南旅游业产品提升的科技创新平台、科技创新队伍和科技创新服务企业。一是数字旅游服务技术开发程度较低。云南旅游综合业务的信息技术研究与应用不够,交互、实时、丰富、便捷、畅通与科学化、可视化、智能化的旅游综合业务管理信息服务平台没有建立;没有充分挖掘旅游信息资源的财富价值,形成旅游行政管理部门、旅行社和技术支撑单位三位一体的服务运作模式。二是科技成果应用于旅游业还处于起步探索阶段,科技兴旅仍是一项长期而艰巨的任务,旅游景点建设和旅游产品开发与科技创新的结合点较少,科技成果引进和应用的层次不高、创新性不强,旅游业管理经营信息化程度较低。

物流业。云南以道路运输为主的物流业还处于传统物流业阶段,物流实时跟踪技术、网络化分布式仓储管理及库存控制技术、物流运输系统的调度与优化技术、物流基础数据管理平台和软件集成技术等国际先进的智能物流系统的研发才刚起步;信息技术,传感技术、物联网技术等先进技术在物流业中的应用还很滞后,尤其是研发适应于云南高原和山地公路运输物流技术的科技创新平台、创新队伍和科技服务企业十分缺乏,使云南省的物流成本高,科技含量低,产业发展缓慢。

# 第5章 科技支撑云南经济增长的思路与重点

总体上云南经济发展水平较低,发展方式转变较慢。人均 GDP 是衡量一个国家和地区发展水平的重要指标,云南省 2009 年的人均生产总值才达到 13 539 元(按年末汇率折合 1983 美元),比全国平均水平(25 125 元,按年末汇率折合 3680美元)低 11 586 元,差距较大,云南省的经济发展水平只有全国的一半。2009 年云南省生产总值完成 6168.23 亿元,比上年增长 12.1%,高于全国平均水平 3.4 个百分点;增长速度在全国排名第 15 位。从图 5.1 可以看出,改革开放以来云南省经济增长已超过全国平均水平,1978~2009 年云南省生产总值年均增长 9.84%,略高于全国平均水平(9.76%),其中,第一产业年均增长 5.14%,高于全国平均水平(4.59%),第二产业年均增长 10.72%,低于全国平均水平(11.34%),第三产业年均增长 12.97%,高于全国平均水平(10.73%)。但与沿海地区和西部其他省份相比,云南经济增长速度仍然偏低。从表 5.1 可以看出,2007 年以前,云南省的经济增长速度不但低于东部沿海省份,而且低于中部的湖南和西部的陕西、内蒙古、青海、陕西、广西等省区,2008 年和 2009 年东部沿海地区的经济增长速度有所下滑,但西部地区保持了高速增长,云南省的经济增长速度仍然低于西部其他省份。

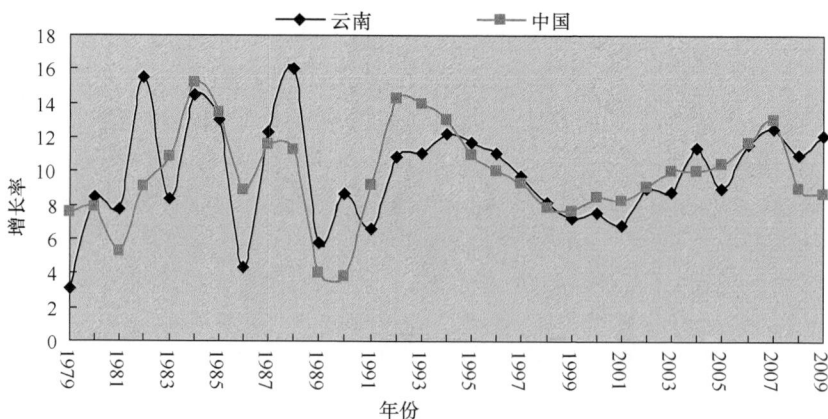

图 5.1 1978 年以来云南经济增长速度与全国对比

**表 5.1　云南省经济增长率与部分省(区、市)对比**　　　　　单位:%

|  | 2004 年 | 2005 年 | 2006 年 | 2007 年 | 2008 年 | 2009 年 |
|---|---|---|---|---|---|---|
| 北京 | 14.1 | 11.8 | 12.8 | 13.3 | 9 | 10.1 |
| 上海 | 14.2 | 11.1 | 12 | 14.3 | 9.7 | 12.4 |
| 江苏 | 14.8 | 14.5 | 14.9 | 14.9 | 12.3 | 12.4 |
| 浙江 | 14.5 | 12.8 | 13.9 | 14.7 | 10.1 | 8.9 |
| 广东 | 14.8 | 13.8 | 14.6 | 14.7 | 10.1 | 9.5 |
| 湖南 | 12.1 | 11.6 | 12.2 | 14.5 | 12.8 | 13.6 |
| 广西 | 11.8 | 13.6 | 13.6 | 15.1 | 12.8 | 13.9 |
| 陕西 | 12.9 | 12.6 | 12.8 | 14.6 | 15.6 | 13.6 |
| 青海 | 12.3 | 12.2 | 12.2 | 12.5 | 12.7 | 10.1 |
| 内蒙古 | 20.9 | 23.8 | 19 | 19.1 | 17.2 | 16.9 |
| 云南 | 11.3 | 9 | 11.9 | 12.5 | 11 | 12.1 |

资料来源:2009 年《中国统计年鉴》及部分省区市 2009 年统计公报。

　　云南经济基础相对薄弱,虽然改革开放以来保持了较快的经济增长速度,但经济实力还不够强,发展水平还相对较低,从三次产业看,一产不优、二产不强、三产不快的问题较为突出,很大程度上是云南省自身的经济特殊性所致。从三次产业内部结构看,第一产业以种植业为主,云南省特殊的地理条件决定了第一产业具有产品多样性与单一产品的非规模性并存的特点,多品种、小规模、集中度低的农产品特征使加工增值的难度大,科技运用的难度更大;第二产业以原材料工业为主,长期以来处于小、散、弱的状态,实施产业整合后才使产业集中度有所提高,但产业实力和竞争力还不够强,技术优势还没有得到充分发挥;第三产业门类众多,旅游、文化、物流等产业具有优势,发展潜力大,但实现的增加值不高,增长不快,服务业产品科技含量低,先进技术的运用和渗透弱。云南省作为边疆欠发达省份,经济基础薄弱,只有保持较高的经济增长速度,才能使经济实力尽快增强,使云南经济保持在一个较高的发展水平上,才能解决经济社会发展中的矛盾和问题,尤其是才能增强转变发展方式的经济基础和经济实力。虽然云南经济保持快速增长,但还是粗放型的增长,在很大程度上依靠高投入、高消耗,资源的使用效率还比较低,产品的技术含量和附加值低下,粗放型的经济增长方式已经不能适应持续快速发展的要求。我们通过评估发现,云南省新型工业化的特点是科技含量低、资源消耗高、环境污染压力大、人力资源优势还未得到充分发挥,工业化和信息化程度低,说明云南省转变经济发展方式的任务还十分艰巨。要与全国同步到 2020 年全面实现小康社会,云南省就必须既要加快转变经济发展方式,又要保持快速经济增长,才能实现经济社会的赶超。要实现快速的经济增长,其动力只有来自科技创新,来自科技对云南经济增长的支撑力。

# 5.1 产业特点

### 5.1.1 农业的产品多样性与非规模性特征突出

在国民经济行业分类中,第一次产业的产业属性是取自于自然,而第二次产业则是加工取自自然的生产物,第一次产业和第二次产业又都是有形物质财富的生产部门,第三次产业则被解释为繁衍于有型物质财富生产活动之上的无形财富的生产部门[①]。因此,一个地区的自然、地理和气候条件对第一产业的发展具有直接的影响。

多样性的地形地貌特征决定了云南省农业生产条件的多样性,使云南省具有农产品多样性和非规模性的特点。云南省全境地处青藏高原边缘的大斜坡地带,以山地高原为主,地势阶梯梯降,高山峡谷相间,地形复杂多样,断陷盆地错落[②]。云南省山地多、平地少,土地资源类型多样,地域组合复杂,立体型特征显著,分布较散,山中有坝,原中有谷,组合各异,山地占总面积的94%,其中平缓坡地(8°~15°)占13.71%,中坡地(15°~25°)占37.14%,陡坡地(25°~35°)占28.47%,极坡地(>35°)占10.53%。草地广大、类型多样,但分布零散,全省大部分草地水热条件较好,但大多数属于山地草场,呈零星分散地分布于山地、丘陵、河谷、盆地之间,与林地和农地相嵌,草地退化严重。云南省地处低纬度高原,季风气候极为明显。由于地形复杂,地势垂直高差大等原因,形成了独特的立体气候类型。这种多样性的自然条件也就是多样性的农业生产条件,造就了多样性的生物资源。

第一产业作为取自于自然的产业,自然资源是基础。生物多样性是云南最显著的特征。云南省独特的地理环境和气候条件,使云南产生了丰富的植物、动物和微生物资源,成为我国主要的生物资源宝库。植物资源及其生长条件是发展种植业和林业的重要基础,云南省被誉为"植物王国",中国已发现的3万种高等植物中,云南就有1.7万种,占全国总数的63%,世界很多地方的植物也能在云南找到适宜种植地,多品种成为云南种植业的显著特征,而有限的土地也导致单一品种的非规模性特征。动物资源及其生长条件是发展畜牧业和渔业的重要基础,脊椎类动物中的鱼类、两栖类、爬行类、鸟类、兽类五大类群,云南有1707种,占全国总数的55%,昆虫已见名录的全国有2.5万种,云南省占1万多种,据专家估计,我国有15万种昆虫,云南约占2/3。由于云南省特殊的地形地貌和生态条件,虽然生物资源种类繁多,但不少资源分布十分零散,在一定时空范围内,种群数量少,加上交通阻隔,难以形成稳定的规模化生产。

---

① 张塞. 新国民经济核算全书. 北京:中国统计出版社,1993:636.

② 云南资源大全. 昆明:云南人民出版社,2006.

　　云南省已形成粮、油、畜禽、烟、糖、茶、橡胶、花卉、林、果、蔬菜、饮料(咖啡)、药、水产等较为完善的生物资源开发利用产业体系。2009 年,农林牧渔业总产值(当年价)1700.69 亿元。种植业产值 849.3 亿元,林业产值 196.1 亿元,畜牧业产值 553.6 亿元,渔业产值 41.8 亿元,但云南省山多、地少的自然特点对发展规模化种植产生了很大的制约。因此,独特多样的地理环境造就了多样性的物种资源,也造就了多种类的农产品,同时带来了难以规模化开发和利用的问题。

　　农产品非规模性导致规模经济效益难以形成。在当前追求规模经济以实现成本最小化和利润最大化的经济运行模式下,云南省农业所具有的多品种优势得不到发挥。相反,单个品种农产品的非规模性无法实现规模经济,更无法实现规模化加工,就无法获得优势竞争力。生物资源开发和农产品深加工领域长期以来都是云南省招商引资的重点,但引资成效不大,其中一个很重要的原因就是要开发的农产品规模不足,难以实现规模效益。

　　从表 5.2 可以看出,云南虽然是农业大省,但在纳入全国统计的主要农产品中,产量占绝对优势地位的只有烤烟,2008 年占全国的 32%(比 2001 年提高了2.6 个百分点),其次是甘蔗、茶叶和香蕉,产量分别占全国的 15.29%(比 2001 年下降了 4.3%)、13.64%(提高了 2 个百分点)和 12.11%(下降了 80%),其他农产品在规模上都不占优势。特别是,具有巨大市场需求的粮食、油料等大众消费型原料农产品,云南自身还难以满足基本需求,更不可能有大量剩余来供给加工业,导致农副产品加工业由于上游原料产品供给不足而难以引进大型加工企业来云南投资。以云南的茶叶为例,云南大部分县乡都能种植茶叶,但各地茶叶的品质差异大,因此各地茶叶品牌很多,但每一个品牌都难以达到规模化生产的产量要求。农产品多样性、规模小的特点,特别难以适应标准化生产的发展模式。

**表 5.2　云南省部分农产品产量在全国的地位与四川、河南对比**

|  | 粮食 | 谷物 | ♯稻谷 | ♯小麦 | ♯玉米 | 豆类 | 薯类 | 棉花 | 油料 |
|---|---|---|---|---|---|---|---|---|---|
| 河南 | 10.15 | 10.71 | 2.31 | 27.13 | 9.73 | 4.71 | 4.80 | 8.69 | 17.11 |
| 四川 | 5.94 | 5.47 | 7.80 | 3.79 | 3.84 | 5.69 | 13.69 | 0.21 | 8.46 |
| 云南 | 2.87 | 2.58 | 3.24 | 0.74 | 3.19 | 5.49 | 5.70 | 0.00 | 1.03 |
|  | ♯花生 | ♯油菜籽 | ♯芝麻 | 麻类 | ♯黄红麻 | 甘蔗 | 甜菜 | 烟叶 | ♯烤烟 |
| 河南 | 26.92 | 8.02 | 37.95 | 7.01 | 51.87 | 0.17 | 0.00 | 9.42 | 10.19 |
| 四川 | 4.13 | 15.65 | 0.81 | 10.87 | 3.78 | 0.94 | 0.02 | 8.05 | 6.94 |
| 云南 | 0.35 | 2.04 | 0.00 | 3.64 | 0.00 | 15.29 | 0.01 | 30.42 | 32.00 |
|  | 蚕茧 | ♯桑蚕茧 | 茶叶 | 水果 | ♯苹果 | ♯柑橘 | ♯梨 | ♯葡萄 | ♯香蕉 |
| 河南 | 3.12 | 2.64 | 2.54 | 11.08 | 12.54 | 0.17 | 6.47 | 6.12 | 0.00 |
| 四川 | 11.61 | 12.70 | 11.08 | 3.30 | 1.30 | 11.05 | 6.07 | 2.82 | 0.34 |
| 云南 | 3.23 | 3.54 | 13.64 | 1.63 | 0.90 | 1.40 | 2.12 | 1.80 | 12.11 |

资料来源:2009 年《中国统计年鉴》表 12-15。

多样化、小规模的农产品特征,使农业科技推广应用范围相对较小,影响着云南传统农业向现代农业转变的步伐。

### 5.1.2　工业以原材料工业为主的结构性特征突出

云南省的矿产资源优势、历史上形成的工业基础,以及国家经济建设对云南原材料需求的快速增加,使原材料工业①成为云南省第二产业中的重点产业。2007年云南省原材料工业总产值达到 2561.45 亿元,占云南省工业总产值的 62.14%,比 2003 年提高了 12.3%;2008 年虽然受金融危机的影响,云南省的原材料工业总产值仍然达到 2998.37 亿元,占云南省工业总产值的 60.77%,占云南省重工业总产值的 80.64%(表 5.3)。因此,云南省原材料工业的发展特征基本反映了云南工业的特征。

表 5.3　云南省原材料工业总产值变化情况　　　　单位:亿元,%

|  | 2008 年 | 2007 年 | 2003 年 |
| --- | --- | --- | --- |
| 有色金属冶炼及压延加工业 | 898.1 | 998.07 | 158.62 |
| 黑色金属冶炼及压延加工业 | 648.24 | 463.33 | 116.64 |
| 电力、热力的生产和供应业 | 539.75 | 477.06 | 182.43 |
| 化学原料及化学制品制造业 | 520.39 | 360.61 | 142.39 |
| 石油加工、炼焦及核燃料加工 | 181.22 | 97.51 | 97.51 |
| 非金属矿物制品业 | 139.62 | 113.75 | 52.67 |
| 金属制品业 | 24.78 | 17.84 | 6.8 |
| 燃气生产和供应业 | 20.49 | 9.42 | 4.79 |
| 水的生产和供应业 | 11.3 | 10.51 | 7.32 |
| 化学纤维制造业 | 11.11 | 10.6 | 3.95 |
| 橡胶制品业 | 3.37 | 2.75 | 1.79 |
| 合计 | 2998.37 | 2561.45 | 774.91 |
| 重工业总产值 | 3718.12 | 3078.24 | 922.26 |
| 原材料工业比重 | 80.64 | 83.21 | 84.02 |
| 工业总产值 | 4933.65 | 4122.15 | 1556.57 |
| 原材料工业比重 | 60.77 | 62.14 | 49.78 |

资料来源:云南工业经济信息资料 2007、2003;2008 年的数据来自于云南省统计局。

---

①　原材料工业是指提供国民经济各部门使用的原料、动力和与燃料的工业,包括国民经济行业中的石油加工、炼焦及核燃料加工业、化学原料及化学制品业、化学纤维制造业、橡胶制品业、非金属矿物制品业、金属制品业、黑色金属冶炼及压延加工业、有色金属冶炼及压延加工业、电力、热力的生产和供应业、燃气生产和供应业、水电生产和供应业。

　　云南省发展原材料工业的资源优势非常突出,矿藏种类齐全,原料基本自成体系,水电开发规模大、潜力大,为原材料工业开发奠定了良好的基础。所以历史上云南省就是我国重要的原材料供应基地。截至 2004 年年底,共发现各类矿产 142 种,占全国已发现 171 种的 83%,在已发现的矿产中,查明资源储量的矿产有 85 种,占全国已查明储量矿种的 54.5%,其中能源矿产 2 种,占 2.4%,金属矿产 38 种,占 44.7%,非金属矿产 45 种,占 52.9%。有 61 种固体矿产保有资源量排在全国前十位,其中铅、锌、锡、铟、铊、镉、磷位居第一位;钛铁矿砂、铂族金属、锗、砷、水泥配料用砂岩等 8 个矿种列第二位;锰、铜、镍、锑、化肥用蛇纹岩等 9 个矿种列第三位;电石用灰岩、钾盐、盐矿等 9 个矿种列第四位;铁、铝土矿、煤分别列第六、第七和第九位[①]。截至 2008 年年底,云南省主要有色金属矿基础储量为:铜矿 244 万吨,占全国的 8.44%;铅矿 276 万吨,占全国的 20.32%;锌矿 1407 万吨,占全国的 32.85%;铝土矿 1971.3 万吨,占全国的 2.68%;硫铁矿 7582 万吨,占全国的 4.28%。主要非金属矿基础储量为:磷矿 7.93 万吨,占全国的 22.25%;高岭土 392.9 万吨,占全国的 0.61%(表 5.4)。主要能源中的煤炭基础储量 79 万吨,占全国的 2.4%。黑色金属中的锰矿基础储量 887 万吨,占全国的 3.78%(表 5.5)。虽然内蒙古自治区、湖南省等省份也是矿产资源丰富的地区,但云南省的资源与这些省相比,在品种上具有很强的差异性和互补性。

　　除境内资源外,周边国家矿产资源与云南省有许多相似之处,具有点多面广、规模大、矿种齐全、矿石品位高等特点,有些与云南同属一条矿脉。越、缅、老、柬、泰中南半岛 5 国尤以铬、铁、铜、铝、铅锌等矿产资源丰富,勘探、开发程度较低,对云南省矿产资源有较大互补性。

表 5.4　2008 年云南省主要有色金属、非金属矿产基础储量

| | 地区 | 铜 矿<br>(铜,<br>万吨) | 铅 矿<br>(铅,<br>万吨) | 锌 矿<br>(锌,<br>万吨) | 铝土矿<br>(矿石,<br>万吨) | 硫铁矿<br>(矿石,<br>万吨) | 磷 矿<br>(矿石,<br>亿吨) | 高岭土<br>(矿石,<br>万吨) |
|---|---|---|---|---|---|---|---|---|
| 基础储量 | 全国 | 2891 | 1360 | 4282 | 73514 | 177 190 | 36 | 64 186 |
| | 内蒙古 | 255 | 291 | 791 | — | 11 721 | 0.07 | — |
| | 湖南 | 40 | 113 | 191 | 176.1 | 6369 | 2.8 | 2113 |
| | 云南 | **244** | **276** | **1407** | **1971.3** | **7582** | **7.93** | **392.9** |
| | 陕西 | 16 | 14 | 63 | 726.3 | 578 | 0.21 | 81.1 |
| 在全国<br>的地位 | 内蒙古 | 8.83 | 21.38 | 18.48 | 0.00 | 6.62 | 0.20 | 0.00 |
| | 湖南 | 1.38 | 8.32 | 4.46 | 0.24 | 3.59 | 7.86 | 3.29 |
| | 云南 | **8.44** | **20.32** | **32.85** | **2.68** | **4.28** | **22.25** | **0.61** |
| | 陕西 | 0.55 | 0.99 | 1.48 | 0.99 | 0.33 | 0.59 | 0.13 |

　　资料来源:2009 年《中国统计年鉴》。

---

[①]　云南资源大全. 昆明:云南人民出版社,2006:239.

表 5.5　　2008 年云南省主要能源、黑色金属矿产基础储量

| | 地区 | 石油<br>/万吨 | 天然气<br>/亿立方米 | 煤炭<br>/亿吨 | 铁矿<br>(矿石,<br>亿吨) | 锰矿<br>(矿石,<br>万吨) | 铬矿<br>(矿石,<br>万吨) | 钒矿<br>/万吨 |
|---|---|---|---|---|---|---|---|---|
| 基础<br>储量 | 全国 | 289 043 | 34 050 | 3261 | 226.4 | 23440 | 577.08 | 1276.57 |
| | 内蒙古 | 7751 | 5635 | 789 | 14.59 | 545 | 169.44 | — |
| | 湖南 | — | — | 20 | 1.52 | 6186 | — | 226.08 |
| | **云南** | **12** | **3** | **79** | **4.39** | **887** | **0.1** | **0.07** |
| | 陕西 | 23047 | 5709 | 278 | 4.05 | 303 | 1.1 | 1.25 |
| 在全国<br>的地位 | 内蒙古 | 2.68 | 16.55 | 24.19 | 6.44 | 2.32 | 29.36 | 0.00 |
| | 湖南 | 0.00 | 0.00 | 0.60 | 0.67 | 26.39 | 0.00 | 17.71 |
| | **云南** | **0.00** | **0.01** | **2.41** | **1.94** | **3.78** | **0.02** | **0.01** |
| | 陕西 | 7.97 | 16.77 | 8.54 | 1.79 | 1.29 | 0.19 | 0.10 |

资料来源:2009 年《中国统计年鉴》。

因此,从资源支撑力来看,云南省加快发展原材料工业还有巨大空间。

发展原材料工业面临的最大压力和争议的最大焦点是二氧化碳排放和环境污染问题。云南省经过多年的技术创新和扶优汰劣,原材料工业中的大部分行业和企业节能减排技术已处于全国领先,甚至世界先进水平。全国电解铝能耗平均1.4 万千瓦时/吨,云南省平均只需耗能 1.36 万千瓦时/吨;电解铝产生的二氧化碳国家标准是不高于 850 毫克/立方米,云铝股份仅为 250 毫克/立方米;全国炼铁工艺单位耗能平均 438 千克标准煤/吨,昆钢股份为 390 千克标煤/吨;云内动力自主开发的节能、环保型柴油机达到欧四排放标准;云维公司实施的粉煤气化技术体现了当今世界最先进的煤气化技术。资源开发和循环利用技术也处于全国领先水平。这些先进技术,以及正在不断推进的技术研发为云南加快发展原材料工业创造了良好条件。

### 5.1.3　第三产业内部结构单一且不发达的特征突出

第三产业门类众多。社会经济发展本身就是从农业社会过渡到工业社会,再从工业社会过渡到服务业社会的高级化过程。随着工业化的推进,第三产业内部行业门类还将不断增加,产业规模还将不断扩大,在国民经济中的地位会不断提高。在第三产业中增加值比重较大的产业是交通运输、仓储和邮政业、批发和零售业、住宿和餐饮业、金融业、房地产业。与沿海发达地区相比,云南省的第三产业中金融业和房地产业比重偏低(表 5.6)。

表5.6　云南省第三产业内部行业结构与部分省份对比　　　单位:%

| 地区 | 第三产业增加值/亿元 | 交通运输仓储和邮政业 | 批发和零售业 | 住宿和餐饮业 | 金融业 | 房地产业 | 其他 |
|------|------|------|------|------|------|------|------|
| 北京 | 7682.07 | 6.58 | 13.81 | 3.61 | 19.44 | 7.95 | 48.60 |
| 上海 | 7350.43 | 10.47 | 17.23 | 3.36 | 19.63 | 10.16 | 39.15 |
| 江苏 | 11 548.8 | 10.55 | 26.20 | 4.72 | 12.84 | 10.57 | 35.11 |
| 浙江 | 8811.17 | 9.39 | 23.01 | 4.12 | 15.95 | 12.29 | 35.24 |
| 广东 | 15 323.59 | 9.05 | 21.58 | 5.52 | 13.82 | 14.42 | 35.61 |
| 湖南 | 4216.16 | 12.41 | 18.18 | 5.12 | 5.83 | 9.18 | 49.29 |
| 广西 | 2679.94 | 13.41 | 22.94 | 7.04 | 6.77 | 10.47 | 39.37 |
| **云南** | **2228.07** | **9.97** | **19.66** | **5.34** | **9.77** | **9.84** | **45.42** |
| 陕西 | 2255.52 | 15.63 | 21.42 | 5.66 | 9.26 | 7.09 | 40.95 |
| 青海 | 326.55 | 12.47 | 16.32 | 4.25 | 9.33 | 6.58 | 51.06 |
| 内蒙古 | 2583.79 | 24.79 | 21.23 | 9.12 | 6.46 | 6.49 | 31.93 |

资料来源:2009年《中国统计年鉴》。

　　第三产业中的旅游业是云南省的支柱产业。旅游业的发展,带动着交通运输、批发零售、餐饮等各种服务业的发展。经过20世纪90年代的培育和21世纪前10年的发展,旅游业在云南省的国民经济中发挥着重要作用。2009年全年接待海外入境旅客(包括口岸入境一日游)577.8万人次,实现旅游外汇收入11.72亿美元。全年接待国内游客1.2亿人次;实现国内旅游收入730.66亿元;全省实现旅游业总收入810.73亿元,旅游总收入与全省生产总值之比为13.14%(表5.7)。

表5.7　2009年云南省旅游业与部分省份对比

| 地区 | 国内游客/亿人次 | 海外游客/万人 | 旅游外汇收入/亿美元 | 旅游总收入/亿元 | 总收入GDP比值/% |
|------|------|------|------|------|------|
| **云南** | **1.2** | **577.8** | **11.72** | **810.73** | **13.14** |
| 江苏 | 2.97 | 556.8 | 40.2 | 3698.74 | 10.86 |
| 湖南 | 1.59 | 130.87 | 6.73 | 1099.47 | 8.50 |
| 青海 | 0.11 | 3.6 | 0.15 | 60.15 | 5.56 |
| 陕西 | 1.14 | 145.08 | 7.71 | 763.08 | 9.32 |
| 新疆 | 0.21 | 35.49 | 1.37 | 185.24 | 4.33 |

资料来源:部分省、区2009年统计公报。

　　云南省的旅游业以复杂多样的自然景观、丰富的生物资源和多样性民族文化为背景,形成了云南旅游以资源开发为主的特征,具有多样性、奇异性及多重景观组合优良的特点。不仅自然景观丰富多样,而且以民族文化为代表的人文景观奇异多彩,为旅游业发展提供了丰厚的民族文化底蕴。云南省的旅游业对自然资源的依赖性较强,旅游产品的科技含量较低。

云南省的文化产业主要是依附在旅游产业基础上发展起来的服务业,以民族文化为主,传媒、动漫等在其他省份快速发展的产业形态在云南却发展严重滞后。民族文化产品的生产、传播、展示还处于传统落后状态。从人们生活水平的提高和对文化产品的需求不断扩大的趋势看,云南省的文化产业具有良好的发展潜力。

随着中国东盟自由贸易区的建成云南省的物流业将在连接中国与东南亚、南亚的商贸往来中得到快速发展。云南省的物流业还处于传统交通运输业阶段,信息技术对传统交通运输业的渗透和改造还很弱,现代物流业还未真正形成。2009年云南省的交通运输、仓储和邮政业增加值为175.04亿元。产值规模小、产业技术落后的问题十分突出。由于云南省的地理条件和区位,决定了云南省的交通运输业以道路运输为主,道路运输业增加值占整个物流业增加值的41.97%,其次是铁路运输,铁路运输业增加值占25.06%,装卸搬运和其他运输服务业占12%,仓储业占11%,航空和城市公交运输各占10%左右(图5.2)。

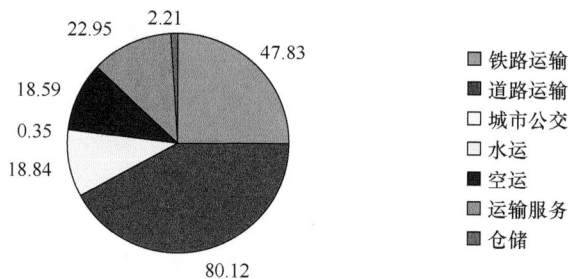

图 5.2　云南省 2007 年物流业增加值结构图
资料来源:云南省投入产出表 2007。

在物流业中,物流方式和物流技术是影响物流成本,以及产业发展的重要因素,公路运输的成本本身高于铁路运输和海洋运输,再加上云南省现代物流业技术运用程度低,导致物流成本很高,制约着云南省现代物流业的发展。

随着人们生活水平的提高,对金融、房地产、餐饮、医疗等服务业发展的需求越来越大,这些产业将获得快速发展,但云南省服务业发展相对缓慢,科技含量不高的问题较为突出。

# 5.2　基　本　思　路

科技支撑云南经济增长的基本思路是:加快创新驱动,努力实现新兴科技深度融合传统产业,加快培育和发展云南战略性新兴产业,加快实施建设创新型云南行动计划,加快实施一批转方式、调结构的重大项目,加快推广应用一批促进技术改造、节能减排的先进技术和产品,加快推进一批高新技术产业集群,加快推广一批扩大内需、改善民生的技术和产品,加快建立完善一批企业技术创新平台,使科学技术在扩内需、保增长、调结构、上水平、惠民生中的重要支撑作用得到充分发挥,使云南经济尽快走上创新驱动、内生增长的轨道。

### 5.2.1 加快培育和发展云南战略性新兴产业

战略性新兴产业是指建立在重大前沿科技突破基础上,代表未来科技和产业发展方向,体现新兴科技深度融合传统产业,对经济社会具有全局带动和重大引领作用的产业。国家相关部门初步选择信息通信、先进装备制造、新材料、新能源、节能环保、生物产业、高端生产性服务业等领域产业作为我国新兴支柱产业培育的重点领域。

结合资源优势和技术优势,积极推进新兴科技深度融合传统产业,加快培育和发展新材料、生物等战略性新兴产业,是科技支撑云南经济增长的必然选择。例如,在新材料方面,以优化提升重工业为目标,培育发展黑色金属合金、有色金属合金、精细磷化工、集约煤化工、精深石油化工等;培育发展硅材料、锗材料、铟材料、钛材料、镓材料、钼材料等。在生物产业方面,以发展壮大轻工业为目标,围绕白药、三七、天麻、灯盏花等产品和彝药、傣药、藏药等名药培育发展生物医药;围绕蔗糖、茶叶、天然橡胶、蔬菜、水果、花卉、薯类、林木等发展生物农业、生物林业。

### 5.2.2 加快实施建设创新型云南行动计划

认真落实国家科技规划和有关政策措施,实施一批重点科技工程和项目,加快推进创新型云南建设。

#### 1. 加快实施一批转方式、调结构的重大项目

建立协调机制,筛选出一批基础好、有竞争力的重大项目,积极争取进入国家重大科技专项,集中力量实施重大科技专项。

通过一系列重大关键技术攻关,突破云南省现代产业体系发展中的重大技术瓶颈,带动和壮大一批特色鲜明、比较优势明显的新兴产业。

围绕有色金属、磷化工、煤化工、装备制造、生物质能源、花卉等重点产业,重点实施:锗铟多晶硅等新材料、先进沉没式熔池熔炼、中低品位矿综合利用和多金属矿先进选冶、磷石膏及膏肥副产品(氟、硅)综合利用开发、黄磷炉渣和磷尾气综合回收利用、煤层气资源开发、先进大型褐煤气化联产天然气-甲醇一步法制汽油、煤焦化先进技术及副产物高效利用、大型铸锻件制造、太阳能发电系统关键设备生产、风电机组关键零部件生产、机场行李自动处理系统、高精密数控机床、大型制糖机械、大型载货汽车生产平台和装备、ATM 系列成套设备、AT 供电方式新型牵引变压器、新型生物疫苗、新型中药制剂等重大项目。

**2. 加快推广应用一批促进技术改造、节能减排的先进技术和产品**

以烟草配套、装备制造、钢铁、有色冶金、化工、医药、轻工、建材、煤炭、电子信息等主导产业为重点,以骨干企业为依托,组织实施产业结构调整升级专项,加强自主创新和产学研结合,积极开发高、精、专、深产品,进一步延伸产品好产业链,提高终端产品和高附加值产品的比重,促进结构调整和产业升级。

加快用信息技术改造传统产业,用信息化带动工业化。实施节能减排创新工程,围绕钢铁、化工、有色、建材、煤炭、电力等6大重点行业,以工业生产过程余热、余压、余能回收,废水、废气、废渣综合治理,燃煤污染控制及烟气脱硫除尘,物料循环利用及清洁生产等新技术、新装备开发及应用,组织实施节能减排科技示范。

**3. 加快推进一批高新技术产业集群**

以高新技术企业为依托,以高新技术产业开发区和其他产业聚集区为基地,以电子信息、生物医药、新材料、新能源为重点,实施高新技术企业提质增效翻番工程,积极开发高新技术及产品,加速产业化,形成产业集群。

发挥高新技术开发区在区域经济增长中的作用,支持高新技术开发区内高科技企业处于重大科技专项的实施、承担各类科技计划项目和重大高新技术产业化项目,推动高新区产业聚集和特色产业基地发展。支持和引导经济开发区等产业聚集区大力引进高新技术项目,发挥产业聚集效应,形成高新技术产业集群,带动全省高新技术产业发展。

以县(市、区)为基础,支撑特色突出、优势明显、发展潜力大的高新技术特色产业基地建设,促进县域经济产业结构调整和发展方式转变,引导县域经济向特色化、规模化和聚集化方向发展。

**4. 加快推广一批扩大内需、改善民生的技术和产品**

加快民生科技创新,在人口与健康、公共安全、环保、城镇化与城市发展等领域,攻克一批重大公益技术和共性关键技术,对具有自主知识产权并能带动形成新的市场需求、改善民生的成熟技术和产品,要加大产业化、商业化和规模化应用力度。

推广农产品加工、粮食丰产、节本增效、无公害生产、设施农业等技术,发展现代农业,促进农民增收;不断提高烟草、蔗糖、茶叶、畜牧、橡胶、花卉、核桃等云南特色优势农产品的市场竞争力。

筛选先进、成熟、实用的环保科技成果,积极应用于以滇池为主的9大高原湖泊、重污染行业和其他方面环境的保护与治理,推进"七彩云南保护行动"。

加强禁毒防艾科技工作,推行科学的综合干预模式、检测技术和中西医结合的诊疗方法;加强省内医疗技术交流,提高云南省常见病、多发病的防治水平和重大疾病的治疗效果,推广应用医疗卫生先进实用技术和设备,提高社区、乡镇医疗水平和质量。

推广中药材种植、加工技术,促进"云药之乡"建设,以中药、民族药开发为重点,推进"中药现代化科技产业(云南)基地"建设,实施"云南名药名方二次开发",促进云药产业发展。

5. 加快建立完善一批企业技术创新平台

继续实施好创新型企业试点。每年遴选 20 户以上的省级创新型试点企业进行培育,对每户企业自主 50 万元,企业配套 150 万元以上的资金,集中用于企业研究开发、技术创新平台的建设。组织实施企业技术中心创新能力建设项目,每年新增省级企业技术中心 20 个以上。

以整合科技资源、提升特色优势产业、行业创新能力和核心竞争力为目标,围绕云南省有色冶金、磷化工、煤化工、先进制造、生物资源开发等特色产业,组建政府部门、行业协会、企业集团、科研机构、高等院校、投融资机构参与的产学研结合的技术创新产业战略联盟,以新建、共建、挂牌等形式建设专业研究开发机构,为企业提供技术创新平台和条件。

建设云南科技创新园。在园区建立 100 个以上的研发机构,培育 200 户以上高新技术企业,建成 20 个省级重点实验室。专利申请量和各种知识产权的获得量达到 3000 件以上,开发 200 个以上的新产品,技术成果交易额达到 50 亿元,培育国际知名、国内一流的创新研发团队 5~10 个,培养高层次技术创新创业人才 200名,吸引各行业 4000~5000 名科技人才入园。

# 5.3　工作重点

围绕产业特点,以科技支撑云南农业产业化、工业新型化、城镇化和教育现代化为工作重点,进一步研究科技支撑云南经济增长。

## 5.3.1　科技支撑云南农业产业化

突出区域特色,以促进农业优质、高产、高效和食品安全、生态安全为目标,以新品种培育、高效种养技术、重大动植物疫病及有害生物监测、防控技术、节水农业技术、农产品深加工及质量检验检测技术等为重点,加强技术的组装配套和集成创新,力争实现农业关键技术的突破,提高云南农业综合生产能力和产品市场竞争力,支撑云南农业产业化。

1. 重要作物良种选育、生产技术改造及推广

研究细胞工程、基因工程、分子标记辅助等育种技术;水稻、玉米等主要农作物

优质、高产、多抗、特用、专用新品种选育及引进繁育;特色小杂粮良种选育与生产;名、特、优、新、稀农产品优质、高效栽培技术;种子产业化关键技术;烟、茶、胶、麻、甘蔗、水果、蔬菜、花卉等良种快繁及种苗工厂化生产等。推广应用优质专用粮及配套技术,农作物高产高效配套栽培技术,野生稻、野生花卉、马铃薯等作物种质资源保护和开发利用,旱作节水农业及测土施肥技术,新型农机技术。

第一,加快实施种植业良种工程。充分利用云南地多样性的种质资源,着力选育优质、抗耐病虫等的新型种质资源,大力开展超级稻、高油油菜、优质专用小麦、高淀粉专用玉米的引进和选育,推出有普遍适用性、抗逆性和能够大面积推广的品种;组织开展轻简化栽培、避灾减灾、重大病虫控制、新型物化肥料、农药等方面技术攻关和试验示范,切实提高农业生产科技要素的原始创新和集成创新能力。力争在新品种培育、重大有害生物防控、节本增效等方面取得重大突破。利用基因技术,改变物种性能,增强作物抗病虫害能力,提高作物产量,以及改善作物的营养成分。加强农作物种质资源保存、区域试验、品种改良、良种繁育及种子质量检测等基础设施建设,建设粮、棉、油、果、蔬、茶等良种繁育基地,提高商品种子供应水平,满足市场多样化和优质化需求,使全省种植业良种覆盖率达到98%以上。

第二,加快制订和修订相关标准,使良种、耕作、施肥、加工、包装等都做到有标准可循,提高种植业生产的标准化水平。大力扶持产业化龙头企业,培育一批有竞争力的名牌产品和名牌企业。积极扶持农民专业合作组织发展,提高种植业生产的组织化程度和专业化水平。

第三,通过项目带动和机制创新,优化科技资源配置,推进农科教结合、产学研协作。结合实施遗传多样性预防稻瘟病、小麦高产攻关、水稻提升行动、科技入户、超级稻示范等农业科技项目,采取示范观摩、科技培训和大户培育等有效措施,力争在优质良种推广、测土配方施肥、病虫害综合防控、节约型农业、设施农业、农业标准化、农机农艺充分结合等现有重大技术推广应用上取得实质性突破。要逐步对玉米、油菜、大豆等农作物进行一一研究,明确主攻目标、技术内容和保障措施,实行技术集成组装配套,力争云南省种植业的各个优势作物得到全面提升。加强重大技术攻关,力争在新品种培育、植物病虫害防控、生态环境建设、资源高效利用、关键农业设施和主要生产环节农机装备研发等方面取得新的突破。

第四,建立健全和完善农业科技推广体系,加快各种生产适用技术在生产中的应用步伐,发挥科技在生产力的核心作用。健全农业技术推广服务体系,完善农技推广的社会化服务机制,强化新品种新技术试验示范、配套技术研究和主导品种、主推技术的推介等公益性服务,提高疫情监测、信息传播、技术培训等基础性服务的质量和覆盖面。

第五,促进农业信息化建设。要充分利用信息技术促进由主要依靠资源和资本投入,向主要依靠科技进步和提高劳动者素质转变,实现种植业发展方式的转变。要加大农业信息基础设施建设力度,建成从省到县的服务网络,并将农业信息网络逐步向乡村特别是种养和营销大户,以及生产者专业协会、公司延伸,并及时向生产者传递权威的生产、技术、价格和供求信息。要积极创造条件建立各级农业监测中心,搞好农产品质量监测,调动生产者发展优质农产品的积极性。

2. 加快畜牧业工程技术推广应用

研究重要禽畜优良新品种引进、选育、高效繁育关键技术;云南地方特色家禽品种改良关键技术;优质、高效、低耗奶牛新品种引进、改良、高效繁育关键技术;云南奶水牛、奶山羊品种改良关键技术;云南地方优质外销肉牛品种改良关键技术以及云南地方特色肉羊品种改良关键技术等。

第一,畜禽良种工程。先进养殖技术在规模化畜禽场中普及 80% 以上,建成全省高标准良种繁育体系。为提高生产水平、产品品质和种质资源使用效率,重点建设种猪、种奶牛产业基地。建设种畜性能测定站,健全良种繁育推广体系,对全省的奶牛、生猪实施改良。对全省适繁母牛和种猪采用人工授精技术实施改良;建立种猪数字化信息系统,实现种猪繁育、商品猪生产信息化管理。

第二,重大动物疫病预防控制工程。完善动物疫病诊断、监测体系,加强基础设施建设,建立动物防疫体系。重点建设内容:一是动物疫病预防控制中心建设;二是动物疫病预防控制中心实验室改造、仪器设备更新;三是重大动物疫情应急指挥系统建设,重点构建通信保障系统和视频会议系统;四是动物卫生执法监督基础设施建设,重点增建公路动物防疫监督检查站以及建设动物检疫电子出证、畜禽标识信息识读系统;五是病死动物无害化处理体系建设,重点建设病死动物及其产品收集站点,以及病死动物及其产品无害化处理场。

第三,畜产品质量安全保障工程。建立科学的畜产品质量安全监管体系,实现畜产品质量可追溯,保障畜产品质量安全,

第四,实行科教相结合,加强畜牧业科学技术的推广应用,将应用技术推广和畜牧管理人才培养作为当前最紧迫的任务,将着眼点放在畜牧生物工程方面,科教相结合,加强畜牧业科学技术的推广应用。

第五,提升装备化水平。以现代科学技术和物质装备为支撑,运用现代经营形式和管理手段,融生产、加工、销售为一体,可持续发展的产业体系,实现畜禽品种优良化、养殖结构合理化、生产经营产业化、产品质量安全化、防疫体系网络化。

3. 加快林业产业化技术推广应用

研究森林生态系统持续经营技术;林浆纸一体化经营技术;林木种苗快速繁殖技术;林木良种和新品种定向培育技术;种质资源保存、发掘和生物多样性保育技术;森林重大灾害防治技术;森林定向培育与可持续经营技术;林业生物质材料与资源高效利用技术;林业生物质能源的低成本规模化开发利用技术;现代林业装备技术。

第一,充分挖掘物种资源的潜力。探索林木种苗培育新机制,依托县区林业科技推广部门建设育苗基地,加快实施种苗国债项目建设。同时,建立林木种苗检测

中心,为资源培育基地建设提供优良种苗保障。

第二,加强生物多样性保护工程。进一步加大野生动植物资源保护、自然保护区建设、天然湿地资源规划与保护工作力度,切实保护好云南省极其丰富而珍贵的野生动植物资源。

第三,加速建立包括林业科研体系、技术推广服务体系、技术监督标准体系、科教培训体系、科技管理体系在内的新型林业科技创新体系,推进林业新科技革命。稳定林业科技工作队伍,加大培训力度,着力提高林业建设者整体素质。实施"绿色证书"工程和林业科技帮扶工程,造就一大批懂科技、用科技的林业专业大户。建立一批高标准的林业科技示范园区和科技示范点。鼓励和支持林业产业化龙头企业结合生产实际建立形式多样的科研院(所)。鼓励和支持企事业单位和科技人员以创办科技型企业、建立科技示范点、开展技术咨询服务和科技承包等方式参与林业建设,加大林业科技投入推广先进适用技术。

第四,促进科技成果转化,加强林业产业开发的科技支撑和自主创新,增加林业公益性行业科研专项投入;支持以企业为主体,产学研结合,以行业发展共性技术和关键技术需求为导向,以提升产业技术创新能力为目标,以具有法律约束力的契约为保障,实行优势互补、联合开发、利益共享、风险共担的林业产业技术创新战略联盟;扶持新兴产业发展需要的科学研究、技术开发、成果转化和中试、推广,大力推广实用技术和科技成果;进一步加大林业工程技术中心等科技创新平台建设,增强自主创新能力和产业带动能力;支持林业高新技术发展,扩展其扶持领域,鼓励以生物产业为主的高新技术产业的发展,促进企业科技创新、林业产业升级和林业产业经济增长方式转变。

第五,创新特产林科技推广模式。以特产林为重点,大力推广高效经营技术,促进特产林资源总量和经营效益的提高,加快特产林产业化进程。实施以特产林为主的经济林品牌战略。充分发挥当地某某特产之乡的优势,加强产学研协作,实施品牌战略,提高经济效益,增加林农收入。

第六,打造优势产业集群。以资源换产业,优先发展林浆纸、人造板、松香、花卉、油茶、森林旅游、野生动物驯养等优势产业,延长产业链,推动优势产业集群发展,支持家俱、木地板、香料等下游产业集群。其次是增强企业创新能力,增加产品附加值。鼓励企业自主创新,不断提升林产品生产工艺技术,提高产品科技含量,努力打造一批竞争力强、市场信誉度好的名优林产品。

### 4. 加快主要农产品加工技术研发推广

加快研究粮油麻产品精深加工关键技术及设备,主要林产品加工关键技术及设备,园艺产品贮藏保鲜加工关键技术,糖茶、胶、麻、蚕丝、蔬菜、水果传统加工技术的提升改造;肉、奶制品加工新产品、新技术。

5. 加快优质高效食品安全生产综合配套技术及标准制定

研究主要作物优质、高产、低耗、安全的标准化综合配套栽培技术集成与应用；农作物早熟及高产、超高产种植技术；农作物病虫害监测、预警系统建设，高效低毒农药、生物农药研制及应用，高效、安全、精准施药技术应用；测土诊断施肥及平衡施肥技术，新型肥料的研制和应用；作物保护性耕作技术应用；无公害、绿色及有机食品安全生产技术，食品安全快速检测技术；重要农产品及加工产品标准制定。

### 5.3.2　科技支撑云南工业新型化

新兴科技深度融合传统产业是加快培育和发展云南战略性新兴产业的突破口。通过加强化工、矿产资源开发与深加工、卷烟、装备制造等重点产业的科技进步，加快支柱产业和重点产业技术创新步伐，研究开发节能降耗生产技术，解决制约产业发展的关键技术和共性技术，增强企业自主创新能力，培育和发展云南战略性新兴产业，支撑云南工业新型化。

1. 化工技术

煤化工。研究精细水煤浆生产技术；适合云南煤种的大型煤气化技术；煤层气开发及利用技术；煤炭工业综合信息化技术；煤深加工甲醇、二甲醚替代液体燃料应用技术。

磷化工。研究硫酸、磷酸、磷肥装置分系统及综合节能技术；控制和降低硫酸、磷酸、磷肥生产中废气二氧化硫、氟、氨的排放过程工艺优化技术；适应各类磷矿的生产工艺技术优化，新型磷复肥生产技术；对引进大型磷肥生产装置和技术的消化吸收再创新和国产化研究；磷肥装置用特殊耐腐蚀、耐磨损材料的国产化研制。高效、低耗、无毒浮选药剂的开发与应用；浮选工艺和流程的优化及大型成套工业化浮选装置的研究与开发。

2. 矿产资源开发与深加工技术

矿产资源勘探开发。研究先进勘探、采矿工艺和高效技术装备；深部及难采矿床强化开采技术和设备；矿井节能降耗及矿山安全关键技术的研究及应用；"绿色"采矿及清洁生产技术；新型高效、高选择性、低毒（或无毒）浮选药剂；真空冶金新技术；含稀散、贵金属的多金属难处理共生矿综合回收技术；生物冶金新技术及选冶联合新工艺；矿物加工过程中清洁生产新技术；冶炼过程高效率、清洁生产新技术与短流程技术。

有色金属材料精深加工。研究有色金属材料的高均质合成和精炼技术；先进粉末冶金技术；特种成型加工技术；低成本有色金属基先进复合材料制备加工技术；有色金属化合物及其制备技术；有色金属纳米及纳米复合材料制备技术；有色金属单晶材料及其制备技术;稀散贵金属高纯材料及深加工生产技术;光纤用高纯四氯化锗产品及锗的系列产品开发技术;贵金属化合物合成技术、稀土基贵金属汽车催化剂制造技术。

### 3. 卷烟工业技术

适应世界卫生组织(WHO)的卷烟技术标准;低焦油低危害卷烟产品研发及生产;卷烟品牌的控制和维护技术;生物技术在卷烟加工业中的应用;卷烟提质降耗;卷烟产品的安全性评价体系研究;卷烟工业的精细化加工技术;卷烟加工技术的组合式研究;卷烟加工及其配套辅料清洁生产技术;卷烟生产自动化系统;提高片烟质量的技术研究;卷烟制造技术系统性研究;卷烟差异化品牌开发。

### 4. 装备制造技术

烟草打叶复烤、加工、制丝设备制造及相关技术;信息化集成应用技术;自动化物流系统、大型铁路养护机械设计制造技术、数控机床技术、农产品加工设备、轿车用柴油机设计制造、新型电力装备、光电子设备设计制造、金融电子设备、中药现代化制药技术及装备等。

### 5. 节能减排技术

冶金、化工和交通运输业等高耗能领域的节能技术与装备,机电产品节能技术,水能梯级开发综合利用技术,煤炭高效开采和利用技术,建筑节能技术,化工、建材及大型生产线余热(尾气)综合利用技术;建立资源替代、资源恢复、资源耗用减量化、资源化等技术体系;清洁发展机制(CDM)技术支撑体系。

## 5.3.3 科技支撑云南城镇化

城镇化就是指农村人口不断向城镇转移,第二、第三产业不断向城镇聚集,从而使城镇数量增加,城镇规模扩大的一种历史过程。城镇化作为一种社会历史现象,既是物质文明进步的体现,也是精神文明前进的动力。城镇化作为一种历史过程,不仅是一个城镇数量与规模扩大的过程,同时也是一种城镇结构和功能转变的过程。这一历史过程表现为两个方面:一方面表现在人的地理位置的转移和职业的改变以及由此引起的生产方式与生活方式的演变;另一方面表现为城镇人口和城市数量的增加、城镇规模的扩大,以及城镇经济社会现代化和集约化程度的提高。

科技支撑云南城镇化要把服务业的提升发展作为重点突破口之一。工业化发展到一定阶段,必然产生服务业。服务业主要依托信息技术和现代化管理理念发展、信息和知识相对密集,主要包括现代物流、通信及信息服务、电子商务、数字媒体等。服务业,特别是现代服务业发展水平已成为衡量一个国家或地区经济社会发展现代化程度的重要标志。云南服务业发展总体水平还有待进一步提高。在工作中,要重点采用高新技术提升云南旅游、金融、保险、物流配送、企业咨询、通讯和媒体、商业和零售等产业的科技含量;重点开展信息网络基础设施,信息安全、监管与规范系统,电子商务、电子政务等关键技术的研究与应用。

### 1. 基础领域要加快推进信息技术的研发

一是应用软件开发及集成技术。微电子信息技术应用产品开发平台的研究;大型关键应用软件开发与集成技术;应用软件开发项目的产品化转换研究;企业信息管理系统、ERP 和知识管理系统的研究开发;网络 Web 应用系统软件的研究开发;智能化系统集成技术。二是嵌入式计算机及芯片研制。研究嵌入式应用系统及设备,操作系统核心支撑软件,软件固化及芯片设计开发,家用电器嵌入微处理器技术,嵌入式网络音视频技术,自动化与测控仪器仪表、医疗仪器设备。三是高速宽带信息网络技术。信息网络的体系结构、集成机制、自组织机制、智能信息业务生成机制的研究;宽带 IP 技术及 IP 网络组网、IP 传送网技术;分组语音业务的研究;Internet 在电子商务、电子政务中的应用技术;多媒体信息压缩技术;光纤数字传输技术;网络金融综合业务研究;网上安全认证技术。四是信息安全和信息标准系统。研究开展全省信息安全体系建设、网络系统监控、安全网络互联与交换系统等相关的网络安全设备;信息技术相关标准及规范的研究制定,运用 ISO、CMM 等国际质量控制标准和措施建立信息规范系统。

### 2. 旅游业要加强信息技术渗透和新产品研发能力提升

采用地理信息系统和数据库等技术,进一步建设和完善云南省旅游信息网;采用国家电子旅游行业标准,实现政府旅游管理电子化;积极支持旅游企业利用网络技术发展旅游电子商务,建设统一标准的全省电子商务平台和旅游电子商务网;应用 B/S 等技术,建设云南省旅游管理信息系统和办公自动化系统。

开展数字旅游服务科技示范工程。完善云南省的旅游网站,高起点建立完善云南省旅游预定系统(CRS)和银行付款系统(BSP),发展旅游电子商务。以风景区、旅行社、网络票务代理和电子银行为发展基础,支持景区旅游资源数字化、票务代理和银行支付网络化协同服务等关键技术集成、标准规范的研究开发,在共性服务技术、通信服务基础设施和旅游目的地营销信息化平台支撑下,完善旅游公共服务体系,促进旅游目的地营销信息化产业发展。开发多元化的旅游新产品,注重旅游产品的创意设计,发展本地特色旅游产品。

开展科学化住宿餐饮建设,建立酒店住宿餐饮银行结算系统,网上预定系统,客户管理、员工绩效管理系统、提高餐饮系统后台处理能力。在云南省大中型酒店、饭店逐步普及信用卡划卡消费。科技支持饭店通信商务化。研发或引进一整套功能齐全、成熟可靠、易于管理的专业通信方案,具体包括客房功能,如个人语音信箱服务、语音数据双端口、多方电话会议、本地用户口令系统服务、套房服务功能、自动叫醒、免打扰功能等;管理功能,如物业管理方案、呼叫处理、自动话务员、客房服务中心、广播功能、呼叫限制、精确计费、客房清洁管理、客房互联网访问解决方案等。开展商旅满意 100％科技示范工程。

### 3. 现代物流业要重点加强信息技术和管理技术的渗透

运用日渐成熟的扩展标识语言（XML）、因特网、基于因特网的服务和数据库连接等技术，建设集数据交换功能、信息发布服务功能、会员服务功能、在线交易功能、智能配送功能的现代化物流信息平台，面向物流企业和消费者提供智能化物流供需信息。采用地理信息系统（GIS）、无线射频识别（RFID）、电子商务交易、供应链管理技术、移动终端等先进物流技术，探索新型物流运作与管理模式。大力发展第三方交易与服务、生产企业供应链信息交换和整合服务。

针对云南省农村商业系统规模小、品种多、进货渠道复杂等问题，搭建信息化公共平台、组织实施企业联盟，吸引企业加入平台得到网络应用租赁服务，为中小企业（特别是商业中小企业）引入低成本、快实现的信息化解决方案，开发或引进ASP 模式支撑农村便利店的技术方案。开展基于 ASP（应用服务提供）模式的中小企业信息化示范工程。

建设智能运输信息平台和框架。一是加快信息化基础网络建设，重点建设各级道路运输管理机构、大型运输企业等信息核心节点，以各类运输场站、主枢纽和乡镇车站为辐射的运输用户的信息终端，形成覆盖全省、纵深严密的道路运输信息网络。二是加快道路运输信息化的推广应用，建立完善的网络应用功能推广体系，紧紧依靠行业管理机构，明确各自职责，转变思想观念和传统习惯，加快推广应用，促进运输管理现代化。三是注重道路运输信息化队伍建设，在队伍建设上，分批次大范围对运政管理人员进行信息化推广应用培训，并通过向社会公开招聘、行业内部培养，建设一支稳定、创新的信息化专业建设队伍。

### 4. 文化产业要加快数字内容和创意设计

重点支持数字媒体内容的技术引进、开发、系统集成和营销运营平台建设，围绕民族文化艺术展演、数字影视、数字点播、网络出版等领域，培养一批掌握核心技术，具有相关资质的龙头企业，建设文化产业示范基地。

引进和发展一批影视制作、广播影像、美术动漫、表演艺术、广告策划、古玩文博、新闻出版等文化产业。

### 5. 金融业要加快电子化与网络化建设

加快建设网络金融应用示范工程。推动由政府部门牵头，各金融机构、地税、国税、证券等部门组成的信息沟通平台建设，加强金融机构之间信息共享、业务互动。加强先进技术手段的应用，推进金融服务电子化与网络化，建设完善的现代化支付和客户服务系统。

结合农村信用社的互联网站建设及电话银行业务,尽快推出"网上银行、手机银行、呼叫中心"等新业务品种,完善农村电子银行服务功能。

### 6. 房地产业要加大新材料的应用力度

把舒适、节能、环保、高效的原则始终贯穿于房地产设计之中,深入分析住宅建筑自身特点及区域环境、气候特点,综合采用新技术、新产品和新材料,形成一整套可行实用的节能设计体系。新型材料使用尽量选择环保型建材及制品,如新型墙体材料、新型防水密封材料、新型保温隔热材料、装饰装修材料和无机非金属新材料等。尽可能不使用有毒、有害的建筑装饰材料,如含高挥发性有机物的涂料;含高甲醛等过敏性化学物质的胶合板、纤维板、胶粘剂;含放射性高的花岗石、大理石、陶瓷面砖、煤矸石砖;含微细石棉纤维的石棉纤维水泥制品等。

充分利用现在的信息技术,完善云南省房地产交易服务网。建立商品房网上备案和二手房网上交易服务两大平台,完善房地产市场信息系统,分区域、分价格段、分时间段的归集和发布商品住宅价格信息,适时披露土地供应、住房供求等相关信息。

### 7. 餐饮业要加强生态化、特色化设计

实现餐饮食品的科学化,开发地方特色的"健美"(能预防肥胖,以及胆固醇升高,保持人体平衡的食品)、绿色(安全、无害、受污染少、绝对新鲜的食品)、营养(能补充人体所缺乏的各种维生素,具有增强体质和开发智力的食品)食品。合理改变菜单或增加健康食谱,设计各具特色的营养餐;引进健康信息,搭配"互补"原料。引进先进机械,以机械生产逐步代替手工制作,制作标准产品,尽量减少食品污染。

建立地区特色的滇菜行业标准,研发滇菜系列产品。开发航空、旅游等系列滇味产品,打造地方特色滇味餐饮品牌。

### 8. 公共交通要加快向智能交通转变

建设智能交通信息系统,提供道路交通状况信息、换乘服务信息、旅游服务信息、城市规划建设与管理决策信息、停车服务信息、公交服务信息等综合性的交通信息服务;建设紧急事件快速反应系统,提高交通对突发事件的报告和反应速度及能力,改善紧急事件快速反应的资源配置,提高紧急事件反应处理能力;建设由公交信息采集系统(公交车辆车载 GPS 技术、公交 IC 卡收费、乘客计数系统)、信息传输系统(无线、有线通信)、信息显示系统(GIS 技术、电子站牌、触摸屏),以及智能化处理系统等组成的公共交通管理系统。

## 5.3.4　科技支撑云南教育现代化

劳动力的再生产要依靠教育,把科学技术的成果转移到生产过程中也要依靠

教育,教育已经作为潜在生产力在起作用。要紧紧围绕科技支撑现代教育、现代教育培养现代人才、现代人才为现代经济社会发展服务的这一关系,一方面以教育方法手段现代化、教育内容现代化为突破口,加快推进先进科学技术在教育领域的渗透和应用,提高教育现代化水平;另一方面以能否培养出满足经济社会发展需要的各类人才作为衡量教育现代化水平高低的重要标准,运用现代科技,加快培养造就一批能满足经济社会发展需要的各类人才。

1. 运用现代科技,加快提高云南教育现代化水平

经济的发展依赖于劳动者综合素质的提高和科学技术的进步,而合格劳动者的培养与科技水平的提高又与教育密不可分。因此,在具体工作中,要把运用现代科技,加快教育方法手段现代化,优化人才成长环境与充分利用科技资源,丰富和更新教学内容,缩短人才成长周期作为提高云南教育现代化水平的重要抓手,以增强教育服务于经济社会发展的能力。

一是要加快推进以现代信息技术、网络技术、多媒体教学技术等为重点的科学技术在教育领域的渗透和应用。围绕数字化、网络化、智能化和多媒体化等信息技术在教育领域应用的特点,组织对数据共享、网络计算、信息交换引擎、数字版权保护、安全认证等重点难点关键技术的攻关。二是要加快针对不同教育层次和不同教育地区信息化应用能力水平的不同,研究开发多层次、多功能且操作方便实用的信息化应用处理软件和系统。三是要研究开发低成本计算机,结合国家农村基础教育网络建设,为广大农村中小学计算机网络教室提供低成本计算机,对加快云南农村中小学计算机网络教室建设提高硬件支持。四是要贯彻落实好国家《全民科学素质行动计划纲要(2006—2010—2020 年)》和《云南省科学技术普及条例》,积极探索科普工作新形式。五是要利用现代信息技术和网络技术,实现国际最新前沿的科学技术知识与各级各类学校实现共享,更新和丰富教学内容。同时,注意组织开展多种形式和系统性的校内外科学探索和科学体验活动,加强创新教育。

2. 运用现代科技,加快培养各类人才

马克思主义认为,生产方式是指社会生活所必需的物质资料的谋取方式,在生产过程中形成的人与自然界之间和人与人之间的相互关系的体系。也就是,物质资料生产总过程是人与自然相互作用的过程和人与人之间发生相互关系的过程,前者属于生产力的范畴,后者则属于生产关系。生产力水平的提高、生产关系的改善,离不开人的因素,而人的成长又离不开教育。运用现代科技培养造就一大批满足云南经济社会发展需要的党政干部人才、企业经营管理人才、专业技术人才和技能人才,成为实现科技支撑经济增长的重要条件。

一是鼓励和支持党政领导干部参加在职学习、远程网络教育等,注重与高校和科研院所联合举办各类培训,拓宽党政领导干部视野,提高党政领导干部管理和服务经济社会发展的能力和水平。二是通过教育领域信息化运用水平和程度的提

高,开辟企业经营管理人才培养的新方式,同时运用现代信息网络实现教学内容与国际前沿知识接轨,更好地为企业经营管理人才提供战略决策、资本运作、技术创新和市场开拓方面知识和技能的教育和培训。三是利用公共科技服务平台和企业博士后工作站、企业技术中心、工程(技术)研究中心等技术创新平台,以更新知识和提高创新能力为重点,提高专业技术人才研发和创新能力。四是运用以现代传媒技术为主的多媒体教学,提供丰富生动的教学课件,提高教学质量,同时通过现代远程教育,为技能型人才继续深造提供灵活充足的学习机会,加快能熟练掌握新技术和新工艺,能够从事技术应用活动的技能型人才的培养。

总体上,科技支撑农业产业化、工业新型化、城镇化和教育现代化,就是要以科技为支撑,统筹兼顾农业产业化、工业新型化、城镇化和教育现代化,相互促进,协调发展。

第一,从农业产业化与工业新型化、城镇化和教育现代化的关系看。一是农业产业化促进工业新型化。新品种、新技术的推广应用,为以农产品为原材料的轻工业的发展提供数量和质量保障;新农用设备的推广使用,推动了工业的新型化发展。二是农业产业化夯实城镇化基础。科技推动农业产业化使农业生产效率和农产品品质显著提高,确保城镇化进程中耕地减少影响农产品的供给;农产品的精深加工,促进农业种养殖人口向农产品加工、销售等转移,实现农民收入较快增长,产生人口聚集、产业聚集和商品集散三大效应,推进农村城镇化进程。三是农业产业化提供教育现代化实践渠道。随着农业产业化进程的加快,知识技术性劳动将逐步取代手工劳动,对现代教育尤其是农业技能教育提出更高要求,也为教育现代化产生的农业人力资源提供了实践和发展的平台。

第二,从工业新型化与农业产业化、城镇化和教育现代化的关系看。一是工业新型化推动农业产业化。工业新型化的发展将创造大量社会财富,工业反哺农业能力进一步提高;围绕优质专用粮油、畜产品、果蔬、茶叶、橡胶、中药材、咖啡、燃料乙醇等特色农产品精深加工,新农用设备的制造及应用,轻工业发展推动农业产业化。二是工业新型化加速城镇化。工业新型化进一步提升工业在生产总值中的比重,提高先进机器制造的应用程度,促进整个经济结构的转换和社会生产力水平的提高,加速规模经济和集聚经济形成,进一步促进农业劳动力向第二、第三产业转移,促进人口的集中、消费的集中和财富的集中,从而加快城镇化进程。三是工业新型化奠定教育现代化物质基础和技术。重化工业领域往往是先进科技的集中区,总是体现当时较为先进的科技水平,通常反映了一定历史条件下科技发展的高度,重化工业的新型化以及重大科技项目的实施,推动科研教育观念、内容的不断更新,催生科技进步,充分发挥教育、科技的作用;教育现代化在教育数量、规模上的发展以及在办学条件、校舍、设备、技术手段等方面的先进程度;在教育制度层面上的现代化,即建立与现代社会政治、经济、科技、文化发展相适应的教育制度;在教育思想、教育观念、教育价值等方面的先进程度,所赖以生存和发展的物质条件是以工业新型化发展、经济发展和科技进步等为基础的。

　　第三,从城镇化与农业产业化、工业新型化和教育现代化的关系看,一是城镇化拓展农业产业化发展空间。城镇化为农业产业化提供工业、技术、科技、信息、金融、交通、通信等社会服务方面的发展条件,并为农业产业化发展提供市场。二是城镇化推进工业新型化向深度和广度发展。城镇化具有社会资源聚集效应,适应工业大规模集中生产的需要;城镇化能够产生经济效益,有利于劳动力素质和工作效率的提高,并能促进作为工业化基础的农业的发展,从而推进工业和整个社会经济的发展。三是城镇化加快教育现代化。城镇往往是一定地域的文化中心,聚集了各类人才;城镇的各种设施齐全、配套,利于开展各种科研教学活动;城镇人口集中化程度高,竞争环境促进人口素质的提高。城镇化程度越高,社会资源要素将更加有利于教育现代化的快速发展。

　　第四,从教育现代化与农业产业化、工业新型化和城镇化的关系看。一是教育现代化助推农业产业化。农业产业化进程是传统农业向现代农业的转变过程,手工劳动向知识技术型劳动的转变过程,其转变的快慢与成功直接取决于农村人力资源的开发程度,人力资源的开发又取决于其质量的提高,人力资源质量的提高关键在于教育及教育的现代化。二是教育现代化带动工业新型化。劳动者素质和科技创新能力转化的人力资源优势,是工业新型化建设的主要因素。只有通过教育现代化,才能培养出同工业新型化要求相适应的高素质劳动者和专门人才,促进工业新型化的实现。三是教育现代化提升城镇化。城镇化作为一种社会历史现象,既是物质文明进步的体现,也是精神文明前进的动力。先进的教育理念、教育装备和教育管理水平,有利于劳动者科技、文化素质的提高,有利于人口向城镇集中,提升城镇化水平。

# 第6章　提升科技支撑云南经济增长的保障措施

实现经济发展方式转变,关键是要依靠科技创新,提高自主创新能力。科技创新是一个长期过程,提升科技对云南经济增长的支撑力是一个系统工程,需要从加大科技投入力度、完善科技创新体系、加强科技基础平台建设、着力加强创新型人才队伍建设等方面协同配合,才能为科技支撑云南经济增长提供重要保障。

## 6.1　加大投入,构建多元化、多渠道科技投入体系

要确保财政用于科学技术经费投入的增长幅度高于财政经常性收入的增长幅度。充分发挥政府科技资金的引导作用,激励、引导企业成为科技投入的主体,开展技术创新与技术集成。建立以政府投入为引导,企业投入为主体,金融资金参与,吸引民间、海外资金等多层次、多渠道的社会化投融资体系,不断加大全社会科技投入的力度。

### 6.1.1　加大政府财政对科技的投入

政府财政投入在现阶段和今后较长一个时期里,仍将是我国科技领域重要的、稳定的投入形式。特别是,在宏观方向的控制及微观项目的调整上,政府的财政性投入更是起着关键性的作用。

政府科技经费投入的增长应高于经常性财政收入的增长,应高于同期财政支出的增长,应高于国内生产总值增长,但云南省均未达到这一要求。因此,在切实强化和加大社会各方面保证对科技的基本投入的同时,云南省应强化财政投入的稳定增长机制,设法扭转财政科技投入增长幅度低于国内生产总值、财政收入和财政支出的增长幅度的局面,这是切实增加政府科技投入的重要途径。

应确立财政科技投入在公共支出中的优先地位。从法律层次和操作程序上建立起财政科技投入适度超前、稳定增长机制,加大云南省财政科技支出力度,确保财政科技投入的增长速度高于政府财政收入的增长速度,切实改变当前存在的财政科技经费占财政收入、财政支出比例下滑的势头。

调整科技投入结构,加强对公益性、基础性科研基础条件平台建设的投入。财政应在确保政府本身投入的前提下,充分利用政策性融资和税收优惠政策,有效推动和加大民间资本的投入,促进多元化科技投入长效机制的建立。

同时加大对中小企业的资助力度,提高政策工具的激励效应。我国政府投入

资金往往倾斜于大型企业,忽视中小企业的科技创新活动。小企业、民营企业及民营研究机构一般很难获得政府资助。中小企业由于自身规模小,实力弱,在人才、资金、技术、信息等方面都无法与大企业相比,资金不足、融资渠道不畅等是中小企业技术创新最主要的障碍。因此,相对于大企业,中小企业创新更需要政府的支持。

与大型企业相比,中小企业更加贴近市场,比较了解用户的需求,但中小企业没有规模经济和资金雄厚的优势,较弱的自身实力和激烈的市场竞争,迫使它们必须不断进行技术创新,以维持其生存促进发展,因此中小企业比大型企业有着更为强烈的技术创新意识。中小企业组织结构简单,管理层次少,信息灵通,决策过程简单而富有效率,因此中小企业能够更灵活地适应市场的变化,对外部环境及时作出有利于企业的反应,而且中小企业组织结构安排灵活,富有弹性,能根据技术项目的需要,集中投入人力、财力、物力,致力于开发周期短、见效快的技术。同时,中小企业在产业和市场进退上具有灵活性和成本优势。中小企业选择的技术创新项目一般较小、投资额不大、开发时间短,能很快地将产品投放市场。中小企业由于在市场上所占份额较小,在需求发生变化时,能及时、低成本地撤出市场。

云南省中小企业占绝大多数,扶持和支持中小企业科技创新对云南省科技水平的提高意义重大。因此,应调整、优化科技计划体系,设立面向中小企业的科技计划,加大科技型中小企业的支持力度,充分发挥科技计划项目与科技经费的导向作用,提高科技经费的使用绩效。

### 6.1.2　建立稳定科技投入的政策支持体系

财政支持体系。建立和完善政府的采购制度;增加财政对高新技术的投入;政府提供担保和财政支柱;进行财政科技投入相关配套制度改革。

税收支持体系。系统规划设计税收优惠政策;完善与高新技术有关的税收法律体系;逐步实现税收优惠由直接为主向间接为主的转变;增强高新技术产业增值税优惠政策的促进力度;税收优惠环节由结果环节向中间环节侧重,实现税收优惠的受益人向具体的科研项目和开发环节转变,进一步加大对人的优惠;实现税收优惠从以地域优惠为主向以产业优惠为主转变;加强税收优惠政策的管理,建立"税式支出"制度,提高税收政策实际效率。

金融支持体系。充分发挥银行的支持作用;建立高新技术产业的风险投资机制;依托资本市场,发展高新技术产业;建立企业担保机制。

知识产权保护体系。加强政府知识产权保护意识,使高新技术企业成为保护知识产权的主体;加强高新技术产业知识产权保护的执法;加强对高新技术产业区知识产权的有效管理。

人才开发、引进和激励制度体系。制定适应高新技术产业发展的人才战略和规划,把提高科技人才资源的开发纳入整个国民经济发展的规划,突出重点;坚持以高科技企业为载体,推动高科技人才资源的整体开发;建立有利于高新技术产业发展的人才资源开发机制,根据高新技术产业特点,推动科技人才资源向智力资本转变。

贸易政策支持体系。支持高新技术企业扩大出口,鼓励高新技术企业适度进口;健全高新技术产品出口服务体系;加快高技术产业的有关规定与国际惯例接轨,有效消除和解决技术性贸易壁垒。

### 6.1.3　增强政府投入对社会投入的带动力

要充分发挥政府科技投入对社会投入的示范带动作用,必须要拓宽投融资渠道,多渠道增加科技投入,切实解决企业研发资金不足的问题。

#### 1. 激活大型企业集团的研发潜力,切实扩大企业的研发投入

着力巩固主导产业的技术优势。保持较快的经济增长速度,不断壮大经济实力,是提高科技投入、加快科技进步的物质基础,是经济和科技都相对落后的云南省必须形成的共识。烟草、冶金、电力等支柱产业是云南省不断壮大经济实力的根本保障,要着力巩固这些支柱产业的技术优势,提高科技贡献率。要通过优惠政策引导和政府监管督导两个方面,支持云南省的烟草、冶金、电力等产业的企业加大科技投入,开发新产品,延伸产业链,加大力度创新发展和运用节能减排技术、洁净煤技术、资源综合利用技术,提升科技对云南支柱产业增长的贡献,以及这些产业在未来一个时期的竞争优势和对云南经济增长的贡献。

优先支持研发强度大的企业,提高资助效率,激活大型企业集团的研发潜力,壮大以大型企业集团为主体的企业科技投入。政府科技资助对企业 R&D 投入与产出的激励效应受企业研发强度的影响很大,所以高研发强度企业,政府科技资助促进企业 R&D 投入效果比较好;低研发强度企业,政府科技资助促进企业 R&D 产出的效果比较差。因此,应进一步加大对研发强度高的产业和企业的支持力度,以充分发挥政府科技资助的杠杆作用,提高科技投入政策效率,优化配置有限的科技资源。

#### 2. 拓宽科技型中小企业融资渠道

与银行机构建立科技扶持战略合作。加强合作,针对科技型中小企业发展建立战略合作伙伴关系,设计整体融资方案,对新产品开发、产业化示范、市场开拓和市场培育等环节提供融资支持。

推进地方金融机构对科技型中小企业的支持。鼓励和引导富滇银行设立支持科技型中小企业发展的差异化信贷支持方案,对技术先进、产业化前景明朗的科技

型中小企业给予信贷资金支持。

鼓励支持科技型中小企业发展的金融产品创新。鼓励金融机构设计支持科技型中小企业发展的金融产品,从社会融资扶持具有市场前景的高新技术产业化项目。

鼓励科技型中小企业积极探索知识产权融资。通过完善政府协调机制、鼓励发展中介机构评估、建立知识产权交易市场等形式,鼓励创新型企业将其拥有的知识产权或其衍生债权进行多渠道的融资。例如,通过担保公司,经过重新包装、信用评价等,信用增强后发行在市场上可流通的证券等。

设立科技型中小企业扶持发展专项资金。集中财力,设立科技型中小企业扶持发展专项资金,重点支持高新技术产业化示范项目,优先支持技术优势突出、产业化基础较好、产业链带动能力强的示范工程,通过示范工程带动民间资本投入成长性好、发展潜力大的科技型中小企业。同时,与商业银行建立协作机制,对获得云南省科技型中小企业扶持发展专项资金支持的企业给予信贷支持。

设立云南省创业投资引导资金。参照国家设立创业投资资金的模式和运行机制,设立云南省创业投资引导资金,用以支持成长性好、未来发展潜力大的科技型中小企业。同时,与商业银行建立协作机制,对获得云南省创业投资引导资金支持的科技型企业给予信贷支持。

鼓励设立风险投资基金。设立云南省风险投资基金,用于支持对云南省经济结构调整影响大、市场潜力大、引领云南未来经济科技的科技项目进行投资,同时引导民间资本和产业资本投资设立行业性风险投资基金,用于支持引领产业发展的科技项目、培育成长性好、发展潜力大的科技型中小企业。

努力做好科技型中小企业上市融资服务。充分发挥云南省金融服务部门和各地金融服务部门的职能,创新工作思路,提高工作效率,加强与高等院校、咨询机构、培训机构的合作,针对各类科技型中小企业制定个性化的上市融资培育方案,为科技型中小企业上市融资提供咨询、培训等服务。

3. 建立企业配套机制,提高政策激励效应

政府科技资助政策的目的是引导企业在研发领域投入更多的资金、进行更深入的研究,从而提高企业的科研创新能力。研究表明,通过竞争方式获得政府资助对企业 R&D 投入有正影响,而非竞争方式获得 R&D 资助有负影响,即企业通过竞争,还是非竞争方式获得 R&D 资助对激励企业 R&D 投入有影响。

借鉴发达国家经验,通过竞争方式获得直接资助,让企业自主申请,通过专家评审、择优录取的原则分配政府科技资助。同时,要求获得资助企业必须配套一定资金,优化科技资助政策工具的引导和杠杆作用效果。

#### 6.1.4　注重财政科技投入与商业资本的结合

政府在选择重大科技发展方向和公共平台、共性技术等方面具有一定的优势，但是在选择产业化科技项目时确实要逊于市场化、利润导向的企业。政府科技投入与市场化目标的不完全一致性导致有时存在严重分离，使科研成果无法转化为生产力，科研与产业化脱节、分离的问题必须尽快解决。

政府与企业在经费投向的安排上有不同的侧重点，在项目的基础研究阶段，主要表现为政府投入，在成果应用与推广阶段则主要是企业投入。

政府在鼓励企业研发的基础上，在企业研发的弱势领域，强化政府投入和资源的运用能力，资助的重点应是基础研究、有较高风险、高社会收益的应用基础研究（如一些共性技术、前竞争技术）和有助于实现特定目标的研发项目（如健康、环境保护和国防）。

政府在重视基础研究的基础上，重视引导科技成果产业化，注重财政科技投入与商业资本的协调和衔接，促进社会科技投入，从而增加总研发投入。

应选择应用基础研究等产业化科技计划，逐步体现市场的商业化特征。该类计划的选择评估标准应该体现商业资本，如风险投资的评价指标，以使基础研究、应用研究与产业化保持一定程度上的连续和一致性，用商业化、产业化的导向来引导科学研究。具体可以在评估专家中增加风险投资家，在项目评价指标中增加市场前景预测等指标，增加产业界专家，设立产、学、研项目，激励企业和高校、科研机构的合作研发，促进知识溢出。

#### 6.1.5　保持科技资助政策的稳定性和有效性

研究表明，政府科技资助稳定性对企业 R&D 投入的作用效果有影响，稳定的政府科技资助效果要明显高于政府科技资助不稳定的行业，应采取稳定的科技激励政策，提高政策的激励效应。

要根据科技发展目标和产业竞争的特点及未来发展趋势，适时调整支持产业研发活动的政策、策略和方向。鼓励企业自主研发，并在企业开发的弱势领域，强化政府投入和资源的运用能力。公开、客观、及时地评估科技政策实施的效果。要及时跟踪政策激励效果，比较不同政策工具如直接资助和税收优惠政策的实施效果和特点，根据产业竞争特点及发展趋势，根据评估和实践，在保持政策稳定性和连续性的基础上，适时调整、完善科技激励政策及政策工具，提高科技激励政策的有效性。

政府科技投入应集中于四个领域，一是风险大的科技创新项目，如基础研究、长周期的应用研究等；二是开发周期长、投入回报周期长、带有战略性的科技创新项目，如国防科技研究等；三是应用范围很广的技术创新项目，即存在较大技术外溢效应的领域,如基础技术、公用技术等;四是公益性创新项目,如计量标准、质量标准、基础农学和基础医学项目等。同时,注意增强科技项目的经济效益评价。对科技计划等政府支持的科技项目进行评估、验收时,除检查配套资金落实情况外,还应增加经济效益评价,约束项目承担单位和个人增强科技创新支持产业增长的意识和主动性。

## 6.2　完善科技创新体系,提升自主创新的能力和水平

以建立企业为主体、市场为导向、产学研结合的技术创新体系为突破口,全面推进完善科技创新体系建设,大幅度提升全省自主创新的能力和水平。针对科技与经济"两张皮",科技政策与经济政策不协调;创新要素向企业集聚、流动的渠道还不畅;产学研合作机制不完善、合作体制不健全等突出问题。要强化科技支撑经济发展过程中企业在科技创新体系的主体作用,科研机构的基础性作用和政府的协调、引导、促进和保障作用,必须在科技研发和技术转化诸多领域,通过建立起产学研合作战略联盟,整合各类科教资源,聚集和开发高端人力资源,充分发挥产学研合作机制的优势提升云南省整体科技水平和高新技术创新能力,支撑和促进综合实力和竞争力的不断提升。

### 6.2.1　充分发挥技术创新体系中企业的主体作用

充分确立企业在推动技术创新、产业升级中的主体地位。营造激励企业技术创新的政策环境,引导和支持创新要素向企业集聚。重点建立以企业为主体、产学研结合、以产品创新为核心的技术创新体系,并将其作为全面推进云南省创新体系建设、提高全省自主创新能力的突破口。在大幅度提高企业自身技术创新能力的同时,建立科研院所与高等院校积极围绕企业技术创新需求服务、产学研多种形式结合的新机制。进一步深化改革、创造条件、优化环境,切实增强企业技术创新的动力和活力,使企业成为技术创新的投资主体、研究开发的主体和成果应用的主体。

#### 1. 促进和完善企业的专利许可和技术转让

大学和研究机构作为技术拥有者,企业作为科技生产力的转化者,两者的有效连接是产学研发展模式的重要环节。必须创造便利条件和相应优惠政策,面向企业发放专利许可和进行技术转让,实现企业和科研机构的有效衔接。由政府设立创投基金,培植有市场潜力的科技创新成果,待研发成功后通过企业购买或科研机构技术入股的方式促进企业的专利许可和技术转让,加速企业和科研机构产学研结合。利用高校和科研机构的资源、学科和科技创新优势,以高校和科研机构的技

术成果、专利或科研资源入股,吸引大中型企业甚至跨国公司投资入股,共同围绕开发新技术、新产品组建新的股份有限公司。在充分利用老企业的管理、运作经验和营销网络的基础上,加速实现高新技术产品的商品化和高市场份额。专利许可和技术转让作为较为快捷的方式能促进创新型企业的发展,加速科技创新的产业化能力,并以此提高企业的技术创新能力和活力,这对产学研合作的有效开展颇具意义。

2. 建立产业技术创新战略联盟

由政府引导和扶持,将企业、大学和科研机构捆绑在一起建立技术创新战略联盟,构建设计、研发、工程、生产、市场紧密关联的完整产业链,充分发挥企业的产业化主体地位。鼓励企业尤其是民营企业在高校设立实验室或研发机构,主要研究企业的发展、新产品的研发、新技术的使用和再创新。产业技术创新战略联盟的出现是一种有效的产学研合作尝试,使产学研合作从随机性和浅短性走向稳固性、长效性、集成性、深层性,对于金融危机时期的整合资源、降低成本、实现整合效应是一个好的选择。通过战略联盟机制,将科研机构的科技创新作用和企业的产业化作用紧密地结合起来,可以有效地提高科研机构技术转换率低和科技支撑企业发展能力,实现成本、风险最小化和利益最大化的目标。

3. 建立以高技术型企业为主体的科技园,形成高技术中小型企业孵化基地

中小型科技企业孵化器改变了政府单一投资主体的投资模式,其投资主体可以是企业、大学、科研机构、民间组织等,有利于产学研各方更加积极地加入到合作中。在融资方面,机制更灵活、渠道更畅通,对于一些苦于缺少启动资金的入孵中小型科技企业有着相当的吸引力。由于中小型科技园是中小型科技企业的聚集地,对企业方的需求情况和信息获取十分有利,易于技术的转让。中小型科技孵化器具有管理成本低、孵化方式灵活多样、没有政策的束缚等多种优势。因此,由政府引导建立一批以中小型高技术企业为主体的科技园,形成一批针对中小型企业的孵化器和创业服务中心,培育创新能力强的中小型高技术企业,实现产学研一体化的创新与创业,并在现代企业治理结构的框架内,面向市场规范运作企业,凸现高校孵化企业产品的高技术含量、高附加值优势,迅速形成新的经济增长点。

## 6.2.2　充分发挥高校和科研机构的基础性重要作用

充分发挥高校和科研机构在知识创新、科技进步、推动人力资源开发和增强科技竞争力等科技支撑经济各环节中的基础性重要作用。高校和科研机构应该主动面向社会、服务企业和地方经济,探索高效的产学研结合模式,实现科技链与产业链的联动。

### 1. 完善科研评价机制，建立多元的评价指标体系

高校和科研机构的学术价值取向不能是唯一的价值取向，否则办学方向就会发生偏离。理论学科、基础学科和应用学科必须采用不同的教学培养和实践机制，改革以论文发表数量和引用数量作为唯一评价机制的现象。有关主管部门应当改革对重点学科、科技创新平台（基地）的考核评估指标体系，坚持基础研究与应用研究同等重要，科技创新与成果转化同等重要的原则，彻底改变重数量指标，忽视实际的创新贡献的做法。政府重点学科、政府重点实验室和政府工程（技术）研究中心的考核应当强调其实际的创新贡献，无论是基础研究方面的原创性贡献还是应用研究方面对经济社会发展的实际支撑作用，都应当得到同样的承认和尊重。特别是，应用性强的学科领域的创新平台更应该瞄准实际的应用目标。高校管理中，无论是对教师还是对学科的考核评价，都必须给予横向合作项目以充分关注，切不可歧视应用研究和横向合作。建立多元的尤其是鼓励高校智力人员积极参与产学研合作的评价机制，促进参与产学研合作的积极性。

### 2. 加快推进科技人员进企业步伐

高校和科研机构必须开放研发资源，面向市场，走进社会，主动参与行业、企业和地方的科技攻关、企业改造、产品开发和各级政府、企业的政策决策咨询等活动，为云南省社会经济发展提供科技支撑。在新时期新形势下，深入开展科技特派员行动，加速科技创新推动现代企业发展进程。争取教育部和科技部的支持，从政府重点建设高校和国内重点科研机构中选派专家、教授，到有强烈科技需求的大中型科技企业及中小型科技企业挂职，担任科技特派员的角色，帮助企业转"危"为"机"，同时面向全国寻找科技资源，为相关企业和产业开展全方位的科技服务。

### 3. 提升高校在产学研合作模式中的支撑作用

一方面，高校必须积极吸纳和利用企业、地方的办学资源。在确立办学方向、规划人才培养目标等事关高校前途的基础上，高校的董事会需要聘请包括行业、企业、地方代表和社会知名人士，参与大学的重大决策和规划，以保证高校办学在法律框架内，能够较为客观地反映社会各界的实际需求。在主动吸纳企业、行业的智力资源，以及聘请工程技术人员作为兼职教师之外，高校需进一步开放，吸纳来自社会各方面的软、硬资源投入。例如，通过联合建立研究机构、与企业共建部分大学的学院、系部、专业或学科，通过在高校内设立行业、企业的研究基金或奖学金等方式合作，充分发挥企业及社会软、硬投资在推动高校办学中的积极作用。

另一方面，高校主动参与企业、地方的科技和培训活动。在职业教育过程中，高校首先要突破传统的学校教育模式，主动与行业、企业和地方结合，充分发挥学

校教育的辐射功能。一方面通过"订单培养"、"订单培训"、"弹性学制"等多种结合和互动模式,为行业、企业和地方培养"实战型人才",满足社会经济发展的实际需求。另一方面,通过产学结合,建立产学研一体化的职业教育人才培养、实习、就业或创业模式。

### 6.2.3 进一步完善产学研相结合的体制机制

加强产学研相结合,要充分发挥政府在促进产学研发展模式中的协调、引导、促进和保障作用,进一步完善产学研相结合的体制机制。

1. 加强产学研相结合

创新产学研结合的体制机制和模式,完善产业技术创新链,在重点产业领域构建一批产业技术创新战略联盟。培育有利于产学研发展模式的中介服务机构和融资渠道,加速形成产学研有效结合的支持性环境。

积极培育适合产学研结合的中介服务机构。为了弥补产学研结合上的政府失灵和市场失灵所带来的低效率,在鼓励组建云南省各类应用技术研究院等技术创新产业战略联盟的同时,鼓励现有的一批独立研究机构转化为产学研结合提供各种服务的中介机构,同时大力扶持一批大学设立产学研结合服务机构或大学知识产权管理机构,通过各类中介组织的网络化运作,迅速结成为产学研结合服务的国家和地区中介体系。由于产学研结合涉及技术、产业、市场等众多领域的专门知识,产学研服务中介机构的设立需要有严格的审核标准和设置程序的严格限制。通过市场化运作专业化的前景预测与评估,服务中介机构可为投资机构或社会企业早期介入高校的前期科技研究工作提供投资依据,既为投资机构介入孵化高新技术和高新技术企业创造先机,也使高校研发团队及时获得必要的经费支持。借助于专业化中介机构的推介工作,高校的大批科技研究成果能够顺利转移到企业并及时获得转化,既可大量节约成果的转化成本,也将大大提高科技成果的转化率和增强转化时效性。

积极扩宽有利于产学研发展模式的融资渠道。鼓励企业、大学、投资公司采用集资、参股的办法构建高新技术企业风险投资公司的同时,研究和探索通过集资成立以投资高技术风险企业贷款为主要业务的专业化银行的可能性,开辟为产学研结合项目提供经费的广阔途径。大力支持产学研结合和科技人员风险创业。积极为产学研结合创办的企业或长期合作项目提供股票上市的机会,为扩充产学研投资吸纳更多社会资金,并在产学研结合项目做大做强的基础上,为其创造条件推动相关高新技术企业到海外资本市场融资。风险投资公司及投资机构必须建立行业协会和行业规范准则,不断提高资金运作水平和对高校高新技术企业或产学研结合项目的指导水平。通过专业化能力建设,一方面在高校高新技术企业或产学研结合的其他项目提供经费投资,另一方面则加强进行项目运作、机构管理、产果转化、产品生产与销售等方面的指导,在保证投资收益的同时,为高校高新技术企业或产学研结合项目的顺利运转提供指导和保证。

### 2. 构建云南产学研发展模式的战略框架

为了促进产学研实现实质性结合,政府部门必须有效发挥其宏观调控、统筹协调和管理监督等职能,设计产学研结合的具体改革思路与策略,主要包括推进制度创新,鼓励和支持研究机构、大学从依附政府的窠臼中解脱出来,形成面向社会、面向市场、自我发展、自我约束、独立运作、快速反应、高效有序的组织及运作体制;建设和完善产学研结合中的市场机制,尊重市场规律,健全相关法规体系,激活竞争机制、效率机制、评价机制和淘汰机制,在促进产学研结合中发挥应有的保障、促进和服务作用;建立产学研结合的重大项目绩效导向机制,在公平、公正、公开的原则下,促使云南省有限的科技资源和经费投入发挥最大效益;确立产学研结合的公共治理新思路,依法转变和行使政府的职能,完善产学研结合的公共治理框架,通过法规约束和政策、资金导向,使产学研各方面互相协调、互相支撑,在联盟体或互联互动合作中作用互补,实现共赢;推动实现产学研过程与人才培养过程的双向对接,把培养人的创新能力贯穿于产学研结合始终,在推进科技研发和成果转化的同时,促进云南省人力资源开发的可持续发展。

### 3. 着力搭建产学研结合公共服务平台

为了提高产学研结合的效率和形成长效机制,政府必须逐步转变自身职能,在《行政许可法》框架内,积极主动建设"管办分离、政企分离"的现代服务和效率型政府。在相关产学研的政策与环境、指导与管理、信息公开与服务等的基础环节方面建立知识、科技成果市场秩序与规则,尤其是要全面推进知识产权保护和知识资本化建设。发挥政府的行政、组织效能,统筹规划,面向全社会,以技术产权和产权交易所为载体,以科技中介机构服务集聚和风险基金引进与发展为支撑,搭建便捷、开放、高效的产学研结合公共服务平台。通过政府、高校、研究机构、行业、企业的多重联合,从体制、机制、政策等各个方面沟通政府、企业、高校及研究机构之间的关系,在理顺政府、市场和产学研各方关系的前提下,形成全社会开放、各方面共享共用的公共实验室、通用技术中心、基础性工程中心、监测中心,并培育一批技术创新、中试、孵化基地和科技园区。针对产学研结合项目,由政府组织对项目负责人、项目组主要成员以及相关的财会及监管人员进行公共培训,提供相关信息服务以及法律咨询服务等,也是转变政府职能,引导、推进产学研结合,为产学研实质性结合,搭建公共支持和服务平台的重要方面。

### 4. 构建以项目为抓手的产学研结合长效机制

建立和落实产学研结合的项目管理制度,建立健全项目招投标、项目监管、项目责任制以及项目负责人诚信发布等项机制,以项目机制激活产学研三方互联互动。通过系统的制度设计与程序安排,以重大项目的财政资源配置鼓励产学研结合,促进资源配置与布局结构调整,体现对知识创新、技术创新提升科技竞争力和产业结构的双重目标的价值,形成产学研结合的长效机制。为进一步拓宽经费途径,政府必须设计和出台相应的政策与措施,通过项目制度的具体运作,鼓励和支持社会资源通过投资、参股等多种合作方式,与高校、研究机构共同组建以资产或技术为纽带的科技研发实体,面向政府、社会、企业和地方,以市场机制承担各种委托与服务,形成产学研结合扩展效应。项目制度是被国际社会广泛运用,且被大量实践证明为质量、效率、效益高度统一的现代管理方法,不仅可以集中云南省产学研多方的比较优势、实现有限财政资源的合理优化配置,也在相当程度上盘活了资源存量、激活了产学研三方合作意向及其人力资源的活力。

### 5. 建立绩效奖励的资助模式

通过专业化评价,采用项目制,针对一批产学研结合项目,探索过渡性的特别产学研结合扶持和配套资助办法。对于由高校、独立研究机构和大中型企业合作进行的科技研发、成果孵化及企业孵化的产学研结合攻关课题,由政府管理部门设置创业基金或以引导性资金的形式予以早期的经费支持。对于接受政府经费援助、在项目成熟后获得了巨大经济效益的项目,要求返还引导性资金或超额回报政府的早期援助,以便于政府集中更多的资金支持其他产学研结合项目。同时,采取吸纳社会及企业的捐助设置产学研创业基金,并通过资助和指导产学研结合,在大学、研究机构和企业之间牵线搭桥,拉近高校、研究机构与行业、企业或地方之间的距离,为校企联动、科技攻关或合作培养人才提供政策扶植和资金导向。在遴选和早期资助一批产学研结合项目的同时,政府应尽快启动和探索产学研结合项目的绩效奖励制度。对于接受不同形式经费援助开展的产学研结合项目的优秀团体,经专业化的机构或组织认定和评估后,通过分类评估、分类奖励制度进行绩效奖励,并以此作为产学研项目拨款的一种形式进行进一步的改革与完善。

## 6.3　加强科技基础条件平台建设,营造良好的科技创新环境

科技基础条件平台是科技发展的重要支撑条件,是科技和经济社会发展的重要战略性资源。围绕提高云南自主创新能力、优化科技资源配置、营造自主创新的良好环境的要求,以实现科技资源共建共享为目标,重点建设产业科技创新、技术

创新服务、自然科技资源保存与利用、科技成果转化与技术转移、科技创新产品市场等五大平台。

### 6.3.1 加快重点产业自主创新平台建设

建设以企业为主体、重点产业和特色产业自主创新的工程技术研究中心和企业技术研发机构。一是围绕重点产业和特色产业自主创新能力建设,以生物产业、装备制造、新材料、电子信息、烟草、医药、矿冶、化工、能源、环保等产业为重点,依托具有较强研究开发和技术辐射能力的科研机构、大学或大企业,产学研结合,组建、认定、提升一批工程技术研究中心。二是加强和提升生物技术、材料科学和技术、生物多样性研究、动物疫病防治、冶金、有色金属、稀贵金属材料和非金属材料等云南优势学科和重点领域实验室建设,整合优势资源,建成一批国家实验室、国家重点实验室和省级重点实验室。

### 6.3.2 大力推进技术创新服务平台建设

大力推进技术创新服务平台建设,为企业特别是中小企业提供有效的技术支撑和服务。一方面以云南省科技信息大楼、云南省科学技术馆新馆、大型科学仪器设备、科技文献资源、科学基础数据共享,实验动物,计量、技术标准和检测等方面的建设为重点,加强全省科技信息网络环境建设,提高公共科技服务的能力和水平。另一方面建设社会化、网络化的科技管理及服务体系。针对科技管理及服务行业功能单一、服务能力薄弱等突出问题,大力培育和发展各类科技中介服务机构。充分发挥高等院校、科研院所和各类社团在科技管理及服务中的重要作用。引导科技管理及服务机构向专业化和规范化方向发展。

抓住国家大力支持和鼓励发展科技服务业的良好机遇,尽快研究出台"推进云南科技服务业发展的决定",给市场明确的信号,鼓励有条件的企业和民间资本发展科技中介服务业,将集中在科研院所、高等院校的可产业化的成熟技术和成果,通过中介服务企业尽快推向市场。扶持有条件的科技咨询机构和评估机构进行改革、改制后而走向市场。鼓励大型企业集团成立科技中介服务子公司,发展科技服务业。积极鼓励和支持行业协会等中介组织成立科技中介服务企业,引进国内外企业来云南购买成熟技术,并在本地实现产业化。

### 6.3.3 加强自然科技资源保存与利用平台建设

加强动物、植物种质资源,微生物菌种、人类遗传资源,标准物质、实验材料,岩矿化石标本和生物标本等资源的搜集、保藏和安全保护,整合和完善种质资源库;提高资源加工、利用的数字化水平和管理水平,形成体现区域特色、质量稳定、库藏不断增加、保存和利用水平持续提高的自然科技资源保障体系。重点建设作物种质资源、中药材种质资源、花卉种质资源、畜禽种质资源、实验动物、地质矿产等自然科技资源库以及古生物和古生命化石标本、岩矿石标本和宝玉石标本的保藏与研究基地,支撑自然科技资源系统评价和高效利用。

### 6.3.4　加强科技成果转化与技术转移平台建设

针对云南省许多技术成果已处于产业化前端的技术成熟阶段而体制、机制和环境制约突出的问题,加快推进科技体制机制创新完善,加强科技成果转化与技术转移平台建设,加速成熟技术的产业化,尽快提升科技对经济增长的支撑力。一是采用现代信息网络技术,构建科技成果信息数据库、技术需求信息数据库、技术投融资信息数据库、技术交易和成果转化政策环境信息数据库、远程可视会议洽谈系统,建立持续发展的运行机制,形成有机联系的服务整体,为科技成果转化和技术转移提供信息服务。二是支持云南高新技术开发区、农业科技示范园、大学科技园、留学生创业园等园区二次创业,加强生物医药孵化器公共标准实验室、软件出口加工中心专业孵化器等高新技术产业专业孵化器建设,形成集信息提供、投融资、成果孵化、中试推广等服务功能为一体的高效中小型科技企业孵化器,推动高新技术产业发展。三是建立健全科技成果交易市场。总结云南省过去发展产权交易市场的经验和教训,创新管理体制和机制、工作思路,加快云南产权交易市场建设,为科技成果转化创建平台,切实推进科技成果转化和技术成果产业化。可引进上海产权交易所等发达地区的科技成果交易市场营运商来云南建设科技成果交易市场。

### 6.3.5　培育和开拓科技创新产品市场

加强科技创新产品市场交易平台建设,为省内技术创新产品创造和开拓市场服务。科技创新产品要被市场接受往往有一个周期,需要培育、开拓,甚至是创造市场需求,帮助企业开拓市场是支持产品创新,提升科技对经济和产业增长的重要举措。

#### 1. 支持技术创新产品

在科技创新扶持政策中研究设立一定的财政补贴标准,对云南省重点扶持的、对云南产业结构调整有明显作用的科技创新产品,在招标采购中给予适当补贴。将扩大内需与支持科技创新、帮助创新产品与开拓市场结合起来,在实施启动城乡居民消费、扩大投资、重大工程、市政基础设施建设等扩大内需政策措施中尽可能鼓励使用创新产品。

**2. 帮助企业举办新产品发布会、展销会、博览会**

支持商贸流通组织、中介机构和产品营销企业到省内外、东南亚国家举办各类新产品发布会、展销会、博览会，宣传促销云南省的创新产品，开拓市场；利用各地、各民族的各种节庆活动、旅游促销活动、招商引资活动、文化展演活动等平台，大力宣传云南的新产品，为科技创新提供各种市场开拓服务。

# 6.4　实施科技人才战略，着力加强创新型人才队伍建设

科学技术是第一生产力，科技人才是第一资源。科技创新的内在属性决定科技人才是第一资源，任何新的科技成果都是科技创新人才创造性的智力成果和创造性劳动的结晶。

贯彻落实中央和云南关于人才工作的战略部署，以培养和凝聚高层次创新型人才为重点，实施创新人才推进计划和海外高层次人才引进计划，依托重大项目、重点学科和重点基地，培养科技领军人才，建设创新团队。优化科技人才发展环境，健全和完善有利于科技创新的评价制度，激励科技人员潜心研究、创新创业。加强科研一线和基层科技力量，制订促进创新人才向企业集聚的有效措施，推动科研机构、高等院校的科技人员深入基层、服务企业。

## 6.4.1　发挥现有科技人才作用，大力引进国内外高端人才

**1. 发挥现有科技人才资源的作用**

充分重视现有科技人才的重要性，在努力稳定人才队伍的同时，通过各种方式调动现有科技人才的积极性。允许并从相关政策方面鼓励省内大专院校、科研院所、企业的专业技术人才，在完成本职工作任务的前提下兼职兴办科技企业和咨询服务中介机构，并获得报酬。

**2. 大力引进国内外高端人才**

继续实施"云南省高端科技人才引进计划"，针对云南省的重点产业和高新技术产业的发展需要，每年引进一批在国内外享有较高声誉、具有国内外领先水平、在各自学科和技术领域内起到骨干核心作用、对云南省高新技术产业、重点产业发展具有重要作用的高端科技人才来滇工作。通过高端人才的引进，带动各类科技人才、高技能人才等多层次人才的引进，整体上解决云南省创新人才不足、人才结构不合理、人才外流突出等问题。做好引进人才的跟踪服务，及时协调解决引进人才在住房、交通、社会保障、配偶工作、子女就学等方面的实际困难。

加快引进海外高层次人才。贯彻落实云南省海外高层次人才引进工作意见和

云南省引进海外高层次人才办法,引进一批能够突破关键技术、发展高新技术产业、带动新兴学科的海外高层次人才来滇创业。通过创新型云南行动专项资金和其他人才专项资金的支持,用于引进海外高层次人才,完善有关政策及配套措施,创造良好的政策环境,引进海外高层次人才。建立海外高层次人才信息库,成立专门服务窗口,形成高校边界的海外高层次人才引进"绿色通道"。鼓励高等院校、科研机构、企业和以高新区为主的各类园区等加大吸引海外高层次人才的工作力度。

鼓励企业引进人才,调整人才结构。针对云南省科技人才集中在高校、科研院所和大型国有企业集团的问题,优先支持和鼓励企业引进人才,鼓励事业单位科技人才创办科技型企业,改变科技人才集中在事业单位,科技研发缺乏市场化动力的困境。另外,还要创造条件引进经营管理人才。借鉴招商引资的模式和举措,努力创造创业环境,创造性地引进经营管理人才;根据云南省产业结构调整方向和新型产业培育重点领域,有重点地引进各领域的经营管理人才;对企业引进的经营管理人才,给予科技人才相同的待遇和服务。

### 6.4.2　完善科技人才创新环境,建立公平的人才评价激励机制

营造"尊重知识,尊重人才"的环境氛围,在全社会形成关心、尊重人才的社会氛围,共同营造尊重劳动、崇尚技能、鼓励创造的良好环境。着力改善科技人才工作条件,尤其对民营企业、科技型小企业引进的人才,在生活待遇、职称评定、职务晋升、成果评价、评优评奖等方面,都给予等同于国有企业和科研院所、高校引进的人才,努力为他们创造良好的生活条件和创业环境。同时,加快科普宣传,大力发挥科普宣传对增强公民科技意识的积极作用,创新科普宣传工作的思路和工作方法,加强科普宣传工作,提高公民的科技意识和就业人员的科技创新意识,为云南的科技创新人才创造良好的创新环境。

以技术创新成果转化为考核重点,健全和完善引进人才的考核评价制度,改变研发成果以评职称、评优评奖为根本目标取向的问题。健全社会化的人才评价机制,杜绝人才评价中的不正之风,让真正具有科技创新能力和成果转化能力的人才发挥主力军作用。同时,完善企业薪酬制度,建立健全按岗位、任务和贡献定酬的分配制度,对关键岗位的技术和管理骨干、承担重点工程和科研项目的带头人,实行特殊优惠政策。进一步完善企业生产要素按贡献参与分配的实现形式和办法,在有条件的企业推行股票期权制、技术和知识产权入股等多种分配形式。

### 6.4.3　建立相关人才数据库,采用灵活的智力引进机制

建立相关人才数据库。由政府、行业协会或相关部门负责建立、管理和维护战略性新兴产业人才数据库,通过人才数据库,为战略性新兴产业政策研究提供翔实依据,约束培训机构、企业及受训人员三方,掌握企业人才使用情况,加强职业道德

和职业素养教育,实施企业人才信息动态管理,实现人才信息共享。

采用灵活的智力引进机制。推行专家外聘制,吸引研发人才、高技能人才和高层管理人才到云南定期或不定期工作。鼓励企事业单位采取咨询、讲学、兼职、短期聘用、技术合作、人才租赁等方式灵活引进国内外人才智力。

### 6.4.4　发挥现代教育的重要作用,加快各类人才的培养

加强科技创新与人才培养的有机结合,鼓励和支持高等院校与科研院所合作培养人才。要注重发挥创新实践对提升各类人才科技创新能力的作用,鼓励和支持高校毕业生参与科技创新和自主创业。实践催生人才需求,从实践的需要出发,高等院校和各类职业技能培训学校,适应国家和云南科技发展战略及市场对创新人才的需求,及时合理地设置专业课程和培训计划安排。鼓励中青年干部参加经济学、管理学等硕士、博士学位的在职学习,通过各类培训、专题讲座、远程网络在线学习和开展实践活动等,提升党政领导干部管理和服务经济发展的能力和水平。运用在职学习、接受远程网络在线教育等方式,以提高经营管理者的素质和能力为重点,进行针对性、实效性、系统性的人才开发培养,建设一支熟悉现代企业管理,了解高新技术,掌握适用技术,通晓金融、法律、国际贸易、资产运营等知识,具有科学决策能力、市场应变能力、资本运作能力和经营创新能力的经营管理人才队伍。利用各种教育资源,建立灵活多样的教育培训机制,强化专业技术人员的教育培训;鼓励和支持企业专业技术人才到国内外重点高校、科研院所进修深造,参与国际技术合作交流;进行远程网络在线新技术教育学习,促进专业技术人员知识更新。发挥职业教育、继续教育与培训的作用,同时为技能人才提供各种实践机会,加快技能人才培养,同时注重通过建设高技能人才培训基地重点培训云南急需的数字信息、装备制造、生物医药、新能源、新材料、节能环保等紧缺型技工人才。在中小学教学中进行科技创新意识教育,提高学生的科学文化素养。

## 6.5　深化具体措施,加快科技支撑农业、工业、服务业发展

深化具体措施,从加快农业科技的研究推广,充分发挥工业的技术优势,强化服务业的科技渗透等方面,加快科技支撑农业、工业、服务业发展。

### 6.5.1　加快农业科技的研究推广

围绕加快农业科技的研究推广,从研究开发多样化优质农产品、建立农业科技人员片区负责制、重塑农业科技推广管理体制和运行机制等方面提高云南农业产业化发展水平。

### 1. 研究开发多样化优质农产品

云南农业资源优势不在数量上,而在于多样性优势,以及多样性中的品质优势。农业科技创新的方向是研究开发多样化优质农产品,以品质优势和品种优势替代规模优势,不追求单一品种的规模化种植,而是追求多品种的优质化、小规模种植,形成质优、价高、规模小的云南农业发展模式。因此,需要发挥云南的生物多样性优势,研究开发多样化优质农产品,针对不同的品种,实施差异化的研究推广扶持政策。

### 2. 建立农业科技人员片区负责制

改革农业科研管理体制,建立农业科技人员片区负责制,每个农业科技人员与一个特定的地理区域农业生产活动挂钩,在解决该区域的传统农业改造和农业生产提质增效中发现科研选题、开展科学研究和农畜林新产品研发,使科研与实际紧密结合,针对特定区域的具体气候、土壤、适宜物种、农业基础条件等方面开展农业科技创新。

### 3. 重塑农业科技推广管理体制和运行机制

提高上级农业科技推广部门对下级农业科技推广机构的管理职能和业务指导职能。提高县乡农业科技推广机构、畜牧兽医服务机构、林业管理机构在当地的地位,赋予更大的职能,提升服务能力。扩大农业科技推广人员队伍,加强农业科技推广人员管理,提高其为农民服务的能力。加强农业科技人才对农业科技推广人员的指导和业务联系,及时将研发新品种推广给广大农户种植,使农业科技推广人员长期活跃在田间地头,指导农业生产。

## 6.5.2　充分发挥工业的技术优势

扶优促强,提升有色金属工业产品精深加工水平;适应市场,引领黑色金属工业产品结构调整;关联整合,支撑化工产业向精细化工发展等,是充分发挥工业技术优势,支撑工业做大做强的重要途径。

### 1. 新兴科技深度融合传统产业,加快培育和发展战略性新兴产业

围绕云南的资源优势,紧跟世界前沿科技发展步伐,通过新兴科技深度融合传统产业,加快培育和发展云南具有优势的新材料、生物产业等战略性新兴产业。一是加强自主创新。在新材料、生物等领域建设具有国际先进水平的创新平台,着力突破重大关键核心技术。二是提高引进和消化吸收再创新的能力。通过跟踪国际前沿新兴科技的发展情况,结合自身实际,引进一批先进技术,提升云南战略性新

兴产业的核心竞争力。三是着力营造有利于新兴技术产业化和新兴企业成长的发展环境,努力实现跨越发展,抢占未来经济科技竞争制高点。四是强化组织领导,加强对培育和发展战略性新兴产业的统筹协调,推动战略性新兴产业健康协调发展。五是研究制定促进战略性新兴产业发展的具体政策措施。

### 2. 扶优促强,提升有色金属工业产品精深加工水平

整合资源、扶优促强。以云铜、云铝、云冶等大企业为主导,以骨干企业为核心,带动中小企业及配套企业,实现资源和资本的最优化配置;鼓励企业之间的资产重组、兼并、参股、发展战略伙伴关系等多种形式实现有色金属企业之间的联合与合作。按照矿冶、矿电结合的模式,推动云南省有色金属产业的布局与企业组织结构的战略性调整,提升有色金属企业的竞争能力,为云南省有色金属产业的精深加工以及新材料产业化夯实基础。充分发挥滇中城市群、城市地铁等重大基础设施建设工程对有色金属产业的带动作用,支持施工企业重点采购云南省有色金属产品来承接省内基础设施建设工程;支持云南省有色金属企业与装备制造业之间的沟通与对接,对装备制造企业采用本省有色金属产品进行配套的,给予相应的补助。

重点突出,共性关键性技术要取得新突破。在有色金属重点项目安排和投入上,要注重宏观指导性与发展的前瞻性,将投资方向放在对云南省有色金属产业发展影响大、能够促进行业的技术创新、优势技术转化,以及结构优化等关键性环节。要有效利用基本建设资金、技术改造资金、新型工业化发展专项资金、高新技术发展引导资金、科技型中小企业创新基金以及技改贴现等资金,支持有色金属领域的技改项目、优势技术转化与产品的精深加工等。

结合有色金属产业的重点项目于重点研发的建设,组织引进一批能够突破关键技术、国内外一流的科学家和工程师,对有色金属产业的骨干企业引进海外高层次人才给予奖励与补贴。出台支持和保护优秀企业家、科技领军人物、复合型人才的政策,创建优秀企业家和领军人才团队。

### 3. 适应市场,引领黑色金属工业产品结构调整

采用高新技术和先进适应技术改造传统黑色金属工业产业,大力推动技术创新,实现行业技术结构优化升级。以昆钢等骨干企业为重点,加强产学研联合,力争在开发推动产业升级的一些共性技术、关键技术和配套技术方面取得新突破,重点发展螺纹钢、中高优质碳素钢、冲压用冷轧薄钢板、镀锌彩涂板、热轧中厚板、轻钢结构和异型钢材等附加值高的产品。

4. 关联整合,支撑化工产业向精细化工发展

强化研发,促进技术创新。要走自主创新与技术引进相结合的道路。建立健全企业技术中心,提高磷化工企业的自主创新能力,开发拥有自主知识产权的技术和产品。重点支持云天化等企业高起点地引进国内外技术,对引进先进技术和再创新提供必要的金融支持,增强企业竞争力。加强中试基地及工程技术研究中心建设,推进磷化工产业化进程。支持企业与高校、科研院所联合建立化工技术工程研究中心,开展中低品位磷矿选矿、湿法磷酸精制、精细磷化工产品、尾气综合利用和含磷新材料等的研究,为全省化工产业的发展提供技术支撑。

### 6.5.3　强化服务业的科技渗透

科学技术特别是信息技术对服务业拓展提升有着重要的推动和保障作用。无论是生活性服务,还是生产性服务都具有高人力资本含量、高技术含量和高附加值等特点。因此,需要从加快服务业先进技术的引进,建立服务业技术支撑体系和创新体系,强化信息技术的推广应用等方面来加快科技在服务业中的渗透。

1. 加快服务业先进技术的引进

云南服务产品创新的科技研发因市场需求小而发展缓慢,服务业科技原始创新基础薄弱,虽然加快服务产品的科技渗透是云南服务业发展的迫切要求,但可以引进先进地区处于领先地位的技术来改造和提升云南的传统服务业。因此,加快引进先进技术改造提升服务业,是强化服务业的科技渗透,提高科技对服务业支撑力度的重要途径。

2. 建立服务业技术支撑体系和创新体系

建立服务业技术支撑体系。支持研究服务业中的基础性、关键性技术,解决服务业在技术改造和经营模式更新中遇到的共性问题。重点突破供应链管理技术、现代物流过程优化与监控技术等关键技术,研究和开发现代物流管理等信息服务平台,加大无线移动、射频识别、智能终端等技术与装备的研发力度,研发自主知识产权的技术装备与软件。以支持数字内容服务业快速发展为目标,以数字内容交易为核心,重点研究数字内容版权保护与管理技术、数字内容智能分类和搜索技术、支持各种业务模式的交互技术和数字媒体内容转换技术,建立网络出版等信息公共服务平台等。

建立服务业技术创新体系。坚持资源共享和优化配置,建立现代物流等工程技术研发中心,提高原始创新能力、集成创新能力和引进消化吸收再创新能力。积极推动、促进服务业科技成果研究和应用转化;开展服务业科技人才培训,形成以

市场为导向,产、学、研相结合,自主开放的服务业科技创新体系。

### 3. 加强信息技术的推广应用

加强信息技术在旅游业的推广应用,进一步加快传统旅游业向现代旅游业转变。开展旅游综合业务的信息技术研究与应用,逐步构建交互、实时、丰富、便捷、畅通与科学化、可视化、智能化的旅游综合业务管理信息服务平台。

通过现代物流信息整合及过程优化技术的综合应用,提升现代物流服务质量水平。探索新型物流运作与管理模式,广泛采用地理信息系统(GIS)、射频识别(RFID)、移动终端等先进的物流技术与装备和物流公共信息服务与应用服务平台等攻关成果。

# 参 考 文 献

[1] 马克思,恩格斯. 马克思恩格斯选集(第 3 卷)[M]. 北京:人民出版社,1972.

[2] 马克思,恩格斯. 马克思恩格斯选集(第 1 卷)[M]. 北京:人民出版社,1980.

[3] 马克思,恩格斯. 马克思恩格斯选集(第 2 卷)[M]. 北京:人民出版社,1980.

[4] 马克思,恩格斯. 马克思恩格斯选集(第 46 卷,下册)[M]. 北京:人民出版社,1980.

[5] 马克思,恩格斯. 马克思恩格斯选集(第 39 卷)[M]. 北京:人民出版社,1980.

[6] 马克思,恩格斯. 马克思恩格斯选集(第 46 卷,下册)[M]. 北京:人民出版社,1980.

[7] 马克思,恩格斯. 马克思恩格斯选集(第 23 卷)[M]. 北京:人民出版社,1980.

[8] 马克思,恩格斯. 马克思恩格斯选集(第 26 卷)[M]. 北京:人民出版社 1980.

[9] 亚当·斯密. 国民财富的性质和原因的研究(上卷)[M]. 北京:商务印书馆,1972.

[10] 毛泽东. 毛泽东文集(第 2 卷)[M]. 北京:人民出版社,1993.

[11] 毛泽东. 毛泽东文集(第 8 卷)[M]. 北京:人民出版社,1999.

[12] 邓小平. 邓小平文选(第 3 卷)[M]. 北京:人民出版社,1993.

[13] 江泽民. 论三个代表[M]. 北京:中央文献出版社,2001.

[14] 十一届三中全会以来历次党代会中央全会报告公报决议决定[M]. 北京:中国方正出版社,2008.

[15] 党的十七届五中全会建议学习辅导百问[M]. 北京:党建读物出版社,2010.

[16] 胡锦涛. 在中国共产党第十八次全国代表大会上的报告[N]. 人民日报,2012-11-17(1).

[17] 第十八届中央委员会第三次全体会议. 中共中央关于全面深化改革若干重大问题的决定[OL]. 新华网,2013-11-15.

[18] 张塞. 新国民经济核算全书[M]. 北京:中国统计出版社,1993.

[19] 李灿光. 云南资源大全[M]. 昆明:云南人民出版社,2006.

[20] 程振煌. 云南经济增长质量评价研究[M]. 昆明:云南民族出版社,2009.

[21] 廖鸿志,张正华,杨林泉. 云南可持续发展理论与实践[M]. 昆明:云南大学出版社,1999.

[22] 杨永生. 循环经济与云南经济增长方式转变[M]. 昆明:云南大学出版社,2008.

[23] 解德汝,李自忠. 云南经济增长中科技进步作用研究[M]. 天津:天津科学技术出版社,1994.

[24] 杨焱平. 2010-2011 云南民营经济蓝皮书[M]. 昆明:云南大学出版社,2011.

[25] 国家统计局云南调查总队. 云南调查鉴(2012)[M]. 北京:中国统计出版社 2012.

[26] 中国科学院海洋领域战略研究组. 中国至 2050 海洋科技发展路线图[M]. 北京:科学出版社,2009.

[27] 中国科学院. 科技革命与中国的现代化:关于中国面向 2050 科技发展战略的思考[M]. 北京:科学出版社,2009.

[28] 中国科学院. 科技革命与中国的现代化:关于中国面向 2050 科技发展战略的思考[M]. 北京:科学出版社,2009.

［29］中国科学院水资源领域战略研究组.中国至 2050 水资源领域科技发展路线图［M］.北京：科学出版社,2009.

［30］中国科学院油气资源领域战略研究组.中国至 2050 油气资源领域科技发展路线图［M］.北京：科学出版社,2009.

［31］中国科学院人口健康科技领域战略研究组.中国至 2050 人口健康领域科技发展路线图［M］.北京：科学出版社,2009.

［32］中国科学院先进制造领域战略研究组.中国至 2050 先进制造科技发展路线图［M］.北京：科学出版社,2009.

［33］中国科学院先进制造领域战略研究组.中国至 2050 先进制造科技发展路线图［M］.北京：科学出版社,2009.

［34］中国科学院信息领域战略研究组.中国至 2050 信息科技发展路线图［M］.北京：科学出版社,2009.

［35］中国科学院空间领域战略研究组.中国至 2050 空间科技发展路线图［M］.北京：科学出版社,2009.

［36］中国科学院大科学装置领域战略研究组.中国至 2050 重大科技基础设施科技发展路线图［M］.北京：科学出版社,2009.

［37］中国科学院生态与环境领域战略研究组.中国至 2050 生态与环境科技发展路线图［M］.北京：科学出版社,2009.

［38］中国科学院生物质资源领域战略研究组.中国至 2050 生物质资源科技发展路线图［M］.北京：科学出版社,2009.

［39］中国科学院先进材料领域战略研究组.中国至 2050 先进材料科技发展路线图［M］.北京：科学出版社,2009.

［40］中国科学院农业领域战略研究组.中国至 2050 农业科技发展路线图［M］.北京：科学出版社,2009.

［41］中国科学院能源领域战略研究组.中国至 2050 能源科技发展路线图［M］.北京：科学出版社,2009.

［42］中国科学院矿产资源领域战略研究组.中国至 2050 能矿产资源技发展路线图［M］.北京：科学出版社,2009.

［43］车志敏.云南发展研究(2003)［M］.昆明：云南科技出版社,2004.

［44］车志敏.云南发展研究(2005)［M］.昆明：云南科技出版社,2006.

［45］曾路,孙永明.产业技术路线图原理与制定［M］.广州：华南理工大学出版社,2007.

［46］郝立勤.2002 云南省科技发展研究报告［M］.昆明：云南科技出版社,2003.

［47］郝立勤.2003 云南省科技发展研究报告［M］.昆明：云南科技出版社,2005.

［48］中华人民共和国科学技术部.中国科学技术发展报告(2005)［M］.北京：科学技术文献出版社,2006.

［49］中华人民共和国科学技术部.中国科学技术发展报告(2006)［M］.北京：科学技术文献出版社,2007.

［50］林文兰.2003-2004 云南科技发展报告［M］.昆明:云南科技出版社,2004.

［51］云南省经济研究院.云南省经济研究院度研究报告(2005-2006)［M］.昆明:云南人民出版社,2009.

［52］云南省经济研究院.云南省经济研究院度研究报告(2008)［M］.昆明:云南人民出版社,2009.

［53］杨雯.云南调查报告［M］.昆明:云南大学出版社,2012.

［54］云南省统计局、国家统计局云南调查总队.云南省国民经济和社会发展报告［M］.昆明:云南人民出版社,2007.

［55］何向文.云南省磷矿选矿进展［M］.昆明:2011 第六届世界磷矿加工大会.

［56］李耀基.云南磷矿选矿研究与实践［M］.昆明:2011 第六届世界磷矿加工大会.

［57］蒋兴明.企业网络经营管理［M］.北京:经济科学出版社,2002.

［58］蒋兴明.稀贵金属产业发展［M］.北京:冶金工业出版社,2014.

［59］和段琪,叶燎原,蒋兴明,等.小金属大产业［M］.北京:中国社会科学出版社,2014.

［60］和段琪,蒋兴明,梁双陆.云南工业经济机构研究［M］.北京:冶金工业出版社,2015.

［61］和段琪,蒋兴明,梁双陆.云南生物产业创新驱动发展研究［M］.北京:冶金工业出版社,2015.

［62］和段琪,蒋兴明,梁双陆.云南金属材料产业发展研究［M］.北京:冶金工业出版社,2015.

［63］和段琪,蒋兴明,刘春学.云南资源型工业安全发展研究［M］.北京:冶金工业出版社,2015.

［64］和段琪,蒋兴明,刘春学.云南资源型工业核心竞争力研究［M］.北京:冶金工业出版社,2015.

［65］和段琪,蒋兴明,姚天祥,等.环保使命［M］.北京:人民出版社,2015.

［66］Romer. P. Increasing Returns and Long-Run Growth［J］. Journal of Political Economy, 1986,94(5):1002-1037.

［67］Lucas. R. On the Mechanics of Economic Development［J］. Journal of Monetary Economy, 1988,22(5):3-10.

［68］Romer. P. Endogenous Technological Change［J］. Journal of Political Economy, 1986,(5): 71-102

［69］蒋兴明.工业科技论［J］.经济问题探索,2013(2):16-19.

［70］杨志江,罗掌华.我国科技经费投入与经济增长的协整分析［J］.科学管理研究,2010,(4): 98-101.

［71］赵普.从科技驱动角度看经济增长与人力资本积累之间的关系［J］.学术论坛,2010,(4): 133-137.

［72］王志勇,鲍亦平,尚朝秋,普卫东.科技投入与经济增长的模糊相似优先比研究——以云南省为例［J］.科技进步与对策,2007,(3):49-51.

［73］刘华,李刚,朱翊敏.人力资本与经济增长的实证分析［J］.华中科技大学学报(自然科学版),2004(7):64-66.

[74] 邓如辛,李建民.当代我国科技创新与经济增长的协同演化[J].学习与探索,2010,(4):
　　　158-160.

[75] 钟钰,王海江.科技创新与我国经济发展方式转变[J].科技与经济,2009,(1):15-17.

[76] 宋富华,王圣宠.科技进步与云南经济增长因素分析和预测[J].科技进步与对策,2002,
　　　(3):110-111.

[77] 窦丽琛,赵翠.科技投入对经济增长的影响分析[J].云南财贸学院学报,2005,(3):9-12.

[78] 赵兴碧,马骏.云南经济增长与波动研究[J].云南科技管理,2003,(5):16-22.

[79] 邓媛,李瑞光.基于 VAR 模型实证分析云南省教育投入与经济增长的关系[J].技术经济
　　　与管理研究.2009,(4):18-20.

[80] 李学林,袁媛,谢小惠,李露,陈良正.云南优势特色农业发展与对策探讨[J].经济问题探
　　　索,2003,(12):103-107.

[81] 李学坤,赵鸭桥.云南省农业科技传播模式的实践与思考[J].中国集体经济,2010,(3):
　　　48-50.

[82] 郭金峰.斗南锰业矿山采矿技术发展的回顾与展望[J].金属矿山,2009,(1):45-48.

[83] 李晓岚,曾云南.选矿自动化技术的新进展[J].金属矿山,2006,(6):61-64.

[84] 高昆谊,朱慧贤.云南开发绿色食品的前景及对策[J].河北农业科学,2008,(7):128-129.